INSTINCT MORTEL

Pierre Bellemare
Marie-Thérèse Cuny
Jean-Marc Epinoux
Jean-François Nahmias

INSTINCT MORTEL

70 histoires vraies

documentation : Gaëtane Barben

Cette édition de *Instinct mortel*
est publiée par SDL Éditions
avec l'aimable autorisation
des Éditions Albin Michel / TF1 Éditions, 1994.

ISSN Grand format : 1958-9808
ISBN 13 : 9782738225924

Avant-propos

À travers le temps, l'homme construit des échelles de valeurs auxquelles il s'accroche le plus durablement possible afin de pouvoir vivre en société.

Plus l'échelle est haute, plus il devient facile de la briser.

Pour construire une bonne échelle, il est nécessaire de bien fixer le premier barreau.

Depuis la fin du XVIIIe siècle, le ciment le plus efficace est l'article 1 de la Déclaration des droits de l'homme : « les hommes naissent et demeurent égaux en droit ». Mais selon la forme des barreaux suivants, vous pourrez arriver très facilement au communisme, au fascisme, ou à la social-démocratie.

Depuis le milieu des années quatre-vingts, nous sommes entrés dans une période de forte démolition. Nous avons assisté avec soulagement à l'effondrement de l'échelle communiste… mais sans construction de remplacement et nous commençons à la regretter. Nous avons vu disparaître des royaumes, des empires et leurs échelles de droit divin, pour des constructions intégristes dont les barreaux ressemblent fort à des prisons.

Dans notre propre démocratie l'exclusion, le racisme, le chômage, les paradis artificiels et les illusions audiovisuelles brisent l'échelle des valeurs morales et familiales que l'école de Monsieur Jules Ferry nous avait enseignées.

Nous sommes entrés, comme à la fin d'Athènes, d'Alexandrie, de Rome ou de Byzance, dans une période ténébreuse où notre instinct nous sert de guide.

La réflexion, la patience, l'abnégation sont oubliées au profit de la jouissance, de l'apparence et de la productivité.

Chacun dans son cercle concourt à la destruction, et si la force de caractère permet encore à certains de s'en sortir, un nombre d'individus, toujours croissant, revient aux premiers âges.

Dans ce livre, nous avons rassemblé soixante-dix événements de notre quotidien, soixante-dix comportements instinctifs et mortels, soixante-dix reflets de notre époque, soixante-dix bêtes humaines.

Pierre Bellemare

Le squat de l'horreur

Le 20 juillet 1990, en plein cœur de la canicule qui règne cet été-là, un homme arrive, bouleversé, dans un commissariat de la ville de M., dans le sud-ouest de la France. « Venez vite au 59 ! Il s'est passé des choses terribles. »

Le « 59 » est bien connu dans le quartier. Au 59 de l'avenue Gambetta, une des principales artères de la ville, se dresse un pâté de maisons abandonnées. Sa longue façade de près de cinquante mètres comprend plusieurs magasins vides. Au premier étage, les fenêtres des appartements ont été murées et, derrière, dans les cours, se trouvent des entrepôts désaffectés. Depuis longtemps déjà, les lieux servent de refuge aux vagabonds ou, comme on dit plus volontiers aujourd'hui, de squat aux SDF...

L'homme, visiblement un chiffonnier qui était en quête de quelque trouvaille, conduit les policiers à travers un long couloir et arrive dans une grande pièce aux murs couverts de graffitis, dite « salle aux inscriptions ». On y voit des prénoms et des surnoms : « Rasta », « Jesy », « Stéphane », un slogan réclamant la légalisation de la drogue, des dessins divers.

Mais les policiers ne jettent même pas un coup d'œil à la décoration des murs. Une odeur pestilentielle les a saisis à la gorge, tandis que leur regard était attiré par une forme allongée recouverte de chiffons. Il s'agit d'un corps dans un tel état de décomposition qu'il n'a plus de visage. Il est impossible de dire s'il s'agissait d'un homme ou d'une femme.

Mais une fois qu'il est évacué par les pompiers, les policiers constatent que l'odeur demeure. Alors, ils fouillent encore et l'horreur ne cesse de grandir. Ce sont cinq cadavres qu'ils découvrent dans le squat du 59, dans le même état de décomposition que le premier. Et, s'il est impossible de les identifier, les causes de leur mort sont faciles à comprendre. Sans être médecins légistes, les policiers voient bien que les pull-overs sont percés de coups de couteau, que les crânes sont fracassés. L'un d'eux déclare en sortant : « On a commis ici un véritable massacre ! »

Oui, un véritable massacre en pleine ville et il a fallu des mois pour qu'on le découvre. Comment une telle chose a-t-elle été possible en cette fin de XXe siècle pourtant civilisée ? C'est la question que se posent tous les journaux en relatant les faits et à laquelle comptent bien répondre les enquêteurs.

Malgré les difficultés rencontrées au départ, les policiers vont agir très vite et obtenir des résultats remarquables. Les corps ne sont, certes, pas identifiables et ne portaient pas de papiers, il n'empêche qu'on y découvre des signes distinctifs. Une des victimes portait un plâtre au bras droit, une autre, une plaque métallique au tibia, une troisième, un pansement au cou.

Or, le 19 avril précédent, un feu s'était déclaré au squat du 59 ; les pompiers et les policiers étaient intervenus et l'identité des occupants avait été relevée. C'est ainsi que les corps portant des signes distinctifs peuvent recevoir un nom : Pascal G., la plaque au tibia, Michel D., le pansement, Georges R., le plâtre au bras. Les deux derniers ne tarderont pas à être identifiés comme étant Armand D. et Marcel C.

Dans le milieu relativement restreint des SDF, les suspects ne sont pas très nombreux et quelques-uns parlent : il y a eu mort d'homme, la loi du silence ne joue pas. C'est ainsi que le 30 juillet, dix jours seulement après la découverte, sont arrêtés dans la ville de M. : Franck G., vingt-six ans, et Mustapha S., vingt-trois ans. Le lendemain, à A., ville proche, Daniel S., dix-neuf ans, originaire d'Allemagne, et trois jours plus tard, Jean-Paul C., trente-six ans.

À part Daniel S., qui admet avoir été présent sur les lieux, mais nie toute participation, ils reconnaissent les faits et donnent une description détaillée du meurtre, un crime sordide et absurde à l'image de la vie misérable qu'ils menaient.

Les quatre hommes vivent depuis plusieurs jours dans la partie la plus habitable du squat, lorsque, le 19 avril 1990, cinq autres SDF arrivent à leur tour et élisent domicile dans l'autre partie du bâtiment, beaucoup moins agréable, celle située du côté de la salle aux inscriptions. Tous les quatre se sentent chez eux. C'est ainsi : c'est la loi du squat, qui est exactement semblable à la loi de la jungle. Les lieux appartiennent au premier occupant. Eux sont les propriétaires, les autres sont des intrus qu'on tolère si l'on veut bien.

Après avoir énormément bu pendant toute une partie de la nuit, ils ont l'idée d'aller voir les nouveaux dans la salle aux inscriptions. Ils n'ont alors pas d'idée préconçue ; ils veulent juste voir à quoi ils ressemblent, causer un peu. Ils emportent des bouteilles de vin, de cognac et des canettes de bière et vont les réveiller.

Entre les anciens et les nouveaux occupants, on commence par sympathiser. Mais on boit beaucoup et, avec l'ivresse, le ton monte sans raison. Jean-Paul C. se dispute avec Marcel C., pour un motif futile, parce que ce dernier prétend avoir fait partie de la Légion et qu'il ne le croit pas. « Toi, de la Légion ? Tu parles ! » En même temps, il sort un Opinel de sa poche et c'est le commencement du carnage. Les anciens occupants – ou du moins trois d'entre eux, car Daniel S. jure n'avoir rien fait – se ruent sur les nouveaux. Jean-Paul C. fait un massacre à l'arme blanche. L'une des victimes, celui qui avait un bras dans le plâtre, recevra cinquante-quatre coups de couteau. Franck G. se saisit d'une barre de fer et devient fou furieux. Daniel S. évoque la scène avec cette image : « La barre de fer tournait comme un hélicoptère. » Mustapha S., lui aussi, sort son couteau et frappe…

Tels sont leurs aveux concernant la tuerie du 19 avril 1990. Mais ce n'est pas fini ! Ils avouent spontanément un autre meurtre. Le squat de l'horreur recelait encore un cadavre que les policiers n'avaient pas trouvé !

Sur leurs indications, on le retrouve enfin, enterré dans une cour. L'homme a un poignet sectionné. On l'identifiera comme Richard A.

C'était quelques jours avant la tuerie... Jean-Paul C. l'a assassiné pour lui prendre son RMI, deux mille trois cents francs, qu'il venait de toucher. Il vivait dans un autre endroit du squat. Un soir, trois des quatre hommes – les trois mêmes, sans Daniel S. – vont dans la pièce où il a élu domicile et lui demandent de l'argent. Ils boivent beaucoup et C. donne le signal en sortant son couteau. Il le frappe avec son arme, tandis que les autres lui donnent des coups de pied dans la tête et dans le ventre. Puis tous s'endorment à côté du cadavre. Au matin, ils vont l'enterrer et, comme ils constatent que sa main dépasse, ils la sectionnent...

D'autres recherches seront effectuées pour découvrir d'éventuels nouveaux cadavres au 59 de l'avenue Gambetta, mais elles resteront vaines. Six personnes ont été tuées, en avril 1990, dans le squat de l'horreur, en plein cœur de la ville de M., charmante localité du Sud-Ouest.

L'ouverture du procès a lieu près de trois ans plus tard, le lundi 8 février 1993. Les quatre accusés font leur entrée ensemble dans le box. Ils ont tenu à faire bonne impression, mais ne ressemblent guère à ce qu'ils ont dû être, avec leurs costumes, leurs cravates et leurs cheveux bien peignés.

Pourtant, s'ils ont voulu se donner l'allure de gens comme tout le monde, ce n'est qu'une apparence. Aucun membre de leur famille n'est là pour les assister. Seule la mère de Daniel S. a envoyé au président une lettre en allemand. Ils n'ont que leurs avocats commis d'office pour les soutenir. Et la même détresse se retrouve chez leurs victimes : trois d'entre elles sont représentées par des avocats ; pour les trois autres, personne ne s'est porté partie civile. Tout cela dit mieux que n'importe quel commentaire la solitude morale et affective qui est celle de ce milieu.

Le président Schiex commence par interroger Daniel S., l'Allemand, le plus jeune et celui qui semble le moins impliqué dans cette histoire. Daniel raconte le « paradis perdu » de son Allemagne natale. Né dans une ferme de la Forêt-

Noire, il la quitte à la suite du divorce de ses parents. En compagnie de sa mère, il mène une vie errante en Europe. Elle finit par se fixer en Espagne et lui dans le sud-ouest de la France, à M. Il est employé comme apprenti cuisinier. Pour meubler sa solitude, il boit « de la bière », précise-t-il. S'il a un travail, il n'a pas de logement. Il rencontre des SDF et trois d'entre eux l'invitent au squat du 59. Il se plaît avec eux. Il a besoin d'être sous l'autorité de quelqu'un et leur compagnie le rassure. Mais arrive la nuit tragique du 19 avril 1990. Les trois autres lui proposent de rendre visite à de nouveaux occupants, arrivés depuis la veille... Il retrace le récit des faits devant le tribunal et chacun retient son souffle, tant on a l'impression d'y être.

« J'ai dit à Frankie de ne pas faire le con, parce que je sais qu'il est violent... » Mais « Frankie », Franck G., ne l'écoute pas. On va trouver les autres dans la salle des inscriptions. Certains dormaient. On les réveille, la discussion s'engage. Tout le monde est ivre. « Tout à coup, j'ai vu Frankie faire tourner une barre de fer au-dessus de sa tête. Je me suis baissé et j'ai vu C. avec un couteau. » Il veut partir, mais Mustapha S. le retient : « Ne pars pas, fais le guet dans le couloir. » Daniel obéit, tétanisé. « Alors, j'entends un cri : "Pas moi ! Pas moi !" Peu après, les autres s'enfuient en courant, pleins de sang. Ils me donnent ma part de l'argent des victimes et ils vont boire au squat. »

Daniel S., horrifié, s'enfuit du 59. Il va se réfugier dans une cabane un peu plus loin dans la ville. Mais seul, il se sent perdu. Il revient et sera arrêté avec les autres...

Les psychiatres confirment indirectement ses dires. Il semble bien qu'il n'était pas dans sa nature de prendre part à un pareil acte. Ils le décrivent comme « immature, naïf et fragile ». Selon eux, Daniel S. devait être sous la coupe des trois autres.

C'est de ces derniers qu'il est à présent question. Franck G., celui que Daniel appelait « Frankie », est interrogé à son tour par le président. Pour lui aussi, dès le départ, la misère est au rendez-vous. Questionné sur le nombre de ses frères et sœurs, il ne peut dire le chiffre exact. Il se contente de répondre : « Plus de onze. » Son enfance, dans une ville du Nord, ressemble à un roman de Zola. Son père s'en va et sa mère meurt alors qu'il est très jeune. Ensuite, c'est l'errance jusqu'au squat du 59, avenue Gambetta. Là, il passe son temps à boire, des quantités phénoménales. Il se vante de pouvoir absorber jusqu'à huit bouteilles d'un litre et demi par jour et de tenir encore debout. Évidemment tout cela agit sur son humeur. Le président Schiex lui demande s'il lui arrivait d'être impulsif.

« Je ne comprends pas, monsieur le président. »

Le président rectifie : « Disons : quand vous buviez, il ne fallait pas vous chercher, n'est-ce pas ?

— Ah, ça non, fallait pas !… »

Jean-Paul C., lui aussi, a vite sombré dans l'alcool. « J'ai commencé à boire à seize ans, monsieur le président. Je buvais de tout en quantité. »

Et lui aussi est issu d'un milieu social digne d'un roman populaire du XIXe siècle : un père en prison, deux frères suicidés. Il se marie à dix-huit ans, mais quand il doit choisir entre sa femme et son chien, il part sur les routes avec son chien.

Le lendemain, Mustapha S. raconte à son tour sa dérive depuis l'Algérie d'où il débarque avec sa mère. Il erre au hasard, jusqu'à la ville de M. où il trouve, avec Jean-Paul C. et Franck G., des amis qui l'aident à vivre.

On en arrive aux faits eux-mêmes. Les deux principaux accusés, Franck et Jean-Paul, se rejettent la responsabilité initiale. Pour le reste, ils ne savent pas vraiment ce qu'ils ont fait. Ils avouent leur participation, mais prétendent que leurs souvenirs sont trop confus à cause de l'alcool. Mustapha parle le moins possible et essaie de se faire oublier. Daniel S. apparaît, à mesure que les débats avancent, comme de plus en plus étranger au drame. Son rôle s'apparente visiblement à celui d'un simple témoin.

À défaut des accusés, ce sont les différents experts qui vont apporter des précisions sur ce qui s'est passé. Le médecin légiste décrit la violence inimaginable de la tuerie. Les différentes victimes ont reçu en tout cent trente coups de couteau ! La barre de fer meurtrière figure, toute tordue, parmi les pièces à conviction. Or, les spécialistes affirment qu'une pareille torsion ne peut être obtenue que par une force de quarante-cinq kilos !

C'est l'un des psychiatres qui va apporter les éléments les plus éclairants. Grâce à lui, on va comprendre comment une pareille horreur, *a priori* impensable, a pu se produire. Il précise que le fait d'être en groupe est très important dans ce genre de situations et il poursuit : « J'ai eu à connaître plusieurs affaires de squats et toutes présentent les mêmes caractéristiques. On se réunit dans un lieu particulier et, vite, le groupe domine l'identité de chacun. Le groupe a ses règles strictes. Alors, apparaît un leader. L'alcool vient cimenter le tout. On se parle peu, mais on boit beaucoup. Et la violence peut éclater pour un fait sans commune mesure avec ses conséquences. La violence, c'est comme un barrage qui se libère. » Et il a cette conclusion aussi imagée que terrible : « Dans cette affaire, on est passé de la sphère humaine à la sphère animale. On ne fait pas que tuer quelqu'un, on s'acharne sur lui, comme un lion qui n'abandonne sa proie que quand celle-ci ne tressaute plus… »

Après trois heures et demie de délibéré, la cour rend son verdict, qui est très contrasté. Franck G. et Jean-Paul C. sont condamnés à la réclusion à perpétuité. Mustapha S. se voit infliger vingt ans de prison et Daniel S., six mois avec sursis. Il a été innocenté du massacre et reconnu seulement coupable d'avoir accepté l'argent des victimes.

Un cri de joie éclate dans le public. C'est la mère de Daniel, qui vient d'arriver aux assises en provenance d'Espagne. Daniel, qui a déjà fait deux ans et demi de préventive, comprend soudain qu'il est libre. Il lance aux autres : « Hé, les gars, je me casse ! » Ces derniers, sans rancune, l'embrassent. Il dira plus tard, entre sa mère et son avocat, en la serrant tendrement dans ses bras : « Maintenant, je vais travailler… »

On aimerait terminer sur cette image d'amour et de fraternité. Pourtant, la terrible évocation de ces squats, qui replacent l'homme dans les conditions de la bête et le font basculer dans l'animalité, n'est pas près de s'effacer des mémoires. Cette terrible réalité fait partie intégrante de notre société, une des plus évoluées, des plus civilisées et des plus prospères de la planète. Et on n'est pas près d'oublier non plus la phrase de Me Dersant, avocate de Jean-Paul C., condamné à perpétuité, qui a tenu à rappeler : « Le squat du 59, avenue Gambetta existe et sert toujours ! »

Itinéraire de mort

La fin de l'histoire est sous les yeux d'un plombier.

Une histoire unique en son genre. Affreuse, insoutenable même. L'homme qui en est le héros sanglant est en prison quelque part sur l'île de Wight, où il passe son temps, paraît-il, à surveiller les gardiens, pour relever leurs infractions au règlement du droit des détenus.

Le 8 février 1983, au 23 Cranley Gardens, un petit bâtiment de deux étages dans la banlieue nord de Londres, ce plombier ouvre une plaque d'égout. Les canalisations de l'immeuble sont bouchées, un locataire vient de l'appeler : plus rien ne fonctionne dans la maison depuis deux jours. Mais le problème se situe de toute évidence à l'extérieur de l'immeuble.

Le plombier descend l'échelle métallique, éclairé par la torche lumineuse de son coéquipier. En bas, à quatre mètres de profondeur, il distingue quelque chose d'assez difficilement identifiable. Le plombier examine la canalisation de l'immeuble, descend au fond de l'égout, donne des coups de botte : la même matière gélatineuse qu'il vient d'apercevoir s'est emparée des tuyaux d'évacuation et bouche le fond de la fosse d'égout. Drôle de matière. Le plombier reste un moment perplexe. Son coéquipier demande : « Alors ?

— Éclaire-moi plus bas ! C'est bizarre.

— Bizarre comment ?

— On dirait… »

Le plombier remonte à la surface pour achever sa phrase, l'air écœuré, et, parce qu'on ne crie pas une chose pareille, il chuchote : « On dirait de la chair humaine. »

Le plombier prévient le locataire et décide de revenir le lendemain à la lumière du jour pour pousser plus avant ses investigations.

Or, le lendemain, plus de matière gélatineuse. Disparue. Courageusement, le plombier enfonce une main gantée dans la canalisation et en ressort des horreurs : des fragments d'os et de la chair. Quelqu'un a enlevé sa macabre trouvaille de la veille, mais n'a pas pu nettoyer à fond la canalisation. D'ailleurs, la plaque d'égout n'a pas été remise correctement.

Jim Callock, le locataire du premier étage de l'immeuble qui a fait appel au plombier, donne une indication : « Ce doit être Nielsen, le locataire du second, j'ai entendu du bruit cette nuit, il est allé jusqu'à l'égout, c'est lui qui a dû tout boucher. Hier, il m'a demandé pourquoi vous étiez venu ! »

Ainsi commence la fin de l'histoire de Dennis Nielsen.

Une histoire qui démarre alors qu'il avait six ans. Quand il était un petit garçon écossais, sans papa, que son grand-père trimbalait sur ses épaules au bord de la mer, en lui racontant de fabuleuses histoires de pêche et de tempêtes, de bateaux ivres sous l'orage et de courageux marins-pêcheurs. Grand-père Nielsen adorait son petit-fils, qui le lui rendait bien. Ils ne se quittaient guère, sauf lorsque grand-père partait en mer, pour son travail.

Un jour, grand-père est mort sur son bateau, d'une crise cardiaque, en plein vent. Les pêcheurs ont ramené son corps à la famille ; on a fait faire le cercueil et exposé le cadavre de grand-père dans la petite maison de Frasenburgh en Écosse. On est allé chercher Dennis, six ans, pour lui montrer le corps de son grand-père adoré. Et Dennis est resté pétrifié devant ce corps immobile. La mort ? C'était quoi la mort ?…

On lui a expliqué que grand-père s'en allait, qu'il le quittait pour aller ailleurs dans un autre monde, et qu'il fallait l'embrasser pour lui dire adieu. Dennis a embrassé le visage aimé, c'était tout froid. Et on a emmené grand-père. Plus de grand-père. Dennis était abandonné. Dennis ne comprenait pas pourquoi grand-père, même mort, ne pouvait pas rester là avec lui, même s'il ne pouvait plus raconter d'histoires. Il lui en aurait raconté, lui, des histoires, il n'avait qu'à rester là dans ce lit. Pourquoi ne peut-on pas garder ceux qui vous aiment et qu'on aime ?

C'est le premier souvenir terrible de cet abandon, qui ne va plus quitter Dennis Nielsen. Plus jamais jusqu'à la fin de son itinéraire. Grand-père a été enterré en 1951. Le plombier n'arrive dans l'histoire qu'en février 1983.

1960. Dennis a quinze ans, il précède l'appel et s'engage dans l'armée. On le place aux cuisines, où il apprend le métier d'apprenti boucher – comment découper un mouton, désosser, comment aiguiser les couteaux. C'est facile, c'est une technique qu'il apprend vite.

Dennis reste onze ans dans l'armée. Trois années de formation, où il est très heureux. Il est ensuite affecté en Allemagne, puis en Norvège et au Moyen-Orient. L'armée britannique lutte contre les terroristes yéménites, et Nielsen échappe de justesse à l'un d'eux, qui l'a capturé, déshabillé, enfermé dans le coffre d'une voiture. Nielsen fait le mort, attend que le Yéménite vienne ouvrir, et il l'assomme avec le cric. Il fera longtemps des cauchemars où il est violé, torturé, découpé au poignard yéménite.

En 1969, on le retrouve à Berlin dans un régiment de Highlanders, où il s'occupe du mess des officiers. Ensuite il est nommé chef de cuisine des sous-officiers de la garde royale de la reine à Balmoral. Puis, en 1971, il se retrouve aux îles Shetland, service des transmissions. En 1972, il est caporal mais n'est plus heureux du tout dans l'armée britannique, dont la conduite en Irlande du Nord l'écœure. Il démissionne, emportant avec lui comme souvenir la photographie d'un camarade, qui a posé pour lui dans l'herbe verte des Shetland, en soldat mort pour la patrie.

La police le tente, il s'y plaira pendant deux ans, mais l'esprit de corps n'est pas le même. Durant son apprentissage, par contre, il garde un souvenir précis d'un cours donné à la morgue pour habituer les recrues à la découverte des cadavres. Il est fasciné. Le soir chez lui, il se maquille tout en blanc, yeux cernés et creusés de noir, pour voir la tête qu'il aurait, mort, dans le miroir de la salle de bains.

Il a vingt-neuf ans. Il n'est plus heureux dans la police. Il aurait dû arrêter ces deux homosexuels qui se livraient à des actes répréhensibles dans leur voiture, une nuit d'été. Il n'en a pas eu le courage. Il a eu pitié d'eux.

Où en est-il de son itinéraire, Dennis Nielsen ? Il a découvert la mort qui le fascine, l'alcool qui l'aide à supporter les soirées solitaires, et l'homosexualité qui le tente.

1974. Il trouve un poste à l'agence pour l'emploi du quartier de West End à Londres. Il devient un fervent syndicaliste socialiste.

1975 : rencontre avec l'amour. Il s'appelle David, il est jeune et beau garçon, il décore l'appartement de Melrose Avenue, où Dennis s'est installé avec lui. Ils ont un chien et un chat, leur amour dure deux ans, puis David le quitte. Un jour, sans vraie raison, il ne l'aime plus, il l'abandonne…

L'itinéraire de Dennis Nielsen bascule à ce moment-là vraiment, inexorablement. D'abord dans le gouffre de la solitude, des soirées interminables devant la télévision, ou dans les pubs, à ingurgiter de l'alcool pour s'étourdir. Deux années de solitude, et de travail régulier, sans absences, avec zèle, respectant les horaires et les règlements, s'occupant des sans-abri, des chômeurs et vitupérant contre les patrons.

Veille du jour de l'an 1979. Déprime, errance dans les pubs de Londres. Dennis rencontre un adolescent irlandais. Ils boivent pour fêter cette année qui ne s'annonce pas plus gaie, côté chômage, que l'année précédente. Comment s'appelle ce garçon ? Peu importe, il est ivre, Dennis le ramène chez lui, ils boivent jusqu'à s'écrouler sur le lit, tellement soûls qu'il n'est même pas question de rapports sexuels. Dans la nuit ou à l'aube de cette nouvelle année, Dennis se réveille et contemple le corps de l'adolescent endormi. Il aimerait tant le garder près de lui. Avoir quelqu'un à qui parler le soir en rentrant, avec qui regarder la télévision, boire des bières et du rhum. Mais il va partir, il va l'abandonner. Alors qu'il est là, nu dans son lit, endormi, comme un objet accessible.

Par terre Dennis voit sa cravate, il la prend, la passe autour du cou de l'adolescent, serre, mais l'autre se réveille, se débat, ils luttent au corps à corps un moment, puis Dennis a le dessus. Cependant le garçon n'est pas mort, alors il le prend dans ses bras, le traîne dans la cuisine, remplit un seau d'eau et lui plonge la tête dedans.

Le noyé a besoin d'un bain, il le plonge dans la baignoire, le lave soigneusement, le sèche, l'habille de sous-vêtements et de chaussettes propres. Maintenant, il peut dormir près de lui en toute sécurité, se réveiller à ses côtés, il ne partira plus. Pour faire le lit, Dennis glisse le cadavre en dessous, retape les draps, la couverture, et va promener son chien Bleep, un bâtard noir et blanc qui n'a même pas reniflé le cadavre sous le lit de son maître. Pour Bleep, tout ce que fait son maître est incompréhensible, seule compte la balade matinale.

Le lendemain, Dennis va travailler, le cadavre est toujours sous le lit. Bleep monte la garde.

Pendant une semaine, c'est une vie de couple atroce entre Nielsen et son compagnon mort. Puis il le dissimule sous le plancher de l'appartement. Il y restera huit mois.

Huit mois durant lesquels Nielsen essaie de ne pas boire, sans y parvenir, et ne pense pas plus au cadavre sous ses pieds qu'à une vieille chemise hors d'usage.

Décembre 1979, Kenneth, un jeune touriste canadien, rencontre Dennis dans un pub. Ils sympathisent, visitent Soho, achètent de quoi boire, se retrouvent à la nuit tombée dans l'appartement de Melrose, s'installent pour dîner devant la télévision et bavardent. Bleep récolte des morceaux d'omelette, des chips et s'endort au pied du lit. Ça sent le rhum, ils boivent beaucoup de rhum ce soir-là et, à travers les vapeurs de l'alcool, Dennis écoute son compagnon lui parler de son retour au Canada. Encore un qui va le quitter… Alors qu'il est là, tranquillement installé à écouter de la musique un casque sur les oreilles, relié au magnétophone par un câble mince et noir.

Kenneth a lutté un moment, Bleep a aboyé en voyant son maître lutter pour serrer le cou de l'invité. Puis Dennis met le casque sur sa tête, écoute de la musique et boit un dernier verre en compagnie du cadavre. Après quoi, rituellement, il le lave dans la baignoire, le sèche, l'habille et l'installe sur son lit à côté de lui pour dormir.

Le lendemain matin, pour faire son lit, il met le corps dans un placard et s'en va travailler. Le soir, il ressort son compagnon du placard, l'installe sur une chaise dans la cuisine, prend des photos, parle, mange, puis le remet au lit pour regarder la télévision et s'endormir. Deux semaines de cohabitation. Puis la rupture. Dennis enroule le cadavre dans un rideau et le range sous le plancher, avec le précédent.

Kenneth sera la seule victime de Dennis dont la disparition sera signalée dans les journaux, mais le corps ne sera jamais retrouvé.

Les liaisons macabres se multiplient. En l'espace d'une vingtaine de mois, six cadavres vont se retrouver sous le plancher. Dennis ne racole même pas, il sympathise dans les pubs avec de jeunes marginaux, des sans-domicile fixe, des fugueurs, des chômeurs, des adolescents à la dérive. Beaucoup fréquentent son appartement le temps d'une soirée et en repartent sans dommage. Les autres, sous le plancher, commencent à encombrer et Dennis pratique le dépeçage à son rythme, remplit les sacs-poubelle ; il fait même un feu dans le jardin devant l'immeuble, avec des pneus qui empestent pour masquer l'autre odeur. Les voisins ne remarquent rien. Aucun policier ne vient frapper à sa porte. Les victimes n'ont pas d'intérêt social, nulle famille pour s'inquiéter d'eux. Et, de pub en pub, les pistes sont inextricables.

La cravate de Dennis Nielsen, qui s'est avérée l'instrument le plus pratique pour étrangler, va servir une dizaine de fois entre 1980 et 1981. Toujours le même processus : il achève sa victime en la noyant si nécessaire, puis lave, sèche, habille et vit avec ce compagnon cadavérique entre huit et quinze jours. Parfois, il s'offre une relation sexuelle solitaire, avant ou après. Parfois pas du tout. L'essentiel, c'est de « garder » quelqu'un, de lui parler, de dormir à ses côtés.

Il y aura ainsi Martyn de Liverpool, un jeune fugueur de dix-sept ans, dont le corps était si beau que Dennis regrette de devoir l'abandonner sous le plancher au bout de deux jours. Il était trop boursouflé.

Il y aura également Billy, vingt-sept ans, marginal, prostitué à l'occasion, qui traîne sa vie comme un poids, après un mariage, un divorce, un enfant, de la prison, des tatouages sur tout le corps. Il s'est presque imposé chez Dennis, pour avoir un toit et ne pas retourner à l'Armée du Salut.

Alors Dennis l'a tué pour s'en débarrasser. Ce n'était pas une rencontre intéressante pour lui et il estime lui avoir plutôt rendu service.

Il y aura encore Malcolm, vingt-quatre ans, sans famille, sans amis, en traitement psychiatrique et épileptique. Dennis l'a trouvé sur un trottoir. Malade. Lui aussi, il a voulu lui rendre service, il l'a ramené chez lui, puis l'a envoyé à l'hôpital se faire soigner, mais l'autre est revenu, décidé à s'installer dans l'appartement. Il a bu – Dennis ne voulait pas – et, bourré de médicaments, il s'est effondré comme une loque. Alors Dennis s'en est débarrassé également. Celui-là, il l'a fourré sous l'évier de la cuisine, en attendant de procéder à l'élimination, par découpage la nuit et sacs-poubelle le matin, ou enterrement des débris. Pour les viscères, c'est facile, il n'a qu'à les déposer la nuit dans les buissons, et les chats, les rats ou les oiseaux s'en chargent.

1981. Dennis Nielsen déménage avec Bleep, pour s'installer dans un appartement de Crawley Gardens. La maison a deux étages, il occupe le second. Au premier, un voisin tranquille. Dennis dispose d'une chambre, d'un petit salon, d'une cuisine et d'une salle de bains. C'est plus confortable que précédemment. Et il n'y a pas de parquet. C'est important qu'il n'y ait pas de parquet. Dennis se dit qu'il ne pourra plus cacher de cadavre sous un parquet et que tout ça va s'arrêter.

Hélas ! les pulsions reviennent, et il y succombe. Un jeune étudiant, un autre garçon prénommé John, un autre Stephen… Paul… Graham…

Des sacs-poubelle, encore et encore, que les éboueurs ramassent au petit matin ; pour le reste, tout ce qui peut passer dans l'égout y passe.

Mars 1981. Intermède curieux dans cet itinéraire : Paul.

Paul est étudiant, il a beaucoup bu avec Dennis, il s'est endormi ivre, il a eu la sensation d'étouffer, de ne plus pouvoir respirer ou parler, de mourir étranglé, ou d'être noyé… ou les deux. Au petit matin, Dennis lui dit : « Tu devrais aller à l'hôpital, tu n'as pas bonne mine. »

Paul n'a jamais compris qu'on avait voulu réellement l'étrangler et le noyer. Cette marque autour du cou, violacée, est restée pour lui un mystère. Ces yeux injectés de sang, ce teint blême... Il n'a même pas porté plainte. Plus tard, quand il a été convoqué comme témoin, il avait encore du mal à y croire. Dennis est si sympa, si tranquille... si gentil avec les gens.

Mai 1982. Autre épisode curieux : Carl.

Le jeune homme s'est réveillé en sentant quelque chose autour de son cou ; les oreilles bourdonnantes, sans air, la bouche sèche, il a perdu connaissance, puis il a eu la sensation de se noyer ; sa tête lui faisait atrocement mal, mais il n'arrivait pas à reprendre vraiment conscience. Juste de quoi se dire : « Je suis en train de mourir. »

Dennis avait tout fait pour qu'il meure, puis l'avait allongé sur le lit comme les autres, et avait regardé la télévision comme à l'accoutumée, en bonne compagnie. C'est Bleep, qui d'habitude ne s'occupait pas des cadavres, se sauvait quand il y avait de la bagarre, ne reniflait pas ce qui était mort... c'est Bleep qui tout à coup est venu lui lécher le visage et les jambes. Il avait compris que celui-là n'était pas mort et qu'il fallait peut-être faire quelque chose pour lui. Un coup de langue dans la figure par exemple. Dennis s'est mis d'accord avec Bleep pour sauver celui-là, puisqu'il avait résisté à tout. Il l'a frictionné, requinqué, il avait mauvaise mine aussi, ce beau mannequin aux yeux tout rouges, au visage tuméfié par les vaisseaux éclatés, avec ce collier violet sombre autour du cou.

Dennis l'a raccompagné jusqu'au métro, avec Bleep, et lui a souhaité bonne chance. « Salut Carl... *good luck...* »

Il n'a pas porté plainte non plus, celui-là. Existence marginale, photos pornographiques : on n'aime pas la police dans ce milieu. Et en témoignant plus tard, lui aussi dira : « Il était compatissant. »

C'est l'égout qui a raconté la fin de l'itinéraire de mort de Dennis Nielsen, après quinze ou peut-être seize meurtres.

Le plombier est allé voir la police avec une partie de sa trouvaille, on a examiné ce magma en laboratoire : c'était probablement l'avant-dernière victime qui avait bouché les canalisations, un nommé Graham – l'autre, la dernière, était encore dans l'appartement, une partie sous la baignoire, une autre dans des sacs-poubelle dans un placard, et encore une autre dans la cuisine.

Lorsque le premier inspecteur est arrivé chez lui, Dennis a demandé : « Que se passe-t-il ?

— On a trouvé des restes humains dans l'égout.

— Mon Dieu mais c'est horrible ! »

Et l'inspecteur a demandé très vite, pour voir : « Où est le reste du corps ?

— Dans le placard, il faut que je vous montre. »

L'inspecteur s'attendait à tout, mais pas à cette facilité, ni à cette odeur affreuse qui régnait dans l'appartement, aux sacs-poubelle, à la baignoire encore pleine... ni surtout à la longue liste que Dennis Nielsen allait fournir, sans résister, sans nier quoi que ce soit. Sans pouvoir donner tous les noms, ou toutes les dates précises, mais avec un luxe de détails, un récit circonstancié de chaque rencontre avec la mort.

Il dit ne pas savoir pourquoi il tue, sauf qu'il a envie de garder les gens près de lui. Le remords ne le ronge pas, les cauchemars ne hantent pas ses nuits, il n'est pas gêné par la décomposition ou l'odeur ; ce n'est pas forcément pour avoir un rapport sexuel, il ne hait pas ses victimes, au contraire, il les aime bien. Il les lave, les habille, les assoit sur une chaise dans la cuisine, les allonge sur son lit pour dormir... Il raconte la technique du dépeçage avec un sang-froid sidérant. Il identifie la tête de sa dernière victime comme il reconnaîtrait une cravate lui appartenant. C'est Stephen.

Trente heures d'interrogatoire retracent sa vie ponctuée de cadavres.

La veille de son arrestation, il a essayé de dégager l'égout entre les deux visites du plombier : il avait l'intention de remplacer « ça » par des débris de poulet, pour écarter les soupçons. Mais il était trop tard.

Devant ce genre de folie, la loi est bien malade elle aussi. Inculpé de six meurtres et de trois tentatives d'étranglement, les autres cadavres n'ayant pu être identifiés, Dennis affronte le jury à la fin de l'année 1983. Coupable ou fou ?

Les experts psychiatres vont dérouler l'arsenal de leurs connaissances, d'où il ressort essentiellement que Dennis Nielsen ne considère pas les autres êtres humains comme des personnes, mais comme des objets ou presque. Il est insensible à toute émotion, quoique dissimulateur, très logique, ingénieux même, intelligent. Il combine des éléments paranoïdes et schizoïdes. Quant à savoir s'il sait exactement ce qu'il fait quand il tue… « Il peut reconnaître la nature de ses actes, mais pas leur gravité. Il veut tout simplement tuer des gens qui n'existent que dans ses fantasmes. »

L'accusation dit : il sait ce qu'il fait.

La défense rétorque : il est simplement capable de le faire.

Le procès dure un mois, le jury est incapable de se décider le 3 novembre 1983. Il passe la nuit dans un hôtel à délibérer sans parvenir à une décision unanime sur la responsabilité de l'accusé. Le président demande alors un verdict à la simple majorité. Il y aura dix voix contre deux pour la culpabilité avec responsabilité.

Dennis Nielsen a été condamné à la prison à perpétuité, avec une peine de sûreté de vingt-cinq ans. Il a eu une liaison amoureuse avec un détenu, puis, après le transfert de ce dernier, il a adopté une perruche pour lui tenir compagnie dans sa cellule de la prison de l'île de Wight. La solitude lui est toujours insupportable.

Le jour de son arrestation, Bleep, le chien qui a sauvé une des victimes, a passé trente heures dans le commissariat, à gémir pour qu'on lui rende son maître. Il a été piqué la semaine suivante, sans jugement préalable.

La SPA n'était pas bonne pour lui ?

Boucherie belge

Agnès S. a des malheurs. À près de quarante ans, elle se retrouve sans mari, avec une fille d'une dizaine d'années à élever. Et pas beaucoup d'argent. Mais Agnès, une brune aux traits fins, ne manque pas de courage. Elle décroche bientôt un emploi de caissière dans un petit supermarché. Le travail est un peu monotone, elle rentre le soir assez fatiguée, mais, en compensation, elle voit du monde, les clients sont parfois aimables, c'est l'occasion d'échanger quelques paroles sans conséquence sur la pluie et le beau temps. Et puis, qui sait si parmi tous ces clients il ne s'en trouvera pas un, solitaire et disponible, avec lequel elle pourra refaire sa vie… C'est le souhait qu'elle formule de temps en temps, accompagné d'une petite prière à la Sainte Vierge.

Depuis quelques semaines, Agnès remarque qu'un garçon sportif, blond, un peu empâté, lorsqu'il fait ses emplettes, semble venir plutôt vers sa caisse pour en régler le montant. Il est du genre costaud, au moins une bonne centaine de kilos sur la balance, il y a une certaine ironie dans ses yeux, la bouche est souriante bien que les lèvres soient assez minces. Pas mal en définitive. À vue de nez il doit friser la quarantaine, il a donc pratiquement l'âge d'Agnès.

Les conversations anodines à la caisse font bientôt place à une invitation à danser un samedi soir. Suit une invitation à dîner qu'Agnès rendra chez elle, l'occasion de présenter à Maxime, puisque tel est le prénom du « client », sa fille, la jolie petite Évelyne. La soirée est sympathique. D'autres suivront, qui se prolongeront même jusqu'au petit matin. Agnès s'en va mettre un cierge pour remercier la Sainte Vierge de lui avoir apporté un compagnon bien sous tous rapports. Maxime est électricien, un bon métier qui ne risque pas de connaître le chômage. On commence à faire des projets de vie commune.

Et bientôt, Agnès décide de franchir le pas. Devant les demandes pressantes de Maxime, elle abandonne son domicile et vient avec la petite Évelyne, s'installer chez l'athlétique électricien. Au début, tout semble idyllique. Agnès et Évelyne se réjouissent d'avoir retrouvé la chaleur d'un foyer équilibré. Maxime est un bon ouvrier, il ne manque pas d'ouvrage. Tous les trois habitent dorénavant chez lui, un petit pavillon de pierre blanche flanqué d'un garage. Maxime est un passionné de vidéo : il dévore toutes les revues qui se font l'écho des dernières nouveautés en matière de caméscope, de branchements, de montage. Mais jamais Agnès ni Évelyne ne verront les films de vacances qu'il aurait pu faire d'elles.

Au fil des jours, Agnès commence à se demander si elle a fait vraiment le bon choix en changeant de domicile et d'existence. Il lui semble que son compagnon s'intéresse d'une manière un peu trop pressante à Évelyne qui, à cette époque, vient juste d'avoir ses douze ans. De plus Maxime, qui n'a pas été trop bavard en ce qui concerne son enfance et ses parents, semble traîner un lourd contentieux psychologique derrière lui. Il est d'une jalousie que le moindre observateur qualifierait sans hésitation de « maladive ». Pour un oui, pour un non, il accuse Agnès de regarder les autres hommes. Son métier de caissière est un bon prétexte pour trouver qu'elle a le sourire trop « commercial » avec les clients masculins. Il s'ensuit des scènes qui laissent Agnès décontenancée. Devant un jaloux, il n'est pas d'argument qui tienne. Toutes les dénégations semblent des preuves supplémentaires de culpabilité.

Même la pauvre Évelyne, blonde gamine encore innocente, doit essuyer les reproches véhéments de son « beau-père ». Un jour où tous les deux marchent côte à côte dans les rues de la cité belge où ils demeurent, Maxime éclate soudain d'une colère incoercible. Il vient de surprendre un regard qu'Évelyne adressait, de loin, à un garçon de son âge, élève du même établissement scolaire qu'elle. Évelyne fond en larmes. Maxime, pris d'une rage qu'il ne peut maîtriser, se laisse même aller jusqu'à lui décocher un coup de pied qui la jette à terre, hurlante de douleur.

De jour en jour la situation semble se dégrader. Agnès se dit bien que Maxime devrait aller consulter un psychiatre. Elle cherche, en vain, ce qui, dans sa propre attitude, pourrait donner prise à la critique. La même Agnès que Maxime a courtisée il y a à peine quelques mois, celle qu'il a convaincue de venir partager ses jours et ses nuits, est devenue, semble-t-il, comme par une malédiction étrange, une « pouffiasse ». Aux yeux de Maxime, si l'on en croit ses vociférations à présent quotidiennes, « toutes les femmes sont des pouffiasses, qui n'arrêtent pas de b... avec le premier venu » ... L'ambiance devient insupportable.

Agnès a un frère, Roland, un grand garçon maigre qui a environ dix ans de moins qu'elle. Elle se tourne vers lui pour lui demander de l'aide. Roland accepte de venir la soutenir, ne serait-ce que pour calmer les crises de rage de Maxime. Mais cette idée d'Agnès, cette bonne intention de Roland vont déclencher la tragédie.

C'est ainsi qu'un soir du mois de mai, par un temps d'orage exceptionnellement violent, les policiers de cette banlieue belge voient arriver dans leur commissariat, titubant, couvert de sang, un grand garçon maigre dégoulinant de pluie. Hébété, incapable de tenir debout, à peine capable de s'expliquer, Roland, car c'est lui, s'effondre en demandant du secours. Il explique, à mots hachés, que Maxime, là-bas, est en train de devenir fou. « Venez vite, il est en train de tuer tout le monde ! » Les policiers se précipitent.

Quand ils arrivent, le petit pavillon de pierre blanche semble étrangement tranquille et bouclé de toutes parts, aucune porte ne se laisse forcer, toutes les fenêtres sont closes. Impossible de pénétrer et personne ne répond aux coups de sonnette. Quelqu'un, au bout d'un moment, se dit que Roland, le jeune homme qui est venu donner l'alerte, a peut-être des clés. En effet, à l'hôpital où il a fallu le transporter, on retrouve les clés du pavillon dans ses poches. Bientôt les policiers pénètrent dans la maison.

Hélas ! dans la pénombre, ils heurtent du pied un corps sans vie : celui d'Agnès, au milieu d'une mare de sang. On constate rapidement qu'elle est morte, la gorge tranchée. Un peu plus loin, dans le living dont les murs, le plafond, les meubles, les tapis sont aspergés de longues giclées sanglantes, les policiers constatent qu'ils arrivent trop tard aussi pour la pauvre petite Évelyne. Elle gît dans un coin, la gorge fendue, sans doute par la même arme.

Il ne reste plus qu'à retrouver le coupable. Il n'est pas loin : on le découvre, recroquevillé, dans une autre pièce qui lui sert de bureau. Lui aussi saigne ; de toute évidence il s'est tranché les veines, mais lui, au moins, est encore en vie. Transporté à l'hôpital, on constate, comme de bien entendu, que ses jours ne sont pas en danger. Impossible de lui arracher le moindre mot, ni aveu ni explication, pas plus sur le mobile de cette boucherie que sur les circonstances exactes de la tragédie. « Des pouffiasses, toutes des pouffiasses… », répète-t-il comme un leitmotiv.

La solution sera donnée par sa passion pour la vidéo. Les policiers, en faisant les constatations d'usage, découvrent bientôt qu'une caméra vidéo est branchée au plafond du living, comme si Maxime, obsédé par la jalousie, avait voulu surprendre ce qui pouvait se passer en son absence sous son toit. Une deuxième caméra vidéo est dissimulée sous un meuble, puis une troisième, tout aussi invisible, est découverte. Pratiquement impossible, pour Agnès et Évelyne, de faire un mouvement dans le living sans être dans la ligne de mire des trois camescopes. Impossible de dire ou de faire le moindre geste suspect sans être immédiatement prises en défaut sur la bande sonore.

Justement, une des caméras est branchée. Les policiers mettent ce film en lecture et là, muets d'horreur, ils assistent au déroulement de la tragédie encore toute chaude. Ce ne sont d'abord que des cris : personne n'est cadré dans le living. Les cris de Maxime et les cris de terreur d'Agnès. L'électricien jaloux, qui semble déjà hors de lui au début de la scène, hurle des reproches à sa compagne : reproches surprenants pour n'importe quel témoin. Maxime accuse Agnès d'être la maîtresse de… Roland, son propre frère… Aucune des dénégations terrorisées de la malheureuse ne parvient à le calmer. Il enchaîne d'ailleurs en proférant la même accusation à l'encontre d'Évelyne. Celle-ci, selon lui, serait la maîtresse de son oncle… Le film continue…

Agnès apparaît alors dans le living. Évelyne aussi, en larmes. Tandis que Maxime poursuit ses injures et ses coups, la gamine se recroqueville dans un coin. Maxime exige alors des aveux de la part d'Agnès : qu'elle avoue, qu'elle avoue donc qu'elle couche avec son frère. Roland, qui dort dans une chambre du premier étage, apparaît devant la caméra et reçoit alors sa part d'injures et de coups. Il ne fait vraiment pas le poids devant la masse courroucée de l'électricien et il décide de courir chercher du secours. La caméra enregistre le bruit de sa voiture qu'il met en marche avant de partir sur les chapeaux de roues jusqu'au commissariat.

Maxime disparaît un moment vers la cuisine. Agnès est trop effondrée pour saisir Évelyne et prendre la fuite vers l'extérieur.

Les derniers plans sont explicites, hélas ! Maxime revient de la cuisine en brandissant un long couteau de boucher. Il continue à hurler. On entend la voix d'Agnès, qui, dans un dernier effort pour essayer de le calmer, avoue alors l'invraisemblable : « Oui, dit-elle, je suis la maîtresse de Roland. » Elle supplie Maxime, maintenant qu'elle a dit tout ce qu'il voulait, de se calmer et de les épargner, elle et sa fille. Tout est bon pour gagner du temps.

En guise de réponse, Maxime, d'un grand mouvement du bras, lui tranche la gorge. Le sang gicle jusqu'au plafond. Dans sa colère, son bras arrache la suspension du plafond, les plombs sautent. Est-ce la fin du cauchemar ? Non, l'action reprend comme dans les scénarios classiques de films d'horreur.

Maxime a remis en place l'interrupteur du compteur électrique. Sans s'être calmé, il s'approche de la pauvre Évelyne en larmes qui ne bouge plus, tétanisée. D'un seul coup, il lui tranche à son tour la gorge. La caméra enregistre les derniers soubresauts des deux corps que la vie quitte par saccades.

L'histoire qui n'existe pas

C'est l'histoire d'une femme. Puis d'une autre femme. Puis d'une petite fille. Et aussi celle d'un petit garçon.

C'est une histoire qui a changé d'histoire. Une histoire que personne n'a le droit de raconter sans prendre d'immenses précautions. C'est aussi l'histoire d'une voiture et d'un homme au volant.

Et c'est avant tout l'histoire d'une pulsion jalouse.

La jalousie est un sentiment caché très souvent, honteux parfois, visible nous dit-on sur le visage du jaloux. Il arbore en général ce visage : sourcils froncés, réunis en barre obstinée au-dessus d'un regard suspicieux. S'il s'agit d'un homme jaloux.

S'il s'agit d'une femme jalouse, la morphologie est moins évidente au niveau des sourcils, mais le nez compense en général. Aigu, à l'affût, grand ; par contre, la bouche est mince, comme rétrécie sur des phrases ritournelles : « Avec qui étais-tu ? » « Où étais-tu ? » « Qui regardes-tu ? » « À quoi penses-tu ? » « Que faisais-tu ? »

Ces deux descriptions, empiriques, du visage du jaloux et de la jalouse n'ont fait école que dans les essais de morphologie du XIXe siècle, lesquels, on s'en doute, étaient loin d'être scientifiques, puisqu'ils abordaient avec la même autorité des descriptions de différentes races, en les agrémentant d'adjectifs douteux et de commentaires qui ne l'étaient pas moins. Exemple : le Chinois est paresseux…

Restent les phrases, qui elles n'ont pas changé, et ne changeront jamais. L'extraordinaire dans cette histoire qui n'est plus une histoire, qui n'a plus le droit d'être une histoire, qui ne devrait donc pas se raconter, et ne le sera pas ici, c'est le résultat de la jalousie elle-même.

Et ce résultat, il est racontable.

Imaginons un homme et une femme. Dans une voiture, sur une route de campagne, et pourquoi pas un dimanche. Imaginons que leur enfant, un petit garçon par exemple, se trouve à l'arrière de cette voiture.

L'enfant a l'âge de raison, sept ans. L'âge d'entendre et de comprendre l'essentiel de la conversation que tiennent ses parents à l'avant du véhicule. Banale et quasi quotidienne.

Elle : « Prends plutôt à droite ! »

Lui : « Mais non, c'est plus court à gauche !

— Oui, mais à gauche, la route est mauvaise !

— D'accord, mais sur deux kilomètres seulement !

— Tu veux toujours avoir raison !

— Pas du tout, de toute façon c'est plus joli à gauche !

— Joli ! Avec toi, il faut toujours que ce soit joli ! Tu ne penses qu'à ça, d'ailleurs...

— À ça quoi ?

— Aux jolies femmes, par exemple !

— Comment fais-tu pour détourner la conversation à ce point ? Nous parlions du paysage... c'est bien toi ça... l'obsession !

— Je ne suis pas du tout obsédée, c'est toi qui l'es ! Hier au supermarché, hein, cette caissière ?

— Quelle caissière ?

— Ne fais pas l'innocent, en plus ! Je t'ai bien vu la regarder...

— Tu me fatigues. Je l'ai regardée uniquement parce qu'elle ne trouvait pas le prix de cette boîte de choucroute !

— Ben voyons... je te connais... le moindre prétexte est bon !... Et naturellement, tu as pris à gauche ! »

Silence. On peut imaginer un silence à cet instant, puisque de toute façon ce dialogue est imaginaire, « elle » n'a pas de nom, « lui » non plus, et nous ne saurons pas de quelle route il s'agit.

Elle boude, il conduit, à l'arrière le gamin s'ennuie. Les gamins s'ennuient toujours le dimanche.

« Papa, tu m'achètes des bonbons ?

— Quand on s'arrêtera pour l'essence.

— C'est ça, achète-lui tout ce qu'il veut ! Tel père, tel fils ! Tu l'emmèneras chez le dentiste après, pas moi !

— Bon... d'accord, on ne lui achètera pas de bonbons ! »

Le gamin maugrée, sa mère se retourne, distribue une claque, le gamin boude.

Ainsi qu'il est facile de le constater, même en imagination pure, c'est « elle » qui sème la discorde. Mauvaise humeur, esprit de contradiction, quelque chose la tracasse. C'est que la jalousie peut devenir une véritable maladie avec effets secondaires sur l'environnement. Un bon psychologue vous dira que l'on peut passer de la simple jalousie non fondée, qui n'est qu'une préoccupation dérivée de l'anxiété, au délire de jalousie, qui lui est une psychose passionnelle. Et lorsque le sujet jaloux est atteint de psychose, tous les degrés sont possibles. De même qu'un tremblement de terre se mesure selon une échelle dite de Richter, le jaloux se situe sur le barreau qui lui convient, et, selon les circonstances, il peut grimper brutalement de plusieurs degrés.

À quel degré se situe le tremblement de terre dévastateur ? En général entre six et sept et demi. À sept et demi, il est mortel.

« Elle » est en train de grimper.

Pendant ce temps, à l'autre bout de cette route de campagne, une autre famille est en balade dominicale. Une grande famille, composée de plusieurs adultes, et d'un bébé dans une poussette.

Ici, on parle du printemps, qui s'annonce pluvieux, on parle de la guerre des Malouines, de la future coupe du monde de football et de Platini, de la tarte aux pommes de la tante Berthe, de l'avenir de la jeune fille de la famille, et des progrès de la petite dernière à la maternelle. Par exemple.

L'après-midi s'achève tranquillement, un petit vent frisquet s'accroche aux fleurs des arbres fruitiers, une grand-mère se penche pour remonter la couverture de la poussette où sommeille un joli minois d'environ cinq ans, fatigué par la promenade.

Là-bas, sur la route, dans la voiture, la tension a dû monter. « Elle » marmonne, « il » refuse de discuter, le gamin s'agite à l'arrière, et le véhicule file dans le soleil couchant, peut-être un peu vite, peut-être un peu nerveusement mené par le conducteur, et encore... rien n'est moins sûr, d'ailleurs nous n'en savons strictement rien, et pour cause, puisque cette histoire n'existe pas officiellement.

Le compte à rebours vient cependant de commencer. Dans quelques minutes, puis quelques secondes maintenant, le véhicule va rencontrer les promeneurs.

Le film de l'accident, si on pouvait le dérouler au ralenti, montrerait une voiture, soudain devenue folle, faire un écart brusque, foncer sur le bas-côté et faucher de plein fouet le groupe de promeneurs.

Tout le monde est atteint, les adultes sont sérieusement blessés, la poussette a été projetée en l'air, l'enfant tué sur le coup, et la voiture s'immobilise.

À l'intérieur le conducteur est choqué. Il contemple, égaré, le carnage qui vient de se produire. Les corps allongés, certains tentant de se relever. Et il entend les cris. L'enfant. Il comprend immédiatement que l'enfant est mort.

Choquée elle aussi, elle ne dit plus rien. Derrière, le gamin a valsé quelque peu sur la banquette, une bosse peut-être, rien de grave.

« Il » sort de la voiture, « elle » le suit aussitôt. « Il » prévient la gendarmerie, lui ou bien le conducteur d'une autre voiture ; bref les secours arrivent, les blessés sont emmenés en ambulance. Un petit corps minuscule enveloppé dans un linceul de plastique est chargé dans un fourgon. Une vie à peine entamée vient de s'achever au printemps.

Les gendarmes interrogent le conducteur. Dialogue imaginaire aussi, mais classique :

« Que s'est-il passé ?

— J'ai perdu le contrôle de la voiture.

— Un malaise ? Vous rouliez trop vite ?

— C'est mon fils, il a voulu grimper sur le dossier du siège avant, il a basculé sur moi, le volant a dévié, tout s'est passé si vite que je n'ai pas eu le temps de redresser ou de freiner. Ma femme a essayé vainement de contrôler la direction. »

« Il » est blême, on peut le comprendre. Une histoire aussi bête qui coûte la vie à un petit enfant...

« Elle » est également bouleversée. « J'ai fait ce que j'ai pu, mais notre fils était presque tombé sur les genoux de son père, je n'ai pas réussi à donner un coup de volant dans l'autre direction. »

Le gamin, lui, ne dit rien. Il a eu peur le pauvre, c'est normal. De plus, c'est sa faute, il a fait une bêtise énorme ! Il n'est pas sage ce gosse, et les gendarmes lui font une peur bleue avec leurs uniformes et leurs casquettes. Ah ! si les ceintures de sécurité étaient obligatoires à l'arrière des véhicules de tourisme, et si les enfants étaient systématiquement attachés...

Ils ont raison les gendarmes, à force de voir systématiquement des accidents où les gosses atterrissent dans le pare-brise...

Il a de la chance, ce sale gamin, de s'en tirer à si bon compte. Si le véhicule de son père en avait croisé un autre, c'est lui probablement qui serait mort à cette heure...

Procès-verbal, « il » sera convoqué ultérieurement : il risque un retrait de permis de conduire et une amende.

Effectivement, le conducteur est condamné pour homicide et blessures involontaires. Retrait de permis pour un mois, deux mille francs d'amende, c'est le tarif.

Un enfant est mort. Les années passent. Le souvenir de cet enfant mort est difficile à supporter, à oublier.

« Il » se sent coupable. Et, avec « elle », rien ne va plus. Le petit garçon grandit, traverse l'adolescence, approche de l'époque bénie ou abhorrée où il devra faire son service militaire. Rien n'empêche plus ses parents de mettre un terme à un mariage raté. Est-ce « elle » qui demande le divorce ? Est-ce « lui » ?

Un divorce est toujours difficile, celui-là doit l'être particulièrement. À force d'être jalouse, elle a dû provoquer une forme de rejet chez « lui ». Il s'est peut-être tourné vers d'autres visages féminins plus accueillants. Et, dans ce cycle infernal, elle a peut-être trouvé une justification à sa jalousie. De toute façon, ils ne s'aiment plus depuis longtemps, ils n'étaient pas faits l'un pour l'autre, « elle » lui a « consacré » les meilleures années de sa vie... « Il » l'a supportée, elle et ses crises de jalousie, bien trop longtemps...

« Il » s'en va vivre ailleurs une autre vie, et le divorce est prononcé à ses torts exclusifs. Le vilain, c'est lui. La pension à verser tous les mois, c'est pour lui.

Et le gamin devenu grand, au milieu de tout ça ? Il est en âge de choisir son camp, maintenant.

« Il » remâche ses aigreurs. Peut-être en parle-t-il avec son fils ?

Imaginons encore un dernier dialogue, entre père et fils cette fois :

Le père : « Tu te souviens de l'accident ? »

Le fils : « C'est vieux…

— Mais tu t'en souviens…

— C'était pas ma faute.

— Je sais bien que ce n'était pas ta faute. Tu n'en as jamais parlé ?

— Non, mais j'aurais préféré dire la vérité. Pas toi ?

— Si. Ça m'a rendu malade pendant dix ans cette histoire.

— Pourquoi tu ne l'as pas dite ?

— Par lâcheté sur le moment, pour nous protéger tous. En fait, ça n'a rien arrangé, au contraire ; ces dernières années avec "elle" ont été empoisonnées par cette histoire. Ça n'a pas dû être facile pour toi non plus.

— Non. Et pourquoi tu ne dirais pas la vérité aujourd'hui ?

— Tu la dirais aussi ?

— Oui. Y a pas de raison. Ces gens-là ont besoin de savoir la vérité. Ça me soulagerait qu'ils sachent que ce n'est pas ma faute. »

Bien. Ceci est une version. Il en est d'autres. On peut imaginer la version vengeance. « Il » est furieux d'avoir à supporter tout le blâme et les inconvénients d'un divorce, il lui en veut à « elle », donc il va dire la vérité aux gendarmes.

Il y a aussi la version libératrice. Le gamin devenu grand, presque un homme, ressent comme un besoin de propreté morale, un immense dégoût du mensonge dans lequel il a vécu immergé pendant son enfance.

Quoi qu'il en soit, dans cette histoire qui ne doit pas exister, les personnages ont un mobile, et ce mobile les conduit, soit l'un soit l'autre, soit tous les deux ensemble, à la gendarmerie. Prenons « lui » : « J'ai été condamné pour un accident de voiture mortel. Un enfant de cinq ans a été tué. Je conduisais la voiture, mais ce n'est pas moi qui ai provoqué l'accident, et ce n'est pas mon fils non plus. C'est "elle".

— Elle conduisait le véhicule ?

— Oh non ! elle était passagère.

— Comment a-t-elle fait ?

— On roulait, à un moment j'ai aperçu le groupe de promeneurs sur le bas-côté, il y avait une jeune fille en minijupe, et j'ai dit : "Oh, la jolie fille !"

— Et alors ?

— Ça l'a rendue furieuse. Tout d'un coup, elle est devenue comme folle, elle a crié quelque chose comme : "Je vais la tuer !" Elle a sauté sur le volant et a foncé sur eux. Je n'ai pas eu le temps de réagir.

— Parce que vous aviez dit que cette jeune fille était jolie ?

— Oui. Elle était jalouse, une vraie malade.

— Pourquoi ne pas l'avoir dit ? Pourquoi avoir raconté que c'était votre fils ?

— Pour la protéger. »

Prenons le fils maintenant :

« Ils ont menti, et moi je n'avais pas droit à la parole. Désormais, je peux tout dire. Ce n'est pas ma faute si cette enfant est morte. C'est ma mère qui a foncé dans le tas comme une folle ! La fille en minijupe était jolie, elle ne supportait pas que mon père regarde les autres femmes ! Après, on m'a dit qu'elle risquait d'aller en prison, et que moi je n'irais pas parce que j'étais trop petit, qu'il fallait raconter que j'avais fait l'imbécile en grimpant sur le siège de mon père. J'en ai marre de ce plan pourri. Depuis, ils ont pas arrêté de s'engueuler tous les deux. Tout ça pour finir par divorcer ! »

Donc, étant dénoncée, « elle » se retrouve inculpée de meurtre. Car il s'agit d'un acte délibéré. Coup de folie, certes, mais meurtrier. Et, ironiquement, injuste. Puisque la jeune fille en minijupe, objet de sa jalousie brutale, n'est pas morte. Un enfant innocent a payé à sa place.

Mais cette histoire est vieille de dix ans lorsque l'inculpation est effective. Et l'inculpée a beau jeu de reconnaître les faits, puisqu'ils sont prescrits. Dix ans, c'est fini. Dix ans après un meurtre, plus personne ne peut rien contre le meurtrier. C'est la règle. Il y a bien une tentative juridique pour faire admettre que la prescription a été interrompue par la condamnation survenue un an après les faits. Acte suspensif, dit-on… Neuf ans… rien n'est prescrit ?

« Elle » est en prison, elle attend que la justice décide. En jugement de première instance, le tribunal considère en effet que la condamnation de « lui » en correctionnelle est suspensive. Pas de prescription. En cour d'appel, même appréciation du tribunal. Un nouveau délai de dix ans part de la condamnation du conducteur, « elle » sera jugée pour meurtre. En Cour de cassation, il en est autrement. Selon l'argument suivant : « Un jugement pour un délit d'homicide involontaire de "lui" ne constitue pas un acte d'instruction susceptible d'interrompre la prescription d'une affaire criminelle concernant "elle". »

Voici les dernières nouvelles du front judiciaire : l'affaire, renvoyée devant l'ultime instance, la chambre d'accusation, vient de connaître son épilogue. La prescription est confirmée. « Elle » est libre. « Elle » ne sera jamais jugée.

C'est ainsi qu'il est interdit de rapporter cette histoire qui, par la magie de la prescription, est devenue totalement invisible et doit être considérée comme n'ayant jamais existé.

La petite fille dans sa poussette se prénommait Vanessa.

Liste noire

William a du pain sur la planche. Dure journée. Mais il ne faut pas dramatiser, il a déjà « abattu » pas mal de besogne, et il est presque dans les temps pour ce qui lui reste à faire…

C'est ce qu'il est en train de se dire en arrêtant son véhicule, un 4 × 4 bien rustique. Il vient justement d'arriver chez une vieille connaissance : son ancienne patronne, Johanna W. Johanna est sur le seuil du ranch, en jean, un vieux feutre planté sur sa crinière grise et jaunâtre, une fourche à la main.

Johanna, de loin, plisse les yeux dans la lumière de cette fin d'après-midi, pour examiner l'étranger qui vient de descendre de la voiture. Quand elle reconnaît William, on ne peut pas dire qu'elle en soit folle de joie. Ce dernier ne lui a pas laissé un souvenir impérissable quand, il y a quelques mois, il est venu travailler dans ses vignes. Elle le découvrait plus souvent affalé en train de dormir devant la télévision que courbé sous les hottes pleines de raisins dorés. Elle a fini par le renvoyer.

William s'approche, d'un pas lent, en traînant ses bottes dans la poussière. Il tient un fusil à la main. Qu'est-ce qu'il peut bien vouloir ? Q'il n'aille pas réclamer de l'argent.

Mais Johanna n'a guère le temps de réfléchir plus longtemps. À peine William, après avoir franchi les marches de la véranda en bois, est-il à sa hauteur qu'il lui envoie un énorme coup de poing en pleine figure. Elle en crache une dent en tombant lourdement à terre.

Mais, après ce premier coup, d'autres suivent. Johanna subit une grêle de coups, lorsque, soudain, William semble hésiter. Johanna, tout en se remettant sur pied et en se frottant le visage, comprend que son ancien employé n'est pas dans son assiette. La colère monte en elle. Et, comme elle ne comprend pas ce qui se passe, elle pose, logiquement, la question qui s'impose : « Pourquoi me faites-vous ça ? » Elle la pose en hurlant comme une perdue, mais enfin elle la pose.

Du coup William a l'air de réfléchir. Lentement, il sort de la poche de son jean une liste sur un morceau de papier. Sur la liste, certains noms sont déjà rayés. William regarde la liste et il la tend d'un geste las à Johanna, en soupirant : « Aidez-moi, j'ai déjà tué trop de gens. »

Johanna saisit la liste, juste le temps d'apercevoir que son propre nom y est inscrit, lui aussi. En femme de tête, elle comprend que les propos de William, « le cinglé » comme on dit dans le canton, sont plus que sérieux. Il s'agit de ne pas faire d'erreur.

Apparemment Johanna ne fait pas d'erreur puisque, quelques heures plus tard, vers les minuit, elle est toujours vivante, assise avec William devant des tasses de café. William raconte et elle écoute. Il raconte sa journée infernale commencée par le meurtre du vieux Mirko. Mirko, à sept heures du matin, est sur la terrasse de sa maison de bois, à quelques kilomètres de là, en compagnie de deux amis. William arrive et les trois hommes le regardent d'un air interrogateur. Qu'est-ce qu'il peut bien vouloir ? Déjà qu'hier il a parcouru les bars de la ville en affirmant qu'il allait faire un massacre. Quoi de neuf aujourd'hui ?

Mirko, en quelques instants, a juste le temps de comprendre en recevant une balle dans la tête, calibre 12. Les deux amis aussi. En repartant, William raye soigneusement leurs noms sur sa liste. Lui seul sait pourquoi il vient de tuer trois hommes. Mirko, selon lui, est responsable de l'expulsion qui a fait perdre à William son logement. Vengeance. Un des deux autres lui a pris tout son argent en jouant au poker. L'autre, rien : simplement il était là et on ne peut pas laisser un témoin.

Johanna à présent, attentive, écoute le récit de cette journée d'enfer. Mais William n'est pas au bout de son histoire. Il raconte qu'après l'exécution de Mirko et de ses deux amis, le matin, de bonne heure, il avait encore des noms sur sa liste : Daniel, Paco et Michael, qu'il les a trouvés, attablés, tapant le carton, un peu plus loin. Il les exécute froidement, eux aussi.

Pourquoi ceux-là ? Parce que ce sont sans doute eux qui ont persuadé Emily, la femme de William, de quitter son mari, « le cinglé », avec leur fille. Et puis ils n'étaient pas étrangers à une certaine bagarre, il y a quelques semaines, bagarre dans laquelle William a laissé toutes ses dents de devant.

Alors maintenant, il est venu pour tirer une nouvelle balle dans la tête de Johanna, pour se venger d'elle, du jour où elle l'a viré de son boulot de vendangeur. Mais soudain, sans doute à cause de l'heure tardive, de toutes les émotions de la journée, William sent qu'il manque d'énergie. Une idée lui vient. Il dit à Johanna : « Je vais prendre votre voiture et je vais aller me promener en haut des falaises de W. »

Johanna se garde bien de critiquer ce projet. Mais il ajoute : « Bien sûr, si je fais ça, je vais être obligé de vous tuer. » Johanna est loin d'approuver. Elle sait qu'elle est sur le fil du rasoir, qu'elle doit « la jouer très fine » avec ce fou armé d'un calibre 12, William jette un coup d'œil sur la campagne envahie par la nuit. Y a pas à dire, il a passé de bons moments dans cette vigne-là. Il faut reconnaître qu'il était un peu tire-au-flanc… Et ce bon vieux Mirko. Bien sûr, il lui a flanqué une balle dans le crâne pas plus tard que ce matin, et aux cinq autres aussi, mais, à bien y réfléchir, ils n'étaient pas si mauvais que ça. Ils l'ont simplement énervé en se fichant de lui sans arrêt.

Soudain sentimental, William songe, un peu tard, à l'avenir des siens. Il prend des dispositions « testamentaires ». Si Johanna, quoiqu'il vienne de la rouer de coups, veut bien lui rendre le service de s'en charger : « Il faudrait remettre tout l'argent dont je dispose à ma femme et à ma fille. » Johanna respire un peu : si William lui confie ce genre de mission, c'est qu'il n'a plus l'intention de l'exécuter. Il faudrait aussi, si Johanna veut bien noter le numéro, qu'elle téléphone à la mère de William, « quand tout sera fini ». Car le meurtrier, un peu las, annonce qu'il a l'intention de se tirer une balle de calibre 12 dans la tête. Pour en terminer une bonne fois…

Johanna réagit bizarrement quand William lui annonce son projet de se faire sauter la cervelle : « Avec un fusil, s'exclame-t-elle, ironique ? Mais vous n'êtes pas en état d'appuyer sur la détente ! » William réfléchit et, lentement, tire de la poche de son pantalon un vilain petit revolver bien brillant. Le temps passe.

À présent William est bien décidé. Johanna, prise d'une inspiration, s'inquiète des dispositions à prendre pour les funérailles du désespéré. Il est déjà quatre heures du matin. William, après un temps de réflexion, opte pour la crémation. « Et les cendres, demande Johanna, que faudra-t-il en faire ? Faut-il les disperser dans la mer ou ailleurs ?

— Dispersez-les dans la vigne, répond l'homme à la liste, c'est là que j'ai été le plus heureux. » Le téléphone sonne mais il interdit à Johanna de répondre. Les minutes passent, le téléphone insiste, une fois, deux fois, trois fois, toujours sans résultat.

Soudain William jette un coup d'œil par la fenêtre du living. Il remarque soudain plusieurs voitures de la police qui, silencieusement, prennent position autour du ranch de Johanna. William dit doucement à la femme qu'il tient en otage : « Ne bougez pas. » Il recule de quelques pas et, dans la pièce voisine, se loge une balle dans la tête. Johanna, soudain, a une formidable envie de boire une grande bière bien fraîche… et de dormir jusqu'à midi.

Les enfants de Liverpool

Nous sommes dans l'après-midi du vendredi 12 février 1993. Il est exactement, ainsi qu'on pourra l'établir par la suite à la minute, presque à la seconde près, quinze heures quarante. Denise B. fait des courses au New Strand Shopping Centre, dans le quartier populaire de B., à Liverpool, la grande cité industrielle du centre de l'Angleterre. Enfin, il vaudrait mieux dire « l'ancienne grande cité industrielle », car aucune région, sans doute, n'a été davantage touchée par la crise, avec comme conséquences la délinquance dans les quartiers populaires – c'est-à-dire dans presque toute la ville – et la violence, qui s'est exprimée de la manière tragique que l'on sait dans les stades…

Mais cela, Denise B. n'y pense pas alors qu'elle fait ses courses, ce climat détestable fait partie du quotidien. Elle-même est d'un milieu plus que modeste et habite une des banlieues les plus déshéritées de la ville. Pour l'instant, jeune maman qui gère de son mieux le budget du ménage, elle se soucie de faire au moindre prix ses provisions pour le week-end et la semaine à venir.

À ses côtés, se tient son fils, le petit James, deux ans, qui l'a accompagnée. Mme Denise B. arrive au rayon boucherie. Il y a pas mal de bousculade en ce vendredi, jour d'achats traditionnel. Le temps d'examiner la viande présentée sous cellophane, elle se retourne : James n'est plus là. Mme B. ne s'inquiète pas. Il n'y a pas une minute qu'elle l'a perdu de vue. Il ne peut être loin. Elle parcourt les allées avoisinantes, cherchant du regard sa petite silhouette en pantalon clair et blouson noir, son visage joufflu aux cheveux et aux yeux marron, mais James n'est pas là… Mme B. se met à appeler son fils, à demander aux clients s'ils ne l'ont pas vu : sans résultat. Peu après, elle va trouver la direction du magasin, qui multiplie les annonces par haut-parleur : James ne se manifeste toujours pas. Cette fois, il faut se rendre à l'évidence : il a disparu. Denise B. alerte la police…

Les policiers sont rapidement sur place. Le supermarché, comme presque tous les autres, est équipé de caméras de surveillance qui filment les clients. Ils visionnent les bandes vidéo et découvrent sans mal l'enfant. Pas de doute : ce pantalon clair et ce blouson noir, c'est bien lui !… Et grâce à la date et à l'heure qui apparaissent en incrustation, ils vont pouvoir suivre les événements seconde par seconde.

Tout d'abord, James B. est en compagnie de sa maman au rayon boucherie, puis il disparaît. À quinze heures quarante et une minutes et trente-neuf secondes, il arrive dans le champ d'une autre caméra, un peu plus loin. On aperçoit alors deux petites silhouettes qui vont dans sa direction. Ce sont celles de deux autres enfants, deux garçons plus âgés, qui doivent avoir aux environs de dix ans. Ils lui font signe et James vient vers eux. L'un des garçonnets lui dit quelque chose et l'enfant les suit.

La caméra les perd à ce moment. Mais une minute plus tard, à quinze heures quarante-deux minutes et trente-deux secondes, une autre caméra les prend. Le petit James donne la main à l'un des garçons. Trois secondes plus tard, à quinze heures quarante-deux minutes et trente-cinq secondes, il la lâche et continue à les suivre de son plein gré. C'est tout. À partir de ce moment, les caméras vidéo n'enregistreront plus rien.

Même si l'inquiétude demeure, les policiers, tout comme Mme B., sont rassurés. Le pire aurait été de voir partir James avec un homme – d'autres enfants, cela ne peut pas être bien grave. Et puis, trois gamins de cet âge-là ensemble, ce n'est pas si fréquent, cela se remarque, les témoignages ne vont certainement pas manquer.

Effectivement, ils ne manquent pas et, grâce à eux, on peut suivre le trio à la trace. Ils sont sortis du centre commercial, sont passés devant le grand magasin Mark & Spencer et ont tourné à droite dans Stanley Road. Quelques mètres plus loin, un témoin a vu James sur les épaules d'un des garçons. Il souriait. Ensuite, ils ont quitté le quartier de B. pour se rendre dans un autre quartier populaire, celui de W., près du port…

Et c'est là que les choses se mettent à basculer… Ralph B., le père de James, qui a été alerté à son travail et qui a rejoint sa femme, écoute, en compagnie des policiers, les témoignages grâce auxquels on peut reconstituer le trajet des enfants. Qu'est-ce que tout cela signifie ?

Ils ont marché pendant trois kilomètres, longeant des maisons tristes en briques rouges et une voie rapide. Plusieurs personnes ont vu alors James, qui paraissait fatigué et qui pleurnichait. Les deux garçons le traînaient par la main. Ils sont arrivés ensuite devant un terrain vague, avec un réservoir à eau désaffecté et des canettes de bière qui traînaient un peu partout. Cette fois, James B. pleurait carrément et avait une grosse bosse au front. Une vieille dame les a accostés. « Mais pourquoi pleure-t-il comme cela, ce bébé ? » L'un des deux garçons lui a répondu avec beaucoup d'assurance : « Il s'est perdu. On l'emmène au commissariat. »

La dame n'a pas insisté et les témoignages s'arrêtent là. À partir de ce moment, on perd la trace de James. Ou plutôt, non : il y a un autre témoignage et il est tout ce qu'il y a de plus inquiétant. Peu avant, Mme B., une autre cliente du supermarché, avait perdu de vue son petit garçon et elle l'avait retrouvé en compagnie de deux enfants d'une dizaine d'années, qui l'avaient abordé. À son approche, ils s'étaient enfuis.

Cette fois, tout change. Ce n'est pas par hasard que les deux petits inconnus sont partis en compagnie de James. Il s'agit d'un acte prémédité. Ils rôdaient dans le magasin à la recherche d'un enfant pour… l'enlever ! L'affaire prend soudain un tour à la fois angoissant et monstrueux !

Et, deux jours plus tard, le dimanche 14 février à quinze heures, c'est la terrible découverte qui justifie les pires appréhensions : on retrouve le corps atrocement mutilé de James B. sur une voie ferrée, non loin du lieu où il a disparu. Il a été torturé, puis battu à mort. Le meurtre est si sauvage que la police se refuse à préciser la nature exacte des blessures.

L'émotion est sans précédent dans toute l'Angleterre à l'annonce non seulement du crime, mais de l'identité des meurtriers présumés. Car, si ce sont bien eux, c'est une chose qui ne s'est encore jamais produite !

La photo des caméras montrant le petit James entre ses deux ravisseurs de dix ans est floue, mais le ministère de la Défense la retravaille, à la manière de ce qui a été fait pendant la guerre du Golfe. Elle est diffusée lors d'une émission populaire de télévision, *Crimewatch*, faisant des appels à témoins. Le commissaire Albert Kirby, de Liverpool, demande à tous ceux qui pensent avoir reconnu les gamins de le faire savoir. Les appels téléphoniques sont très nombreux, plus de quatre cents, et les deux mêmes noms reviennent fréquemment…

En fait, il ne s'agit pour les policiers que d'une confirmation, car deux suspects ont déjà été appréhendés. Leur arrestation s'est faite très discrètement, presque secrètement, pour éviter les émeutes. Ils se prénomment John et Robert et ils ont bien dix ans tous les deux ! Ils habitent le quartier de W., à cinquante mètres de l'endroit où a été découvert le corps. Ils sont issus d'un milieu très défavorisé. Le père de l'un est au chômage, la mère de l'autre est alcoolique. Ils sont suivis par les services sociaux de Liverpool et passent le plus clair de leur temps à faire l'école buissonnière et à déambuler dans les faubourgs.

C'est la première fois en Angleterre que des enfants aussi jeunes sont suspectés d'un pareil meurtre, ce qui pose aux enquêteurs un problème sans précédent : malgré l'horreur de ce qu'on leur reproche, ce ne sont que des enfants et il faut agir avec ménagement, en tenant compte de leur âge.

Tandis que l'Angleterre apprend leur arrestation avec une horreur grandissante, les interrogatoires commencent. Les policiers ont reçu des instructions précises : faire comme s'ils interrogeaient leurs propres enfants, essayer d'oublier ce qui s'est passé. Dissimulant leur nausée, ils posent leurs questions avec patience, s'efforçant de mettre en confiance, de rassurer. John et Robert ont droit à de longues périodes de repos. Ils sont interrogés en présence de leur famille, de représentants légaux et sociaux.

On a choisi de les entendre séparément, dans deux commissariats différents, afin qu'ils ne puissent s'influencer mutuellement. Jusqu'au dernier moment, les enquêteurs espèrent sans doute secrètement qu'ils se sont trompés, que ce ne sont pas eux qui ont fait cela, qu'ils n'en ont été que les témoins…

Et pourtant, si, ce sont eux et eux seuls ! Ils font exactement les mêmes aveux, tout concorde au détail près. Non seulement ils sont les tortionnaires et meurtriers de James, mais ils ont agi avec préméditation. C'était bien eux qu'avait vus l'autre cliente. Ils n'étaient venus au supermarché que pour enlever un enfant.

De surcroît, leur attitude est proprement terrifiante. Ils s'expriment avec calme, détachement, ne manifestant ni l'un ni l'autre le moindre remords. Pendant les périodes de détente qu'on leur accorde, ils jouent avec des jeux vidéo ou dessinent. Aucun d'eux, diront les policiers, n'a pleuré à aucun moment.

Lundi 22 février 1993. La procédure criminelle suit son cours. Conformément à la loi anglaise et à la différence de ce qui se passe chez nous, ce n'est pas un juge d'instruction qui décide de l'inculpation, mais un tribunal de mise en accusation. Si sa réponse est positive, ensuite aura lieu le procès proprement dit.

Ce matin-là, dans la banlieue de Liverpool, le tribunal de B., devant lequel vont passer John et Robert, est en état de siège. Un imposant cordon de *bobbies* avec matraques essaie de tenir en respect une foule qui gronde. Car, malgré les appels au calme, notamment ceux des parents de James, la tension est à son comble. On a même du mal à imaginer le vent de folie qui souffle sur l'Angleterre depuis le début du drame. Tandis que des milliers de bouquets de fleurs, d'animaux en peluche et de mots d'enfants sont déposés au supermarché où a été enlevé James et sur la voie ferrée où l'on a retrouvé son corps, des mères promènent leurs enfants en laisse comme des petits chiens ; l'opinion, traumatisée, voit des meurtriers partout.

Et la classe politique, dans un pays où la violence est un problème bien plus aigu qu'en France, ne fait rien pour inciter au calme. La grande majorité penche pour plus de sévérité, de répression. Le Premier ministre John Major déclare : « La société doit condamner un peu plus et comprendre un peu moins les criminels » et il appelle à « une croisade contre le crime ». Le ministre de l'Intérieur qualifie les jeunes criminels de « sales petites bêtes ». D'autres responsables réclament le rétablissement des maisons de correction et des châtiments corporels…

Devant la chambre d'accusation du tribunal de B., ce sont heureusement le calme et la sérénité qui règnent, en cette matinée du 22 février 1993. Les trois juges, Mme Dale, MM. Dixon et Birkett, prennent place. Les accusés sont alors introduits dans la salle. Ils entrent, dissimulés par les policiers, et s'installent face à la barre où ils ne bougeront plus car on ne doit les voir que de dos. Seuls cinq journalistes ont été autorisés à venir à l'audience. Le public, restreint et trié sur le volet, a dû subir de multiples fouilles avant d'arriver dans la salle. Les parents de James ne sont pas présents.

Contrairement aux usages, le président ne procède à aucun interrogatoire d'identité. Les noms des deux garçons seront tenus secrets, ainsi que leur adresse. De dos, comme ils sont, on peut constater que l'un est tout maigre et doit mesurer environ un mètre vingt ; l'autre est encore plus petit. Ils ne font même pas leurs dix ans !… Tout ce que l'on sait d'eux, on l'a appris par les journaux. L'un d'eux, a-t-on écrit, « a un visage d'ange et suce encore son pouce », tandis que l'autre « est déjà un voyou et a cassé des vitres en lançant des pierres ».

Au tribunal de B., c'est d'abord la lecture des confessions de John et de Robert, puis le procureur prend la parole pour demander leur inculpation pour tentative d'enlèvement, enlèvement et assassinat. Pendant ce temps, on a pu voir l'un des petits accusés bâiller et l'autre s'étirer.

On leur donne alors la parole. Ils se mettent à se disputer d'une voix boudeuse, ennuyée, comme s'il s'agissait de savoir lequel des deux a volé un pot de confitures. « C'est la faute de Robert, dit John. C'est lui qui a eu l'idée d'enlever un môme !

— C'est John qui a tué James, dit Robert. C'est pas moi ! »

Les débats sont clos. Ils ont duré en tout six minutes. Le président prend la parole. Conformément à la loi britannique, qui fixe à dix ans l'âge minimum pour être inculpé, il suit l'avis du procureur : John et Robert sont inculpés de tentative d'enlèvement, enlèvement et assassinat. Le président leur annonce qu'ils vont devoir attendre leur jugement dans une institution spécialisée. Ils y seront suivis par des psychiatres et comparaîtront devant le tribunal ultérieurement. Ils risquent la prison à vie.

Il est à noter que la dernière peine prononcée en Angleterre contre un enfant de cet âge est la condamnation à vie, en 1968, d'une fillette de onze ans qui avait étranglé deux enfants de quatre et cinq ans. Il est à noter également qu'en France les deux assassins présumés n'auraient pas été poursuivis, les mineurs de moins de treize ans n'étant pas pénalement responsables…

L'audience est levée. Les policiers reviennent entourer les deux garçonnets, qui ont un geste de surprise, comme s'ils semblaient brusquement comprendre qu'ils ne rentreront pas chez eux ce soir… Dehors, quand on les fait monter dans un fourgon blindé, une foule énorme vocifère : « Salauds ! Qu'on les tue ! » Il y a des jets de pierres et des bagarres pendant une dizaine de minutes avec les policiers. Puis, le calme finit par revenir.

Le calme est tout à fait revenu et seule subsiste une immense tristesse lorsque ont lieu, une semaine plus tard, le lundi 1er mars 1993, les obsèques de James B.

À dix heures trente, le convoi funéraire, composé de quatre limousines noires remplies de fleurs blanches, parvient à l'église du Sacré-Cœur de K., une église sinistre en ciment et en béton à l'image de ce quartier de HLM où vivent Denise et Ralph B. Les voitures s'arrêtent devant le portail et quatre personnes portent le petit cercueil blanc, dont Ralph B., le papa. L'office a lieu. Simultanément, des messes sont dites dans toute l'Angleterre, notamment à la cathédrale Westminster de Londres. Dans son homélie, le père O'Connel, qui officie, se fait l'écho de la douleur générale : « Nous aimerions tant ramener les pendules deux semaines en arrière et rendre les choses meilleures, nous aimerions tant faire revenir James, mais nous ne le pouvons pas.

James, qui va tant nous manquer, est désormais dans la vie éternelle où la souffrance et la peine n'existent plus. » Mais il tente tout de même de trouver des mots d'espoir : « Nous devons tous nous interroger. Ce décès terrible doit servir à édifier un monde meilleur, ou alors James sera mort pour rien. »

À la fin de l'office est diffusée dans l'église une chanson de Michael Jackson, la préférée de l'enfant. Le chanteur a d'ailleurs envoyé un message de condoléances aux parents. Dehors, se tient une foule d'un millier de personnes, parfaitement digne et silencieuse. Elle suit le convoi, qui prend la direction du petit cimetière local. Les services municipaux sont passés auparavant pour le nettoyer, car il sert de lieu de rendez-vous aux drogués et il était jonché de seringues…

Le cas des enfants de Liverpool est extrêmement rare et il a frappé d'horreur non seulement l'Angleterre, mais le monde entier. Aussi convient-il de se demander comment une telle monstruosité a été possible.

Il existe des exemples d'enfants meurtriers, mais ils agissent presque toujours dans le cadre familial ; le plus souvent c'est le meurtre du petit frère ou de la petite sœur dont on est jaloux ; plus rarement, il s'agit d'une agression contre un des deux parents. John et Robert, en revanche, ne connaissaient pas James, puisqu'ils l'ont enlevé par hasard, après avoir échoué une première fois avec un autre enfant.

Alors, pourquoi un tel acte ? On ne peut que faire des suppositions, mais il est improbable que les deux jeunes meurtriers de Liverpool aient eu l'intention de tuer. Ils voulaient sans doute s'amuser à faire peur et même faire mal, avec toute la cruauté dont on est capable à cet âge. Seulement, leur victime a pleuré, s'est débattue et tout a dérapé. Pris de panique, ils l'ont supprimée.

Leur attitude, lors de leur interrogatoire puis du procès de mise en accusation, montre qu'ils n'ont absolument pas conscience de ce qu'ils ont fait. La raison est à chercher dans leur environnement culturel. Tout ce qui banalise la mort peut conduire à déstabiliser l'enfant. En particulier les jeux vidéo où il suffit d'appuyer sur un bouton pour que le héros qui a été tué se remette à vivre. La télévision a, bien évidemment, elle aussi, un effet d'incitation sur les enfants. Récemment, aux États-Unis, un enfant, après avoir vu *Superman*, s'est jeté par la fenêtre, croyant avoir les mêmes pouvoirs. Des films, violents, sadiques, peuvent entraîner le même effet d'imitation.

Enfin, la dernière cause, et la plus importante sans doute, est le milieu. Les familles de John et de Robert sont des familles éclatées, confrontées à la misère. Et surtout, Liverpool est une des villes les plus sinistrées de Grande-Bretagne. La violence qui sévit dans les quartiers défavorisés défie l'imagination. La drogue et la prostitution règnent partout. Le chômage est effrayant : à certains endroits, il touche 70 % des jeunes. 40 % des foyers de la ville vivent au-dessous du seuil de pauvreté. Dans ces conditions, ce meurtre peut apparaître comme une forme extrême d'appel au secours…

Tous ces éléments sont présents à l'esprit des divers acteurs du procès de Robert et de John, qui s'ouvre le lundi 1er novembre 1993, la Toussaint n'étant pas un jour férié en Angleterre. Pour des raisons de sécurité, les débats ont lieu au tribunal de Preston, à soixante kilomètres de Liverpool. Les jurés sont au nombre de douze, neuf hommes et trois femmes, âgés de vingt à soixante ans. Comme tout le monde, ils ont eu connaissance par les médias du sort des deux petits accusés depuis le meurtre.

Robert et John ont été enfermés dans une institution spécialisée proche de Manchester. John a rêvé souvent du petit James, mais il n'a jamais parlé spontanément du meurtre. L'un de ses défenseurs a confié que, pour s'entretenir avec lui, il devait lui donner une console de jeux électroniques et que l'enfant lui répondait sans cesser de jouer. John a fêté ses onze ans en août. Il ne s'intéresse vraiment qu'au football. Pour lui faire comprendre l'importance du procès, son avocat lui a dit : « Le 1er novembre, ce sera la finale de la Coupe. »

Robert, de son côté, s'est exprimé beaucoup plus facilement que John. Il est déluré et se donne volontiers des allures de voyou. Depuis leur détention, en tout cas, ils ont fait de nouveaux aveux, qui semblent confirmer la préméditation. Ils ont déclaré qu'ils étaient venus au supermarché pour « tuer du bébé ». Ils ont reconnu avoir échoué dans une première tentative d'enlèvement avec un autre enfant. Leur intention était de le pousser sur la voie rapide devant les voitures. Quand ils ont pris James, ils voulaient le jeter dans le canal. Mais arrivé sur le quai, il s'est mis à pleurer. Ils l'ont alors conduit près de la voie ferrée. On connaît la suite...

Il est dix heures trente-cinq lorsque les deux enfants font leur entrée dans le tribunal de la Couronne de Preston. Tous deux sont en blazer et cravate, à la manière des collégiens des établissements chics de Grande-Bretagne. Ils ont les cheveux courts et on remarque qu'ils sont devenus un peu grassouillets en raison du manque d'exercice dans l'institution spécialisée.

Robert et John prennent place devant le juge, sur une estrade qu'on a dû surélever spécialement pour eux. Ils resteront le dos tourné au public et les journalistes ont l'interdiction de les photographier. En plus de leur avocat, ils ont chacun un éducateur à leurs côtés pour les assister. Pendant toute la durée des débats, on ne les appellera pas par leur nom ni même par leur prénom, mais uniquement « le garçon A » pour Robert et « le garçon B » pour John.

Devant eux se tient le juge Morland, juge unique de ce procès, en robe rouge et perruque. Derrière eux ont pris place leurs parents, tête baissée, écrasés par la situation. Le père de James, Ralph B., est présent, mais sa mère, enceinte de huit mois, n'est pas là.

Robert et John, ou plutôt « les garçons A et B », vont donc répondre des inculpations retenues contre eux par le jury d'accusation : tentative d'enlèvement, enlèvement et meurtre de mineur. En raison de leur âge, s'ils sont reconnus coupables, aucune peine d'une durée précise ne pourra être prononcée contre eux. Ils seront « détenus selon le bon plaisir de Sa Majesté ». C'est ce qui s'est passé dans le seul cas analogue au leur : Mary Bell, la fillette de onze ans qui avait tué deux bébés en 1968. Condamnée à une détention indéterminée, elle a été libérée à vingt-trois ans, après douze ans de détention, avec mise à l'épreuve jusqu'à la fin de ses jours. Elle est âgée à présent de trente-cinq ans, a changé de nom et elle est mère d'une fillette de huit ans...

Malgré les aveux répétés de Robert et John, leurs avocats ont décidé de plaider non coupable. Il n'est pas question, évidemment, de nier qu'ils ont tué James B., mais chaque défenseur va essayer de prouver que son petit client n'a rien fait et que c'est l'autre qui est coupable. Cette tactique peut sembler contestable, mais pour bon nombre d'observateurs, c'est ce procès lui-même qui n'a aucun sens. Quelle justice peut-on rendre contre des meurtriers de dix ans ?...

Les débats sont ouverts. Le juge Morland qui, comme ses confrères britanniques, a des pouvoirs largement supérieurs à ceux de nos présidents de cours d'assises, commence par un discours à l'adresse des jurés. Il leur demande de se forger une opinion par eux-mêmes et non par ce qu'ils ont lu, entendu ou vu dans les médias. Ce n'est pas loin d'être un vœu pieux compte tenu des circonstances.

L'acte d'accusation est lu par l'avocat général Richard Henriques. Dès ses premiers mots, il nous replonge dans l'horreur, avec une intensité encore jamais atteinte. Si les journalistes avaient ignoré certains détails, lui retrace de manière insoutenable le calvaire du malheureux James B. Il n'est pas mort lors du passage du train, qui a coupé son corps en deux. Il est décédé bien avant, des nombreuses fractures du crâne infligées à l'aide de pierres, de briques et d'un objet métallique. L'empreinte de la chaussure d'un de ses meurtriers est même restée imprimée sur son visage.

Après en avoir terminé avec son récit, le procureur conclut : « A et B ont clairement eu l'intention de tuer James et de lui faire beaucoup de mal et tous deux savaient que leur comportement était mauvais... »

La première journée s'achève sur ces propos. Le lendemain 2 novembre, le procureur Henriques donne lecture des aveux de John, l'enfant B : « Nous l'avons amené sur la voie de chemin de fer et nous avons commencé à lui jeter des pierres. Robert lui avait déjà jeté de la peinture sur le visage. Je l'ai frappé deux fois à la tête. Nous avons pris des briques et puis il y a eu des coups avec un gros morceau de fer. Robert voulait encore que je jette des briques, mais je ne voulais plus. J'ai jeté des petites pierres en le ratant. Je ne sais pas pourquoi, j'ai enlevé les chaussettes de l'enfant. L'enfant était allongé sur la voie. Nous nous sommes enfuis et nous sommes allés au milieu du pont, au-dessus des rails. Le bébé s'est relevé. Nous avons encore lancé des briques. Il est retombé. »

Suit l'enregistrement des aveux, cette fois, de A et B devant les policiers, en présence de leurs mères qui ne semblent pas alors réaliser la gravité de la situation. Il en ressort que le calvaire du malheureux James a été pire encore que ce que l'on croyait. Il a supplié ses tortionnaires, alors qu'il était couvert de sang, « de ne plus lui faire de mal ». Cela ne les a pas empêchés de continuer à s'acharner sur lui d'une manière horrible. Tout cela est à la limite du supportable pour l'assistance et bien plus éprouvant encore pour les parents des enfants A et B. Quant au père du petit James, on n'ose même pas imaginer ce qu'il peut ressentir…

Les jours et les audiences se succèdent devant le tribunal de la Couronne de Preston. On projette l'enregistrement des caméras de surveillance du centre commercial, montrant l'enfant s'en aller main dans la main avec ses futurs bourreaux. On entend à la barre les différents témoins qui ont croisé James sur le chemin de son calvaire. Et ces témoignages sont terribles, car ils montrent que l'enfant n'était pas consentant et que, dès le départ, l'enlèvement s'est fait avec violence.

Le premier témoin est un chauffeur de taxi garé devant le centre commercial. « L'un des gamins l'a tiré, puis l'a soulevé, avant de le prendre dans ses bras en le serrant très fort. »

Voici encore ce que dit un passant qui les a croisés un peu plus loin : « Lorsque je l'ai vu, il était encore debout, mais il était visiblement bouleversé et pleurait à chaudes larmes. »

Le président interroge le témoin : « Ont-ils essayé de le réconforter, de le calmer ?

— Je n'ai rien vu de la sorte… »

Arrive ensuite à la barre une femme de quarante-trois ans qui rentrait de ses courses au centre commercial : « J'ai vu un petit garçon blond qui trébuchait sur la chaussée et portait une blessure au front. » Elle éclate en sanglots : « Il semblait souffrir, mais ne pleurait pas. »

Le récit d'une autre femme, qui, se trouvant dans un autobus, n'a rien pu faire, est particulièrement terrible. « Les deux enfants s'amusaient avec leur victime. Le tenant chacun par un bras, ils le balançaient violemment en l'air. On voyait que le bébé souffrait. Je me suis mise à crier dans le bus : "Quel mal sont en train de faire ces gamins à cet enfant ?" Tout le monde m'a d'abord regardée, puis s'est tourné pour voir ce qui se passait… »

Les témoignages suivants, à mesure qu'on se rapproche du terme du calvaire de James, montrent le bébé de plus en plus « désorienté » … Bien sûr, il est tentant d'accabler après coup ces hommes et ces femmes qui ne sont pas intervenus. Mais pouvaient-ils imaginer l'horreur de la situation ? Ils ont cru à une dispute entre gamins qui se connaissaient, ce qui, dans une ville aussi violente que Liverpool, fait partie de l'environnement quotidien. L'un d'eux, interrogé par le président à ce sujet, lui fait cette réponse, somme toute logique : « Je croyais que c'étaient des frères… »

Enfin, le témoignage le plus impressionnant est celui de la mère de l'enfant qu'avaient voulu enlever A et B quelques minutes avant le petit James. Il est particulièrement précis et accablant pour ce qui constitue la pièce maîtresse de l'accusation : la préméditation. La mère de l'enfant, dont le nom n'est pas prononcé non plus et qu'on appelle Z, est encore sous le coup de l'émotion lorsqu'elle arrive à la barre. « Je suis sans doute la maman la plus chanceuse qui soit. Mon fils était à côté de moi dans le magasin de chemises. La seconde d'après, plus personne ! À dix mètres, je l'ai vu filer, sautant et riant avec un garçon que j'ai reconnu ensuite comme étant le garçon B. A n'était pas loin. J'ai appelé mon fils. Ils se sont retournés et le garçon B a dit : "Retourne avec ta mère !…" »

Les audiences suivantes sont consacrées aux petits accusés, ce qui nous fait découvrir une réalité aussi pénible qu'on pouvait l'imaginer… Le garçon A est un enfant difficile, avec visiblement des problèmes psychologiques. En classe, il est insupportable. Il se tape la tête contre les meubles, se taillade les avant-bras avec des ciseaux, attrape des pigeons pour leur couper la tête ; il a déjà essayé d'étrangler un petit camarade. De plus, un mois avant le meurtre, son père avait loué une vidéocassette racontant l'histoire d'une poupée que deux enfants voulaient tuer. Comme la poupée ne voulait pas mourir, les enfants l'achevaient à coups de barre de fer…

Quant à B, il est le cinquième de sept enfants, tous placés dans des institutions et de deux pères différents. Ses parents se sont séparés lorsqu'il avait six ans. Depuis, il a vécu – si on peut appeler cela vivre – avec sa mère, une alcoolique, plus souvent au pub du quartier qu'à la maison…

Au bout de trois semaines de débats, on en arrive enfin aux plaidoiries. Le procureur insiste sur le plus important à ses yeux : la conscience claire du bien et du mal qu'ont, selon lui, les garçons A et B. « Bien sûr, qu'ils ont fait le mal, s'écrie-t-il. Un enfant de quatre ans l'aurait su ! » Et il insiste sur la préméditation de cet « acte diabolique », réclamant en conclusion la peine de prison illimitée prévue par la loi anglaise.

Les avocats des accusés plaident, comme prévu, l'innocence de leur client. Me David Turner, avocat du garçon A : « C'est le garçon B qui a tout décidé. C'est lui qui a pris l'enfant par la main ! »

Me Brian Walsh, avocat du garçon B : « "A" est un fieffé menteur ! Il a menti à la police. Il n'a manifesté aucun remords, alors que le garçon B a demandé pardon à la mère de sa victime. »

Contrairement à ce qui se passe en France, en Angleterre, ce n'est pas la défense qui a le dernier mot, c'est le président. Une fois les débats terminés, le juge Morland s'adresse aux jurés pour leur dire sa façon de voir les choses. Il leur fait longuement la leçon. « Les déclarations à la police de John contre Robert ou de Robert contre John ne sont pas des preuves. Il faudra que vous soyez sûrs que les enfants avaient bien l'intention de tuer ou de blesser grièvement James et qu'ils savaient que c'était mal pour les condamner pour meurtre. Sinon, vous ne retiendrez que l'homicide involontaire… Si vous êtes sûrs qu'ils avaient l'intention de commettre ensemble ce crime, peu importe alors qui a frappé le plus fort ou le premier. Ils sont tous les deux également coupables… »

Ce discours va totalement à l'encontre des plaidoiries des deux avocats, qui avaient essayé de disculper chacun leur client, mais encore une fois le président a ce droit et c'est sur ces paroles qu'on clôt les débats.

Nous sommes le mercredi 24 novembre 1993. Denise B., la mère du petit James, malgré ses huit mois de grossesse, est venue pour la première fois à l'audience afin d'entendre le verdict. Elle va l'attendre durant cinq heures et demie. À l'issue de ce délai, les neuf hommes et trois femmes du jury reviennent avec un vote unanime : A et B sont coupables de meurtre et iront en prison « pour un temps illimité ».

Le président Morland s'adresse alors aux deux petits condamnés pour leur traduire la sentence dans leurs mots à eux. « Cela signifie que vous serez détenus pendant beaucoup, beaucoup d'années, jusqu'à ce que le ministre de l'Intérieur décide que vous êtes mûrs et pleinement réhabilités et que vous ne représentez plus un danger pour les autres… »

C'est ainsi que s'est terminé le procès de Preston. Pourtant, il va comporter encore une suite. À l'issue du verdict, l'identité de A et B est rendue publique et la presse reçoit le droit non seulement de révéler leurs noms, mais de diffuser leurs photos, ce dont elle ne se prive pas, du moins outre-Manche.

Après leur condamnation, voici donc les deux jeunes criminels livrés, ainsi que leurs familles, à la vindicte populaire. Pour quelle raison ? Pour leur infliger une sanction supplémentaire ? Pour satisfaire la curiosité morbide du public ? Les autorités ne répondent pas clairement à ces questions et c'est de cette manière plus que contestable que se termine cette épouvantable affaire…

En France, la réprobation est d'ailleurs unanime devant la manière dont s'est comportée la justice anglaise. Magistrats, psychiatres et éducateurs multiplient les critiques. Cette condamnation, disent-ils, n'a aucun sens. À un âge si jeune, on n'a pas conscience de sa responsabilité ni du temps qui s'écoule en prison. Des enfants de dix ans doivent être déclarés pénalement irresponsables ou à la rigueur être jugés par un tribunal pour enfants, mais en aucun cas par un tribunal pour adultes. Il semble bien, en effet, qu'en condamnant « les garçons A et B » à une détention illimitée, puis en les livrant en pâture à l'opinion, la société britannique se soit déchargée sur eux de sa propre responsabilité.

Double vie

Lundi 11 janvier 1993 : les pompiers arrivent à quatre heures du matin pour éteindre l'incendie d'une maison du village de P. dans l'Ain, appartenant à Didier A., trente-huit ans, médecin à l'OMS, l'Organisation mondiale de la santé. Ils ne peuvent rien faire contre la violence des flammes et retirent les corps carbonisés de Mireille, trente-sept ans, femme du médecin, et de leurs deux enfants, Jean-Paul et Sylvie, cinq et huit ans. Seul Didier A. lui-même est vivant, mais grièvement brûlé. Il est conduit à l'hôpital spécialisé de Genève, dans un coma profond. Son état est critique.

Un peu plus tard dans la matinée, un membre de la famille se rend dans le village du Jura où habitent les parents de Didier A., Armand, soixante-quatorze ans, et Lucienne, soixante-neuf ans ; il a la lourde charge de les prévenir du drame. Mais il fait une découverte terrible : ils ont été tués tous les deux, ainsi que leur chien, de plusieurs balles de carabine 22 long rifle.

Dans le même temps, au village de P., les enquêteurs découvrent qu'il ne s'agit pas d'un incendie accidentel, mais d'un incendie volontaire précédé d'une tuerie. Tout comme ses parents, les enfants de Didier A. ont été tués de balles de 22 long rifle et sa femme Mireille a eu le crâne fracassé par un objet contondant. Le docteur A. lui-même ne portait apparemment pas de blessures par balles, mais l'importance de ses brûlures n'était pas naturelle. Il a vraisemblablement voulu s'immoler par le feu.

C'est donc un drame épouvantable qui s'est déroulé dans les tout premiers jours de 1993. Cela fait en tout cinq victimes, dont deux enfants, et peut-être six, si le docteur A., leur probable meurtrier, ne survit pas à ses blessures. Et pourtant ce n'est pas ce carnage qui va donner son retentissement à cette affaire. Le plus extraordinaire, ce qui va faire les gros titres des journaux, est encore à venir.

Dès les toutes premières heures de l'enquête, les policiers apprennent une nouvelle stupéfiante : personne ne connaissait Didier A. à l'OMS, qui a son siège tout près des lieux du drame, à Genève.

Qu'est-ce que cela veut dire ? Le docteur A. aurait-il donc menti ? Il ne serait pas celui que tout le monde supposait ? Cela semble proprement incroyable ! Didier A., un mètre soixante-dix, brun, le crâne dégarni, le visage un peu empâté, faisant plus que ses trente-huit ans, était l'image même de l'homme important et arrivé.

Les A., estimés de tous, s'étaient établis depuis deux ans dans cette ferme qu'ils avaient restaurée. Ils s'étaient très bien intégrés dans le village et donnaient l'apparence d'une famille des plus unies. Mireille enseignait le catéchisme à la paroisse ; au Noël précédent, les enfants avaient joué le rôle du berger et de la Vierge Marie, dans la crèche vivante installée dans l'église.

Quelle réalité se cachait donc sous ces apparences on ne peut plus rassurantes et respectables ? D'autant que ce n'est pas tout : dans la voiture de Didier A., garée curieusement assez loin de son domicile, on a retrouvé un mot aussi bref que mystérieux :

« Marie-Christine,

Un banal accident et une injustice peuvent provoquer la folie. Pardon. »

Qui est cette Marie-Christine ? Quels sont cet accident et cette injustice ? Qu'est-ce qui se cache derrière l'incendie du village de P. dans l'Ain ? Pour le savoir, il faut espérer que Didier A., qui lutte contre la mort dans un caisson pour les grands brûlés, s'en sortira…

Mais c'est le lendemain, mardi 12 janvier, que l'affaire du docteur A. prend un tour absolument extraordinaire.

Et d'abord, il n'y a pas de docteur A. ! Non seulement Didier A. n'a jamais fait partie de l'Organisation mondiale de la santé, mais il n'a jamais été médecin du tout ! Il a bien suivi des études de médecine à Lyon, c'est même là qu'il a rencontré sa femme Mireille, alors étudiante en pharmacie, mais il n'a pas passé sa thèse. Il est exclu qu'il ait pu faire de la recherche médicale sans avoir son doctorat, car les laboratoires de recherche ne le connaissent pas non plus. Cela n'empêchait pas Didier A. de gagner largement sa vie. Il déposait périodiquement sur son compte des versements de trois cent mille francs en liquide. Alors, d'où lui venait cet argent ? Dans la presse, on passe en revue toutes les hypothèses : on parle de trafic de drogue, d'espionnage pour le compte d'une puissance étrangère, ou, au contraire, d'appartenance aux services secrets français.

Autre élément nouveau au dossier : l'identité de la mystérieuse Marie-Christine est connue. Elle est dentiste, elle habitait la petite ville proche de F. et elle venait de s'installer à Paris. Les enquêteurs supposent qu'elle était la maîtresse de A., mais ne disent rien de plus précis à son sujet.

Enfin, l'horaire des meurtres ne serait pas celui qu'on avait d'abord retenu. C'est le vendredi que Didier A. aurait tué sa femme et ses enfants. Ensuite, il aurait tué ses parents, puis serait parti pour Paris où il aurait rencontré Marie-Christine. Ce n'est qu'en rentrant le lundi 11 à l'aube qu'il aurait mis le feu à sa maison. Reste à savoir ce qui a motivé son geste. Il est logique de penser que, quel que soit son secret, il était sur le point d'être découvert et qu'il a préféré tuer toute sa famille plutôt qu'elle n'apprenne la vérité.

Tout devient de plus en plus mystérieux et on ne sait toujours pas si Didier A., qui est toujours dans un état critique, pourra parler…

Mercredi 13 janvier 1993 : l'affaire du docteur A. connaît de nouveaux rebondissements, tellement étonnants que le procureur chargé de l'instruction déclare : « Dans cette affaire, je m'attends à tout ! » Il apparaît, en effet, que Didier A. a mystifié son entourage pendant vingt ans, et ce d'une manière qui défie l'imagination.

Tout le monde le croyait réellement docteur, y compris ses parents. Il se tenait informé des dernières avancées de la recherche, il était abonné à des revues spécialisées et poussait le souci du détail jusqu'à porter un « bip » pour qu'on puisse l'appeler en cas d'urgence. Un de ses amis médecins était persuadé qu'il était, ainsi qu'il l'affirmait, spécialiste des maladies cardio-vasculaires. Il était au courant des dernières découvertes dans ce domaine et en parlait comme seul un spécialiste peut le faire.

Mme D., sa belle-mère, apporte, elle aussi, son témoignage aux enquêteurs. Didier A. leur avait fait visiter Genève à son mari et à elle. Il leur avait montré le building de l'OMS et leur avait même fait voir la fenêtre de son bureau au premier étage. Malheureusement, leur avait-il précisé, on ne pouvait pas visiter… Et Mme D. poursuit : « Il allait régulièrement en mission à l'étranger pour ses activités de médecin. En 1987, c'était le Japon, l'année suivante l'Amérique latine. En 1990, l'URSS et Leningrad. Il y a passé Noël, laissant sa femme et ses enfants seuls. À chaque fois, il rapportait des souvenirs des pays où il disait avoir été… »

Une telle mise en scène pose pourtant un problème : comment Didier A. n'a-t-il pas été confondu lorsqu'on lui demandait une consultation médicale ? D'autres témoignages de ses proches apportent la réponse. Il s'en tirait par des dérobades, ou bien il disait qu'il n'avait aucun goût pour la médecine générale et ne s'intéressait qu'à la recherche. C'est ainsi que, lorsqu'un de ses enfants a eu la grippe, il a refusé de le soigner lui-même et il a appelé un médecin, qui a trouvé ses explications tout à fait naturelles…

Mais l'élément nouveau le plus important est apporté par l'audition de Marie-Christine, qui, contrairement à ce qu'on avait cru d'abord, n'était pas la maîtresse de Didier A., mais une simple amie. Elle fait aux enquêteurs une révélation effrayante : Didier voulait la tuer ! Dans le plan de ce dernier, elle était la sixième victime et elle n'a échappé à ce sort que par miracle.

Ayant vendu son cabinet de dentiste en province et avant d'en racheter un à Paris, elle avait à sa disposition une somme de neuf cent mille francs. Didier A. lui avait proposé de la faire fructifier. Confiante, elle lui avait remis cette somme en trois versements de trois cent mille francs. Or, elle venait juste de lui demander de récupérer son argent…

Le samedi 9 janvier au matin, après avoir assassiné la veille sa femme, ses enfants et ses parents, il lui a téléphoné et lui a proposé de venir déjeuner avec elle à Paris pour parler de ce remboursement. Il a pris la route et est arrivé en fin de matinée. Mais là, au lieu de l'emmener dans un restaurant de la capitale, il a repris la route avec elle et lui a dit qu'ils allaient à Fontainebleau…

« Dans la voiture, en roulant vers Fontainebleau, raconte Marie-Christine aux policiers, rien ne pouvait me faire penser que j'étais à côté d'un homme qui venait de tuer toute sa famille. Il était très calme. Il m'a demandé des nouvelles de mes deux enfants, il m'a parlé de ses projets de recherche médicale. Lorsque j'y pense, j'en frémis d'horreur. Il avait massacré sa femme, ses gosses, ses parents et il parlait d'avenir ! »

En tout cas, dans l'immédiat, les projets de Didier A. n'ont rien à voir avec la médecine : ce sont ceux d'un meurtrier, car il a bel et bien décidé d'assassiner la jeune femme. Il s'arrête au milieu de la forêt de Fontainebleau et l'asperge de gaz lacrymogène. Marie-Christine voit qu'il tient dans sa main un objet qu'elle ne discerne pas bien, mais qui est certainement une arme. Elle comprend qu'elle est en danger de mort et le supplie de lui laisser la vie sauve. Inexplicablement, Didier A. se laisse fléchir et la reconduit, sans ajouter un mot, à son domicile parisien. Il reprend ensuite la route pour rentrer chez lui et il va rester vingt heures en compagnie des cadavres de sa femme et de ses enfants, avant de décider de se suicider par le feu…

Le même jour, enfin, les policiers découvrent un nouvel élément à verser au dossier. Le beau-père du faux médecin est décédé en 1988 d'une chute dans l'escalier. Or, lorsque la chose s'est produite, il était seul dans sa villa, en compagnie de Didier A. Et c'est le même Didier A. qui a, par la suite, encaissé la totalité de l'héritage, soit un million trois cent mille francs, « pour le faire fructifier ». À l'époque, personne n'avait eu le moindre soupçon…

Lundi 18 janvier 1993. Une semaine s'est écoulée depuis l'incendie de la maison des A. et la découverte du carnage. Et ce jour va marquer une étape capitale dans l'instruction de l'affaire, car on va pouvoir interroger Didier A. Malgré la gravité de ses brûlures, il s'est rétabli avec une rapidité exceptionnelle et, dès le jeudi 14, il a pu être rapatrié en France, à l'hôpital de S., en Haute-Savoie. C'est là que, ce même lundi, le juge d'instruction lui notifie sa mise en examen. Didier A. est très calme. Il écoute le magistrat, puis lui demande de chercher « le vrai coupable ».

« Ce n'est donc pas vous qui avez tué votre famille ?

— Non. La nuit du drame, un homme masqué, habillé en noir, est entré dans la maison. Il a tué ma femme à coups de rouleau à pâtisserie, puis mes enfants à coups de carabine. Moi, je n'ai fait que regarder.

— Vous n'avez pas essayé d'intervenir ?

— Non, je suis juste coupable de lâcheté... »

Vu l'état de l'inculpé, le juge n'insiste pas davantage et ce premier interrogatoire s'arrête là. Didier A. est transféré dans l'aile pénitentiaire d'un hôpital de Lyon.

C'est là qu'a lieu le second interrogatoire, le vendredi 22 janvier 1993 à dix heures quinze. Le juge est accompagné de son substitut et d'un greffier. Didier A., qui a une perfusion au bras gauche, est assisté de son avocat. Il persiste dans son système de défense. « Je suis bien le docteur A., médecin à l'OMS, chercheur et maître de conférences. J'ai même écrit des mémoires sur des médicaments. Je ne suis pas l'auteur des meurtres dont vous me parlez. Je n'ai pas tué ma femme et mes enfants. »

Il continue à nier ainsi pendant plusieurs heures et brusquement, à seize heures trente, il s'effondre et passe aux aveux. « Je suis prêt à prendre mes responsabilités... Je suis un monstre. J'ai raté mon suicide, qui aurait mis un point final à toute cette affaire et c'est la pire sanction qui puisse m'être infligée. »

Suivent ses aveux détaillés. Il a tué sa femme dans son sommeil d'un coup de rouleau à pâtisserie, puis sa fille, puis son fils. Selon lui, il est passé à l'acte parce que sa femme avait découvert ses mensonges.

Telles sont les découvertes qu'ont apportées les premiers jours de l'enquête. Et, avec les précisions qu'on a pu apprendre par la suite, on est en mesure de reconstituer le mécanisme de l'extraordinaire mystification montée par le faux docteur A., depuis le début jusqu'à son aboutissement tragique.

En 1974, Didier A. réussit brillamment sa première année de médecine à Lyon et, sur les bancs de la faculté, il rencontre sa future femme Mireille. Lors de sa deuxième année de médecine, il rate de très peu ses examens. Il doit les repasser en septembre et devrait obtenir sans difficulté les points qui lui manquent. Mais inexplicablement, il ne se présente pas à l'examen de rattrapage. Il fournit un faux certificat médical attestant qu'il a un cancer et ne va plus à la faculté.

C'est le point de rupture à partir duquel tout va s'enchaîner d'une manière aussi déconcertante qu'implacable. À partir de ce moment, il commence à mentir à son entourage. Il est pris dans un système de mensonges d'où il ne peut sortir que par d'autres mensonges. Chaque fin d'année, il fête le succès de son année de médecine, étudiant seul au moyen de polycopiés et acquérant de réelles connaissances.

Puisqu'il est censé avancer brillamment dans ses études, Didier A. s'invente une réussite à l'internat de Paris et s'installe dans la capitale avec Mireille. Il y reste le temps qu'on consacre normalement à l'internat, puis va se fixer à P., près de la frontière suisse, car il dit avoir obtenu un poste à l'OMS.

Là, débute une vie brillante. Il explique à tout le monde qu'il ne veut pas ouvrir un cabinet car le travail de médecin international le passionne davantage. Et tout le monde le croit et l'admire, y compris le maire de sa commune, qui est médecin. D'ailleurs, son train de vie est la meilleure preuve de sa réussite. Il roule dans des voitures de luxe et donne de brillantes réceptions.

C'est bien évidemment l'argent qui est pour lui le problème crucial, car Didier A. ne travaille pas, il ne fait absolument rien. Mais le statut social qu'il s'est forgé inspire la confiance et il va en profiter. Il dit à qui veut l'entendre qu'il peut faire des placements en Suisse à des taux extraordinaires et on lui confie des sommes considérables.

En 1988, l'héritage de son beau-père le met pour un bon moment à l'abri du besoin. En 1989, comme on l'a vu, son amie Marie-Christine lui prête neuf cent mille francs en trois versements. Bien entendu, tout cet argent, il le dépense pour lui au lieu de le placer. Pendant tout le temps qu'a duré sa mystification, environ cinq millions de francs ont transité sur son compte.

On peut s'étonner, à ce sujet, que l'administration fiscale n'ait rien remarqué. Didier A. ne déclarait, en effet, que cent mille francs par an environ, sommes touchées par sa femme pour des travaux épisodiques dans une pharmacie. Mais, malgré son train de vie élevé, il ne pouvait attirer les soupçons en raison de son lieu de résidence. Dans ce pays frontalier, beaucoup de personnes travaillent en Suisse et paient leurs impôts là-bas. Quant aux fonctionnaires internationaux comme ceux de l'OMS, ils ne paient pas d'impôts du tout…

Le temps passant, la situation financière de Didier A. devient de plus en plus périlleuse. Pour s'en sortir, il fait de la cavalerie, il emprunte pour rembourser les prêts précédents ou en verser les intérêts. Il a même recours à des expédients désespérés. Il propose de l'eau colorée comme remède contre le cancer. Il en aurait ainsi vendu, pour soixante-sept mille francs, un flacon à un de ses oncles, qui est mort peu après de son cancer.

Mais tout cela ne peut pas durer. La catastrophe est inévitable. Elle se produit début 1993, quand Marie-Christine, qui s'est séparée de son mari et qui s'est installée à Paris, lui réclame son dû.

À ce moment, on ne sait pas exactement ce qui s'est produit. Il est possible que la vérité ait été découverte par Mireille, qui aurait fait une scène à Didier A. le soir du drame, ce qui aurait entraîné la tuerie. Il semble, en effet, d'après des demi-confidences qu'elle a faites les jours précédents à ses amies, qu'elle aurait eu, pour la première fois, des soupçons sur son mari. Ou bien alors, c'est Didier A. qui aurait pris les devants. Sachant qu'il allait être découvert puisqu'il ne pouvait rembourser Marie-Christine, il aurait décidé de tuer tous les siens, préférant qu'ils meurent plutôt qu'ils n'apprennent ses mensonges…

Cela, on le saura peut-être au procès de Didier A. lorsqu'il aura lieu, ainsi que d'autres choses encore, car tout n'a pas été élucidé dans cette affaire, loin de là, notamment la mort du beau-père de l'inculpé dans l'escalier…

Quoi qu'il en soit, Didier A. restera dans les annales comme un cas de double vie et de double personnalité digne d'un roman. Le juge d'instruction a d'ailleurs fait allusion à un précédent littéraire célèbre pour résumer le sentiment général sur cette affaire : « Il n'y a jamais eu de docteur A. Il n'y avait que Mister Hyde… »

Hallali

La porte du bureau de chômage est recouverte d'affiches sales et à moitié décollées que personne ne consulte jamais. On peut lire, sous les graffitis, les heures d'ouverture et de fermeture du bureau, ainsi que la liste des conditions à remplir pour être inscrit au chômage.

Tant de fois ouverte depuis la fin de la guerre et la terrible crise qui règne en Allemagne, cette porte laisse passer un lent défilé d'ouvriers, d'employés de bureau, et même des paysans des environs de Bayreuth, à la recherche du moindre petit emploi.

L'homme qui vient de passer par cette porte, un jour d'avril 1950, ne ressemble pas aux autres. Il n'a pas dans le regard cette lueur à la fois quémandeuse et résignée des gens sans travail. Mais l'employé ne le regarde pas tout de suite. Le nez penché sur ses formulaires, il marmonne : « Votre nom ? Votre âge ? Votre spécialité ? Êtes-vous immigré ? Est-ce que vous bénéficiez d'une aide de l'État ? »

Le silence qui accueille ce flot d'interrogations surprend l'employé. Le crayon en l'air, il examine le demandeur. Mais cet homme est-il bien demandeur ?

« Vous êtes demandeur ?

— Pardon ?

— Vous êtes chômeur ? Vous cherchez un emploi, c'est ça ?

— Oui, bien sûr.

— Alors, répondez aux questions…

— Je répondrai aux questions quand vous les poserez tranquillement et poliment. »

L'homme a levé le menton et fusillé l'employé d'un regard bleu tout à fait glacial. Le visage régulier, aux traits durs, hautains même, surprend l'employé. Pour qui se prend-il celui-là ? Pour un prince ?

« Je n'ai pas le temps de vous envoyer un faire-part, il y a des gens qui attendent. Alors, dépêchez-vous, le bureau ferme à cinq heures.

— Vous fermez à cinq heures ? Parfait ! De mieux en mieux ! L'Allemagne n'a pas de travail et le bureau de chômage ferme à cinq heures ! C'est bien l'administration ! Vous devriez, monsieur, travailler toute la nuit s'il le fallait, puisque vous avez la chance, vous, d'avoir du travail ! Et non pas fermer à cinq heures au nez et à la barbe des gens comme moi qui crèvent de faim. »

La discussion risque de s'éterniser et l'employé, n'ayant pas de réponse logique à cet argument, préfère soupirer. « D'accord. Votre nom, s'il vous plaît ?

— Borwin Polstorff ! J'ai cinquante-deux ans, monsieur, la guerre m'a chassé de mon pays, je ne suis qu'un homme sans qualification, rien qu'un homme déchu de ses droits, de sa fortune, et de sa vie même. Et savez-vous, monsieur, savez-vous que, si je ne trouve pas de travail, ma femme devra mourir ? »

Borwin Polstorff n'est pas un chômeur comme les autres. Il n'est pas non plus un homme comme les autres.

Dans le dossier conservé par le bureau de chômage de Bayreuth, au titre des années 1950 à 1956, Borwin Polstorff apparaît quelquefois comme travaillant dans une ferme ou une autre, en qualité de régisseur. Il semble qu'après de longues palabres l'employé ait réussi à déterminer lui-même les aptitudes au travail de ce chômeur pas comme les autres.

Quel genre de travail peut accomplir un homme de cinquante-deux ans, né dans la richesse, habitant un manoir, élevant des chevaux et vivant du produit de ses fermages ? C'était cela, Borwin Polstorff avant la guerre. Il vivait quelque part en Tchécoslovaquie, sa femme était belle, sa jument était une merveille, sa vaisselle en porcelaine et ses revenus en or. Il ne reste de tout cela que quelques photos jaunies, collées dans un album, et un orgueil démesuré qui ne peut guère s'accorder avec les rares emplois que l'on propose à cet homme. Si rares, et si mal vécus, que Borwin Polstorff est définitivement chômeur en 1956.

Février 1956, donc, dans la campagne des environs de Bayreuth. À l'entrée d'un champ boueux, une petite maison délabrée abrite le couple Polstorff. Borwin se tient sur le pas de la porte. Grand, toujours hautain, dans un costume râpé, il discute âprement avec le propriétaire de la maison. « Je vous paie régulièrement le loyer, monsieur Bader, et, d'ici peu, je pourrai vous acheter cette maison...

— Vous ne payez pas régulièrement, monsieur Polstorff, et je ne vendrai que si vous avez la somme en totalité, pas avant.

— Vous pourriez me faire crédit ! Un homme comme moi a de l'honneur !

— Je n'en doute pas, monsieur Polstorff, mais votre situation actuelle...

— Qu'a ma situation actuelle ? Je suis un homme plein de ressources et d'idées. J'ai possédé jadis plus que vous ne pourrez jamais posséder, monsieur Bader, et je ferai ici un centre touristique !

— Ici ? »

Le propriétaire jette un œil étonné sur le champ boueux et la maison de deux pièces qu'il loue depuis un an à ce fou grandiloquent.

« Ici ! Je ferai construire un haras. Et j'organiserai des promenades à cheval pour les gens de Bayreuth. Plus tard, nous bâtirons aussi un club pour les réunions et les soirées. Vous ne reconnaîtrez plus votre domaine, monsieur Bader.

— J'ai peur que vos rêves ne vous emportent trop loin, monsieur Polstorff. En attendant, vous pointez au chômage, je crois ?

— Provisoirement ! Un homme comme moi ne peut se contenter d'une vie aussi plate. Et, confidentiellement, monsieur Bader, je l'ai promis à ma femme. Ma femme a beaucoup souffert. Elle est fragile et triste. Elle est si belle, si charmante ! Ah ! si vous l'aviez vue chevaucher dans notre parc ! danser dans nos salons ! »

En rentrant chez lui, quelque temps plus tard, le propriétaire de la maison délabrée se dit que, décidément, il n'arrive pas à comprendre son locataire. Comment peut-on avoir si peu de sens pratique ? Cet homme est fini, il passe son temps à échafauder des rêves fantastiques et il ne se rend pas compte que la misère lui colle désormais à la peau. Il parle de sa femme comme elle devait être il y a quinze ans, avant la guerre. Il en parle, mais la voit-il vraiment ? Elle était assise sur une marche de bois du perron lorsque le propriétaire est arrivé et, immédiatement, c'est elle qui a pris la parole. « Excusez-nous, monsieur Bader, mon mari n'a pas tout l'argent du loyer cette fois. J'aurais voulu vous l'apporter moi-même, mais je suis si fatiguée. Ne craignez rien, cependant, il vous donnera le complément dans quelques jours. »

Une ombre de femme, Clara Polstorff. Un corps si mince, des cheveux si clairs, des yeux si pâles.

Ce soir de février 1956, alors que le propriétaire rentre chez lui en philosophant sur la misère de ses locataires, Clara Polstorff dit à son mari : « Borwin, le moment est arrivé. » Ils sont dans la cuisine, tous les deux, de chaque côté d'une table en Formica. Tout est laid, les meubles d'occasion, le vieux papier peint sur les murs gondolés d'humidité, et Clara sait que rien ne changera jamais. Ils font partie, Borwin et elle, d'un temps révolu. Leur vie antérieure était la vraie vie. Ce qu'ils vivent depuis la guerre n'est qu'une mort lente. Et Clara répète : « Le moment est arrivé, Borwin. Tu l'as promis. »

Quatre jours plus tard, Borwin Polstorff sort de chez lui et ferme soigneusement les volets de bois et la porte. Il ferme aussi la barrière qui clôt le champ boueux dont il rêvait de faire un haras. Il est en imperméable. Il porte une petite valise, des gants de laine aux mains et se dirige vers l'arrêt d'autocar. Au passage, il s'arrête au bureau de tabac et achète trois cigarettes à la pièce. Le buraliste prend sa monnaie et s'étonne : « Vous partez en voyage, monsieur Polstorff ? Vous avez l'air fatigué…

— Oui. Je pars en voyage. Il faut bien. »

Sur cette réponse énigmatique, Borwin Polstorff s'en va prendre le car pour Bayreuth.

Un quart d'heure plus tard, le buraliste dit à M. Bader en lui vendant son cigare : « Tiens, votre locataire est parti en voyage, et j'ai comme l'impression qu'il n'est pas près de revenir ! »

M. Bader, inquiet sur le reste du loyer impayé pour le mois de février, se rend donc à la petite maison. Il arrête sa voiture à l'entrée du champ boueux et, étonné de ne pas obtenir de réponse à ses coups répétés, il ouvre lui-même la porte avec un double de la clé.

C'est ainsi que, le soir même, à la gare de Bayreuth, on arrête Borwin Polstorff, accusé d'avoir assassiné sa femme.

Personne ne comprend : ni la police, ni les témoins, ni l'avocat, ni le juge qui interroge Borwin Polstorff. Personne ne comprend. Il a tué sa femme, il ne le nie pas. Il s'est laissé arrêter sans protester, il a avoué dès la première question, mais personne ne comprend pourquoi il a tué sa femme car il en était terriblement amoureux. Pourquoi il l'a tuée si sauvagement et si longuement.

Borwin Polstorff a été transféré à Oldenburg et sa première rencontre avec son avocat est bien dans la logique du personnage. Il a gardé sa morgue mais le ton est devenu fataliste. « Je n'ai pas besoin d'avocat. Il n'y a rien à défendre. J'ai fait mourir ma femme, elle me l'avait demandé, c'était une promesse. J'ai tenu ma promesse. Allez-vous-en, vous ne saurez pas expliquer les choses.

— Mais vous ne pouvez pas vous défendre seul.

— Je n'ai rien à défendre, les choses sont ainsi. »

Que s'est-il passé en ce soir de février, après que le propriétaire de la petite maison délabrée eut quitté Borwin ?

Clara a dit : « Le moment est arrivé. » Et elle a ajouté : « J'ai tout écrit dans une lettre, tu la liras et ensuite tu feras ce que tu as promis. » Ce soir-là, ils dînent en silence, face à face, mais ne mangent pas. Borwin prend la lettre que lui tend sa femme et lit :

« Cette fois c'est terminé, Borwin, il faut jouer cartes sur table. Nous sommes comme le gibier acculé. C'est l'hallali. Entends-tu les cornes des chasseurs ? Elles disent qu'ils vont nous achever. J'entends les chiens ! Rappelle-toi le cerf que nous avons levé un après-midi d'automne. Il faisait beau quand nous l'avons cerné. La mare était verte et le soleil brillait par éclats entre les branches. La bête nous regardait. Elle savait que tu allais la faire mourir, et elle le désirait, comme moi, parce qu'elle était épuisée. Je t'aime, Borwin, mais il faut me tuer, m'achever. Lorsque tu reviens du bureau de chômage, je te guette par la fenêtre. Je sais que tu as quelques billets dans ta poche et que, pour cette mendicité, tu souffres comme un damné. Le moment est venu, Borwin. Tu le feras quand je dormirai, n'importe quand, je ne veux pas le savoir. Tu vois, je n'ai même pas le courage du cerf. Toi, tu as encore la force du chasseur. Promets-moi de ne pas te tuer avant que je sois morte. Adieu, Borwin. »

C'est une lettre terrible, signée par Clara, que la police retrouva abandonnée sur la table de Formica, dans la cuisine, au milieu des restes d'un repas frugal et inachevé. Le moment est venu. Ce sera donc la nuit du 25 février 1956. Une nuit d'épouvante. Clara dort. Borwin lui entaille les veines, mais il coupe mal car il s'est servi d'un couteau mal aiguisé. Lorsque sa femme s'évanouit, il se réfugie sur une chaise, en face du lit, et attend en regardant le sang couler.

Le lendemain matin, Clara se réveille. Alors, Borwin répète son geste, une fois, deux fois, trois fois... Clara supporte la souffrance sans mot dire, et s'évanouit à nouveau, heureusement...

Dans l'après-midi, elle est toujours inconsciente, Borwin pense qu'elle va mourir, alors il pratique sur ses poignets la même incision, à l'endroit du pouls et, à son tour, il s'évanouit. La nuit passe, puis une autre journée, et une autre nuit, quatre-vingt-seize heures d'agonie.

Et l'impensable se produit. Au soir du troisième jour, Borwin s'éveille. Il n'est pas mort. Penché sur sa femme, il perçoit encore des gémissements faibles, mais qui lui prouvent que Clara aussi a résisté à la terrible hémorragie.

Alors, Borwin devient fou. Sinon, comment expliquer qu'il va achever sa femme à coups de couteau, avec une sauvagerie incroyable ? Devant les juges, Borwin soupire : « Comme ça été long et difficile. » Mais il est resté le seul vivant, et lui n'aura pas le courage de recommencer à mourir. Alors, il change de vêtements, réunit quelques affaires dans une petite valise, entoure ses poignets de chiffons, enfile des gants de laine pour les dissimuler, et s'en va. Lorsqu'on l'arrêtera sur le quai de la gare, il avait pris un billet pour Nuremberg, le peu d'argent qu'il possédait ne lui permettant pas d'aller plus loin.

Au tribunal, il montre un visage fermé, au regard éteint. Le procureur lui demande :

« Quel est le véritable mobile qui vous a poussé à tuer votre femme ?

— Nous étions ruinés, elle voulait mourir avec moi, il n'y avait plus d'espoir pour elle.

— Et pour vous ?

— Pour moi non plus, puisqu'elle le disait.

— Mais vous, vous vivez !

— Ce n'est que partie remise.

— Êtes-vous sûr d'avoir accompli ce crime à la demande de votre femme ?

— Vous avez sa lettre, vous l'avez lue comme moi, je ne suis pas un assassin. J'aimais ma femme.

— Polstorff, si vous aimiez votre femme, pourquoi l'avoir tuée ? Vous pouviez lui redonner le goût de vivre.

— Vous ne comprenez pas ! Le moment était venu. Il n'y avait plus de place pour nous. Finis les rêves. La guerre, monsieur, nous a tout pris. Tout : notre terre, notre château, notre mode de vie, notre bonheur. Clara savait bien que j'étais incapable de continuer à faire la queue devant le bureau de chômage pour quelques marks. C'était fini. Fini.

— Je ne comprends pas, Polstorff, comment un homme qui dit aimer sa femme peut la tuer avec autant de sauvagerie. Vous l'avez fait souffrir abominablement.

— Je n'avais pas d'autre moyen. Que faire ? Prendre un somnifère et boire la demi-bouteille d'alcool que nous possédions ? Se coucher dans la neige et attendre la mort ? À condition que nous puissions mourir de froid tous les deux, bien sûr. Et la mort n'aurait pas été plus douce. Non, je n'avais pas le choix, nous n'avions pas d'argent pour nous offrir une mort douce. Nous étions trop pauvres.

— Trop pauvres ? Vous avez acheté des cigarettes au village, vous avez pris le car, vous avez acheté un billet de train pour Nuremberg ! Un témoin a même déclaré que vous aviez acheté un sandwich à la gare ! Un autre, que vous aviez acheté des affaires de toilette et un chapeau ! Pas d'argent, dites-vous ? Vous aviez largement de quoi acheter des somnifères en vente libre. Alors ne me dites pas que vous étiez trop pauvres pour mourir sans souffrir !

— Vous ne comprenez pas. Clara ne voulait pas connaître le moment où je déciderais de sa mort. Elle m'a dit : "Tu le feras quand je dormirai."

— Eh bien, justement ! Une bonne dose de somnifères l'aurait aidée à mourir.

— Vous ne comprenez pas ! Elle aurait dû avaler elle-même ces comprimés, en pleine lucidité. Et c'est cela qu'elle ne supportait pas ! Savoir. Voir arriver la dernière seconde de lucidité de sa vie, et la première seconde de sa mort ! Comme un cerf pris au piège et qui regarde le fusil du chasseur !

— Mais vous ? Qu'est-ce qui nous dit que vous étiez décidé à mourir après elle ? Puisque vous n'êtes pas mort !

— Elle savait que je le ferais. Je n'ai pas réussi, j'y parviendrai un jour.

— Ce sont des mots, Polstorff, et nous n'aurons jamais la réponse à ces questions. Vous ne pourrez rien prouver. »

Il restait à juger l'accusation d'assassinat sur demande de la victime. Cas exceptionnel que la justice allemande estime à cinq ans de prison. Cinq ans qui peuvent être ramenés à une simple condamnation de principe en cas de circonstances atténuantes. Mais qui pouvait parler de circonstances atténuantes à propos d'une mort donnée avec tant de sauvagerie ? Polstorff avait achevé sa femme au couteau, dans un état de démence peut-être. Mais pas question de circonstances atténuantes. C'était l'avis du procureur !

Seulement, il n'existait aucune loi, à l'époque, précisant qu'un assassinat sur demande n'a pas le droit d'être cruel. Et la cruauté ne fut donc pas retenue par le juge.

Polstorff a été condamné à deux ans de prison avec sursis. Et que l'on sache, le sursis qu'il s'était accordé lui-même a duré assez longtemps. Il ne s'est pas suicidé une nouvelle fois, il a disparu. Et s'il est mort avant l'heure, il s'en est bien caché.

Frères de sang

Mullholland Drive, des maisons de milliardaires, des portails énormes, dotés de systèmes de sécurité électroniques, caméras, codes, gardes du corps en uniforme, chiens méchants aux crocs luisants. Un monde de rêve ? Il règne dans ce quartier de Beverly Hills une atmosphère de paranoïa luxueuse. Un journaliste américain l'a parfaitement décrite ainsi : « Je me sens cerné par l'œil rouge et féroce des alertes électroniques. Les propriétaires de ces maisons semblent hurler devant chaque porte blindée : "C'est à moi, essayez de me le prendre, et je vous tue." Et ils sont sérieux. »

Nous avons affaire ici à l'expression parfaite du syndrome américain de la sécurité à tout prix, et à coups de milliards.

Mullholland est le dernier rempart de Beverly Hills, au flanc de Santa Monica et de la côte Pacifique. On y trouve près de cinq cents instituts de beauté pour huit librairies seulement ! Le moindre pantalon en jean coûte une fortune en dollars, il est plus facile d'y louer une Rolls que d'y acheter une paire d'espadrilles. Et il est rare de croiser une femme qui ne soit passée par les mains magiques d'un chirurgien, visage refait, rides effacées, seins en silicone et cheveux teints. Comme si la fortune pouvait à jamais reculer le temps.

Malgré cette débauche de luxe et de richesse, nul ne s'y sent en sécurité. Sinon, pourquoi construirait-on de telles forteresses, derrière lesquelles les gens vivent dans la peur d'être kidnappés, assassinés, violentés de toutes les façons ?

La police de Beverly Hills publie une statistique rassurante : deux meurtres par an.

L'année 1988 vient de remplir son quota en une seule nuit. La magnifique villa de José et Kitty Menendez, en dépit de son système de sécurité, des multiples interphones, caméras et fermetures blindées, offre à la police une vision d'épouvante, en ce 20 août 1989 à minuit.

José Menendez, quarante-cinq ans, immigré cubain à l'avènement de Castro, a fait fortune en Amérique. Il dirige une énorme société de programmes vidéo, laquelle appartient à une autre énorme société de production, laquelle doit une partie de sa réussite à la production de *Rambo II*. Il est également à la tête d'une société de production de musique, International Video Entertainment. Le *Wall Street Journal* a publié récemment les bénéfices de ce holding, en le situant en tête des sociétés concurrentes. Son épouse Kitty, quarante-sept ans, lui a donné deux fils, Lyle, vingt et un ans, et Erik, dix-huit ans. Ils vont à l'université en Alfa Romeo rouge, Lyle a des prétentions de scénariste, Erik voudrait devenir professionnel du tennis.

Le 20 août 1989, vers minuit, c'est la voix de Lyle, hystérique, qui appelle la police de Beverly Hills : « Au secours, ils ont tué nos parents !... Au secours !... » Le correspondant entend également crier : « Erik, éloigne-toi ! Ne regarde pas ! »

Vision d'horreur. Pire que dans le pire des films d'hémoglobine. Le couple a été massacré, mis en morceaux à coups de carabine à pompe. Cinq balles ont fait exploser le corps de José Menendez, une dernière dans la nuque l'a achevé s'il était nécessaire. Son épouse a subi le même sort, dix balles en tout. Les cadavres sont méconnaissables, en morceaux, la pièce dans laquelle ils se trouvaient ce soir-là, regardant tranquillement la télévision, offre un spectacle insoutenable.

Lyle et Erik, les deux fils de la famille, expliquent à la police qu'ils ont trouvé la porte ouverte en rentrant du cinéma un peu avant minuit. Ils avaient décidé d'aller voir le nouveau James Bond, *Permis de tuer*. Mais le film était trop long, ils ont changé de salle pour aller voir *Batman*. En sortant, ils se sont rendus au festival annuel des restaurants chics de Santa Monica, puis ils ont cherché à rejoindre un ami dans un restaurant de Beverly Hills, mais ne l'ont pas trouvé et sont donc rentrés chez eux quelques minutes avant minuit. La porte blindée donnant sur la rue n'était pas verrouillée, celle de la maison était ouverte, et dans le salon, près d'une table à café où se trouvaient encore deux coupes de framboises à la crème, ils ont découvert les corps de leurs parents.

Cette double exécution sanguinaire ressemble à un règlement de comptes. José Menendez avait donc des ennemis. Et où peuvent se cacher les ennemis d'un immigré cubain milliardaire ? Mafia ? CIA ? Dans l'énorme holding dont il était l'un des principaux dirigeants, une branche vidéo est spécialisée dans les films pornographiques. Mafia ?

D'un autre côté, selon les informations données par les deux garçons, José Menendez serait un activiste, très engagé politiquement en faveur de la chute de Castro. CIA ?

Durant quelques semaines, des investigations poussées dans les deux domaines n'apportent absolument aucune piste.

La fortune des Menendez est considérable. Cette magnifique demeure n'était d'ailleurs pour eux qu'une résidence provisoire, le père faisait construire un véritable petit château dans un quartier de Beverly Hills encore plus huppé, où la famille attendait d'emménager.

Beverly Hills est en ébullition. Des tueurs ont réussi à franchir les murs en principe inviolables de l'une des propriétés les mieux gardées. Tout le monde en parle. À qui le tour demain ? Renforcement des gardes du corps, multiplication des chiens aux crocs tueurs, rondes de police doublées, l'ambiance est à la paranoïa.

Les producteurs de films et tout le petit monde de l'industrie vidéo s'associent à la police pour tenter d'établir une liste de suspects possibles. Qui avait intérêt à éliminer personnellement José Menendez ? À anéantir sa société ? Autrement dit, à qui profite le crime ? Il a été abattu le premier, le meurtre de son épouse pourrait être une bavure du tueur.

Certains détails toutefois ont intrigué la police dès le début. Les deux fils de la maison sont incapables d'apporter la preuve qu'ils étaient au cinéma ce soir-là. Ont-ils réellement assisté à la séance de *Batman* ? Pas de ticket d'entrée, pas de témoins. Quelque temps après le double assassinat, un camarade de Lyle à l'université a découvert une douille dans la poche de l'une de ses vestes. Puis c'est au tour de la sœur de José Menendez, la tante des deux garçons, de signaler un détail curieux : le testament du père, dans sa dernière version, avait été établi sur l'ordinateur familial. Elle se souvient que ce document a été détruit « accidentellement » par Lyle. Il s'agissait du ou des bénéficiaires d'une assurance-vie, dont la prime arrivait à échéance au bout de neuf années, en 1989, pour un montant de quatorze millions de dollars !

Or cette prime, en l'absence de tout testament disant le contraire, revient d'office à Erik et Lyle...

Quatorze millions de dollars, c'est beaucoup d'argent pour deux tout jeunes gens, qui d'ailleurs en profitent immédiatement après la mort de leurs parents. Lyle devient propriétaire d'un restaurant à Princeton. Erik, qui adore le tennis et voudrait devenir professionnel, s'offre les services d'un entraîneur particulier, achète une Porsche, et les deux garçons font du shopping. Des vêtements de luxe, achetés à la pelle en quelques minutes, y compris trois montres Rolex en or et platine. Il est évident que le deuil de leurs parents ne les empêche pas d'exister, au contraire. Leur entourage immédiat constate que cette mort les a « libérés ». Lyle se prend pour le grand patron de son restaurant qu'il a l'intention d'agrandir et de multiplier. Erik se prend pour le nouveau McEnroe.

Petit à petit, l'enquête s'oriente sur eux, selon un raisonnement classique : là où il y a testament, il y a possibilité de crime.

La personnalité des deux jeunes gens se dessine alors différemment au fil des témoignages.

En novembre 1989, un camarade d'Erik et Lyle, du nom de Craig, vient raconter à la police une étrange histoire :

« Dix jours après la mort de ses parents, Erik m'a avoué qu'ils étaient coupables, qu'ils avaient commis le crime parfait... Et que c'était une idée de Lyle. Lyle aurait dit : "On y va, toi tu t'occupes de maman." Erik m'a dit qu'il ne pouvait plus supporter de se taire. Puis son frère est venu me dire qu'Erik racontait des bêtises, en me menaçant si je faisais allusion à cette conversation... Sur le moment je ne savais pas qui croire. Mais il y a le scénario que nous avons écrit ensemble. »

Autre histoire étrange en effet. Lyle, qui se pique de devenir scénariste, a écrit le scénario d'un film, soixante pages dans lesquelles il raconte comment un fils assassine ses parents pour récupérer un héritage de cent cinquante-sept millions de dollars, en commettant le crime parfait. Le scénario en question a d'ailleurs été tapé par la propre mère de Lyle un an auparavant. Il n'a convaincu personne dans le milieu cinématographique ; il est probable que le père ne l'a pas trouvé génial, il est d'ailleurs maladroit, simpliste et pour tout dire mauvais. Mais révélateur.

Et ce que la police ne connaît pas encore, c'est la version d'un psychiatre. Comme la plupart des Américains riches, les deux garçons sont suivis par un psy. Une thérapie rendue nécessaire, selon leurs parents, par leur comportement. À raison de trois cents dollars la consultation. De bons clients.

La scolarité d'Erik et de Lyle n'a pas été de tout repos jusqu'ici. Absentéisme, bagarres, tricheries diverses, vols et même arrestation. Le papa, fort mécontent, aurait sévi. Punition d'abord, psy ensuite.

Or, au début de l'année 1990, voici qu'une jeune femme se présente à la police et que l'affaire devient aussi démente que compliquée : « Je m'appelle Judy, je suis la maîtresse du docteur O., le psychiatre d'Erik et Lyle Menendez. J'ai peur, il a peur, même sa femme a peur, je ne peux plus me taire…

« Voilà, ça s'est passé le 31 octobre 1989. Erik était chez le psychiatre, et tout d'un coup il a craqué, il a dit : “C'est nous qui l'avons fait. Nous avons tué nos parents !” À ce moment-là, le docteur n'enregistrait pas la conversation sur cassette, comme il a l'habitude de le faire en séance de thérapie. Il a appelé Lyle au téléphone, pour lui demander des explications sur les déclarations de son frère. Il lui a ordonné de venir le voir immédiatement. Lyle est arrivé aussitôt, il était furieux. Il a menacé le psychiatre, lui interdisant de révéler quoi que ce soit des élucubrations de son frère. D'ailleurs il était tenu selon lui par le secret médical et, s'il faisait une quelconque révélation, sa carrière serait fichue. Lyle se chargerait de le démolir. Et il se chargerait aussi de sa femme, et de moi…

« Comme le docteur O. n'avait pas de preuves du récit d'Erik, il lui était difficile d'aller plus loin. Il s'est contenté d'enregistrer personnellement ses notes sur ce que lui avaient déclaré les deux frères. Il a prévenu sa femme, il m'a prévenue aussi, et depuis nous vivons dans l'angoisse d'une vengeance. Moi, je ne peux plus supporter cette situation. Depuis cette histoire, il m'a mise sous traitement médical, il cherche à me faire interner pour se débarrasser de moi. »

Le médecin confirme, sauf l'accusation de sa maîtresse de vouloir la rendre folle. En réalité ils ont rompu leurs relations depuis cette histoire.

Cette fois la police décide de procéder à l'arrestation des deux frères. Lyle est interpellé le premier à son restaurant, Erik est cueilli à la descente d'un avion. Il revenait d'Israël où il venait de disputer un tournoi. Et ils nient tous les deux avec une fermeté et un calme remarquables. 1990, ils nient, 1991, ils nient, 1992, ils nient… Jusqu'au moment où la Cour suprême des États-Unis décide de reconnaître comme légale et présentable devant un jury la version du docteur O. Jusque-là, la question se posait de savoir si la rupture du secret médical était acceptable.

Soudain, coup de théâtre, arrivée d'une avocate aux dents longues qui se charge de la défense de Lyle, le principal accusé. Celle d'Erik étant assurée par un autre défenseur. Maître Lansing a mis au point un système de défense : les garçons vont plaider coupables, mais avec la légitime défense !

À nos yeux d'Européens, ce système peut paraître bizarre. Mais aux États-Unis, et surtout dans l'État de Californie, un meurtre au premier degré, c'est-à-dire avec préméditation, et sans circonstances atténuantes, comme la légitime défense par exemple, est puni de mort. Lyle et Erik risquent donc la chaise électrique. Sauf si maître Lansing parvient à convaincre le jury qu'ils ont agi non pas pour récupérer un héritage, mais en état de légitime défense.

Quelle serait donc cette légitime défense justifiant le massacre à coups de fusil à pompe de José Menendez et de son épouse ?

Les deux garçons craignaient pour leur vie. Ils ont été victimes depuis des années d'abus physiques, moraux et sexuels de la part de leur père.

Lorsque le procès s'ouvre en septembre 1993, maître Lansing déclare : « José Menendez a abusé de son fils Lyle entre l'âge de six et huit ans. Il s'est attaqué à Erik à l'âge de douze ans, et peu de temps encore avant le meurtre. Lyle a maintenant vingt-cinq ans, Erik vingt-deux. À deux reprises Lyle a affronté son père au sujet d'Erik. La première fois Lyle avait treize ans, la seconde fois se situe quelques semaines avant le drame. Au cours de cette dernière confrontation entre l'aîné et son père, José Menendez serait devenu enragé, hurlant que “quiconque parlerait de ce secret n'aurait plus le droit de vivre”. Il aurait ajouté : “Erik est mon fils, j'ai le droit d'en faire ce que je veux, quand je veux. Personne n'a le droit de me menacer, personne n'a le droit de détenir un pareil secret capable de me détruire ! Pas même toi !” »

Bien entendu, le témoin vedette est le psychiatre. Maître Lansing va s'acharner sur lui et tenter de rendre son témoignage non crédible. Car le psy n'a jamais entendu Lyle ou Erik parler d'abus sexuels, et pourtant il les suit depuis des années. Lorsque Erik lui a confessé le crime, il n'a d'ailleurs rien évoqué de tel. Il considérait son père comme un personnage d'une grande moralité. Il a ajouté qu'ils n'avaient pas prévu de tuer leur mère, mais que Lyle en avait décidé ainsi, pour que le crime soit parfait.

Le docteur O. résiste à toutes les attaques de l'avocate déchaînée. Lyle baisse la tête, Erik est au bord des larmes.

Le procureur maintient sa version de préméditation. Rappelle l'absence d'alibi, le comportement dispendieux des deux frères après le crime, le testament disparu, qui devait probablement les empêcher de toucher la prime de quatorze millions de dollars, leur père étant mécontent d'eux. Mécontent seulement. Certes José Menendez passe pour un homme autoritaire – cet immigré cubain a fait sa fortune lui-même, en partant du bas de l'échelle. Il espérait mieux de ses deux fils que leur paresse, leur goût du luxe, leurs bagarres dues à l'alcool, leur errance perpétuelle dans les hauts lieux de la jeunesse dorée californienne. Il en avait le droit et le devoir.

Maître Lansing revient à la charge en décrivant l'enfance et l'adolescence des deux garçons comme une humiliation permanente. Lyle faisait encore pipi au lit à l'âge de quatorze ans et son père lui jetait le linge souillé au visage, devant tout le monde, au petit déjeuner. Il se montrait avec ses enfants abominablement possessif et dominateur. Il exigeait d'eux la perfection. Ses fils devaient être à la hauteur de sa propre réussite. Il avait les plus hautes ambitions pour eux : pour l'un, champion de tennis ; pour l'autre, sénateur, voire président des États-Unis, ou même libérateur de son pays d'origine, Cuba ! Et il les ridiculisait à la moindre erreur. Un jour il a même tué le petit lapin de Lyle. Et lorsque Lyle a demandé à sa mère où se trouvait le lapin, elle lui a dit d'aller voir son père. Le père a traîné le gamin jusqu'à une poubelle, a ouvert le couvercle et lui a montré l'animal la tête écrasée. Une autre fois, c'est la mère qui, voulant se suicider, s'est mutilée elle-même avec un couteau pour faire couler son sang sur le corps de Lyle…

« Chaque instant de la vie de ces enfants, clame maître Lansing à l'adresse du jury, était une torture. Ce procès doit vous entraîner derrière les façades de ces maisons luxueuses, de ces voitures de rêve, de ces réceptions somptueuses ! Derrière ces murs se dissimule la réalité, celle de la vie de Lyle et d'Erik au côté d'un père obsédé, d'une mère abrutie de tranquillisants, dans une prison de luxe. Ils n'ont agi que pour sauver leurs vies, par légitime défense, un réflexe de survie après des années d'abus sexuels et psychologiques. »

Sa plaidoirie dure des heures. Et voici que plus rien n'est simple. Ce procès qui horrifiait l'Amérique, ces deux jeunes gens monstrueux, décadents, qui ne pensaient qu'à l'argent et au plaisir, offrent à présent des visages de victimes. Inceste, relations extraconjugales du père, usage de drogue par la mère, l'avocate ne laisse rien passer, abreuvant le jury durant six semaines de tous les détails sordides, fouillant la vie privée de José et Kitty Menendez comme si elle vidait une poubelle.

Les témoins qui défilent à la barre parlent, eux, d'une vie tout à fait normale en apparence, d'une famille parfaite. La presse-publie de magnifiques photographies de José et Kitty entourés de leurs beaux enfants. Avec ce titre « Pourquoi ? »

Parce que papa était un obsédé ? Obsédé par l'ambition de faire de son fils une star du tennis, de faire de l'autre un homme politique important ? Ou obsédé par des pulsions sexuelles contre nature ? Parce que maman était dépressive, droguée, humiliée par les aventures de son époux et se vengeant sur ses fils ?

Lyle et Erik sont appelés à la barre comme témoins de leur propre défense. Ils vont tenter d'expliquer, de contrer l'accusation qui, elle, n'admet qu'une chose : le milieu familial était sévère, le père sans indulgence pour ses fainéants de fils, mais cela ne justifie en aucun cas la légitime défense.

Comment prouver des abus sexuels aussi anciens ?

Le professeur Peter Arella, qui enseigne le droit criminel à l'université de Californie, déclare : « L'abus sexuel est systématiquement utilisé par la défense dans les affaires de mineurs ayant tué un parent. Il reste que Lyle avait vingt et un ans au moment des faits et Erik dix-huit. Il y a deux issues pour le jury à ce procès. L'une consiste à dire : ils n'ont été victimes d'aucun abus sexuel. L'autre : ils ont subi des abus sexuels, mais ils étaient adultes, de jeunes adultes certes, mais capables de trouver une autre solution à cette situation que le meurtre. À leur âge, ils sont dans le même cas de figure que les femmes battues, lesquelles affirment avoir tué leurs époux après des années de sévices. Mais de tels meurtres se produisent généralement immédiatement après une bagarre violente, une altercation de plus, des menaces immédiates, un danger physique. Rien ne permet de dire que les deux fils Menendez étaient dans cette situation la nuit du 20 août 1989. »

Selon ces derniers, ils se trouvaient dans la situation suivante : Lyle a affronté son père une dernière fois, quelques jours avant le meurtre, en lui reprochant d'abuser d'Erik, et c'est alors que le père a lancé ses terribles menaces. Craignant pour leurs vies, les deux frères achètent alors deux fusils à pompe dans un magasin de sport de San Diego (l'accusation l'a prouvé) et ils exécutent leurs parents alors que ceux-ci regardaient la télévision au salon, en dégustant des framboises et de la glace. Quinze balles en tout, qui les ont rendus totalement méconnaissables. Après quoi ils mentent, s'inventent un alibi, dirigent la police vers des pistes fumeuses, Mafia, CIA, règlement de comptes entre sociétés concurrentes, ils touchent l'assurance et mènent grand train.

Qui croire ? Le procès est reporté au 14 décembre 1993.

Quatorze cassettes d'enregistrement des séances de thérapie, appartenant au psychiatre des deux jeunes gens, vont être décortiquées. C'est une première en ce qui concerne le secret médical. On dit qu'elles contiennent des preuves accablantes contre les deux frères. En revanche, elles ne contiendraient aucune information concernant les abus sexuels avancés par la défense.

Préméditation machiavélique de deux jeunes gens odieux, ou instinct de survie, pulsion de vengeance ?

L'Amérique attend. À Los Angeles, l'histoire est devenue une sorte de feuilleton. La télévision a retransmis en direct de grands extraits des débats. Mais les observateurs sérieux ne donnent pas la moindre chance aux deux frères d'échapper à la peine de mort. Et pendant ce temps, des scénaristes planchent sur un téléfilm. Quelle version vont-ils choisir ?

Le paradis perdu de deux adolescents perturbés et violentés ? Ou bien le meurtre au premier degré avec la chaise électrique sur fond de générique ?

Divorce à la marocaine

Mouloud B. se tient les bras ballants au milieu du living-room de son appartement dans l'immeuble HLM des Pyrénées-Atlantiques. La pièce, décorée à l'orientale de grandes tentures colorées qui courent le long des murs, est parfaitement rangée. Des sièges bas, des cuivres bien astiqués qui luisent dans la lumière électrique. Pas un bruit à cette heure tardive, au-dehors les échos de la nuit d'été. Mouloud tend l'oreille mais seul le silence parvient de la chambre des jumeaux Nasser et Aïcha. Le petit Brahim, dans son berceau, dort paisiblement, tout est en ordre. Enfin presque…

Ce qui fait désordre dans l'appartement c'est la jolie Raya, la femme de Mouloud. Pour le moment elle gît de tout son long sur le tapis marocain. Aucun souffle n'anime sa poitrine. Elle est morte et les marques bleues laissées par les mains robustes de Mouloud indiquent d'un seul coup d'œil les causes de sa mort. Mouloud, honnête et solide ébéniste qui vit en France depuis vingt et un ans, vient de tuer Raya, sa seconde épouse. Et, à présent que le pire est accompli, il se demande ce qu'il doit faire pour éviter l'inévitable…

Comme dans un film accéléré, Mouloud revit toutes ses dernières années : sa dure condition d'émigré marocain qui cherche du travail dans les années soixante-dix. Puis son intégration en douceur, ses bonnes relations avec ses patrons qui apprécient en lui l'homme honnête, fiable, adroit, sans problèmes. Sa lente montée dans l'échelle sociale. Son mariage, là-bas au Maroc, et la naissance de deux jumeaux, Nasser et Aïcha. Quatorze ans déjà. Puis la disparition de son épouse. La solitude d'un homme jeune encore et vigoureux. Le remariage avec Raya, trente-huit ans, plus jeune que lui d'une quinzaine d'années, et l'arrivée en France de cette jolie brune pulpeuse, rieuse, pleine d'ambition.

C'est là sans doute que les choses de sa vie commencent à déraper. Un problème de générations sans doute. Mouloud connaît, pendant un temps, une période de chômage et Raya décide, en femme moderne, qu'elle peut contribuer aux revenus du ménage. Elle suit des cours pour apprendre à mieux parler le français, elle se trouve un travail, fait un stage pour être caissière dans le supermarché de la ville. Elle est liante, indépendante. Le matin, elle part pour son travail et elle rentre le soir, toujours souriante, heureuse de cette nouvelle vie à la française qu'elle ne pouvait en aucun cas espérer connaître dans le lointain Maroc...

Mouloud subit cette perte d'autorité sans trop faire de commentaires. À dire vrai, il espère bien fonder en France une famille qui s'intègre. Il fait venir les jumeaux et se saigne aux quatre veines pour leur assurer une éducation complète qui leur permette d'accéder à des professions valorisantes. Mouloud aimerait bien avoir un enfant de Raya, mais celle-ci, hélas ! se révèle incapable de procréer. Bah ! qu'importe, elle servira de mère de substitution pour les jumeaux et la vie sera belle quand même. La maison de Mouloud et de Raya est accueillante, les voisins, maghrébins ou métropolitains, y sont facilement accueillis et invités à partager un café odorant, un thé à la menthe « comme là-bas », un couscous ou des tajines parfumés.

Mais, petit à petit, les choses se gâtent entre Mouloud et Raya. Des disputes éclatent et les voisins viennent tambouriner sur la porte de l'appartement pour demander : « Qu'est-ce qui se passe là-dedans, c'est fini ce boucan ? » Mouloud, sans ouvrir, répond que « ce n'est rien : la télé ». Les voisins n'insistent pas, pourtant ils avaient bien cru entendre des cris de femme et des bruits de gifles.

Le lendemain, comme on voit les jumeaux, toujours pimpants, aller à l'école, comme Raya, toujours souriante, apparaît, on n'y pense plus. Raya qui va souvent à la cabine téléphonique du coin de la cité pour appeler Dieu sait qui, Raya qui, parfois, prend le train toute seule pour se rendre à Paris « où elle a de la famille ». Mouloud, quand elle est absente, prend un regard morne et triste.

Un jour Raya repart au Maroc pour quelques jours. Quand elle rentre en France, elle transporte un drôle de colis : Brahim, un orphelin d'un an qu'elle a adopté. Mouloud, qui calcule son budget au plus juste pour donner le maximum de ce qu'il peut à ses jumeaux, n'apprécie pas du tout cette bouche supplémentaire qui n'est même pas l'œuvre de sa chair. Scène violente entre les deux époux. Pourtant Brahim, le bébé, est adorable et fait l'admiration de tout le voisinage. Raya l'emmène à Paris, pour le présenter à « sa famille ».

Un jour Raya, pourtant, en rentrant de Paris, déboutonne son cœur : elle explique à Mouloud que tout est fini entre eux, qu'elle a connu un autre homme, qu'elle va partir avec lui, qu'elle va refaire sa vie. Justement non car, dans un mouvement de colère, Mouloud saisit la gorge de Raya et serre ce joli cou fragile entre ses phalanges puissantes de manuel. Un petit craquement imperceptible et Raya glisse au sol, morte.

On en est donc là par cette belle nuit d'été. Mouloud réfléchit. Comment se débarrasser du cadavre ? Impossible de le transporter au loin car Mouloud, en fait de véhicule, ne possède qu'une mobylette qui lui permet de rejoindre son travail chaque matin. Il ne reste qu'une seule solution, horrible. Alors Mouloud traîne le corps de son épouse jusqu'à la cuisine, il sort les couteaux du tiroir, ceux qui servent à égorger le mouton lors des fêtes rituelles, et il commence… par la tête.

Au bout de quelques heures atroces, Raya est découpée en plusieurs morceaux. Chaque morceau est emballé dans un grand sac-poubelle gris. Mouloud, au cœur de la nuit, descend les morceaux jusqu'à la cave qui lui est attribuée dans le sous-sol de l'immeuble. Là, avec des planches qu'il a récupérées depuis longtemps, il bricole une sorte de cercueil dans lequel il range les sacs, dans le désordre. Il nettoie ensuite soigneusement les traces sanglantes de la cuisine, puis, mouillé de sueur, s'étend sur son lit pour réfléchir à la suite des événements.

Au réveil, les jumeaux s'étonnent de l'absence de Raya, mais Mouloud leur dit qu'elle est « repartie pour le Maroc ». C'est la même réponse qu'il fera dans les jours suivants à tous ceux qui s'informeront de l'absence de la belle Marocaine. Les jours passent, dans la chaleur moite du Sud-Ouest.

Justement c'est de là que vient le problème. Au bout de quelques jours, toute une partie de la cité HLM commence à être incommodée par une odeur fétide dont on distingue mal l'origine. La concierge finit par déterminer qu'elle provient de la cave de Mouloud. Celui-ci, prévenu, répond qu'il va nettoyer car un chat ou un gros rat crevé doit en effet se trouver dans sa cave.

Le soir même, l'ébéniste descend à une heure tardive et, faute de mieux, essaie de rendre complètement étanche le « cercueil » de planches dans lequel il a entassé les morceaux de son épouse. Puis, pour mieux régler encore le problème, il bourre de mastic et barricade la porte qui donne accès à sa cave. Et il remonte chez lui pour réfléchir encore. Mais aucune solution ne se présente à lui pour se débarrasser du cadavre... Et la chaleur d'août continue de faire son œuvre. L'odeur devient insupportable. Quelqu'un avertit les gendarmes. Un autre fait le rapprochement avec l'absence bien étonnante de Raya.

Guidés par la concierge qui se bouche le nez, on brise à coups de hache la porte étanche de la cave de Mouloud. L'odeur devient irrespirable. On fait éclater le cercueil, on ouvre les sacs de plastique. Plus de doute, ce sont bien là les pauvres restes de la souriante seconde épouse de Mouloud, celle qui rêvait de vivre sa vie à la française. On l'identifie en trouvant la tête de la malheureuse à côté du « cercueil », dans une Cocotte-minute où son mari l'avait fait cuire, dans l'espoir d'empêcher toute identification...

En quelques instants les gendarmes sont à la porte de l'appartement, mais, retranché à l'intérieur, Mouloud, qui se dit qu'on approche de la fin, menace soudain, si on lui fait violence, d'exécuter les jumeaux et le petit Brahim, puis de se faire sauter grâce à une bouteille de gaz qu'il détient. Les choses deviennent graves. Les forces de police spécialisées dans ce genre de problèmes arrivent en toute hâte et prennent position, devant l'immeuble, sur les toits, dans les bâtiments avoisinants.

Le sous-préfet, l'assistante sociale, le patron de Mouloud, ses amis, ses parents, l'instituteur des jumeaux se relaient au téléphone pour le convaincre de se rendre, mais rien n'y fait. Mouloud, fatigué, désespéré, ne voit pas d'issue à la situation. Il comprend que ses vingt et un ans de probité sur le territoire français vont s'achever derrière les barreaux. Il comprend qu'il compromet l'avenir de ses enfants, il menace à nouveau, têtu, de tout faire sauter. On évacue l'immeuble.

Quand on donne enfin l'assaut, dans les règles de l'art, pour sauver les enfants, Mouloud, dès qu'il voit sa porte enfoncée, se plonge dans le ventre le grand couteau de cuisine avec lequel il a décapité Raya. Il meurt pratiquement sur le coup. Les trois enfants sont remis aux autorités compétentes…

Vocation irrésistible

Dominique C. semble somnoler assis sur un banc au fond du parc des Petites Sœurs des Pauvres. Il aura bientôt quatre-vingts ans et il jouit d'un repos normal au bout d'une vie bien remplie. On serait tenté de dire « repos bien mérité » mais est-ce bien le cas ? Pourtant on peut prétendre que sa vie n'aura pas manqué de péripéties, depuis son plus jeune âge. Qu'on en juge plutôt.

Dominique, comme son prénom l'indique, est natif d'une île que l'on dit bien française et que beaucoup jugent la plus belle de la Méditerranée. Son père est militaire, comme il est de tradition chez beaucoup d'insulaires. Dominique n'est encore qu'un gamin de cinq ans et son frère cadet, François, est plus jeune d'un an lorsque leur papa quitte ce bas monde. Immédiatement le conseil de famille décide que les deux bambins iront poursuivre leur éducation à Lyon, pratiquement dans les brumes du Nord, sous l'aile, qu'on espère bienveillante, de leur tonton Frédéric.

Tonton, hélas ! n'a pas la fibre paternelle et, très rapidement, il confie les deux mouflets à la garde vigilante des bonnes sœurs. Malheureusement les deux enfants, sans doute nostalgiques de leur belle île natale, se montrent très rapidement rétifs et insupportables, même pour des femmes qui ont fait vœu de patience. De chahuts en révoltes sévèrement réprimées, de fugues en chapardages, ils descendent, en prenant de l'âge, la pente qui mène à la délinquance et conduit derrière les barreaux. Leur père avait sans doute espéré pour eux un autre avenir.

Les voilà presque des hommes. Le temps du service militaire est là. Période qui ne se passe pas plus tranquillement que celle de l'éducation de base. Quand Dominique, après vingt-quatre mois de service dans la marine, se retrouve en civil, il reprend tout naturellement la seule activité qu'il ait jamais pratiquée assidûment : le chapardage. On est à Paris, en 1943, les temps sont troublés mais la police fait encore son travail. Dominique est convié à un séjour de deux ans en prison et on lui assigne comme résidence la centrale de Poissy.

Le régime alimentaire n'a rien d'idyllique. Pis encore, le camp de l'occupant allemand, dans la forêt toute proche de Saint-Germain, est bombardé. Les « Fridolins » ont besoin d'une corvée pour récupérer les bombes qui gisent, intactes, dans la forêt. Dominique est sélectionné pour ce travail minutieux qui met les nerfs à rude épreuve. Décidément, pense-t-il en croyant sauter à chaque fois qu'il manipule une bombe, la vie ne vaut pas la peine d'être vécue. Certains ont toutes les chances au départ, les autres tirent le mauvais numéro…

Dorénavant Dominique s'estime libéré de tout remords. Il déclare la guerre aux nantis, à la société. Tout lui est bon pour tirer le maximum d'autrui.

Au bout de deux ans, juste à la fin de la guerre, Dominique retrouve à la fois la liberté et la paix. Désormais il est « voleur » patenté. Mais le choix de cette vocation n'implique pas qu'il jouisse du plein succès dans ses entreprises… L'année suivante, le voici à nouveau sous les verrous. Condamnation sans ambiguïté : flagrant délit. Il ne lui reste qu'à prendre son mal en patience…

C'est peut-être à cela que Dominique pense aujourd'hui, sur son banc, dans le parc tranquille des Petites Sœurs : à toutes ces années si lointaines. Mais soudain son regard s'illumine : de l'autre côté de la rue, il observe, comme il le fait depuis plusieurs jours, l'activité régulière d'un lieu qu'il connaît bien, qui hante ses jours et ses nuits depuis soixante ans : une banque… Il note l'heure d'arrivée du directeur puis retombe dans ses pensées… Voyons, où en était-il ? 1946. Ah oui ! Là, il inaugure la série des « interdictions de séjour », assorties de deux ans de prison. En définitive, deux ans, ça passe vite… Cette fois-là, il passe donc deux ans près de Paris. Est-ce là qu'il tente de s'évader ? Oui, c'est ça. Il parvient à se procurer une paire de cisailles, après de longues heures d'attente, de palabres, d'échanges et le voilà qui tranche enfin, un beau soir, dans le grillage qui le sépare de la liberté. Manque de chance, ce fil qu'il coupe est justement celui de l'alarme. Dominique, pour un peu, risquerait d'être tué par les matons qui tirent à vue. Et il en reprend pour deux ans de plus. Au bout de deux ans, le voilà libre.

Pas pour longtemps : un an plus tard, toujours pour vol, il en reprend pour deux ans et, cette fois, on l'emmène dans une île, pas la sienne mais une île atlantique, celle de Ré, porte du bagne... Il en ressort, mais, toujours aussi teigneux et la tête près du bonnet, le voilà qui repique au truc : coups et blessures. Dix mois à l'ombre dans une geôle charentaise...

Son frère, de son côté, poursuit, si l'on peut dire, le même genre de carrière avec les mêmes alternances d'ombre et de liberté. Mais, au fil des années, la réputation des deux Méditerranéens grandit. Chaque année derrière les barreaux est comme une décoration sur la poitrine d'un grognard... On les respecte, on les consulte. Par chance pour eux, si l'on peut dire, on leur attribue la paternité d'un spectaculaire fric-frac, au cours duquel, entrés par un souterrain creusé près d'une banque, des malfrats ont vidé, des années avant Spaggiari, tous les coffres d'une banque. On ne retrouvera jamais les auteurs du coup. Dominique affiche un petit sourire quand on veut lui tirer les vers du nez.

Pour l'instant Dominique sourit encore, sur son banc ombragé de platanes, sous le chaud soleil du Midi. Il vient de repérer un emplacement, devant la banque d'en face, idéal pour garer une voiture avec le moteur en marche...

Après le coup du souterrain, Dominique commence à se faire un peu vieux : toutes ces années à l'ombre n'arrangent pas ses poumons. Il devient plus malin, la police ne trouve rien à lui reprocher pendant quatre ans. Puis une malheureuse affaire de faux papiers le renvoie en taule pour un an. Suivent deux ans de calme. Il s'ennuie sans doute et son frère aussi car ils se lancent dans l'attaque à main armée. Cette fois, son curriculum vitae joue contre lui : c'est la perpétuité.

Mais, de plus en plus résolu dans ses entreprises, de plus en plus aidé et respecté par le milieu, Dominique reçoit, dans sa cellule, un revolver qu'il applique sur la tempe d'un maton. Cette technique simpliste lui permet de se retrouver à l'air libre... Direction : Marseille. Et là, les frères corses disparaissent dans les méandres du quartier chaud, nouvelles identités, nombreuses planques. Cependant il semble que l'air de la France soit de plus en plus malsain. On part pour l'Amérique du Sud... Le rêve : les palmiers, le soleil, les plages d'Argentine, une femme, encore désirable, tout pour être heureux... quand survient un cousin, célèbre, puissant qui « travaille », quant à lui, au niveau international et dans des trafics de poudre délétère... Comment résister quand on vous propose de vivre à New York, d'être un des caïds de la cocaïne ?... Dominique, logique, suit son destin.

Comme les années ont passé entre New York et le parc tranquille des Petites Sœurs des Pauvres ! Elles n'ont pas toujours été faciles ces années passées, car, après le luxe new-yorkais, il y a eu, au bout de deux ans, les menottes américaines et les juges américains et le pénitencier d'Atlanta. Voilà ce que c'est que de se promener avec deux kilos de « poudre blanche » dans sa valise... Normalement Dominique doit finir ses jours aux States.

Mais non car, depuis son évasion, la France le réclame, heureusement pour lui. Extradition. Le voilà rentré dans notre beau pays et il découvre les délices de Fresnes, une prison « trois étoiles » qu'il ne connaissait pas. C'est là qu'il se lie d'amitié avec Romuald, un jeune délinquant qui le « protège » et lui demande conseil.

Une jolie amitié dans un monde ultrarépressif. Impossible d'en sortir sauf libéré. C'est ce qui lui arrive enfin en 1987. Où donc est le fringant marin d'autrefois ? Où sont ses amours argentines ? Il a soixante-quatorze ans. L'âge, largement dépassé, d'une retraite bien méritée. Mais il n'y a pas de caisse complémentaire pour les malfrats, même avec un curriculum vitae bien rempli. Alors, à Paris, commence une vie qui traîne de bar en bar. La vie lui semble aussi peu ragoûtante qu'à l'époque où il se débattait contre les entreprises éducatives des Petites Sœurs lyonnaises. De fil en aiguille sa pensée lui remet en tête un ancien de Fresnes, la rumeur lui apprend une nouvelle étonnante : repenti, cet ancien compagnon de misère est entré dans la prêtrise. Dominique parvient à le contacter.

L'ancien détenu devenu curé invite Dominique, par retour du courrier, à lui rendre visite dans sa cure, perdue au fond de l'Aveyron. Les deux anciens détenus échangent leur philosophie sur la dureté de l'existence. Dominique, au bout du rouleau, ne sait à quel saint se vouer. Charitable comme il se doit, le curé lui propose une solution conforme à son âge. Pourquoi ne pas aller s'installer, pour une retraite paisible, chez les Petites Sœurs des Pauvres ? Là, il serait à l'abri des aléas de l'existence, des tentations du besoin, choyé, pardonné. Dominique accepte.

C'est pourquoi il se trouve aujourd'hui, en ce mois d'août 1993, assis au soleil. Les Petites Sœurs ne posent pas de questions. Il leur fait verser tous ses revenus et même sa pension d'« ancien combattant » dont on peut se demander quand il a eu le temps de la gagner. Il refuse pratiquement l'argent de poche qu'on lui propose : trois cent cinquante francs par mois. Il assure qu'il n'a plus aucun besoin. Simplement il reçoit fréquemment la visite de son fils. Tiens, se diront certains, d'où sort-il donc celui-là ? Jamais entendu parler. Le « père » et le « fils », devant les autres pensionnaires attendris, ont de longues conversations, ils passent leur temps à griffonner sur des petits bouts de papier qu'ils enfouissent dans leurs poches dès que quelqu'un approche pour proposer une partie de belote...

Souvent le « fils » qui se prénomme « Romuald », comme par hasard, invite son « papa » et ils se rendent à Dax. Là-bas, conte Dominique, il en profite pour rendre visite à son cher vieux frère « cadet » qui est mourant. Toujours avec la permission des Petites Sœurs qui notent scrupuleusement les heures de départ et de rentrée du bon vieux « Papy » confié à leur garde.

Ce jour-là, une fois sa « sieste » sur le banc du parc terminée, Dominique écrit quelques notes sur de nouveaux « petits papiers ». Quelques heures plus tard, le « fils » Romuald rend visite à son « père ». Une fois de plus les vieux pensionnaires de la maison de retraite s'extasient sur la nouvelle voiture du fils. Il en change tellement souvent... On demande des nouvelles de la belle-fille Fabienne. Une charmante brune. Dominique, lui, sait bien qu'il ne s'agit que de la concubine de Romuald, une jolie fille qui faisait de l'auto-stop juste après avoir quitté ses parents.

Demain, la « famille » va se livrer à son activité favorite : un braquage de banque. Papy Dominique a repéré les lieux, Fabienne, enceinte jusqu'aux yeux, entrera dans la banque en aidant Papy, puis elle sortira son revolver de son sac. Romuald arrivera à cet instant. Très vite tout sera réglé... Décidément, la vie peut être très amusante, même pour un vieux truand qui vit chez les Petites Sœurs.

Le lendemain, hélas ! Fabienne, qui manque de sang-froid, oublie son sac avec tous ses papiers d'identité sur le comptoir de la banque en partant avec ses complices. De plus les caméras de surveillance, gadget inconnu de Dominique, filment celui-ci sous tous les angles. Le voilà reparti pour un bon moment vers la paille humide des cachots. Peu importe, depuis qu'il s'ennuyait chez les Petites Sœurs, lui et son équipe avaient réussi près de quarante hold-up ! Pas mal à quatre-vingts ans.

Noirs gris-gris

Qu'elle est heureuse, Anne-Marie ! Cette jolie blonde est depuis quelques mois l'épouse de Jean-Michel, un grand barbu brun, bien bâti, aux mains puissantes, à l'allure sportive, au regard franc et honnête. Pour cette jeune femme aux nerfs un peu tourmentés, c'est un rêve qui s'est concrétisé. Elle est l'épouse légitime d'un bel homme que beaucoup de femmes lui envient. Trop de femmes sans doute, toutes les femmes sûrement. Anne-Marie, qui doit souffrir d'une légère tendance à la paranoïa, tous les jours, au moment où Jean-Michel part pour son travail, se demande, inconsciemment, s'il va bien rentrer le soir, si, pendant la journée, il ne va pas faire la connaissance d'une autre jolie blonde, plus jolie qu'elle, ou bien d'une appétissante brunette séduite par la barbe de jais de son séduisant mari.

Alors, un beau jour, Anne-Marie, comme ça, pour voir, décroche le téléphone et elle appelle Jean-Michel à son travail. Après quelques instants, après que le standard l'a mise en communication avec le chef d'équipe, après qu'on lui a demandé deux fois le motif de son appel (« Personnel, je suis son épouse »), après qu'on est allé chercher Jean-Michel à son poste de travail, après un bon moment d'attente, elle entend la voix de son beau barbu. Elle soupire d'aise et elle respire : il est bien à son travail, il ne s'est pas absenté pour aller retrouver quelque gueuse. Au bout du fil Jean-Michel s'inquiète : « Qu'est-ce qui se passe ?

— Rien, répond Anne-Marie, soudain prise de court, je ne me souviens plus de ce que tu m'as dit pour ce soir… » Elle invente un prétexte à son appel.

Appel qu'elle renouvelle les jours suivants. Bien sûr elle sent bien que cela agace Jean-Michel. Quand il rentre le soir, il ne se prive pas de faire des commentaires. « Qu'est-ce que c'est que ces façons de m'appeler à tout bout de champ ? » Jean-Michel est un homme d'ordre. Il organise sa vie avec précision et méthode, il déteste tout ce qui vient troubler l'ordre établi des choses, même les plus quotidiennes. Dans son univers les épouses ne dérangent pas leurs maris au boulot pour des futilités. Malgré son air simple, Jean-Michel commence à se demander si Anne-Marie ne perd pas un peu la tête, si elle n'est pas complètement folle de jalousie, s'il n'a pas fait l'erreur de sa vie en épousant une jolie fille légèrement cinglée.

De questions en doutes, de doutes en certitudes, Jean-Michel s'éloigne d'Anne-Marie. Il se persuade qu'il a commis une boulette et, pour lui, la situation est simple. Toute erreur demande à être corrigée. D'autant plus que, à force de craindre l'arrivée d'une autre femme, Anne-Marie a fini par faire se concrétiser ses pensées négatives ; Jean-Michel, le grand barbu, rencontre effectivement une autre mignonne, Gilberte. Oh ! pas du tout une beauté fatale, une gentille jeune femme sympathique telle qu'on peut en découvrir dans les plaines picardes, une institutrice, calme et sans jalousie.

Et Jean-Michel se décide à tout avouer à Anne-Marie : sans élever la voix, il lui annonce qu'entre eux tout est fini. Il ne supporte plus ses crises de jalousie, ses soupçons, il la quitte, comme elle le craignait depuis longtemps, pour aller vivre sa vie avec une gentille institutrice pas soupçonneuse. Anne-Marie est effondrée. Elle se retrouve seule. Mais elle ne désespère pas de voir son grand barbu brun rentrer au bercail.

En attendant, pour tromper son ennui, sa solitude nouvelle, pour essayer d'y croire, elle va consulter une voyante qui, subodorant les problèmes de la pauvre blonde, lui laisse espérer le retour de l'infidèle. En vain : les mois puis les années passent. Dans cette petite ville du Nord, tout se sait. Anne-Marie, désespérée, apprend que Jean-Michel est à présent le père d'un enfant que Gilberte vient de lui donner. Les chances de le voir revenir s'estompent.

Les prévisions de la voyante tardant à se réaliser, Anne-Marie se laisse tenter par le prospectus qu'un jeune homme lui tend dans la rue. Sur le petit carton on vante les mérites d'un « mage guinéen » capable de tout en matière de « retours d'affection ». On annonce des prix « très étudiés ». Anne-Marie fourre le carton dans son sac. Quelques jours plus tard, elle téléphone au numéro indiqué et prend rendez-vous avec le mage africain. Elle est comme fascinée par l'allure du mage, son exotisme, elle écoute sans trop comprendre les promesses qu'il lui fait. Elle paie le tarif, assez important, pour un « retour d'affection ».

Quelques jours plus tard, alors qu'elle expédie une lettre au bureau de poste de son quartier, son regard croise machinalement celui d'un jeune Maghrébin. Beau garçon qui lui sourit timidement. Il ne faudra que quelques jours pour que, après s'être croisés plusieurs fois dans le quartier, il l'aborde, lui parle, l'invite à prendre un café. Anne-Marie rend l'invitation.

Le jeune homme, de huit ans son cadet, lui raconte son histoire sans histoires : il est arrivé en France à quatorze ans, avec sa famille. Un père ouvrier qui respecte les traditions religieuses de son pays. Aussi aujourd'hui, muni d'un métier, le jeune homme, nommé Moktar, s'apprête à obéir à son père qui vient de lui choisir une fiancée musulmane qu'il ne connaît même pas, une lointaine cousine qui demeure encore là-bas, de l'autre côté de la Méditerranée.

Moktar, soudain, est pris d'une révolte contre ces projets matrimoniaux. Anne-Marie compatit à ses problèmes. Il tombe amoureux de cette blonde inaccessible. Pas si inaccessible puisqu'un beau soir elle l'invite à passer la nuit chez elle et devient, bien évidemment, sa maîtresse. Une maîtresse qui se donne sans passion, car, toujours, au fin fond d'elle-même, une seule idée demeure véritablement : le retour au foyer de Jean-Michel, son grand amour, qui vit heureux avec une autre.

Pendant ce temps-là le « marabout » africain, fidèle aux promesses faites à sa cliente, met au point ses techniques de retour d'affection. Il va déposer sur le seuil de la maison de Gilberte et de Jean-Michel des gris-gris chargés de malédictions qui doivent briser le ménage. Mais rien ne se passe.

Lors de la visite suivante d'Anne-Marie, il lui propose, moyennant un petit supplément financier, une technique plus moderne qui, depuis quelque temps, fait paraît-il des miracles : l'utilisation de préservatifs imprégnés d'onguents miracles de sa fabrication. Il propose même à Anne-Marie d'essayer sur elle-même lesdits préservatifs…

Moktar, quand il rentre de sa première nuit d'amour avec la blonde esseulée, se fait accueillir vertement par son père, qui, en manière de sanction, lui interdit l'utilisation de la voiture familiale pendant plusieurs jours. Voilà Moktar éloigné de son amour. Quelques jours plus tard, quand la sanction est levée, c'est avec une passion redoublée qu'il rejoint Anne-Marie, de plus en plus prête à tout pour faire revenir Jean-Michel. Que se passe-t-il entre eux à ce moment-là ? Trouve-t-elle les mots pour le convaincre d'accomplir l'acte qui va les mener tous les deux devant les assises ? Entend-il, comme il va le prétendre, une voix qui lui commande de faire ce qu'il va accomplir sans trop savoir pourquoi ?

Toujours est-il qu'un soir on sonne à la porte du logement de fonctions de Gilberte, l'institutrice. Elle ouvre sans méfiance et se trouve devant Moktar qui demande à parler à Jean-Michel. Celui-ci étant absent, elle lui propose de revenir un peu plus tard. Quelques instants après, la sonnette se fait à nouveau entendre et Gilberte ouvre à nouveau, son bébé dans les bras. Elle a à peine le temps de voir l'éclair d'un couteau. La gorge entaillée de plusieurs coups, elle comprend qu'elle va mourir. Mais, miraculeusement, elle a la force de refermer la porte, empêchant son agresseur de l'achever. En a-t-il seulement l'intention d'ailleurs ? Sa « voix » lui a enjoint de tuer Jean-Michel, Gilberte et le bébé, mais l'ex-mari d'Anne-Marie étant absent, il sait qu'il ne peut accomplir toute sa mission. Il remonte donc dans sa voiture et s'éloigne.

Gilberte, heureusement, n'est pas mortellement atteinte. Elle a la force d'appeler à l'aide et c'est aujourd'hui munie d'une minerve qu'elle assiste au procès de cet homme inconnu qui a voulu l'éliminer… Moktar, bon jeune homme sans histoires, victime de ses illusions, s'entend condamner à huit ans de prison. Anne-Marie voit définitivement s'éloigner l'idée de récupérer son grand barbu : elle doit passer les dix prochaines années sous les verrous. Le mage guinéen n'est pas inquiété. D'ailleurs Anne-Marie ne se souvient même plus d'avoir été sa maîtresse… Les préservatifs magiques restent versés au dossier…

Le temps des cerises

L'église de cette petite commune de la banlieue parisienne est bondée. Au milieu du chœur, un cercueil ; rien qu'à la taille, on devinerait qu'il contient le corps d'un adolescent. On voit qu'il s'agit d'une fillette, car sur le coffre de bois vernis repose une robe blanche, jamais portée : la robe que la défunte aurait dû porter dans quelques jours pour la célébration de sa première communion. À chaque fois que le prêtre, dans son sermon, prononce le prénom de la morte, Augusta, toute l'assistance regarde la robe et le cercueil.

Les parents, un couple d'ouvriers portugais, Amalia et Jacinto, les camarades de sa classe, les voisins, les amis portugais, tout le monde se pose la même question : comment est-il possible qu'une enfant de douze ans se soit suicidée ? Augusta, si vive, si rieuse, un peu tête en l'air, bavarde et distraite selon ses professeurs, insouciante, dirons-nous. Comment, pourquoi a-t-elle pu en arriver là ? Soudain, sur un banc, du brouhaha : Christian, un petit camarade d'Augusta, vaincu par l'émotion, vient de perdre connaissance. On s'affaire, on l'emmène au-dehors pour lui faire respirer un air plus frais. La cérémonie s'achève dans les chants mélancoliques des petites filles qui se demandent pourquoi Augusta est morte…

Quelques jours plus tôt, Amalia, la mère, rentre de son travail. Son mari, Jacinto, est encore à l'usine et elle sait que, normalement, en rentrant, elle va, comme chaque jour de la semaine sauf le mercredi, trouver Augusta qui vient de rentrer de l'école. Mais, ce jour-là, Augusta n'est pas là. Les minutes passent. Amalia est tout d'abord un peu déçue, puis un peu énervée ; elle se répète déjà ce qu'elle va dire à Augusta lorsque celle-ci va finir par arriver. Les minutes passent. Augusta ne revient pas. Alors Amalia, inquiète, se décide à téléphoner à plusieurs familles, chez des « petits copains » de sa fille. L'a-t-on vue ? Est-elle chez l'un ou l'autre, s'est-elle attardée pour jouer ? Est-il arrivé quelque chose ? Non, personne ne peut lui fournir de renseignements. La seule chose qu'on signale c'est qu'Augusta, comme toute sa classe, a, ce jour-là, quitté l'école un peu plus tôt, car un des professeurs étant souffrant, il n'a pas pu assurer le dernier cours prévu dans l'après-midi.

De plus en plus inquiète Amalia se précipite à l'usine où son mari travaille et l'attend à la sortie pour lui faire part du retard inexplicable de leur fille. Ils ne parlent pas encore de disparition, mais ils s'angoissent davantage à chaque minute. Augusta sait que son père ne plaisante pas avec la discipline et il faut qu'elle ait une bonne raison pour s'attarder loin de la maison. Elle doit bien savoir qu'à son retour la colère paternelle lui fera passer un bien mauvais moment…

Quand Amalia et Jacinto rentrent chez eux, ils espèrent un peu y trouver leur gamine, mais leur espoir est déçu. Bientôt la nuit va tomber et l'enfant manque toujours à l'appel. En tant que président de l'Association des Portugais de la commune, Jacinto a vite fait de prévenir toute la communauté et de demander l'aide de ses compatriotes. Bientôt tous les Portugais valides, dont beaucoup sont aussi parents de jeunes enfants, apportent leur concours affectueux pour une recherche dans la nuit. On se munit de « mégaphones » pour appeler l'absente, de lampes puissantes pour fouiller les buissons. On sait maintenant qu'Augusta, une fois sortie de l'école, s'est rendue chez deux de ses copains, Ahmed et Christian, et que après y avoir passé quelques minutes, elle est partie, en leur compagnie, pour cueillir des cerises dans un lotissement, ancien jardin abandonné où des cerisiers sans propriétaires offrent aux passants leurs sanglants « pendants d'oreille » comme dit la chanson.

Les deux adolescents, à peine plus âgés qu'Augusta, racontent qu'ils ont, en effet, tous les trois grimpé aux cerisiers et qu'ils se sont un peu gavés de cerises, plus ou moins mûres d'ailleurs. Puis ils disent avoir quitté Augusta car celle-ci venait de déclarer qu'il fallait qu'elle rentre chez elle où sa mère l'attendait.

Le lendemain, les recherches reprennent et, cette fois-ci, à la lumière du jour, dans un champ en friche envahi de hautes herbes, sous un arbre, on découvre, hélas ! le corps sans vie d'Augusta. Elle est là, morte, couchée sur le ventre. Autour de son cou, une manche de sa chemise fait un nœud grossier. À l'autre manche du vêtement un autre nœud tient un morceau de branche brisée, détachée de l'arbre sous lequel se trouve la pauvre gamine.

Les parents en larmes ne peuvent que constater le décès. Le médecin légiste et les gendarmes, au vu du corps, déclarent qu'il n'y a eu ni lutte ni violences sexuelles. De toute évidence la petite Augusta s'est suicidée. Pourquoi ? Son dernier carnet scolaire, qui était loin d'être brillant, fournit un motif tout à fait plausible. La petite s'est suicidée par honte de ses mauvais résultats. L'affaire semble simple et il paraît qu'elle va être classée dans les « faits divers » malheureux.

Pourtant un certain nombre d'éléments ne concordent pas avec cette « solution ». Tout d'abord, on ne peut pas vraiment déclarer que les vêtements de la fillette ne présentent aucun « désordre ». Le simple fait d'avoir une manche de sa chemise nouée autour du cou est rien moins que normal. D'autre part, Jacinto, le père, en regardant, malgré ses larmes, le pauvre visage de la jolie brunette, ne peut s'empêcher de remarquer que la lèvre supérieure de la fillette est fendue. D'autre part, elle porte les marques d'un gros hématome au niveau de l'œil droit. Bizarre…

Bizarre, se dit de son côté un juge d'instruction en se faisant la réflexion qu'Augusta n'est en aucune manière un enfant de type « suicidaire ». Ses notes, un peu plus déplorables que d'habitude, n'ont pas eu l'air de la « catastropher » particulièrement. D'autre part, on a certainement autre chose en tête que d'aller joyeusement chaparder des cerises avant de mettre fin à ses jours. De plus, Augusta est catholique, on lui a bien appris, au catéchisme, que le suicide est un péché mortel… Le juge, une femme logique, décide de reprendre l'enquête et confie cette mission à quelques « grosses têtes » de la Brigade criminelle.

Patiemment, longuement, avec un soin du détail, les policiers reprennent l'enquête à zéro. Les voisins, les amis, les professeurs d'Augusta sont interrogés les uns après les autres. Bien évidemment on s'intéresse plus spécialement aux deux gamins qui l'ont vue pour la dernière fois : ceux qui l'ont accompagnée pour cueillir les cerises. Ahmed mène une vie tranquille. Il raconte pour la vingtième fois qu'ils ont tous les trois mangé des cerises et qu'Augusta, voyant l'heure tourner, les a quittés pour rentrer chez elle, ce qui l'amenait à traverser des terrains vagues jouxtant la cité où elle logeait. Christian, celui-là même qui s'est évanoui pendant la messe d'enterrement, semble avoir beaucoup moins bien supporté la mort d'Augusta que son camarade maghrébin.

Ses parents révèlent qu'il est, depuis cette tragédie, très affecté. Il a perdu l'appétit, il passe de longs moments près de l'arbre auquel Augusta s'est « pendue ». Il semble, d'autre part, depuis ce triste jour, s'être pris d'une passion pour sa petite sœur et, lorsqu'il va la chercher à la sortie de l'école, il ne la lâche pas d'une semelle, comme s'il craignait pour elle un sort analogue à celui de la pauvre Augusta... Les enquêteurs s'intéressent de près au déroulement des minutes qui ont suivi les « adieux » entre Augusta et ses deux copains. Ils constatent bientôt que Christian ment. Il déclare qu'il est allé chez un ami avant de récupérer sa petite sœur. Mais, soudain, Christian est incapable d'expliquer pourquoi il a mis une heure entière pour accomplir un trajet qui, normalement, ne lui prend que vingt minutes. L'adolescent de treize ans se trouble. Il finit par avouer...

Christian avoue que, en quittant Augusta et Ahmed, il a rencontré un autre garçon qui fréquente la même école qu'eux. Daniel, un grand de seize ans, est déjà en cinquième. Il possède un physique un peu disgracieux, avec son menton fuyant qui escamote sa mâchoire et lui donne un profit ridicule. Ça ne facilite pas sa vie amoureuse... Car Daniel est amoureux, et justement d'Augusta, la petite brunette portugaise. Ce soir-là, il rencontre Christian qui lui dit qu'Augusta vient de partir. D'ailleurs « regarde, elle est là-bas ». D'un bond, Daniel se précipite vers Augusta, l'attrape par le bras. Surprise, la gamine se dégage. Daniel, malgré son menton fuyant, essaie de l'embrasser. Ils se chamaillent avec vigueur quand Christian les voit qui s'éloignent alors qu'il se met lui-même en route pour aller récupérer sa petite sœur.

Les enquêteurs ont vite fait d'aller demander des explications à Daniel. Celui-ci tente de se défiler, mais bientôt il n'a plus de force à opposer aux questions pièges des inspecteurs. Il avoue que, devant la résistance d'Augusta, devant son refus de l'embrasser, il a été pris de rage. Elle lui a dit, paraît-il, « qu'elle n'aimait pas les handicapés » ; il l'a alors saisie par le cou et l'a étranglée. Puis il avoue qu'il a essayé, avec succès dans un premier temps, de camoufler le meurtre en suicide, en nouant la chemise de la petite Portugaise autour de son cou, en y attachant une branche brisée.

Christian, quant à lui, à nouveau pressé de questions, s'effondre. Quand on lui demande pourquoi, en apprenant la mort d'Augusta, il ne s'est pas précipité pour tout raconter à la police, Christian explique que Daniel, après avoir tué leur petite camarade, est venu tout lui avouer, disant : « J'ai fait une bêtise, j'ai tué Augusta… Si tu dis quelque chose à quelqu'un, je tue ta petite sœur. »

Daniel est dans de bien sales draps… Quel avenir pour lui quand il sortira de prison ? Les parents d'Augusta, quant à eux, se disent que leur fille, au moins, ne s'est pas suicidée. Triste consolation…

Tueuse d'enfants

Les tueurs en série sont généralement des hommes. Il y a une explication simple à cela, les tueurs en série sont des « malades » à la sexualité perturbée, qui s'attaquent aux femmes ou aux enfants. L'homme a, semble-t-il, des pulsions sexuelles beaucoup plus compliquées que celles de la femme. Ainsi, il y a plus de criminels masculins que féminins dans les statistiques. Lorsqu'une femme tue, le public s'en étonne davantage. On attribue aux femmes plus de douceur, moins de violence, elles ignorent en grande majorité le maniement des armes à feu.

Bref, le crime n'est pas réellement une spécialité féminine. Bien sûr, il y a les empoisonneuses, les jalouses, les voleuses d'héritage ; il y a quelques tueuses de leur propre enfant : on se souvient de cas célèbres, comme celui de Denise Labbé qui noya jadis son enfant dans une lessiveuse, ou d'une certaine ogresse dite de la « Goutte d'or », qui étranglait systématiquement les bébés confiés à sa garde.

Heureusement rarissime chez la femme, le crime d'enfants est toujours un sujet de stupéfaction. Une femme est maternelle par définition.

C'est pourquoi le cas de Beverley, vingt-quatre ans, infirmière, anglaise, a tant frappé l'opinion britannique. Quelle pulsion provoquait chez cette jeune fille, qui avait de plus choisi un métier d'aide à la souffrance humaine, le besoin de tuer des enfants en série ?

Vingt-quatre ans, boulotte, grosse même selon la gravité momentanée de sa boulimie, visage sans éclat, mais sourire étonnamment sympathique, Beverley n'est pas en réalité tout à fait infirmière. Elle a prétendu l'être pour se faire embaucher à l'hôpital municipal de Grantham. En fait, elle a raté ses examens au bout de deux années d'études. Difficile d'obtenir un diplôme en étant malade quasiment un jour sur deux, ce qui était officiellement son cas. Pendant ces deux années-là, ses arrêts maladie sont incessants, cent quatre-vingts jours en tout. Elle est régulièrement hospitalisée, dans ce même établissement de Grantham, une vingtaine de fois, et il s'agit toujours du même genre de « maladie ». Des blessures, des plaies aux mains, au ventre ou dans le dos. Le corps de Beverley est couvert de cicatrices. Ces blessures ont une origine évidente pour les médecins : automutilation. Cela porte le nom bizarre de « syndrome de Münchhausen ».

Le célèbre baron dit baron de « Crac » en français, aux aventures multiples, vantard, fanfaronnant et exhibant ses nombreuses blessures, a donné son nom à ce besoin d'automutilation qu'éprouvent certains malades. Il y a ceux qui réclament sans arrêt des interventions chirurgicales inutiles et font le tour de toutes les cliniques et hôpitaux en se plaignant de douleurs imaginaires. Il y a ceux qui pratiquent eux-mêmes, au couteau ou au rasoir, des blessures de toutes sortes, afin de réclamer des soins et d'orner leurs corps du maximum de cicatrices apparentes.

Beverley fait partie de ce dernier cas de figure ; elle entre à l'hôpital de Grantham pour cela une bonne vingtaine de fois, durant ses études ratées d'infirmière. Et pourtant elle a la vocation, elle désire plus que tout au monde s'occuper des autres, c'est en tout cas le discours qu'elle tient alors.

Autre maladie dont souffre Beverley : l'anorexie mentale et la boulimie. Ce double trouble du comportement provoque des crises de fringale incoercibles ; le malade avale d'énormes quantités de nourriture, jusqu'à la nausée, et se fait vomir volontairement la plupart du temps. À d'autres périodes, il refuse toute nourriture.

Ce comportement n'a pas réellement d'explication. On parle de problèmes relationnels entre la mère et l'enfant, de facteurs biologiques, de dépression, et la boulimie est extrêmement difficile à traiter, surtout lorsque le malade en fait un secret honteux. Beverley arrive à peser cent kilos pour une taille très moyenne. On dira plus tard que son enfance a pourtant été normale, entre des parents affectueux, deux sœurs et un frère. Mais la « normalité » n'est qu'un mot.

L'individu demeure un mystère. À dix-neuf ans, elle perd à la fois le respect de son corps et toute possibilité de trouver du travail dans le métier qu'elle a choisi. Alors, elle s'intitule toute seule infirmière et trouve du travail dans un service de pédiatrie, là où elle-même fut hospitalisée à plusieurs reprises.

Personne ne s'en aperçoit. En fait, personne au niveau de l'administration de l'hôpital ne fait la relation entre la nouvelle jeune infirmière et la malade sur laquelle il existe pourtant un dossier conséquent. Certaines des infirmières la reconnaissent, l'une d'elles signalera même son cas à la direction, mais on ne l'écoutera pas.

Sa vie privée est à l'avenant. Beverley a un fiancé, Stephen, qui racontera plus tard les étranges rapports qu'il a entretenus avec la jeune fille : bagarres, coups et blessures, rapports sexuels entre eux quasiment absents – il la découvre même un jour dans le lit d'une autre jeune fille. Et lorsqu'il décide de rompre, Beverley l'assomme carrément d'un coup de genou !

Cette jeune fille curieuse, qui ne brille ni par la tendresse ni par le dévouement – ni par l'équilibre mental –, pénètre cependant dans la salle 4 du service de pédiatrie de l'hôpital de Grantham. Un fauve dans la bergerie. Elle va y exercer ses talents durant presque deux mois, cinquante jours exactement – dans le service d'urgence pédiatrique.

Quatre jours après son embauche, lors de sa première nuit de veille, elle s'attaque à sa première victime. Nous sommes au printemps 1991. Il se prénomme Liam. Un tout petit bébé, un nourrisson de neuf semaines, admis en urgence pour une bronchite, affection grave à son âge. Il est sous respirateur artificiel. Normalement, il devrait s'en sortir.

Liam meurt dans la nuit. Les parents apprennent que le bébé est mort d'une crise cardiaque. Une forme de mort subite du nouveau-né. On leur explique qu'il a brusquement cessé de respirer dans la nuit, que l'alarme n'a pas fonctionné, et que tous les efforts des médecins comme ceux de l'infirmière de garde ont été vains. L'infirmière de garde, Beverley, admirable de dévouement, est restée jusqu'au matin. Elle raconte elle-même aux parents effondrés combien elle a lutté pour que leur bébé vive ; elle console, elle est formidable cette jeune femme.

En réalité elle a tué le nourrisson à l'aide d'une piqûre d'insuline, indétectable sur le moment. Elle est restée près du corps minuscule le temps qu'il fallait pour être sûre de son fait. Et, avec un sang-froid incroyable, elle a fait comme les autres, participé aux soins d'urgence, et consolé le père et la mère le lendemain.

La tueuse est dans son antre, elle n'a qu'à choisir lequel, parmi les tout-petits confiés à ses mauvais soins, sera le suivant de la liste.

Timothy, onze ans, est atteint d'épilepsie. Une crise particulièrement violente oblige ses parents à l'hospitaliser quelques jours, en mars 1991. Il ne passera qu'une journée dans le service de Beverley, car lui aussi étouffe, lui aussi devient tout bleu, lui aussi meurt d'une crise cardiaque.

Cette fois Beverley a utilisé une piqûre de sodium, tout aussi invisible pour les médecins qui ne songent absolument pas à examiner le corps d'aussi près.

Et Beverley joue toujours la tristesse auprès de ses collègues. Il est dur de voir mourir des enfants. Un bébé et un petit garçon en l'espace de deux semaines... Bonne comédienne cette Beverley !

Le 10 mars 1991, cinq jours plus tard, Beverley reprend du service de nuit. Elle était encore de repos à l'heure où l'on a admis en pédiatrie une petite fille de quatorze mois, Kayley, atteinte d'une infection pulmonaire sans grande gravité. L'enfant se rétablit déjà, elle babille dans son lit, réclame sa maman, un jouet. Tout va bien dans la journée. Mais dans la soirée, c'est Beverley encore qui alerte ses collègues et les médecins. Elle vient de découvrir, en faisant sa ronde, l'enfant inerte, dans le coma mais toujours vivante. Le visage bleui, ranimée à deux reprises, Kayley est, pour des raisons uniquement techniques, transportée en réanimation à l'hôpital central de Nottingham et sauvée d'extrême justesse. Mais elle gardera des séquelles graves et, au cours des examens, une radio montre cette fois quelque chose de tout à fait étrange : une bulle, indice d'une injection d'air par voie intraveineuse.

Or, il ne se passe toujours rien au Grantham's Hospital. Rien. Rien, c'est-à-dire que les médecins de l'hôpital central de Nottingham n'avertissent pas leurs collègues de Grantham, ne préviennent pas la police, n'avertissent pas les parents... Il semble que l'on préfère supposer une maladresse, il semble que le secret médical soit à ce point impérieux que les parents de Kayley, quatorze mois, n'aient pas le droit d'être informés de ce qui a rendu leur enfant infirme, handicapée à vie à présent.

Beverley n'est donc inquiétée par personne, elle continue de promener sa silhouette alourdie et son sourire attendri sur les berceaux, les lits, les parents en visite, qui la trouvent si gentille, si dévouée et si compréhensive... On ne dit que du bien d'elle.

Voici venir aux urgences un autre nourrisson de neuf semaines, Becky, dont la jumelle Kate n'est heureusement pas malade. Becky est prise soudain de convulsions terribles, l'équipe médicale la sort de là, elle rentre chez elle, les convulsions reprennent, on la ramène à l'hôpital, où elle meurt inexplicablement. Mort subite du nourrisson, déclarent les médecins. Encore !

La malheureuse mère reçoit le soutien et la consolation de Beverley. Elle lui confie même la petite jumelle survivante, Kate, et une belle photographie de famille immortalise la confiance, l'affection qui existent entre les deux femmes.

Kate souffrira brutalement d'un mystérieux problème cardiaque ou respiratoire ; sauvée *in extremis*, elle est, elle aussi, handicapée à vie. Mais Beverley devient sa marraine... Beverley qui a simplement tenté de l'étouffer avec un oreiller.

La quatrième victime, Claire, quinze mois, hospitalisée pour une crise d'asthme, étouffe elle aussi dans la salle 4 de l'hôpital de Grantham. Beverley est la première sur le coup, la première à alerter les médecins, comme d'habitude. Quatre-vingt-dix minutes de combat acharné ne ramèneront pas la petite fille à la vie. Plus tard on découvrira une injection mortelle de potassium.

Dans le couloir des urgences Beverley regarde la mère en larmes. Droit dans les yeux, avec une sincérité dans la compassion qui fait peur *a posteriori*. Car l'administration de l'hôpital n'a toujours pas bronché au bout d'un mois de cette série mortelle. Et entre-temps, forcément, une « malédiction » s'est abattue sur le service de pédiatrie. Outre les quatre victimes, d'autres enfants ont subi des accidents graves. Il y a eu coup sur coup : Chris, huit mois, qui survivra à un étouffement d'oreiller, handicapé. Un autre petit Chris, qui gardera un cerveau endommagé à vie. Et aussi Patrick, Bradley, Michael, Henry...

Treize victimes en tout. Dont quatre meurtres « réussis », trois tentatives ratées, six « essais non transformés ».

Enfin, la police se mêle de l'affaire, enfin, les résultats des autopsies sont connus, enfin Beverley est arrêtée dans son service, au bout de cinquante jours d'horreur. Nous sommes en août 1991. L'Angleterre est sous le choc.

Et elle nie. Tout en bloc.

Mais le service parle, le dossier médical personnel de l'inculpée surgit enfin des classeurs de l'hôpital. Plus aucun doute n'est possible sur la culpabilité de cette grosse jeune femme souriante de vingt-deux ans à la poitrine accueillante, au sourire affectueux – le type même de la « nounou » à qui l'on confierait sa progéniture en toute sérénité.

La police découvre à l'hôpital que des pages ont été arrachées sur le livre de garde, concernant les enfants morts. Une perquisition à son domicile met au jour un petit carnet noir, que le *Daily Express* ne se prive pas de publier en partie et où elle a noté ceci :

Asphyxie : Quand ? Arrêt de la respiration.

Les moyens : Étranglement, crise cardiaque, blocage de la respiration, état de choc.

Les lésions : Intoxication au CO2. Altération des poumons et du système nerveux.

Souffrance, fièvre, choc à la tête, épilepsie + diabète sont des raisons de coma.

Les stades de la conscience sont au nombre de six :

Numéro 1 : Normal.

Numéro 2 : Répond à des questions directes.

Numéro 3 : Répond vaguement aux questions.

Numéro 4 : Répond après stimulation.

Numéro 5 : Répond à la douleur.

Numéro 6 : Plus de réponse.

Beverley a utilisé, pour étouffer, un oreiller, puis ses propres mains pour bloquer la bouche et le nez, des piqûres d'insuline, de potassium ou bien d'air…

Mais Beverley nie toujours. Elle ignore plutôt les accusations. La seule référence à son cas dont elle sera capable devant un médecin psychiatre est celle-ci : « Je me déteste. »

Pour le reste, rien. Comme si les morts ne la concernaient pas.

Beverley détient en Angleterre le triste record des *serial killers* femelles.

L'enquête va durer deux ans, le procès plusieurs semaines. Beverley s'y présente le premier jour en tenue décontractée, jean et tee-shirt à fleurs. Avant d'entrer dans la grande salle du tribunal de Nottingham, elle fume tranquillement une cigarette, assise sur un banc. Aucune émotion, aucune marque d'anxiété visible, du moins au début. En prison, elle a reçu régulièrement la visite de sa famille et a écrit de nombreuses lettres à des amis. Elle y parle de tout et de rien, de l'ambiance de la prison où on la laisse se lever à n'importe quelle heure, de son poids – elle a maigri de plusieurs dizaines de kilos, soudain anorexique. Elle réclame de nouveaux vêtements « sympas » à ses parents. Elle y parle aussi d'une liaison homosexuelle avec une autre détenue.

Les parents des victimes, eux, sont dans un état de rage bien compréhensible. On hurle dans la salle : « Tu mérites d'être pendue, salope ! J'exige que tu meures ! » « Elle doit brûler en enfer ! »

Harry Watson, le père du petit Liam assassiné à huit semaines, déclare, désabusé, aux journalistes : « Elle n'aura jamais ce qu'elle mérite, puisque la peine de mort n'existe plus chez nous. »

Sous la vindicte, Beverley mord nerveusement ses lèvres, ses yeux noirs épient la salle dans toutes les directions, sauf celle des parents.

Cinquante et un jours de procès, c'est long. Vers la fin, l'accusée tombe malade et n'y assiste plus. On la transfère dans le service psychiatrique de la prison, un endroit où les meubles sont en carton, où rien ne peut servir d'arme ou de bâton, ou de moyen quelconque d'attaque, où les ampoules électriques sont isolées et où la surveillance s'exerce en permanence, d'une part pour éviter un suicide, d'autre part pour que les autres détenues ne l'attaquent pas à mains nues.

Beverley ne se sent toujours pas coupable et continue d'écrire qu'elle a « hâte de sortir d'ici pour retrouver les copains ». Le procès la concerne à peine, les conséquences qu'il suppose non plus.

La défense explique au tribunal le syndrome particulier dont elle souffre. Il est double, et rare de ce fait. En général, les malades de cette sorte se contentent d'opérer sur eux-mêmes, pour attirer l'attention sur eux. Un nombrilisme mortel. Beverley pratique l'automutilation, mais hélas ! elle est aussi capable de l'exercer par procuration, et ce jusqu'à la mort et sur des enfants. Les cas répertoriés du syndrome de Münchhausen ne sont pas rares, dira un expert, une quarantaine par an en moyenne. Mais le double cas de Beverley représente l'exception. Tuer des enfants pour attirer l'attention sur son cas…

À ce propos, une réflexion de parent durant le procès : « On l'a baptisée malade, ça ne m'étonnerait pas qu'on l'utilise maintenant comme une sorte de hamster sauvage, une bête de laboratoire ! Mon fils a survécu, mais il est handicapé à vie, nous aussi. »

Le jour du verdict, Beverley doit se présenter à la cour pour l'entendre, c'est la loi. Le juge de la cour de Nottingham fait une déclaration préliminaire : « Étant donné le danger que vous représentez, même s'il n'y avait qu'une seule tentative, qu'un seul cas, j'aurais pu vous condamner à vie. Je reconnais que vos crimes sont le résultat d'un grave désordre de la personnalité, mais vous êtes et demeurez un grave danger pour les autres. Vous êtes hypocrite et manipulatrice, vous n'avez montré aucun remords pour l'horrible œuvre de destruction que vous laissez derrière vous. Étant donné tout ce que j'ai entendu, les preuves contre vous, il n'existe aucune probabilité pour que vous soyez jamais remise en liberté un jour. Vous venez d'être condamnée à vie, pour les crimes les plus horribles qui soient au monde. »

Condamnée à vie, plutôt treize fois qu'une, Beverley en effet ne sortira jamais de prison, ou de psychiatrie pénitentiaire. Son cas est pour l'instant totalement inguérissable. Le spécialiste qui a exposé sa maladie et ses conséquences devant le tribunal a fait ce commentaire : « Depuis son plus jeune âge, elle se faisait mal pour se rendre intéressante. Se taper sur les mains avec un marteau ou sur les pieds, augmenter sa température, inventer des maladies. En 1991, elle a fait une découverte : faire du mal aux autres pour pouvoir les soigner ensuite, ou consoler les parents, lui procurait des satisfactions émotionnelles. Le syndrome de Münchhausen se retrouve essentiellement chez les femmes, et chez celles qui exercent une profession médicale. 20 % des femmes atteintes ont été soit infirmières, soit mères de famille, selon les statistiques. Mais il ne faut pas confondre avec le cas extrême de Beverley qui présente deux symptômes à la fois : s'infliger des blessures et en infliger aux autres. Il est malheureusement impensable d'espérer la soigner. L'âge pourra peut-être améliorer sa personnalité, mais le désordre mental est si grave qu'un traitement est éminemment douteux. »

Après cette déclaration, après ce verdict, reste une grande question dont les parents des victimes aimeraient bien obtenir la réponse : pourquoi engage-t-on du personnel destiné aux soins intensifs des nourrissons sans se préoccuper de l'état de santé mental et physique des postulants ?

Autres questions : pourquoi a-t-on tardé tellement – jusqu'à atteindre la quatrième mort et des enfants handicapés à vie – avant de déclencher une enquête dans le service ? Pourquoi s'est-il écoulé cinquante jours avant l'enquête de la police ? Pourquoi ne pas avoir écouté une employée de l'hôpital qui avait parlé de la maladie mentale de Beverley dès son entrée ?

À cela, les patrons du service de santé répondent qu'ils ont fait faire une enquête interne par une agence privée... Alors que l'administration dispose de fonctionnaires payés et affectés à plein temps pour ce faire ! Pourquoi une enquête privée interne et non pas une enquête publique ? Réponse : le prix en serait trop élevé !

En août 1993, l'hôpital de Grantham annonçait un déficit de sept cent cinquante mille livres pour l'année. Deux services doivent être fermés, y compris celui des soins intensifs, et soixante-dix emplois supprimés. L'éventualité d'une véritable enquête publique sur l'affaire de l'hôpital de Grantham demeure donc incertaine actuellement. Mais les parents des victimes, regroupés en association avec, à leur tête, une jeune avocate mère de famille et décidée à aller jusqu'au bout, continuent de la réclamer à cor et à cri, ce qui doit causer bien du souci au Premier ministre de Sa Majesté, ainsi qu'à son collègue le ministre de la Santé. « Ces gens protègent ceux qui ont quelque chose à cacher au public, lequel pourtant paie leurs salaires. » Voilà ce que l'on entend dans des meetings. Voilà ce que l'on entend toujours lorsqu'une administration prise en défaut refuse d'endosser ouvertement une responsabilité.

Treize victimes, cela suppose des indemnisations. Beverley, effectivement, ne paiera jamais réellement le prix de ses crimes. Plus préoccupée par son poids que par le moindre remords, à l'abri derrière le monstrueux désordre mental qui l'habite, elle se considère toujours comme innocente, dans sa cellule meublée de carton. Les pulsions mortelles qui l'habitent représentent effectivement un cas d'école.

Treize petites victimes ont payé cher pour que des médecins s'en aperçoivent.

Vie privée

Ceci est le récit d'une nuit d'horreur, qu'il fallut bien entendre dans le détail, puisqu'un jury d'assises doit se faire une intime conviction, juger et condamner en toute connaissance de cause. Ce récit a été fait au printemps 1993, par les deux survivants d'une famille, des enfants. Une adolescente et un petit garçon de dix ans.

En face d'eux, dans le box des accusés, leur grand frère, l'aîné. Disons qu'il se prénomme Jean. Disons que ce tribunal se trouve dans une province de France, où le soleil ne brille pas souvent. Disons que ces deux enfants rescapés d'un massacre se prénomment Anne et Paul. Ainsi pourra-t-on préserver le peu qui leur reste de calme et d'anonymat dans la terrible solitude de leur vie actuelle.

Jean a maintenant vingt et un ans. Il était déjà majeur, depuis peu, la nuit du 21 mars 1990, celle du massacre. Dix-huit ans, lycéen, un garçon d'apparence classique, cheveux courts, traits réguliers, l'air sportif, la mèche un peu rebelle, juste ce qu'il faut. Bon genre. Famille de Français moyens, absolument rien du révolté ou du « loubard » de banlieue. Le fils de presque tout le monde, plutôt beau garçon, plutôt séduisant, qui va passer son bac et devenir un homme.

Mais, dans la nuit du 20 au 21 mars 1990, première nuit de printemps, nuit de lune noire, Jean fait le mur du lycée où il est pensionnaire. Ce n'est pas l'amour qui l'a fait sauter par la fenêtre. C'est une pulsion de mort. Et la haute idée qu'il se fait de certaines choses, comme s'il était le seul à détenir la vérité sur tout.

Une haute idée de sa mère, qui s'est suicidée alors qu'il n'avait que treize ans. Une haute idée du secret qu'il a dû garder vis-à-vis de sa sœur et de son frère. On lui a demandé de ne pas parler de suicide aux petits. Pour ne pas les traumatiser en leur apprenant le désir de mort de leur mère. Alors qu'il l'a vécue, lui, cette mort, d'autant plus intensément qu'une première fois il a sauvé sa mère du suicide.

Souvenir traumatisant pour un gamin que d'avoir découvert cette mère, la tête enfouie dans un sac de plastique, abrutie de tranquillisants, cherchant à mourir obstinément, affreusement, pour des raisons qui échappent totalement à la compréhension d'un enfant. La peur de voir mourir sa mère est la pire des expériences pour un jeune garçon. Et, s'il la sauve, il n'a qu'une peur permanente, angoissante : qu'elle recommence et qu'il ne soit pas là, lui le héros, pour l'empêcher de disparaître.

À partir de cette époque, Jean ne vit que dans cette hantise-là et, le jour où le même scénario se reproduit, et où cette fois il n'est pas là, le jour où sa mère réussit son suicide, Jean se sent coupable et en veut à la terre entière.

La terre entière c'est son environnement immédiat. Son père, sa grand-mère, peut-être la sœur et le frère aussi, épargnés par la culpabilité, alors que lui ne l'est pas.

Non loin de la maison de Jean, à portée de regard, le cimetière où *elle* est enterrée. Et dans la maison, en permanence, les responsables de *sa* mort. À divers degrés, réels ou non. Le père d'abord, l'homme qui n'était jamais là, qui travaillait trop et peut-être s'intéressait à d'autres femmes que sa mère. La grand-mère, autoritaire et possessive, inquisitrice, toujours prête à prendre sa belle-fille en défaut.

Faire le deuil de sa mère est impossible pour Jean. Il refuse l'oubli, les objets et les meubles qui changent de place, la vie qui continue, il veut son holocauste à lui tout seul, alors que les autres s'efforcent au contraire à l'oubli. Cela, c'est insupportable. Alors il va tuer, exterminer sa famille. Et, pour cela, il a mis au point un plan très simple. La veille il a acheté un billet de train pour se rendre en ville. Il a pris soin de laisser ouverte, dans la maison familiale, une fenêtre de toit qui donne sur un petit débarras au premier étage. Contre le mur de la villa, il a disposé une brouette et un bidon, afin de pouvoir grimper jusqu'à cette ouverture. Le couteau qu'il a sur lui a été emprunté à un copain, il y a déjà plusieurs mois. Une fois à l'intérieur, et son forfait accompli, il n'aura plus qu'à simuler une effraction et à rejoindre son internat par le même chemin.

Le plan se déroule comme prévu. Jean est chez lui dans le noir, son couteau à la main, un vrai poignard, une lame de vingt-six centimètres. Son père est endormi, la grand-mère également, sa sœur et son petit frère aussi.

Anne, qui a dix-sept ans, entend soudain un cri et pense aussitôt que sa grand-mère est malade. Elle se lève, descend les escaliers des chambres et, en arrivant au rez-de-chaussée, aperçoit la vieille dame en larmes et en sang, tenant une serviette autour de son cou. Prise de frayeur, elle n'a même pas le temps d'intervenir, un autre bruit à l'étage lui fait tourner la tête, et horreur ! elle voit maintenant son père sortir de sa chambre à coucher poursuivi par son frère, son frère qui frappe, frappe sans discontinuer, dans la nuque, dans le dos.

Anne se met à hurler : « Arrête ! »

Jean n'entend rien, il a les yeux hors de la tête, ce n'est plus son frère, c'est un fou furieux, muet, un automate qui ne lâche pas son arme, frappe encore, alors que la jeune fille se précipite vers son père pour lui venir en aide. Elle ne peut rien, et le couteau se retourne contre elle, la lame la frappe en pleine poitrine. Pendant ce temps, le père ensanglanté cherche à fuir. Jean s'en aperçoit, alors il abandonne sa sœur blessée pour le poursuivre, le rattrape dans la rue et se remet à frapper, tandis que le père s'est effondré à terre.

Vingt-sept coups de couteau, au point de casser la lame dans le crâne de son père. La grand-mère a reçu, elle, vingt coups de la même lame.

Anne, bien que blessée, cherche à fuir elle aussi dans la rue, pieds nus et en chemise de nuit, pour demander du secours. Elle court, elle sent son frère courir aussi derrière elle. Enfin elle parvient jusqu'à la maison voisine, sonne à la porte, mais on ne répond pas. Alors elle reprend sa course affolée, vers une autre maison, mais Jean, forcené, est toujours derrière elle, il la rejoint et frappe à nouveau à trois reprises. Elle s'effondre. Jean la retourne une dernière fois, il plante encore sa lame dans le corps de sa sœur, sur le flanc. Anne est à terre, elle ne bouge plus. Avec un courage et une présence d'esprit remarquables, car elle est grièvement blessée, elle fait la morte. Quelques secondes passent.

Le fou furieux se laisse prendre à cette ruse ultime et court à nouveau dans la maison familiale, car il lui reste quelqu'un à tuer : son petit frère de treize ans.

Le gamin n'a rien vu et rien entendu de ce massacre, il dort à poings fermés dans sa chambre, innocemment. Jean prend sa ceinture pour étrangler l'enfant, lorsque le petit Paul ouvre des yeux surpris et regarde son frère tranquillement : « Qu'est-ce qu'il y a ? » L'innocence de cette réaction le protège miraculeusement. Soudain, Jean ne peut pas aller au bout de son geste, il bafouille une explication à l'enfant : « Papa a dit qu'il y avait des voleurs dans la maison, je croyais qu'il y en avait un dans ta chambre... » Et il se sauve dans sa propre chambre. Il semble qu'à ce moment-là le voile sanglant qui l'aveugle, cette furie de tuer aient disparu, se soient éteints aussi brutalement qu'ils avaient commencé.

Il prend le temps de se débarrasser de ses vêtements car il est couvert de sang, cache le poignard, casse une vitre pour faire croire à un cambriolage, et file dans la rue. Mais son plan a raté, il lui faut vite inventer autre chose, car la police arrive, il entend les sirènes des voitures. Des voisins ont donné l'alerte, grâce à Anne qui a eu le temps de leur dire avant de s'évanouir : « C'est mon frère, il a un couteau, il me croit morte. »

Jean l'ignore, à cet instant précis, et il affronte la police avec aplomb, en short, torse nu, dans la rue, en débitant son histoire : « Des voleurs masqués sont entrés dans la maison... » Peine perdue, Anne n'est pas morte, les voisins savent, la grand-mère agonise et va mourir pendant son transfert à l'hôpital. La veine jugulaire tranchée, elle a perdu trop de sang.

Du sang, il y en a partout. Dans la chambre du père, car il semble que l'assassin ait commencé par le père, que la grand-mère soit sortie de son lit en entendant les cris, et qu'il se soit ensuite attaqué à elle ; puis à nouveau à son père, puis à sa sœur, pris d'une folie meurtrière incompréhensible pour sa famille.

Folie. Voilà le grand mot lâché, et l'on a tendance à y croire car, sinon, comment expliquer un pareil carnage ?

C'est Anne qui a répété sobrement en avril 1993, devant les assises, le déroulement du massacre. Elle a survécu, le petit Paul aussi, ils n'ont plus de père ni de grand-mère paternelle. Ils n'avaient déjà plus de mère depuis 1985. Maman s'était suicidée à trente-quatre ans.

Après avoir entendu la déposition du médecin légiste qui a procédé à l'autopsie des corps, relevé vingt-sept coups de poignard sur le père, vingt sur la grand-mère et sept sur la jeune fille blessée, le président demande à Jean s'il reconnaît les faits. « Oui, mais je ne voulais pas tuer ma sœur et mon frère. Je suis atterré de ce que j'ai fait, je ne sais pas pourquoi j'ai fait tout ça. Depuis trois ans j'essaie de comprendre en prison, mais tout se mélange, c'est comme dans un brouillard. »

Folie. Mais préméditation puisqu'il a reconnu lui-même qu'il pensait à supprimer son père et sa grand-mère depuis un mois et demi au moins. Et folie surajoutée puisqu'il s'en est pris à sa sœur, dans « le feu de l'action », alors qu'il n'en avait pas l'intention. Seul l'enfant, le petit qui n'a pas eu peur, puisqu'il ne savait pas, a échappé à la bête fauve qu'était devenu l'aîné.

Folie. Mais lucidité puisque Jean a pensé à emprunter un poignard, pensé à acheter son billet de train la veille, prévu le vasistas ouvert et de quoi grimper sans être vu.

Folie n'est d'ailleurs pas le mot utilisé par le psychiatre. « Il s'agit d'une personnalité névrotique. Ce garçon souffre d'un trouble de l'affectivité mal maîtrisé, mais les symptômes ne sont pas très apparents. Il n'existe par ailleurs aucun trouble mental pathologique ; ce crime est une énigme, dont il faut chercher l'origine dans l'histoire familiale du sujet. »

Jean ne relève donc pas de l'article 64 du Code pénal, il n'était pas en état de démence au moment des faits, ce qui fait protester son avocat : « De nos jours, il faut être en camisole de force pour bénéficier de l'article 64 ! »

Rechercher donc une explication à l'énigme dans l'histoire familiale de ce garçon au-dessus de tout soupçon, jusqu'à cette nuit de lune où quelque chose a craqué, c'est à cela que s'emploiera cette première journée d'assises.

Il semble bien que tout remonte au suicide de sa mère. Jeune encore, mais dépressive, cette femme se serait sentie abandonnée par un mari trop occupé par son travail et, semble-t-il, par d'autres femmes. La dépression s'installe, d'autant plus forte que l'abandon semble réel. Il est vrai qu'il ne rentre pas souvent, il est vrai que la maison est perpétuellement inachevée, en travaux, que rien n'est stable autour d'elle. Il est vrai que sa belle-mère est unanimement considérée comme une femme acariâtre, autoritaire, et qu'elle supporte mal la cohabitation avec sa belle-fille. Il est vrai aussi que Jean, l'aîné de ses enfants, est très attaché à elle. Lors de la première tentative de suicide, c'est lui qui la sauve et, lorsqu'il raconte cet épisode d'avril 1985, on sent la peur ineffaçable : « J'étais seul avec elle dans la maison, elle a dit qu'elle allait faire des courses, il faisait beau, et elle a enfilé un gros anorak… C'était bizarre. Je savais qu'elle voulait mourir, je la surveillais. J'ai attendu qu'elle sorte, en guettant la porte par la fenêtre de ma chambre, mais elle n'apparaissait pas. Puis j'ai entendu des bruits bizarres, je suis descendu en courant dans le salon, j'étais pétrifié de terreur, j'ai allumé la télévision, la chaîne hi-fi, la machine à laver, je faisais du bruit, du bruit… Après, je suis descendu au garage… j'ai arraché le sac de plastique… »

Souvenir traumatisant pour ce gamin. Après cette tentative, il a perpétuellement peur que sa mère ne recommence. De plus, c'est lui qui l'a sauvée de la mort, il se sent responsable d'elle, mais il veut aussi que son père la surveille, que sa grand-mère la surveille. Car s'il n'était pas là pour l'empêcher de disparaître, si les autres n'étaient pas capables de la protéger ?

À partir de cette époque, Jean ne vit que dans cette hantise-là et, le jour où le même scénario se reproduit, et où cette fois il n'est pas là, le jour où sa mère réussit son suicide, lui, le grand, l'aîné, ne doit pas dire la vérité aux deux petits. Officiellement, pour Anne et Paul, maman est morte de maladie. On tait le suicide, plus personne n'en parle dans cette maison. Sauf une fois, où le père se laisse aller à une confidence terrible : « Je suis responsable à quatre-vingt-dix pour cent de la mort de ta mère… »

L'homme qui n'était jamais là, et qui est cause de la mort de sa mère, fait défiler les petites amies sans aucun scrupule. Pour le garçon, ce comportement est insupportable. Il lui interdit de remplacer « maman ». Il refuse que son père veuille refaire sa vie.

Quant à la grand-mère, autoritaire et possessive, elle qui était toujours prête à prendre sa belle-fille en défaut, Jean la déteste. Elle appartient comme son père à la branche de la famille qui « a tué sa mère », du moins qui l'a poussée au suicide. Tout ce qui est paternel est coupable.

Faire le deuil de sa mère est impossible pour Jean. Pourtant il n'en laisse rien paraître. Il se contente de refuser que l'on change les objets de place, contemple le cimetière depuis sa fenêtre jour après jour, et installe dans sa chambre les portraits et les souvenirs de maman, vit avec elle encore, sans réussir à l'enterrer réellement. Sans accomplir le deuil nécessaire à son équilibre.

Autour de lui, peu de gens s'apercevront de cette souffrance morbide. Ni au lycée où il prépare son bac E, ni dans la famille – il est seul avec son obsession, sa colère, durant cinq ans. Autrement dit, toute son adolescence se passe à ruminer l'idée que sa mère est morte par la faute des autres. Il est le seul à l'avoir sauvée un jour, le seul à l'aimer, le seul à préserver une haute idée de celle qui dort dans le cimetière à côté de cette maison maudite.

Le déclic, bien qu'il ait de toute évidence envisagé de supprimer la famille bien plus tôt, s'est peut-être produit vingt-quatre heures auparavant. Le dimanche matin, il a vu entrer à l'heure du petit déjeuner, dans la cuisine, une femme en robe de chambre sortant manifestement de la chambre de son père. Détail important, il la connaît cette femme, elle est la mère de sa propre petite amie... Et cette petite amie ne veut plus de lui, elle lui a annoncé la rupture de leurs relations la veille... La veille de ce dimanche matin décisif.

Double, triple sacrilège, il lui est terrible d'avoir à supporter la présence de cette femme, l'intruse, dans le lit où a dormi sa mère, dans la cuisine où elle préparait les repas.

Cette femme, qui déposera devant le tribunal, affirmera que Jean, ce dimanche matin-là, était calme et parfaitement normal, qu'il a répondu à son bonjour très gentiment. Mais le garçon, blême, s'écriera : « Ce n'est pas vrai ! Je suis parti en claquant la porte ! »

Cette rencontre, la certitude que, malgré ses « interdictions », son père a décidé de remplacer sa mère, qu'il est acculé, qu'il ne pourra plus rien pour maintenir vivant, intouchable, éternel, le souvenir de celle qu'il aime, déclenche le passage à l'acte.

Nous aurions là l'explication de l'énigme, qui a transformé un jeune homme intelligent en assassin fou furieux de sa propre famille. Du moins peut-on comprendre qu'il s'en soit pris à son père et à sa grand-mère. Une façon, comme disent les « psy », d'éradiquer la branche responsable. Mais pourquoi la sœur, pourquoi son frère ? Il dit qu'il ne voulait pas – mais il a tenté, et il s'en est fallu de peu qu'il réussisse. Sur ce point précis, les psychiatres sont muets. Pas d'explication. La partie civile en a une, elle est simple : « Il voulait tout simplement éliminer les témoins. » Ne jamais perdre de vue, en effet, que Jean a des capacités intellectuelles largement au-dessus de la moyenne.

Pourtant, il dit à l'audience qu'il aime sa sœur, qu'il ne lui voulait pas de mal, qu'il espère la retrouver plus tard, lorsqu'il aura compris, et lorsqu'elle aura compris.

Compris quoi ? Anne refuse de comprendre. Refuse de pardonner. Elle est partie civile contre son frère, il n'existe plus en tant que frère, il existe uniquement en tant qu'assassin.

Après trois journées d'audience, l'avocat général, dans son réquisitoire, admet lui-même que Jean était prisonnier de la mort de sa mère, que sa vie affective s'est arrêtée là, que le père est coupable de ne pas lui avoir parlé, coupable d'obstination à remplacer ce qui était pour Jean irremplaçable. Cinq années de silence sans aucun soutien psychologique. Puis le déclenchement mortel.

Pour un double parricide et deux tentatives d'assassinat avec préméditation, Jean, qui était majeur, pourrait être condamné à perpétuité. L'avocat général ne demande que quinze ans de réclusion. Il s'adresse aux jurés ainsi : « Vous ne pouvez pas juger une affaire comme celle-là sans comprendre. » La défense ajoute : « On ne condamne pas une énigme. »

Comprendre… énigme… Le coupable lui-même répète inlassablement qu'il ne comprend pas, qu'il voudrait comprendre… qu'il cherche à comprendre, qu'il veut que sa sœur comprenne…

Les jurés ont-ils compris ? Après trois heures de délibéré, ils suivent l'avocat général. Quinze ans de réclusion pour Jean, assortis des circonstances atténuantes.

C'est donc qu'ils ont compris. Mais les survivants ?

Anne, qui n'oubliera jamais le couteau et le sang ; Paul, qui regarde peureusement ce grand frère, au visage fermé en entendant le verdict : eux ne peuvent pas comprendre.

Eux sont marqués à vie. C'est la condamnation des survivants.

Le tour de France du crime

10 juillet 1993. Le capitaine de gendarmerie Michel B. franchit les portes de la prison de C. À le voir, il n'est pas évident qu'il exerce ces fonctions, car il est en civil. Et pourtant, il est en service. Il est même en train d'accomplir la démarche la plus importante de toute sa carrière : il va interroger Raymond V. dans sa cellule.

Les instructions qu'il a reçues, à ce sujet, des enquêteurs qui l'ont précédé, juges et policiers, étaient formelles : pas d'uniforme, V. n'en supporte pas la vue ; lui parler doucement, poliment ; éviter absolument de prononcer les mots de « sexe » et de « meurtre » et peut-être, au bout d'une longue conversation, l'homme passera-t-il aux aveux. Si c'est le cas, ceux-ci commenceront toujours par la même petite phrase, la phrase fatidique…

Il y a deux ans que le capitaine de gendarmerie attend cet instant : celui de faire aboutir l'affaire Gisèle G., dont il est chargé, une des plus importantes affaires criminelles de ces dernières années…

Le mardi 7 mai 1991, Gisèle, quatorze ans, demeurant dans la banlieue d'une grande ville de l'Est, annonce à ses parents qu'elle va dîner chez un ami de son âge. En fait, il s'agit d'un mensonge, elle a décidé de se rendre à la fête foraine de la ville. Le lendemain matin, son père retrouve son lit non défait et va voir le camarade qui lui avoue le mensonge. L'alerte est donnée et, malheureusement, il est trop tard.

On retrouve d'abord le cyclomoteur de la jeune fille en bordure d'une route déserte et, le lendemain, son corps dénudé, dans un bois des environs. Elle a été poignardée dans la nuit du 7 au 8 mai. Ses vêtements seront découverts sur une aire de l'autoroute, ses sous-vêtements sur une autre. Le meurtrier a pris soin de brouiller les pistes et il n'y a aucun indice.

Il y a bien des témoignages, mais s'ils sont nombreux, ils sont loin d'être dignes de foi. En raison de l'émotion suscitée par le meurtre, la police est submergée d'appels téléphoniques et de lettres. Devant une telle masse d'informations, les gendarmes utilisent pour la première fois des ordinateurs portables sur le terrain.

Par la suite, ils continueront à avoir recours à l'informatique, ce qui leur permettra de contrôler dix mille personnes, de vérifier quinze mille Renault 18, voiture qui, selon plusieurs témoins, aurait suivi la jeune fille. Pendant six mois, trente gendarmes seront mobilisés à temps plein sur le meurtre, puis dix, puis deux encore après deux ans. Et au moment où on n'y croyait plus, voilà que vient de surgir la piste Raymond V. !...

Le capitaine B. entre dans la cellule... Raymond V. n'a certes pas un physique ordinaire. Trente-trois ans, un mètre quatre-vingt-dix, longiligne, il paraît plus grand encore que sa taille : on dirait un géant. Il est très myope et porte des lunettes aux verres épais, qui lui donneraient l'air inoffensif s'il n'y avait ses mains, des mains larges, énormes...

Le capitaine prend un air bonhomme. « Je vais vous parler du mois de mai 1991. Vous étiez à M. à ce moment-là...

— Vous croyez ? Je devais faire le tour de France.

— Non. Vous étiez entre deux tours de France. Vous vous êtes arrêté quelque temps chez votre compagne. Elle l'a noté dans son journal.

— Si vous le dites...

— Et, dans la nuit du 7 au 8, vous avez été à la fête foraine, car il y avait la fête, ce soir-là... »

La conversation s'engage. Raymond V. finit par admettre qu'il a bien été à la fête foraine de M., puis qu'il a rencontré la jeune Gisèle. Le capitaine de gendarmerie B. prend soin de ne parler ni de sexe ni de meurtre. Il l'interroge comme témoin de la disparition de cette adolescente. Il parle aussi calmement qu'il le peut et soudain, dans la cellule, résonne la petite phrase fatidique : « Il faut que je vous dise : il y a eu un pépin. »

Cette fois, ça y est : Raymond V. va avouer un nouveau meurtre…

Il y a un an et demi que Raymond V. a été arrêté pour meurtre. On était loin de se douter, à l'époque, que ce n'était que le début d'un incroyable feuilleton criminel et judiciaire.

Le 7 janvier 1992, à B., Bas-Rhin, les gendarmes appréhendent un vagabond très grand, portant lunettes, aux allures d'échalas. Il est recherché pour le meurtre, en mai 1989, d'une aide-soignante sur une plage de Bretagne. Un témoin avait fourni de lui une description très précise et, comme il était connu des services de police, il avait été identifié. Encore fallait-il le retrouver…

Raymond V. commence par nier. Il reconnaît sa présence dans les environs au moment du meurtre, mais il prétend avoir un alibi. « Ce jour-là, j'étais hospitalisé. Vous pouvez vérifier. »

Renseignements pris, c'est parfaitement exact, quoique la raison de son admission à l'hôpital soit étrange : une blessure sur laquelle il n'avait pas pu fournir d'explication. Le personnel médical avait pensé alors à une automutilation. Les enquêteurs insistent : il a parfaitement pu quitter l'hôpital en cachette la nuit du crime. Ils savent se montrer patients et leur persévérance est récompensée. Raymond V. leur déclare soudain : « Il y a eu un pépin… » Et il se lance dans des aveux détaillés. C'est bien lui qui a tué la jeune aide-soignante à coups de couteau. Sur les raisons de son acte, il ne peut rien dire. Il affirme avoir cédé à « une pulsion ». Et il est vrai que la victime n'a pas été violée. Il s'agit, en apparence, d'un crime gratuit.

Les enquêteurs se penchent alors sur la personnalité de Raymond V. et ils découvrent qu'elle n'est pas ordinaire. Il est né en 1959, dans le bassin minier lorrain. Son père, alcoolique, le maltraite ; sa mère, au contraire, l'entoure de toute sa tendresse, mais elle meurt prématurément d'un cancer. Il reporte alors son affection sur sa jeune sœur, mais quand elle se marie, il part à la dérive. Il boit beaucoup et commence à voyager. Ce sont alors les tours de France qui commencent.

Raymond V. fait une fois par an le tour de France, toujours dans le même sens, celui des aiguilles d'une montre. Il n'a pas de villes-étapes privilégiées, mais il parcourt successivement tous les départements périphériques du pays. Comme il n'a pas d'argent, il resquille dans le train ou s'allonge sur la route, simulant un accident pour qu'on le prenne en voiture. Lorsqu'il a terminé son périple, il s'arrête quelque temps chez sa compagne, dans la grande ville de l'Est dont il est originaire.

Tout cela n'est déjà pas commun, mais bientôt, les divers enquêteurs, gendarmes, policiers, juges d'instruction vont découvrir avec effarement que la route de Raymond V. est jonchée de cadavres et que ses tours de France sont des tours de France du crime !

C'est quelques mois plus tard que, au cours d'un banal entretien avec le juge, il déclare soudain : « Il faut que je vous dise. C'était en juillet 1989, près de E. Il y a eu un pépin… »

Il s'agit là d'une affaire restée inexpliquée. Une jeune femme, Sophie G., avait été retrouvée nue dans un champ, près de E., dans la Marne. Le crime était aussi sauvage que déroutant : elle avait été battue à mort et n'avait pas été violée.

Raymond V. fait le récit du crime avec un grand luxe de détails, sans toutefois pouvoir donner d'explications à son geste. Il déclare encore « avoir obéi à une pulsion ». Il est à noter que, cette fois aussi, il avait été hospitalisé suite à une blessure au moment des faits. Et il conclut ses aveux par cette phrase : « Après sa mort, je me suis agenouillé et je lui ai longuement tenu la main pour lui demander pardon de l'avoir tuée. »

Dès ce moment, les enquêteurs ne le lâchent plus et, régulièrement, Raymond V. annonce, au détour d'une conversation : « Il y a eu un pépin… » Il s'accuse ainsi du meurtre, au mois d'août 1989, d'un agriculteur de C. dans le Vaucluse : « Il me reprochait de regarder les prostituées. Je n'ai pas apprécié. J'ai pris une pierre et je lui ai éclaté la tête… » Il s'accuse peu après du meurtre d'un autre cultivateur dans l'Hérault, au mois de septembre de la même année. Mais, vérification faite, il n'y est pour rien. Il faut donc être prudent : c'est aussi un affabulateur.

Quelque temps plus tard, c'est une grosse affaire : un meurtre qu'il aurait commis avec la complicité de Didier G., condamné à perpétuité pour le meurtre et le viol d'une petite fille. G. et lui faisaient leur service militaire à M., une ville du Sud-Ouest. Raymond V. raconte, avec toujours le même luxe de détails, comment, en juillet 1988, ils ont torturé et tué un de leurs camarades de régiment, Didier R., pour lui voler quelques centaines de francs.

Tels sont les faits au moment où le capitaine recueille les aveux de V. pour le meurtre de la jeune Gisèle. Depuis plusieurs années, semble-t-il, il tue au hasard sur sa route. Il le fait avec une grande violence, fracassant le crâne de ses victimes à coups de pierre, les criblant de coups de couteau ou les battant à mort. Il agit sans préméditation ni raison, au gré des rencontres, tuant aussi bien des hommes que des femmes, des jeunes que des vieux. Dans plusieurs cas, il s'est fait hospitaliser dans la région à la suite d'une blessure qu'il s'est infligée. Il affirme que c'était pour s'empêcher de tuer, mais selon certains enquêteurs c'était, au contraire, pour se constituer un alibi.

Et dans le cas de Gisèle, ses aveux créent la stupéfaction, car il met en cause le propre cousin germain de la victime, Raoul P., que personne n'avait soupçonné jusque-là. C'est avec lui qu'il aurait violé et tué l'adolescente.

Selon Raymond V., les choses se seraient passées ainsi : il rencontre l'adolescente à la fête foraine et sympathise avec elle, ainsi qu'avec son cousin, qui les rejoint peu après. Mais elle doit rentrer à vingt-trois heures et les quitte sur son vélomoteur. V. s'adresse alors au cousin, qui a une voiture et le persuade de la suivre. La malheureuse est interceptée par eux, alors qu'elle se trouvait tout près de chez ses parents. Ils s'emparent d'elle, lui enlèvent ses vêtements et la tuent de dix coups de couteau. Tous deux se séparent ensuite et ne se sont jamais revus.

Arrêté, le cousin germain reconnaît la tentative de viol, mais pas le meurtre. Ce dénouement fait évidemment sensation et le procureur chargé de l'enquête peut parler de « victoire historique ».

À partir de ce moment, Raymond V. fait les gros titres des journaux, qui se demandent combien de crimes il va encore revendiquer.

À l'heure où nous écrivons, il en a encore avoué deux après celui de Gisèle. Il s'agit de deux retraitées de C., dans le nord de la France, en juin 1988. Cette fois-ci, il y avait un mobile. Sa première victime était une femme de quatre-vingt-six ans qui l'avait surpris en train de voler dans sa cuisine en rentrant de ses courses. Il l'a frappée de quatre coups de couteau dans le cœur. Une voisine, alertée par le bruit, a fait irruption : il l'a tuée de cinquante coups de couteau. Cela porte à sept le nombre des meurtres qu'il a avoués à ce jour.

Il faut préciser que, à l'exception d'un seul, il est revenu sur ses aveux. Mais il a donné à chaque fois de tels détails qu'il a été possible de l'inculper. Dans le cas de Gisèle, il a modifié ses déclarations, sans nier sa participation aux faits. Il n'aurait blessé la jeune fille qu'en voulant la défendre contre son cousin.

On se demande où cela va s'arrêter. Raymond V. est en passe de devenir un des plus grands, sinon le plus grand criminel français de ce siècle, qui reste le docteur Petiot, condamné à mort et guillotiné pour vingt-quatre meurtres. C'est également, toujours à la lumière de ses aveux, un criminel hors normes, puisqu'il a reconnu un meurtre à caractère sexuel, celui de Gisèle, et un crime crapuleux, les autres n'ayant aucun motif. Or, normalement, les pervers sexuels ne commettent que des crimes sexuels, tandis que les autres criminels n'en commettent pas. Raymond V. échappe, semble-t-il, à toutes les catégories.

Du coup, tous les policiers et les gendarmes de France rouvrent leurs vieux dossiers, pour voir si V. ne serait pas par hasard le coupable dans telle ou telle affaire restée inexpliquée. Et il est loin d'être exclu que, dans les mois qui suivent, il déclare à l'un d'entre eux, venu le trouver avec son dossier : « Il y a eu un pépin… »

Au pays des cueilleurs de pastèques

Au début de l'histoire, maman est à Las Vegas, Nevada, papa est à Rush Spring, Oklahoma. Autrement dit presque à l'autre bout de la planète Amérique. Maman est partie un jour de 1989, en ayant assez de recevoir des coups d'un mari toujours saoul, et laissant au foyer de Rush Spring ses trois petits garçons et sa petite fille. Herman a maintenant quinze ans, James douze ans, Jack a huit ans, et la petite sœur Sissy dix ans.

Maman travaille au service de sécurité d'un casino, depuis son divorce, et à Rush Spring personne ne s'est demandé pourquoi elle n'avait pas obtenu la garde de ses enfants. Elle est partie ailleurs, point. Les gens dans cette petite ville perdue, entourée de champs de pastèques, ont la vue courte, à force de ramasser des pastèques. C'est dur le ramassage de la pastèque, et Rush Spring est la capitale de la pastèque. C'est dur et on paye mal. Donc les gens vivent mal. Donc les enfants vivent mal. Il y a un shérif à Rush Spring, il y a des maisons, des vraies – en bois avec des terrasses, et des fauteuils de rotin, une vraie école. Herman, James, Sissy et Jack vont à cette école. Ils sont sages, ils apprennent bien, ils sont silencieux, et les deux aînés surveillent particulièrement les deux plus petits. Lorsque le bus vient les prendre au bout du champ de pastèques, ils font monter d'abord Sissy, puis Jack, les installent et ne leur lâchent pas la main jusqu'à Rush Spring. Pareil au retour. Personne n'a rien à dire à leur propos. Et pourtant. Tout le monde sait qu'ils habitent un morceau de terrain vague coincé entre les pastèques. Que leur père est alcoolique, brutal, ignorant et imbécile. Qu'il a pour principale activité de liquider un stock de boîtes de bière, de tirer sur tout ce qui bouge au ras du sol, chiens et chats errants, souris et mulots, de foncer dans la barrière du voisin s'il a un différend avec lui.

Le foyer des quatre enfants est un mobile-home. Une caravane à l'américaine, munie en principe du confort essentiel. Réfrigérateur, couchettes, télévision. Un style de vie que nombre d'Américains moyens affectionnent. Il suffit de trouver un terrain, pour l'installer, et les déménagements sont rapidement faits lorsque les nécessités du travail contraignent une famille à vivre ailleurs. Les parents de Lonnie ont généreusement donné à leur fils un bout de terrain vague, il y a installé un mobile-home, mais... n'a pas jugé utile d'y faire installer, comme les autres, le téléphone et l'électricité, ainsi que l'eau courante. Si bien que le réfrigérateur marche sur une batterie approximative, et que les quatre enfants se lavent dans des seaux d'eau puisés à la fontaine principale.

Le terrain est clos par une barrière de bois hérissée d'os et de têtes de cerfs morts, une porte d'accès est ornée de deux têtes de poissons-chats desséchées et sinistres. Ceci est l'univers de Lonnie Dutton. Et l'univers de Lonnie Dutton est réservé à Lonnie Dutton. Personne n'a le droit d'y pénétrer.

Alentour les voisins entendent régulièrement des coups de carabine, ils entendent aussi les enfants pleurer. Pourtant nul n'intervient. L'homme fait peur. Il a toujours été violent. Même enfant, il se battait avec tout le monde, sa propre sœur aînée le raconte volontiers. À l'école, le directeur n'a même pas tenté d'interroger les enfants après avoir repéré sur un bras ou une jambe des traces d'ecchymoses. Il n'a rien deviné, rien senti, d'ailleurs les enfants ne se plaignent jamais, ils sont d'une extrême tranquillité.

Lorsqu'une assistante sociale anonymement alertée est venue « traîner » dans le secteur, elle n'a rien pu obtenir d'eux. Ils étaient sales, mal habillés, le terrain vague et le mobile-home lui ont paru repoussants, l'homme agressif et déplaisant, mais les enfants ne l'accusaient de rien. Et le shérif n'avait rien à déclarer sur la famille. D'autre part la propre famille du père, grands-parents, frères et sœurs n'avaient rien à déclarer non plus. Et l'appel anonyme ne s'est pas renouvelé.

C'est simple, « on » n'a jamais vu Lonnie battre sa femme, on ignore pourquoi elle a abandonné son foyer, le père a demandé la garde des enfants, et n'a guère eu de peine à l'obtenir légalement. Son comportement est pourtant celui d'un alcoolique brutal, et la tendresse ne lui a pas été donnée en héritage. Il a l'habitude d'appeler ses enfants « crétins ou abrutis », au lieu et place de leurs prénoms respectifs, ce qui ne choque pas outre mesure la famille et les voisins.

Alors l'assistante est repartie, pour expliquer à son administration que les « preuves » de mauvais traitements n'étaient pas solides…

L'Oklahoma c'est l'Amérique profonde. Pauvre. À Rush Spring les commerçants vivotent, les habitants sont pauvres, ici point de drugstore gigantesque, point de Mac Donald à tous les coins de rue. La pastèque est l'unique fleuron du coin, et à l'entrée du village une pancarte le dit fièrement : « CAPITALE MONDIALE DE LA PASTÈQUE. »

En dessous on peut lire aussi : « ÉTRANGERS, ENTREZ ET ACHETEZ-NOUS N'IMPORTE QUOI, NOUS VOUS EN SERONS RECONNAISSANTS. »

Et lorsque mûrissent les pastèques dans les champs de Rush Spring, tout le monde s'y met, un travail harassant. On soulève l'énorme cucurbitacée, d'un mouvement de reins, on lance à son voisin, qui lance à son voisin, et ainsi de suite jusqu'au camion. Une pastèque qui tombe est une pastèque invendable. Cela sur des hectares et des hectares dans la poussière et en plein soleil.

En juillet 1993, Herman, James, Sissy et Jack ne vont pas à l'école. Papa est toujours assoiffé de bière, et les voisins entendent crier et pleurer chaque jour dans le mobile-home de Lonnie Dutton. Pour faire taire ses enfants, le père a une méthode simple, il enfonce un doigt dans le nez ou la bouche de l'enfant jusqu'à ce qu'il cesse de pleurer. Sans emploi, fainéant, il se contente d'élever une batterie de poulets, de dindes, de pigeons et un cochon, pour nourrir la famille. La cour devant le mobile-home est une véritable porcherie, où traînent tous les détritus possibles. Lonnie dispose d'une aide sociale et de bons d'alimentation. Les enfants n'ont le droit d'aller nulle part, sauf à l'école, interdiction de fréquenter les voisins, ou d'aller jouer ailleurs. Seul un cousin de la famille, Wayne, du même âge que Herman l'aîné, est autorisé à l'emmener à la pêche, histoire d'améliorer l'ordinaire.

Le 12 juillet 1993, Wayne approche du terrain vague repoussant où vivent ses cousins, il siffle : « Herman ? James ? Oh ! On y va ? »

Les deux garçons apparaissent, avancent lentement dans la cour encombrée de bouteilles de bière vides, de pneus, de ferrailles diverses au milieu desquels courent les poulets. Herman, quinze ans cheveux blonds, et James, douze ans cheveux blonds, arrivent jusqu'à la sinistre barrière ornée de têtes de poissons morts.

« Je crois que papa est mort.

— Oncle Lonnie ? Mort ? Comment ça ?

— Je sais pas. Je crois qu'il est mort. »

Wayne court chercher son père, oncle Mumm, pénètre dans la caravane, en ressort aussitôt pour foncer dans la sienne téléphoner à Rush Spring.

Lonnie Dutton, ses cent kilos de graisse nourrie de bière, est affalé en travers de son lit, une balle de carabine en pleine tête. Le shérif fait évacuer le corps, et interroge les enfants.

« Qui a fait ça ? »

Les quatre gosses pleurent, l'aîné parvient à sangloter : « Un type est entré, un rôdeur, il a tiré. »

Les deux petits sont terrorisés, muets, et s'accrochent à leurs frères, comme s'ils avaient peur de les voir partir avec le shérif.

L'histoire du rôdeur ne tient pas. Herman ne peut pas le décrire, James se trompe d'heure, puis de description, et rapidement les deux gamins abandonnent le pauvre mensonge qu'ils cherchaient à inventer.

Herman a pris la carabine, l'a appliquée sur le front de son père, bien dans l'axe, et James a appuyé sur la gâchette. Et ils racontent, ils racontent, eux qui n'ont jamais rien dit, même devant l'assistante sociale ou le directeur d'école, qui ne se plaignaient jamais de rien, travaillaient bien en classe, obéissaient à tous les ordres du père.

Des coups, toujours des coups, assortis de violences sexuelles. Herman a servi de souffre-douleur et de prostitué à domicile. James a suivi. Du temps de leur mère, ils avaient déjà vécu l'enfer, mais c'était sur elle que pleuvaient les coups et les sévices sexuels. Un jour elle a profité d'une absence du monstre et a filé avec ses quatre enfants. Hélas ! pas de travail, pas de logement, l'errance a duré trop longtemps, et Lonnie Dutton n'a pas eu de mal à réclamer la garde des gosses. Lui avait un « foyer », lui pouvait leur donner à manger... maman a dû obéir à la loi, et rendre les enfants. Lorsqu'elle a trouvé un travail à Las Vegas, il était trop tard pour les récupérer. L'abandonneuse c'était elle. Et elle n'imaginait pas que la violence du père se retournerait contre eux. Or, depuis deux ans, les deux garçons subissaient tout, à sa place. Et le père menaçait de les tuer s'ils en parlaient à qui que ce soit. Qu'une voisine tente d'alerter les services sociaux, qu'une assistante vienne inspecter le taudis, ce qui ne s'est passé qu'une seule et unique fois, et ils prenaient une trempe de plus.

Trop terrorisés pour parler, les deux aînés supportaient donc en hurlant et en pleurant les ignominies paternelles, bouche cousue au-dehors.

Jusqu'au jour où ils ont vu le père s'attaquer à leur petite sœur de dix ans, Sissy. Ça ce n'était pas supportable. Sous leurs yeux, sous les yeux du plus petit, que faire ?

Lorsque les enfants sont ainsi acculés, ils n'ont d'autre solution que la mort. La leur ou celle du bourreau. Herman et James, les « crétins » de leur père, ont décidé que ce serait lui le mort. Ils se sont persuadés qu'ils agissaient bien. Pour sauver Sissy et le petit Jack, pour qu'ils ne subissent pas les mêmes horreurs.

Monsieur le shérif de Spring Falls n'a rien à déclarer aux autorités. L'enquête est tenue secrète, les journalistes ne sauront pas pourquoi il n'est pas intervenu avant. Sachant que Lonnie avait définitivement perdu son emploi, qu'il buvait de plus en plus, se comportait comme un porc avec tout le monde, il n'a pris aucune décision pour protéger les enfants.

Le service social estime avoir fait son travail en expédiant une jeune femme dans ce taudis, sous le regard d'un colosse de cent kilos, interroger ses enfants devant lui. « Ils ne se sont pas plaints de leur père, je ne pouvais rien faire. »

Les voisins, qui entendaient pleurer et crier tous les jours, avaient trop peur de Lonnie pour se « mêler » de ses affaires. Une seule a eu le culot de prévenir les services sociaux, et Lonnie a enfoncé sa clôture avec sa vieille voiture, en écrasant tout sur son passage. Elle n'a ni récidivé, ni porté plainte.

La sœur aînée de Lonnie reconnaît que son frère est un vulgaire taureau brutal, et qu'il a toujours été ainsi. Elle ne s'est pas préoccupée du sort de ses neveux, avant le drame.

Les grands-parents avaient donné le terrain en 1984, lorsque leur fils avait divorcé en affirmant que la mère des enfants était une garce qui avait abandonné le domicile conjugal. Après quoi, ils ont regardé ailleurs. Le grand-père répond ainsi à la presse : « On me demande sans arrêt pourquoi je n'ai rien fait, à cela je réponds ; j'aime la vie, pas vous ? Je voulais que mon grand fils et mes autres enfants vivent, j'espérais qu'un jour les choses seraient différentes, que Lonnie réaliserait, comprendrait enfin la vie et qu'il changerait... » Dans ces conditions, vers qui pouvaient se tourner Herman et James ? En charge à quinze et douze ans de la sécurité de leurs frère et sœur plus petits, ils sont allés au bout de leur tâche.

D'ailleurs depuis l'assassinat de leur père, toute la région est pour eux. Les maisons se sont ornées de rubans bleus, des bannières de soutien flottent aux antennes de télévision, une collecte a été organisée pour payer les frais de justice, et tout l'argent reçu en excédent servira plus tard à leur éducation. Plus de 2 000 dollars ont déjà été collectés. Deux cabinets d'avocats se sont proposés pour assurer la défense des deux garçons, et un conflit s'est installé entre la mère et la famille du père à propos de la garde future des quatre gamins.

En attendant, Herman et James ont été emmenés dans un centre de détention pour mineurs. Solidaires, ils s'accusent alternativement, l'un d'avoir pris la carabine, l'autre d'avoir tiré, ou les deux ensemble, ou vice versa. Ils ont révélé que leur petite sœur était violée par leur père depuis des mois, mais, traumatisés par leur geste, ils se demandent maintenant s'ils ont bien agi. Leur mère répond pour eux aux journalistes : « Je suis heureuse qu'il soit mort ! J'aurai dû le faire avant de partir ! Il s'est montré violent bien avant la naissance des enfants, en fait depuis notre mariage en 1975. Il travaillait alors comme couvreur, comme son père, qui disait souvent en riant : “Avec Lonnie tout ce qui porte une jupe devrait se méfier, sauf sa mère !”

» Puis il a cessé de travailler, il s'est mis à boire et à se droguer, et à me battre. Il me violait, je voulais avorter, et il me battait, à coups de bâton, de tuyau, ou en se servant de son arme. Plus tard il a voulu apprendre aux enfants à me tirer dessus avec des fléchettes, comme sur une cible. Je savais que si les enfants ne lui obéissaient pas, il allait les battre, alors je les laissais faire, et ensuite ils venaient me demander pardon. Le cercle était infernal. Si quelqu'un voulait intervenir dans le voisinage, il menaçait de le tuer. Son propre frère porte des blessures au couteau ou par balles qu'il lui a faites. Et il ne voulait pas le dénoncer, de peur d'être tué ! Un jour j'ai vu un téléfilm sur une femme, violentée et battue, qui tuait son mari à la fin. Mais j'avais peur d'aller en prison, peur de ce que deviendraient mes enfants. J'ai pris la fuite, un soir où il était trop saoul, je suis allée chez ma mère avec les enfants, à Palacio au Texas. Il s'est arrangé pour persécuter les deux aînés au téléphone, et les obliger à revenir. Ensuite il a demandé la garde des deux autres, en m'accusant de tout ! Je n'avais aucune preuve matérielle contre lui, personne ne m'a aidée, c'était sa parole contre la mienne, il a gagné, puisque les deux aînés étaient déjà avec lui ! Sous la menace évidemment, mais trop effrayés pour dénoncer leur père. C'est effrayant de penser que l'on n'a aucun recours, que tout le monde se tait, je n'avais aucune arme légale pour récupérer les enfants. »

Marie Dutton, petite femme boulotte et blonde, faisait donc partie de ce régiment de femmes battues qui n'obtiennent pas de la justice américaine une aide suffisante. Lorsqu'elle a décidé de fuir en 1989 avec ses enfants, qui l'a écoutée ? Il a suffi que son époux réclame la garde des enfants, en affirmant que son ex-femme était une mère incapable et violente. Il a gagné son procès. Personne alors ne s'est posé la question de savoir s'il était lui-même brutal, alcoolique et obsédé sexuel. Alors qu'il suffisait d'interroger sa propre famille. Et durant presque trois années, les quatre enfants ont dû lutter pour survivre dans un univers abominable.

Les journaux du comté de Rush Spring clament bien haut et bien fort que la société a failli à tous ses devoirs. L'affaire prend valeur d'exemple. Carence des services sociaux, carence de la loi, carence de la protection infantile aux États-Unis dans les milieux défavorisés. Alors que les stars font elles aussi la une des journaux en s'arrachant leurs enfants à coups d'avocats et de dollars, en invoquant des sévices dont plus personne ne sait en fin de compte s'ils sont réels ou imaginaires.

Mais toute la ville savait. C'est là aussi où le bât blesse. Toute cette petite ville de cueilleurs de pastèques, et son shérif en tête. Tous ces gens qui maintenant brandissent des banderoles bleues, avec des inscriptions du genre : « ON EST AVEC VOUS, HERMAN ET JAMES ! »

Herman et James sont sous la responsabilité du département social, confiés à une équipe de médecins et de thérapeutes qui décidera quand psychologiquement ils seront en état d'être jugés.

S'ils sont condamnés pour meurtre, les deux enfants seront mis en probation dans un centre pour adolescents jusqu'à l'âge de dix-neuf ans. Entre-temps, ils auront droit à une thérapie, destinée à leur faire comprendre que l'on ne doit pas tuer, tout en leur expliquant qu'ils ne sont pas coupables d'avoir tué, car : « Lorsqu'un enfant tue un parent, c'est qu'il estime que personne ne peut le sortir de cette situation, et qu'il est donc en état de légitime défense… »

Pas simple.

Justice est faite !

Madrid, 17 avril 1993. Il y a foule, comme tous les jours aux alentours de treize heures, dans ce restaurant rapide appartenant à une chaîne américaine et situé au centre de la ville. Les clients, pour la plupart des employés des nombreux bureaux et magasins alentour, viennent y avaler sur le pouce un hamburger avant de retourner au travail.

Avec l'animation qu'il y a, comment remarquerait-on ces deux hommes qui se lèvent juste l'un derrière l'autre et sortent de l'établissement ? Dans la rue, le dernier sorti aborde le premier et l'accoste. Il a une cigarette à la main. L'autre lui donne du feu, il le remercie d'un signe de tête et s'en va d'un pas rapide. C'est alors que quelque chose attire l'attention de plusieurs passants. L'homme resté seul ne bouge pas. Il fait un quart de tour sur lui-même, comme s'il semblait désorienté, puis il s'appuie à la vitrine du restaurant et, brusquement, s'effondre de tout son long. Des cris éclatent…

L'homme, d'une quarantaine d'années, est affalé sur le trottoir dans une pose grotesque. Il a les yeux révulsés, la bouche ouverte. Une large tache de sang s'étale sur le côté gauche de sa chemise. Il n'y a pas besoin d'être médecin pour comprendre qu'il est mort et qu'il a été poignardé. Des exclamations fusent de toutes parts : « Je le reconnais : c'est M. N. Il travaille à la banque d'en face ! » « J'ai vu l'assassin. C'est un type qui lui a demandé du feu. Il est parti par là ! »

Une poursuite s'engage, mais elle ne donnera rien. Le meurtrier a eu le temps de se fondre dans la foule très dense et il reste une affaire criminelle à éclaircir pour la police madrilène… Elle n'est pas au bout de ses peines.

Une semaine plus tard, les enquêteurs ont bien du mal à s'y retrouver. En l'absence de tout indice à propos de l'assassin, ils ont épluché tous les renseignements concernant la victime et les résultats sont pour le moins décourageants.

L'homme, Federico N., trente-neuf ans, employé dans une grande banque nationalisée, menait une vie désespérante de platitude. Bon père, bon époux et employé modèle. Ses voisins n'ont signalé aucune dispute entre lui et sa femme Carmen. L'idée même que l'un ou l'autre ait pu avoir une liaison leur a semblé tellement absurde que, lorsqu'on leur a posé la question, ils ont éclaté de rire.

À la banque, même son de cloche. Le directeur n'a rien trouvé à dire à son sujet. Federico N. faisait son travail discrètement et efficacement. Ses collègues sont tout aussi désorientés. Comment pouvait-on en vouloir à Federico ? C'est absolument incompréhensible !

Car – et c'est là le point le plus déroutant de cette affaire – on en voulait à Federico N. On a en effet retrouvé dans sa poche gauche une bande de papier sur laquelle était écrit en lettres découpées dans un journal : JUSTICE EST FAITE. Le meurtrier l'a, de toute évidence, glissée en même temps qu'il portait son coup de couteau...

« Justice est faite » : cela signifie une vengeance, un règlement de comptes et rien n'est moins en rapport avec la personnalité de la victime... Alors, s'agit-il d'un fou, qui a frappé au hasard et qui se vengerait du genre humain dans son ensemble sur la personne du premier venu ? C'est possible. C'est même probable. Et c'est ce qui ennuie le plus la police espagnole et le commissaire Felipe Lopez, chargé de l'enquête. Ce genre de maniaque recommence à tuer dans neuf cas sur dix. Il est à craindre qu'on se trouve au début d'une série de meurtres, qu'il s'agisse d'un *serial killer*...

2 mai 1993, quatorze heures. À bord d'une voiture sirène hurlante, le commissaire Felipe Lopez arrive devant l'entrée d'un grand jardin public de la capitale espagnole. Les policiers écartent l'attroupement qui s'est formé pour lui laisser le passage... Le crime a eu lieu sur un banc. La victime est un jeune homme de vingt-cinq ans environ. D'après ses papiers, il s'appelait José F. et il était étudiant.

Les policiers n'ont pas touché au corps. Il est dans la position où la mort l'a surpris : la tête penchée sur le côté gauche, une large tache sur la chemise à hauteur du cœur. À terre, un journal plié en quatre et un stylo-bille. Il est ouvert à la page des mots croisés. Le commissaire peut voir la grille inachevée et maculée de sang : un détail tragique et dérisoire…

Un agent s'approche du commissaire, une bande de papier à la main. « Voici ce qu'on a trouvé dans sa poche droite. » Un rapide coup d'œil suffit : les lettres découpées dans un journal composent la phrase JUSTICE EST FAITE…

L'enquête qui suit est plus désespérante encore que pour le premier meurtre. José F. était aussi transparent que Federico N. Au cours de sa brève existence, il n'a rien fait, semble-t-il, qui puisse attirer l'attention. Fils de paysans modestes, mais doué pour les études et travailleur, il a obtenu une bourse pour aller à l'université de Madrid. Dans sa vie privée, il n'y a rien d'extraordinaire non plus. Ce jeune homme sage était fiancé depuis un an et allait se marier.

Manuela J., la fiancée en question, ne comprend rien à ce drame. Pourtant, c'est elle qui connaissait le mieux le disparu. « Voyons, mademoiselle, réfléchissez. Vous êtes sûr qu'il ne se droguait pas ?

— José ? Quelle horreur !

— Il aurait pu le faire sans que vous le sachiez. Vous ne l'avez jamais trouvé bizarre ?

— Absolument pas.

— Est-ce que, par hasard, un autre garçon aurait été jaloux de vos fiançailles ?

— Je ne vois vraiment personne.

— Est-ce que votre fiancé faisait partie d'une bande comme il y en a à Madrid ?

— Jamais de la vie !

— Est-ce qu'il faisait de la politique ?

— Pas du tout. Il s'en désintéressait complètement.

— Alors, vous n'avez aucune idée ?

— Aucune… Pourquoi lui ? Je ne comprends pas ! »

« Pourquoi lui ? » La police madrilène se pose inlassablement la question, en même temps qu'une autre, qui vient de surgir avec ce nouveau meurtre : les deux victimes ont-elles un point commun ? Et cette seconde interrogation est peut-être plus irritante encore que la première. À part leurs vies rangées, rien, en apparence, ne rapprochait Federico N. de José F. : ni leur âge, ni le quartier qu'ils habitaient, ni leurs fréquentations, rien ! Alors, l'hypothèse d'un tueur fou, qui frappe n'importe qui, n'importe quand, n'importe où, uniquement pour tuer, est de plus en plus probable. Et il est malheureusement plus que probable qu'il va recommencer…

Samedi 8 mai 1993, quinze heures. Le commissaire Felipe Lopez regarde avec consternation la silhouette blanche allongée sur le sol. Sur le polo blanc de tennisman de la victime, le sang ressort particulièrement bien. Antonio G. était loin d'être un professionnel mais, à trente-cinq ans, il voulait conserver la forme. Il allait tous les samedis disputer une partie ou deux dans le club d'une banlieue résidentielle de Madrid. Ce samedi-là aura été le dernier.

Le crime a eu lieu dans les vestiaires. Antonio G. venait de jouer une partie de double dans le cadre d'un tournoi de bienfaisance et c'est dans son sac de sport qu'on a retrouvé la bande de papier, avec la phrase JUSTICE EST FAITE… Le commissaire Lopez est devenu fataliste. À quoi bon se renseigner sur le passé de la victime ? Il va être irréprochable, comme celui des deux autres… Et même s'il ne l'est pas, quelle importance ? Même s'il avait un rival assoiffé de sang, un concurrent professionnel prêt à tout, même si la pire organisation terroriste du pays avait juré sa mort, tout ce monde-là devrait être mis hors de cause. C'est l'assassin fou qui a frappé, lui et personne d'autre !

À défaut de mobile, le commissaire Felipe Lopez cherche un témoignage. Mais les partenaires d'Antonio G. étaient trop occupés par le jeu et le directeur du club de tennis n'est pas plus utile à l'enquête. « Malheureusement, n'importe qui ou presque aurait pu faire le coup.

— Vous avez suivi la partie ?

— Oui.

— Vous n'avez remarqué aucun suspect ? Quelqu'un qui aurait rôdé ?

— C'est difficile à dire… Comme le court est visible de la rue, il arrive que des gens s'arrêtent quand la partie est de qualité. C'était le cas. Il y avait un petit attroupement.

— Et n'importe qui, de la rue, pouvait entrer dans les vestiaires ?

— Oui. La grille n'est pas fermée à clé. »

C'est désespérant : il n'y a pas d'autre mot ! Dans la presse, ce ne sont que des gros titres exprimant à la fois la peur et la colère. L'assassin fou sème la panique à Madrid, en ces beaux jours de printemps. Et la même question revient sous la plume de tous les journalistes : « Que fait la police ? »

La police cherche, et Felipe Lopez avec plus d'acharnement que quiconque. Avec le temps, il est parvenu à deux conclusions, ou plutôt deux intuitions. Premièrement, l'homme est bien fou ; il tue des gens qu'il ne connaît pas, qui ne lui ont rien fait. Mais deuxièmement, il ne frappe pas au hasard. S'il voulait tuer vraiment n'importe qui, il l'aurait fait à des intervalles plus rapprochés et dans des conditions plus faciles pour lui : au milieu d'une foule très dense, dans le métro aux heures d'affluence, par exemple ; ou, au contraire, il aurait attaqué des personnes isolées, comme des promeneurs la nuit.

Au lieu de cela, il a pris des risques réels pour tuer ses trois victimes. Et s'il l'a fait, c'est qu'il avait une raison, une raison folle, mais une raison quand même. Autrement dit, le client du restaurant, l'étudiant sur son banc et le joueur de tennis avaient un point commun qui n'a pas encore été découvert et c'est ce point commun qui a déclenché la folie meurtrière de l'assassin.

C'est en regardant une photo d'Antonio G. en train de jouer au tennis, un des innombrables clichés qui figurent dans le dossier, que le commissaire Lopez a une illumination… Il vient de repenser à la grille de mots croisés tachée de sang tombée aux pieds de la deuxième victime et les deux choses, si incroyable que cela paraisse, ont un rapport entre elles.

Il a les coordonnées de Manuela J., la fiancée de l'étudiant, et il l'appelle aussitôt. « Excusez-moi de vous déranger, mademoiselle, mais votre fiancé était-il gaucher ?

— Oui. Mais je ne comprends pas…

— Je vous remercie, mademoiselle. Nous venons de faire un grand pas.

— Vous ne voudriez tout de même pas dire… qu'on l'a tué pour cela ?

— Si, mademoiselle, on l'a tué pour cela ! Le meurtrier l'a vu remplir sa grille de mots croisés de la main gauche. C'est comme cela qu'il l'a su.

— Mais c'est fou !

— Vous avez raison, il s'agit bien d'un fou. Mais à présent, je pense que nous sommes en mesure de l'arrêter… »

La photo d'Antonio G. le montrait tenant sa raquette de la main gauche. C'est cela qui a permis de soupçonner la vérité. Le tueur a agressé trois personnes qui exécutaient une action de la main gauche. Le premier tenait dans cette main son couteau, le second son stylo, le troisième sa raquette. Le tueur de Madrid est un tueur de gauchers ! Reste à savoir pourquoi et qui.

À ce stade de l'enquête, c'est l'informatique qui prend le relais. Il s'agit d'éplucher toutes les affaires des dernières années, tous les dossiers de déséquilibrés mentaux, en cherchant un élément en rapport avec un gaucher.

La réponse ne tarde pas… En 1990, une jeune femme, Francès M., a été poignardée et violée dans un bois des environs de la capitale. L'assassin n'a jamais été retrouvé, mais l'expertise a prouvé que le coup avait été porté par un gaucher. Le mari de la victime, Agapito M., avait été un moment soupçonné. Le personnage était déséquilibré et se relevait d'une dépression. Mais il avait été mis hors de cause du fait, justement, que l'assassin était gaucher et qu'il ne l'était pas.

La police madrilène décide de monter un piège de grande envergure pour éliminer le tueur de gauchers… Agapito M., ancien cadre commercial au chômage, habite une banlieue déshéritée de la capitale. Renseignements pris, il ne sort pratiquement pas de chez lui, un pavillon délabré, dans une rue peu passante et assez sinistre. C'est donc là qu'aura lieu la mise en scène.

Le 25 juin 1993, au matin, un ouvrier en bleu de travail s'installe sur la chaussée en face du pavillon avec des pots de peinture et des panneaux de signalisation indiquant un chantier de voirie. Puis il prend un pinceau et entreprend de repeindre les bandes blanches du passage pour piétons. Il tient évidemment son pinceau de la main gauche…

Pour le commissaire Felipe Lopez et ses hommes, qui sont cachés dans une camionnette banalisée, l'attente est longue et, les heures passant, l'inquiétude grandit. Ils ne s'en font pas pour l'agent chargé de servir d'appât : il est ceinture noire de judo et saura sans peine maîtriser son agresseur. Ils craignent que leur homme n'ait flairé le piège et ne sorte pas de chez lui. Car on peut être fou et remarquablement rusé…

Il faudra trois jours et un nombre incalculable de couches de peinture sur les bandes blanches de la chaussée pour que le piège fonctionne enfin. Sans doute, effectivement, le tueur se méfiait-il, mais la vision de ce gaucher maniant allégrement son pinceau sous ses fenêtres a dû finir par lui être trop insupportable.

On le voit sortir de son pavillon, profitant d'un moment où la rue est complètement déserte. Agapito M. est de petite taille. Il a le crâne dégarni. Il regarde à droite et à gauche et se dirige vers le chantier de voirie. Il s'arrête. « Pardon, monsieur, est-ce que vous auriez du feu ? »

Le faux peintre se relève et se jette brusquement sur lui, tandis que le commissaire Lopez et ses hommes bondissent hors de la camionnette. Immobilisé par une clé au bras, le tueur a lâché son couteau. Il vocifère : « Arrêtez-le ! C'est l'assassin de ma femme !… »

Agapito M. a été conduit dans un établissement psychiatrique et le juge chargé de l'instruction a rendu, comme on s'y attendait, un non-lieu pour démence. Les Madrilènes pouvaient respirer : l'affaire du tueur fou était élucidée.

Quant à l'autre, la première affaire, celle qui avait déclenché la folie meurtrière d'Agapito, on n'en sait pas plus aujourd'hui. Aucune information nouvelle n'est parvenue sur le meurtre de sa femme Francès, il y a trois ans de cela. Et il est malheureusement probable qu'on ne saura jamais qu'une chose à ce sujet : l'assassin était gaucher.

Jeu de piste

18 juillet 1993. Nous sommes dans un faubourg de Florence, une jolie banlieue résidentielle que traverse l'Arno. Il est cinq heures du matin et le jour se lève à peine. C'est alors que, en contrebas d'un pont qui enjambe la rivière, un cantonnier aperçoit une forme allongée : une jeune femme. Il est tenté de poursuivre son chemin sans aller voir, car il arrive souvent que des touristes passent à cet endroit la nuit à la belle étoile, mais il s'approche tout de même. C'est qu'il y a le Monstre…

Car, le Monstre de Florence, dont il est question dans un autre chapitre de cet ouvrage, est encore dans tous les esprits en cet été 1993, même si, au mois de janvier précédent, le présumé coupable, Pietro P., a été arrêté. Mais ce n'est justement que le « présumé coupable » et beaucoup de Florentins se refusent à voir dans ce paysan grossier et violent l'assassin qui les a terrorisés pendant des années. Le Monstre, pensent-ils, est d'une autre trempe. C'est un grand bourgeois ou, mieux, un aristocrate, qui sort la nuit de sa luxueuse demeure, pour assouvir ses instincts démoniaques… Voilà pourquoi, au lieu de continuer son travail, le cantonnier pose son balai et descend en contrebas du pont.

« *Signorina… Signorina !…* »

Mais la *signorina* ne lui répond pas. Elle ne répondra jamais plus à personne. Lorsqu'il lui secoue l'épaule pour la réveiller, elle se met à rouler sur la berge en pente, aussi molle qu'une poupée de chiffons, et elle s'immobilise quelques mètres plus bas, tout près de l'eau. Elle a une horrible plaie, rouge et bleu, au front.

Le cantonnier se signe et s'enfuit, épouvanté, à la recherche d'un carabinier. Les rues désertes du faubourg résidentiel de Florence se mettent à résonner de ses cris épouvantés : « Le Monstre est revenu !… Le Monstre ! »

La presse, qui a toujours, s'agissant du Monstre de Florence, privilégié les hypothèses les plus sensationnelles, est du même avis. Elle fait ses gros titres sur l'assassinat des bords de l'Arno : « Le Monstre de retour ? », « Un nouveau crime du Monstre ? » La seule différence avec le cantonnier est que, plus prudente, elle termine par des points d'interrogation…

La police, elle, est beaucoup plus réservée. L'enquête est confiée au commissaire Armando Alfaro, responsable du faubourg où le corps a été découvert, et non à la célèbre « Brigade anti-Monstre », la *Squadra anti-Mostro*, qui a traqué le meurtrier en série depuis des années, sous la direction du commissaire Ruggero Perugini. S'il s'avérait que les deux affaires sont liées, il serait toujours temps d'aviser, mais les premières constatations ne vont nullement dans ce sens.

D'abord l'identité de la victime. Il s'agit de Fernanda V., vingt-trois ans, bien connue dans le quartier pour ses mœurs légères. Il ne s'agissait pas d'une prostituée au sens strict du terme, mais d'une fille facile, vendeuse au supermarché local, qui arrondissait ses fins de mois avec quelques aventures. Cela ne concorde pas avec les victimes du Monstre de Florence, qui étaient toutes des jeunes filles irréprochables. D'ailleurs, elles étaient en couple quand elles ont été agressées par le Monstre et leur compagnon a été tué lui aussi. Reste que Fernanda aurait pu avoir un galant qui aurait réussi à échapper au meurtrier. Mais malgré tous les appels à témoins, personne ne se manifeste : il semble bien que la victime était seule quand elle a été attaquée.

D'ailleurs, rien ne concorde avec la grande affaire criminelle qui a défrayé la chronique. La jeune fille a été tuée d'un coup de couteau, alors que le Monstre tuait par arme à feu ; elle ne présente aucune mutilation – celle du sein gauche, par exemple ; elle était à pied et non en voiture ; enfin, elle a été violée, alors que le Monstre n'a jamais violé ses victimes.

Mais l'opinion publique est tellement passionnée par le mythe du Monstre que l'assassinat des bords de l'Arno vaut à la police un flot de lettres et de coups de téléphone anonymes. Le commissaire Armando Alfaro, qui est, de plus, harcelé par les journalistes, ne cesse de tempêter contre ce battage médiatique fait autour d'une banale affaire et qui lui fait perdre un temps précieux au détriment des choses sérieuses... Ce en quoi il a tort : le meurtre de Fernanda V. n'est pas du tout une banale affaire et c'est justement à cause des lettres et des coups de fil anonymes qu'elle va sortir de l'ordinaire.

« Allô ? C'est à propos de la fille au bord de l'Arno... Je vais vous donner des précisions sur la Fiat Uno.

— Quelle Fiat Uno ?

— Eh bien, celle dont je vous ai parlé dans ma lettre...

— Qui êtes-vous ?

— Je ne peux pas vous le dire... »

Le policier qui tient le standard du commissariat hausse les épaules. C'est le cinquième appel anonyme depuis le début de la journée. Le correspondant – une voix d'homme d'âge moyen, sans caractéristique particulière – fait sans doute allusion à une lettre anonyme qu'il a envoyée. Comme s'il s'imaginait qu'il a été le seul à écrire. Le courrier s'entasse dans une armoire. Mais il faut répondre, cela fait partie du service.

« Je vous écoute...

— Elle est blanche. La Fiat Uno est blanche.

— C'est tout ?

— Pour aujourd'hui, oui. Je vous en dirai peut-être plus une prochaine fois... »

Et le correspondant raccroche... Comme le policier est consciencieux, il note scrupuleusement le contenu de l'appel, qui va rejoindre dans l'armoire le contingent des lettres anonymes...

Deux jours plus tard, le policier du standard reconnaît la même voix. « Voilà, c'est pour la Fiat Uno blanche. Je vais vous donner le début du numéro : FI 3... »

Cette fois, le policier s'énerve. « Vous n'avez rien d'autre à faire ?

— Parce que vous ne me prenez pas au sérieux ?

— Vous êtes dans un commissariat. Nous pouvons localiser votre appel et vous faire avoir de gros ennuis !

— Bien… Sous sa robe, la fille avait un maillot deux pièces avec des papillons imprimés. »

Au bout du fil, le policier reste muet. Ce détail n'avait pas été divulgué par la presse… Il n'a plus du tout le même ton lorsqu'il reprend la parole. « Vous avez donné le début du numéro de la voiture. Vous pouvez nous dire la suite ?

— Une autre fois, peut-être. »

Et le correspondant anonyme raccroche.

Instantanément, c'est le branle-bas au commissariat. D'abord, on va rechercher dans l'armoire la lettre anonyme à laquelle l'homme avait fait allusion et dont on ne s'était pas soucié jusqu'à présent. Elle est manuscrite. L'auteur y annonce que le meurtrier était à bord d'une Fiat de type Uno. Il s'est arrêté à la hauteur de Fernanda V., qui racolait près du pont, et, après une brève discussion, il s'est jeté sur elle et l'a tuée… Un graphologue, appelé en hâte, indique que, selon lui, l'écriture est celle d'un homme et que ce dernier possède une certaine culture. Il refuse de s'engager davantage.

C'est évidemment bien peu. Il ne reste plus au commissaire Armando Alfaro et à ses policiers qu'à attendre que l'homme veuille bien en dire plus, car une Fiat Uno blanche dont l'immatriculation commence par « FI 3 », ce n'est évidemment pas une précision suffisante…

Aussi, lorsque l'agent de service au standard reconnaît, quelques jours plus tard, la voix du correspondant anonyme, c'est l'effervescence. Le commissaire, prévenu, écoute la communication par le haut-parleur qui vient d'être branché.

« Je vois que vous n'avez rien fait. Alors, je vais vous donner le numéro complet de la Fiat : FI 36337.

— Et vous, qui êtes-vous ? »

Mais la tonalité caractéristique résonne dans la pièce : le correspondant a raccroché.

La vérification du numéro minéralogique a lieu immédiatement à l'aide du fichier central et c'est une cruelle déception pour les policiers. La voiture en question appartient à un de leurs collègues ! Il s'agit de Marco F., officier de police à Florence, un père de quatre enfants et un homme au-dessus de tout soupçon. Il ne peut s'agir que d'une calomnie faite par vengeance. Le commissaire décide de ne pas ennuyer son collègue en allant l'interroger, mais cela ne l'empêche pas d'être troublé. Car il y a la précision donnée par le corbeau sur les sous-vêtements de la victime, précision qui n'était pas dans la presse. Le commissaire en avait déduit tout naturellement que l'homme était l'assassin, mais maintenant, ce n'est plus aussi évident. Il peut s'agir d'un policier qui a eu connaissance du dossier et qui se venge ainsi d'un de ses collègues. L'affaire ressemble à un règlement de comptes au sein de la police et c'est très déplaisant. Le commissaire décide de s'en tenir là et poursuit son enquête sur le meurtre de Fernanda V., sans résultat malheureusement…

C'est dans les premiers jours de septembre que le corbeau de Florence se manifeste de nouveau par téléphone. Cette fois, son appel ne se limite pas à quelques mots. Furieux, semble-t-il, que ses dénonciations n'aient abouti à rien, il parle longuement, mettant en cause nommément Marco F. Il parle même si longtemps que les services spécialisés peuvent localiser l'appel. Il provient d'une cabine en bordure de l'Arno, non loin du lieu du crime.

L'homme finit par raccrocher, mais il termine par ces mots : « Je rappellerai au début du mois d'octobre. »

Cette fois, le commissaire Alfaro décide d'agir. Il ne va pas laisser l'individu continuer éternellement son manège. S'il a dit vrai et s'il appelle de nouveau du même endroit, il n'y aura qu'à le cueillir à la date annoncée par lui…

Vendredi 1er octobre 1993. De nombreux carabiniers ont pris discrètement position sur les bords de l'Arno, à proximité de la cabine d'où a eu lieu l'appel. Il y a une longue attente et puis, on voit arriver un homme à la démarche lourde, qui entre dans la cabine et compose le numéro. Les carabiniers se précipitent et lui mettent la main au collet. « Fini de rire ! Qui es-tu ? »

L'homme les regarde, semble hésiter, puis lance d'un trait : « Marco F. ! »

Les carabiniers contemplent ahuris leur supérieur. « Mais pourquoi as-tu… ? Enfin… pourquoi vous êtes-vous dénoncé ?

— Parce que c'est moi le coupable ! »

L'épilogue de cette déroutante histoire, du moins sur le plan de l'enquête, a lieu peu après dans le bureau du commissaire Armando Alfaro. Ce dernier est tout aussi abasourdi que ses hommes. Pas un instant il n'avait pensé que les accusations contre son collègue puissent être vraies.

« Que s'est-il passé ? Expliquez-moi ! »

Marco F. parle sans réticence. Il semble comme soulagé que la comédie ait pris fin.

« Je rentrais chez moi en voiture après le service. J'habite tout près de l'endroit où... a eu lieu le drame. J'ai vu la petite qui racolait près du pont. Je la connaissais. Elle était connue dans le quartier. Je ne sais pas pourquoi, je me suis arrêté. Peut-être pour lui faire la morale, mais je ne peux pas l'affirmer... Je lui ai dit quelques mots et je me suis jeté sur elle. Comme elle se débattait, je l'ai assommée avec une pierre. »

Le commissaire Alfaro dévisage son collègue, cet officier et ce père de famille irréprochable. « Qu'est-ce qui vous a pris ?

— Je ne sais pas ! C'était comme si une force avait agi à ma place. C'était la première fois. Je n'avais jamais eu de problème. Je me suis dit que cela allait recommencer. Et cela, il ne fallait pas. Alors, j'ai imaginé ce moyen pour me dénoncer.

— Pourquoi ne pas vous être constitué prisonnier ? Pourquoi ce jeu de piste ?

— Je n'ai pas eu le courage. À cause de mon métier, sans doute. C'était une telle honte. Je voulais que cela vienne de vous, je voulais me faire arrêter. Mais vous n'avez pas voulu suivre la piste. Il a fallu qu'à chaque fois j'en rajoute un peu plus... »

Marco F. est aujourd'hui derrière les barreaux, tout comme Pietro P., le Monstre de Florence présumé. L'un est soupçonné d'être un meurtrier en série, l'autre a tout fait pour qu'il n'y ait pas de deuxième fois.

Hélène et les salauds

Extérieur nuit, grande banlieue parisienne plutôt cossue, pavillons bourgeois, quelques piscines qui luisent sous la lune du mois de mai. Tout est calme, ce n'est pas un quartier de « zonards ». Bourgeois, reposez en paix ! Devant un joli pavillon bien calme, une Suzuki toute neuve, impeccablement astiquée, repose sur sa béquille, au milieu de la bande de gazon qui sépare l'avenue en deux... Pourtant une grosse chaîne interdit, en principe, que l'on mette l'engin en marche. Sage précaution.

À l'intérieur du pavillon, Arnaud, le propriétaire de la moto, dix-sept ans, est en conversation aimable avec une camarade du lycée, Hélène, dite « la Belle Hélène », pratiquement le même âge que lui. Ils écoutent le dernier succès de Phil Collins, bien installés sur le lit, non défait, de la jeune fille. Bien sûr, de temps en temps leurs lèvres se rejoignent, pour un baiser encore maladroit. Ils ne se posent pas trop de questions, leurs cœurs battent un peu plus fort et, en échangeant des paroles un peu folles, ils se demandent tous les deux si, par hasard, ça pourrait être le grand amour, s'ils vont un jour se marier, avoir des enfants, finir leurs jours ensemble. Ça les inquiète un peu...

Arnaud se demande si ce baiser maladroit vaut vraiment tous les embêtements qui lui tombent sur le dos depuis quelque temps... Comme par exemple les agressions verbales de Patrick Z., membre comme lui de l'équipe de baseball du lycée. Un garçon qui, lui aussi, est amoureux de la Belle Hélène.

Il faut dire que la Belle Hélène est vraiment jolie et que tous, enfin presque tous les garçons qui la côtoient au lycée sentent leur pouls s'accélérer en voyant passer cette jolie blonde aux yeux clairs et au regard innocent. Sa poitrine naissante aussi fait de l'effet. Hélène, flattée, ne voit pas trop de raisons de repousser ces hommages encore innocents. Elle teste son pouvoir de séduction, en se disant qu'un jour elle aura l'occasion de s'en servir pour arriver à ce que toute jeune fille souhaite : un mari beau, riche, amoureux et tout le reste...

Parmi les amoureux d'Hélène, on compte Patrick, dix-huit ans, un caractère assez affirmé, au sang chaud, dont les sourcils ombrageux qui se rejoignent au-dessus du nez disent assez qu'il est d'un tempérament jaloux... Patrick ne déplaît pas à Hélène et celle-ci se laisse approcher d'assez près. Suffisamment près pour que, au bout de quelques semaines, Patrick le jaloux se sente un instinct de propriétaire. Son discours, relativement « macho », ne laisse plus beaucoup de doute : « Puisque nous sommes ensemble..., répète-t-il à Hélène... Je suis ton mec, donc tu dois... tu ne dois pas... » Bientôt Patrick donne à Hélène l'autorisation d'adresser la parole à tel ou tel, ou bien il la refuse, sans explications, ou plutôt si, une seule : c'est lui le mec, le maître...

Hélène commence à ne plus apprécier du tout. Hélène se dit, à juste raison, qu'elle est libre de donner son cœur et de le reprendre si bon lui semble. D'autant plus que les candidats ne manquent pas, qui ne rêvent que de la combler d'attentions charmantes. Parmi ceux-ci, Arnaud et ses grands yeux de velours, un gentil garçon, sportif, bien élevé... Il ne demande qu'à être encouragé. Hélène l'encourage... dans les limites de la bienséance bourgeoise.

C'est pourquoi ce soir, tard dans la nuit, Arnaud et Hélène, vautrés sur le lit de la jeune fille, échangent des paroles un peu informes et quelques baisers mouillés...

Soudain un bruit de métal brisé les sort de leur début d'extase. Dehors, devant le pavillon, on dirait qu'on casse quelque chose : on entend toute une série de coups, comme si on martelait de la tôle. Arnaud bondit sur ses pieds. Il pense à sa moto, toute neuve, dont il est si fier, le cadeau de sa mère pour son dernier succès scolaire et pour remplacer la moto qu'on lui a récemment volée. Et si par hasard c'était elle, sa chère moto, qui était la victime de cette attaque, qui était en train d'encaisser les coups...

Après un dernier baiser à Hélène, Arnaud sort précipitamment et silencieusement du pavillon de sa petite amie. Et là, une fois franchi le portillon qui sépare la haie de thuyas de la rue, il prend conscience de la catastrophe : en effet sa belle Suzuki est là, réduite à un tas de ferraille. Trois garçons, parmi lesquels Arnaud n'a aucune peine à identifier Patrick, son rival, tapent sur la moto à grands coups de batte de base-ball. De toute évidence l'engin est déjà irrécupérable. Arnaud, pris entre la colère et la peur, ne sait que faire devant la violence déchaînée des trois garçons. Il s'avance pourtant vers eux. Erreur fatale...

En voyant le propriétaire de la moto sortir du pavillon, les trois vandales se concertent rapidement et sautent dans une voiture rouge qui démarre et disparaît. Ils comprennent qu'ils ne se sont pas trompés de cible en pulvérisant la Suzuki. C'est bien la moto d'Arnaud qu'ils avaient l'intention de réduire en miettes, pour le punir de s'intéresser à Hélène de trop près. Ce soir, après le dîner, Patrick n'a pas hésité à demander à ses parents l'autorisation d'emprunter leur voiture : une Ford d'un rouge éclatant. Autorisation accordée. Les parents auraient dû se méfier pourtant car Patrick, en sortant, les clés de contact à la main, ne leur cache pas son intention. Il veut, avec ses deux camarades, « retrouver Arnaud ». Avec la voiture ils auront plus vite fait le tour des endroits où ils risquent de rencontrer le « rival » ou sa moto, facile à repérer... Ce qu'ils ont l'intention de faire si leur « traque » est couronnée de succès, ils ne le précisent pas.

Pour l'instant, Arnaud, devant sa moto réduite en miettes, est perplexe. Que doit-il faire ? Aller à pied jusqu'au commissariat pour porter plainte ? Essayer de traîner son épave jusque chez lui ? Il n'a guère le temps de résoudre son dilemme. Dans un bruit de pneus qui crissent au virage de l'avenue, la Ford rouge apparaît à nouveau et freine tout à côté de lui. D'un bond, deux des trois garçons, dont Patrick, sautent du véhicule. Ils sont armés des mêmes battes de base-ball qui ont fracassé la moto. Avant d'avoir eu le temps de comprendre, Arnaud en reçoit un coup en plein visage, puis un second. Il tombe à terre, mais il a encore la force de hurler « Au secours ! » Les coups continuent de pleuvoir, coups de pieds chaussés de lourds brodequins, coups de casque de moto, coups de batte. La voix d'Arnaud devient plus faible, presque inaudible.

Déjà, les fenêtres des pavillons voisins s'illuminent, déjà des têtes ébouriffées de sommeil se penchent pour voir ce qui se passe. Il faut dire que le massacre de la moto, quelques instants plus tôt, en a réveillé plus d'un. Déjà, certains téléphonent aux gendarmes pour leur dire qu'il se passe quelque chose de grave, qu'on est en train de « casser la figure » d'un jeune à coups de batte. Un militaire de carrière, plus courageux que les autres, sort même de son pavillon, il apparaît dans la rue en criant aux énergumènes de cesser leur comportement indigne. En le voyant, les deux « casseurs » cessent le massacre et sautent à nouveau dans la Ford. Leur copain qui attend au volant démarre sur les chapeaux de roues, pas assez vite cependant pour que le militaire ne note certains détails.

En s'éloignant, les trois jeunes gens espèrent pourtant qu'on ne les aura pas repérés. C'est justement pour ça qu'ils sont revenus après avoir saccagé la moto. Certains d'avoir été reconnus par Arnaud, ils sont revenus dans l'intention de le tuer, pour le réduire définitivement au silence, pour éloigner d'eux tout soupçon. Dans leurs petites têtes, ils ont même commencé à construire un scénario : après avoir assassiné leur collègue de lycée, Patrick et ses camarades se sont imaginés pouvoir disposer le corps et la moto de telle manière que l'on croie à un accident de la circulation causé par un chauffard inconnu... Ils ont « tout faux » car, après avoir interpellé et gardé à vue une autre bande de jeunes, possesseurs eux aussi de battes de base-ball, la police va mettre rapidement la main sur Patrick, ses deux camarades, le « massacreur » et le chauffeur, et sur un autre de leurs amis, plus âgé, qui, inconscient, leur a permis de venir cacher chez lui leurs battes de base-ball et leurs vêtements encore tout sanglants...

Quand la police arrive sur les lieux, Arnaud est mort depuis longtemps. Sa mère et sa sœur n'ont plus que leurs yeux pour pleurer. Hélène, étant donné son jeune âge, n'aura pas à exposer ses amours en public devant le jury d'assises. Heureusement pour elle…

Les grands moyens

Roland R., quarante-six ans, une grosse moustache à la gauloise, bâti comme un athlète, tenancier de bar, est dans une rage blanche. Pendant les vacances, en l'absence de son fils Michael, quelqu'un, un voyou qui n'a pas laissé de carte de visite, est venu cambrioler l'appartement du jeune homme. Le cambrioleur n'a pas fait dans le détail. Il faut dire qu'il a pris tout son temps : tout y est passé. Au retour de Michael, celui-ci constate l'effraction de la porte, les tiroirs dévastés, les armoires ouvertes. Tout est parti : la chaîne hi-fi, les livres, les bibelots, les souvenirs de vacances et les petits cadeaux qui jalonnent tout une vie, les vêtements. Il y en a au moins pour cent mille francs de perte... Roland accompagne Michael pour porter plainte à la gendarmerie du coin. Il ne leur reste plus qu'à faire confiance à la sagacité des pandores savoyards. Et à se débrouiller pour se faire rembourser, plutôt mal que bien, par les assurances.

Mais le lendemain, c'est encore pire. Michael constate qu'on lui a, dans la station-service où il travaille, volé en plus les deux motos qu'il s'était offertes et auxquelles il tenait plus qu'à la prunelle de ses yeux. Pas de doute, c'est un coup monté par quelqu'un qui le connaît bien, quelqu'un qui lui en veut personnellement.

Nadia, vingt-trois ans, la sœur de Michael, compatit au malheur du garçon. Et elle joint ses promesses de vengeance à celles du père. Comme le père tient un bar, il ne manque pas de parler des malheurs du petit à ses clients habituels. Tout le monde y va de sa marque de sympathie. On émet des hypothèses plus ou moins étayées sur l'identité du voleur. Quelqu'un lance le nom de Gilbert T., un freluquet qui doit bien avoir dans les vingt-trois ans et dont on ne sait pas trop d'où il tire son argent... Un long silence suit cette affirmation. Effectivement, quelques jours après le cambriolage, tout le monde, dans la petite communauté, peut constater que Gilbert semble avoir gagné le gros lot. On le voit qui se promène avec une garde-robe flambant neuve. De quoi réfléchir...

Les gendarmes, sur la foi des racontars, ne se privent pas d'aller interroger Gilbert sur son emploi du temps, sur ses revenus, sur sa nouvelle garde-robe. Gilbert, qui vit avec sa maman dans un appartement spacieux et gentiment meublé, donne des réponses satisfaisantes. On ne peut donc rien lui reprocher. On le laisse en paix... Ça agace Roland, Michael, Nadia et leurs amis. Parmi ces amis il y a, dans le genre « gros bras », Sébastien C., vingt-huit ans, sans profession mais propriétaire d'une carrure de rugbyman, Carlo F., vingt-trois ans, videur dans une discothèque, et son jeune frère Paco, vingt-deux ans, plâtrier... L'alcool aidant, tout ce petit monde s'excite et prend des décisions. À chaque fois que Michael croise son « cambrioleur », les deux garçons s'apostrophent et échangent des insultes. Un jour, excédé, Gilbert crache au visage de Michael.

C'est alors que toute l'équipe des amis de Roland décide de harceler Gilbert, de le suivre partout, jour et nuit, de lui ôter sa joie de vivre, de le faire craquer, de lui faire avouer son forfait. Malgré leur équipement de C.B. qui leur permet de se relayer pour leurs filatures, les résultats sont décevants. Gilbert, loin de se laisser démonter, nargue sa « victime » et ses amis. Il arbore en toutes circonstances un petit sourire narquois qui leur tape sur les nerfs. Il réplique par des insultes aux menaces du groupe. Il interpelle même les « gens du bar » du plus loin qu'il les aperçoit. Il leur fait quelques bras d'honneur extrêmement vexants.

Roland, au bout du compte, revient chez les gendarmes pour leur enjoindre de mettre Gilbert sous les verrous, mais ceux-ci répondent qu'ils ne possèdent aucun élément pour ce faire, que l'enquête continue et qu'il faut attendre des résultats plus concrets.

Alors, Roland, dont la moustache change presque de couleur sous l'effet de la colère, décide et annonce que « puisque c'est comme ça, il va se charger lui-même » du travail.

Ce soir-là, la maman de Gilbert, au moment où il annonce « qu'il va faire un tour » avec son AX, se montre plus inquiète que d'habitude. « Qu'il fasse bien attention, qu'il ne rentre pas trop tard. » Il l'embrasse et sort en sifflotant pour aller rejoindre sa petite amie. Mais il ne va pas loin dans ses projets : à peine est-il dehors dans la nuit d'été, à peine a-t-il introduit sa clé dans la portière de sa voiture qu'il se sent entouré de présences menaçantes. Il reconnaît tout de suite Roland, Nadia, petite blonde bien roulée mais pas moins inquiétante, et les frères F. et Sébastien le balèze. Tout ça fait trop de monde pour résister. Les autres lui intiment l'ordre de monter dans leur Renault. Gilbert prend peur, mais obéit en protestant à nouveau de sa bonne foi, sans bras d'honneur évidemment.

La voiture chargée à craquer s'éloigne de quelques kilomètres. Arrivés dans un endroit désert de la montagne, les amis du bar obligent Gilbert à descendre, le bousculent et lui répètent sans cesse la même affirmation désobligeante : « Avoue que c'est toi qui as cambriolé Michael. » Gilbert n'avoue pas : « Mais puisque je vous dis que je n'y suis pour rien. » Le cercle des ennemis se rétrécit : de plus en plus menaçant. Sébastien, qui a plus de muscles que de cervelle, a alors une idée géniale. Il va dans la voiture chercher un bidon d'essence, l'ouvre et en asperge complètement Gilbert. Puis l'interrogatoire reprend. Gilbert, comprenant le danger, terrorisé, persiste à nier le forfait qu'on lui reproche. Sébastien, suivant son idée, sort son briquet, l'allume et le promène tout près de Gilbert que les autres entourent et maintiennent. De plus en plus près.

Trop près sans doute car, soudain, d'un seul coup, surprenant de toute évidence la bande d'imbéciles, Gilbert s'enflamme comme une torche. De la tête aux pieds. Il hurle. On ne distingue déjà plus son visage, ou ce qu'il en reste, derrière les flammes. Sébastien, l'homme au briquet, mû par l'horreur de son geste, se rue sur Gilbert, lui arrache ses vêtements qui viennent avec la peau, essaie d'étouffer les flammes, se roule au sol avec sa victime. Les autres, ramassant du sable par terre avec leurs mains nues, tentent d'éteindre les flammes. Ils y parviennent enfin et, une fois le feu éteint, continuent leur interrogatoire : « Avoue que c'est toi qui as cambriolé Michael ! », comme s'ils étaient inconscients de l'horreur de leur acte. Gilbert supplie qu'on l'emmène à l'hôpital. Il ne répond plus aux questions, la douleur monte en lui par longues saccades de toutes ses plaies à vif.

Roland et les autres l'entraînent vers la Renault qui démarre en trombe. En quelques minutes ils parviennent, non pas à l'hôpital, mais à l'AX qui stationne non loin de chez lui, et l'abandonnent là. Gilbert s'installe au volant de son propre véhicule et, on se demande comment, parvient à démarrer.

C'est avec effarement que le service d'accueil de la clinique privée du Bon Secours voit, quelques minutes plus tard, un homme dont la chair est à vif, seulement vêtu de son caleçon et de ses chaussettes. Il peut simplement articuler : « Ils sont fous, ils m'ont arrosé d'essence » et tomber évanoui.

Aujourd'hui à Lyon, dans le service des grands brûlés, il est maintenu dans un « coma médical » qui, espérons-le, lui permet de ne plus ressentir l'intolérable souffrance de ses brûlures qui couvrent quatre-vingts pour cent de son corps. Roland, Nadia et les autres, ayant renoncé à leurs « méthodes personnelles », sont derrière les barreaux.

Père à double face

Dans la banlieue de Paris, Karine est avec son père, dans le jardin de la villa. Ils jardinent gentiment. Lui a bonne réputation dans le quartier, elle a bonne réputation dans son établissement scolaire, un des meilleurs de la cité : douce, calme, appliquée, une charmante élève et une bonne camarade. Lui, un ingénieur informaticien, est un homme gentil, doux… Ils jardinent tous les deux et les voisins les regardent avec sympathie. Quel dommage ! La mère est partie, voilà déjà plusieurs années, pour suivre un amant. Peut-être avait-elle de bonnes raisons pour ça. Toujours est-il qu'elle n'est pas revenue et la famille s'est trouvée brisée. En partant elle dit à Karine, qui a alors quatorze ans : « Écoute, reste avec lui. Il est malheureux. » Puis elle s'en va, comme guidée par le destin d'une tragédie antique vers un autre homme qui lui assure seuls les dieux savent quoi…

Karine aime sa mère. Elle aime son père et, une fois qu'ils se retrouvent seuls, elle s'applique à remplacer du mieux qu'elle peut la maman partie. Elle prépare les repas, attend le retour du père, fait les courses, console le pauvre cocu. Elle n'est pas la première dans l'histoire des familles à remplir cette mission. La famille, au bout de quelques mois, s'inquiète un peu : Karine a les traits tirés. La grand-mère, qui vient aider au repassage, les tantes, maternelle et paternelle, admirent la petite mais lui conseillent d'en faire « un peu moins ». On ne peut pas être bonne écolière et en même temps assumer toutes les charges ménagères d'une maison… On ne peut pas, le dimanche, tenir compagnie, même au plus gentil des papas, en jardinant avec lui sous le ciel de l'Île-de-France.

Mais Adrien, le père, adore sa fille. « Le seul bien qui lui reste, comme dirait Racine, des jours anciens. » Il l'aime tendrement. L'été, il l'emmène dans leur jolie villa des bords de la Méditerranée. L'hiver, il lui offre tout ce qu'elle veut dans la mesure de ses moyens. Karine ne demande pas la lune. D'ailleurs, plus les mois passent, moins elle a envie de demander quoi que ce soit à ce père, si affectueux... Si différent en fait de ce qu'il semble être... La cousine Martine, pourtant, jalouse un peu Karine. Combien de filles ne rêvent-elles pas de posséder leur père rien que pour elles, d'être seules à la maison avec lui... Combien n'ont pas rêvé de l'absence définitive de leur mère « chérie » ... Mais la réalité n'a pas toujours les couleurs idylliques du fantasme.

À l'époque des quatorze ans de Karine, Adrien, conscient (ou inconscient) des réalités de la vie, se donne un peu de courage en avalant quelques verres supplémentaires de vin au moment du repas du soir, préparé gentiment par la petite. Puis il s'assied sur le canapé du living-room et lui déclare, la voix un peu pâteuse : « Viens t'asseoir à côté de moi, il faut que je te parle, il faut qu'on parle un peu des réalités de la vie, tu as l'âge maintenant. Si ta mère n'était pas partie, c'est elle qui devrait te dire ce que je vais te dire, mais puisqu'elle n'est plus là, tu vas la remplacer, non, je veux dire, je vais la remplacer... » Karine ôte son tablier de cuisine et, un peu émue, s'assied à côté de son père qui entame son discours éducatif.

Adrien choisit ce soir-là de raconter la vie, non pas dans ce qu'elle a de plus naturel et de constructif, mais dans ses aspects les plus marginaux. Il ne se lance pas dans de grands discours sur les amours des papillons ni celles des petits lapins. D'ailleurs, au jour d'aujourd'hui, il en est certain, Karine doit en savoir assez sur la vie sexuelle des mammifères supérieurs. Même dans les institutions les plus huppées, les jeunes savent beaucoup de choses sur ce sujet. Non, la vie qu'Adrien fait découvrir à Karine est une vie qui est bien loin de celle des petits lapins roses.

Il y est question de liberté sexuelle, « comme celle que ta mère a prise en allant refaire sa vie avec son amant ». Il y est question de couples « modernes » qui n'hésitent pas à mettre un peu de piquant dans leur existence en « échangeant » leur conjoint pour une soirée, une nuit ou plus. Il parle des « portes de Paris » où l'on peut d'un coup de voiture « trouver chaussure à son pied ». Il parle des besoins sexuels d'un homme normalement constitué, d'un homme que sa femme a abandonné depuis de longs mois. Il parle de la prostitution, qu'il réprouve. Il parle, il parle. Karine en a les larmes aux yeux. Elle ne sait ce qu'elle doit comprendre. Elle monte se coucher dans sa chambre décorée d'images enfantines comme celle de milliers de jeunes filles bourgeoises choyées par leur papa...

Est-ce ce soir-là ? Est-ce un autre ? Toujours est-il qu'une nuit, Adrien, une fois sa fille chérie couchée, monte jusqu'à sa chambre. Il s'assied sur le bord du lit et commence à embrasser la petite. Sans méfiance, elle se laisse aller à la douce étreinte paternelle, celle qui manquera pour toujours à tant d'enfants perdus. Mais soudain la main paternelle devient moins paternelle. Elle glisse vers la poitrine naissante de Karine qui rougit, tout étonnée de ce geste. Puis la main glisse sur les cuisses de l'adolescente qui, choquée, se dit que son père ne devrait jamais boire le soir. La main saisit le bas de la chemise de nuit, remonte le vêtement tout en poursuivant l'inquiétante caresse qui n'a plus rien de paternel... Mauvais soir...

Une autre fois, Karine, sortant de la cuisine où elle vient de faire la vaisselle, découvre son père entièrement nu. Comme le « naturisme » ne fait pas partie du programme éducatif auquel elle est habituée, Karine ouvre de grands yeux, ne sachant ni que dire ni que faire. Elle court se réfugier dans sa chambre.

Un autre soir elle découvre son père plongé dans un livre. Un coup d'œil à la couverture suffirait à définir la littérature dont il se repaît. Mais Karine ne voit pas la couverture : elle ne voit que la main de son père, que son pantalon largement ouvert, elle voit le mouvement de va-et-vient et comprend qu'il se donne du plaisir. Pourquoi est-il justement installé au milieu du salon, un endroit où elle ne peut manquer de le voir ? Pourquoi ? Déjà son père, avec un drôle de regard, a refermé sa braguette. Est-ce encore son père ? Karine se pose la question en courant se réfugier dans sa chambre. Qui est cet homme, ce maniaque sexuel qui bouleverse toutes les valeurs de notre société ?...

Adrien est déjà dans la chambre, il l'enlace, d'un geste tendre, comme plein de regrets, comme s'il demandait pardon. Karine, le souffle court, est prise entre deux pulsions : l'enlacer pour lui dire qu'elle est sa petite fille, qu'elle l'aime, qu'elle lui pardonne ce moment de folie ; et le repousser violemment avant d'aller vomir... Mais Adrien, lui, n'a plus qu'un seul visage. Ses mains, de douces, se sont faites violentes. Karine pleure, supplie. Rien n'y fait. Au bout d'interminables minutes l'irréparable est accompli... Karine est marquée à jamais. À jamais dégoûtée de ce qui, en d'autres circonstances, aurait dû, avec un autre, être un moment de bonheur...

Mais, hélas ! ce moment répugnant est suivi de bien d'autres. Avec des variations dans le scénario, mais toujours la même conclusion. Parfois Adrien, pour emporter la « décision » de Karine, joue le grand jeu. Il va chercher la carabine qui repose dans un placard. Il en appuie le canon sur sa tempe et hurle : « Si tu refuses, je me tue. » Karine ne veut pas que son cher papa, celui qui jardine gentiment le dimanche, disparaisse de sa vie... Elle accepte l'inacceptable en pleurant.

Parfois, pour résister avec ses faibles forces, l'innocente, en larmes, se couche sur le ventre, pour protéger sa poitrine de caresses qui lui font horreur. Le remède est pire que le mal. Son père, que rien n'arrête, la sodomise... Une autre fois, il lui impose de regarder en sa compagnie une vidéocassette pornographique qui montre un homme d'âge mûr dans ses ébats avec une presque adolescente. Adrien commente et précise qu'il s'agit d'un « père et de sa fille ». Karine, les yeux pleins de larmes, sait ce qui l'attend. À présent, lorsqu'elle fait les courses, elle évite d'acheter des saucissons car elle sait ce que son père est capable d'en faire...

Lorsqu'elle regagne l'école le lendemain, personne ne comprend son air hagard, ses mauvais résultats scolaires. Écrasée par la honte, Karine ne pense pas pouvoir en parler à qui que ce soit. La situation est irréversible.

Pourtant, quand il a assouvi son désir bestial, Adrien redevient le tendre père, celui que seul Karine voudrait connaître. Elle passe son CAP d'esthéticienne. Il lui offre des leçons de conduite automobile. C'est Emmanuel, le moniteur, qui va bouleverser la vie saccagée de Karine. Il est joli garçon, patient, séduisant. Il fait bientôt une cour discrète à Karine. Enfin elle a une épaule sur laquelle s'appuyer. Mais elle reste bloquée. Aucune confidence, même après des mois. Les deux jeunes gens, en dehors des leçons, continuent à se fréquenter. Karine, douce et comme refermée sur elle-même, n'accepte qu'après de longues hésitations un baiser pourtant chaste d'Emmanuel.

À la maison, Adrien, suivant le rythme infernal de ses pulsions sexuelles, continue ses sévices. Parfois la carabine menace Karine. « Si tu refuses, je te tue ! », parfois il mime sa propre mort. Toujours Karine cède, éperdue… Un soir, après avoir subi les violences sexuelles de son « papa », après avoir vécu une fois de plus le sketch « prémonitoire » de la carabine sur la tempe, après avoir, une fois de plus, entendu son père lui dire : « C'est la dernière fois que je te fais ça », Karine, hébétée, comme un zombie, saisit la carabine.

Elle avance jusqu'à la chambre où, déjà, Adrien, assommé par le vin et le sexe, est endormi. Elle appuie la carabine contre la tempe de son père, comme elle l'a vu faire de nombreuses fois… Voilà huit ans qu'elle doit subir ce martyre, il faut que ça cesse. Elle appuie. Adrien s'en va rejoindre le lieu où, peut-être, on rend des comptes…

La police trouvera Karine, en pyjama, assise devant la villa dont les fenêtres brillent dans la nuit. Elle explique, comme dans un rêve, qu'il y a eu un coup de feu, que son père ne bouge plus. On aura tôt fait de dénouer l'écheveau naïf de son histoire, des tiroirs renversés comme par un cambrioleur. Karine est conduite en prison. La « parricide » est prise en charge. On interroge la famille effarée, la grand-mère horrifiée, les tantes bouleversées, Emmanuel tout étonné.

Mais aujourd'hui, après avoir abandonné toute activité professionnelle, Karine qui comparaît, menottes aux mains, devant un tribunal, Karine qui, entre-temps, a appris que, selon la loi française, le « parricide » est « inexcusable », doit revivre toute sa triste histoire. La grand-mère avoue son aveuglement, la mère regrette de lui avoir simplement demandé, lorsqu'elle voyait sa petite fille : « Ça va ? », sans vraiment écouter la réponse. La tante maternelle s'évanouit en pensant à son manque d'intuition.

La tante paternelle, munie d'un avocat, essaie de défendre la mémoire d'Adrien, son frère. De plus elle s'est portée partie civile, car, selon le Code, sa nièce, la « parricide », ne peut hériter de la villa fleurie des environs de Paris, pas plus que de celle des bords de la Méditerranée. Mais la mémoire d'Adrien, le violeur au saucisson, est encore plus entachée lorsque Mélanie, une amie de Karine, plus jeune encore qu'elle, révèle qu'à l'occasion d'une visite chez Karine, Adrien, à sa grande surprise, a commencé à se déshabiller devant elle. Une autre fois il la poursuit et elle doit prendre la fuite, sautant par-dessus le portail de la villa fleurie pour rejoindre la rue… À partir de ce jour, il la guette, l'attend à la sortie des cours…

Le réquisitoire est clément. Tout le monde sait bien qui est le vrai coupable, qui est la vraie victime. Karine est acquittée. Au fond de la salle, ses camarades de classe applaudissent bruyamment. On les rappelle à l'ordre sèchement.

La visiteuse

Février 1987. À trois kilomètres de Bruges, la vieille cité médiévale aux somptueuses couleurs ocre et rouge, un village charmant et vieillot nommé Zedelgem. Une jeune femme de trente ans, mince, roule à vélo, un petit carton dans son porte-bagages. Jolie comme le serait un oiseau. Un grand front, surmonté de cheveux courts noirs et drus, un long nez, des pommettes creuses, un regard doux et candide. Françoise roule vivement, ses longues mains aux doigts fins bleuies par le froid d'hiver.

Françoise est employée dans une association de la ville, Aide aux familles. Son mari travaille en usine. Ils sont mariés depuis onze ans, sans enfants ; leurs deux salaires sont corrects, ils habitent une jolie maison à Zedelgem et possèdent une BMW jaune d'or.

Mais Françoise roule à vélo. Et, en ce 23 février 1987, en quittant son mari, elle a dit : « J'ai des visites à faire, pour les vieux.

— Prends la voiture, il fait froid.

— Non, je préfère le vélo ! »

Patrick a regardé sa femme avec inquiétude. Le ton est agressif, les traits tendus. Depuis quelques jours, il ne peut dire un mot sans qu'elle l'envoie sur les roses. On dirait que quelque chose la tourmente. Mais elle n'en parle pas. Et il n'ose pas pousser plus loin. Après onze ans de mariage, une crise est toujours possible. Et il connaît bien sa femme, justement. L'image du couple tranquillement heureux qu'il donne à l'extérieur est faite de silences, de non-dits. Françoise a eu beaucoup de dépressions nerveuses en onze ans, le tiroir de sa table de nuit est le royaume des médicaments : somnifères, tranquillisants, antidépresseurs…

Patrick l'a regardée partir en soupirant. Que pourrait-il faire pour elle ? Comment l'aider à vivre, comment effacer ce sourire triste qu'elle affiche toujours ? Françoise se donne à fond dans son métier d'assistante sociale. Personne ne l'oblige, un soir de février, à courir les routes pour visiter les personnes âgées, après son travail. Elle s'investit trop.

Françoise arrête son vélo devant une petite maison, l'appuie contre le portail et sonne. Ici vit Emma Coob, quatre-vingt-trois ans, veuve, et solitaire. Il est sept heures du soir, on n'y voit goutte.

Emma tire le rideau, inspecte avec méfiance cette jeune femme frileusement enveloppée dans son anorak, voit le vélo et se décide à ouvrir sa porte. « Qu'est-ce que c'est ? » Emma n'a pas très bon caractère. Au fond, les visites l'embêtent.

La voix douce de Françoise, un peu voilée par le froid, explique gentiment : « Je suis assistante sociale, je travaille pour l'association Aide aux familles.

— Et alors ?

— Je viens visiter les personnes âgées, leur proposer l'aide de la commune. Je peux entrer ? »

Emma grommelle que la visiteuse peut entrer et qu'elle peut ranger son vélo dans la cour si elle ne veut pas qu'on le lui vole. On vole tout de nos jours. Ah, quelle époque !

Emma s'installe devant la petite table de la salle à manger, recouverte d'une nappe en plastique, et pose un joli savon devant Emma. « C'est pour vous !

— J'ai pas besoin de savon ! Pourquoi vous me donnez ça ? Ça coûte, le savon parfumé comme ça !

— J'en donne à toutes les personnes âgées de la région. Et ça aussi. Vous voulez goûter ?

— Un yaourt ? Qu'est-ce que vous voulez que j'en fasse ? Si je voulais un yaourt, j'irais me l'acheter, j'ai les moyens. Mais j'aime pas les yaourts ! Et d'abord, j'ai fini de dîner !

— Goûtez-le au moins ! Si le produit vous plaît, nous vous en ferons parvenir tous les mois gratuitement.

— J'ai pas besoin d'aumône, et j'aime pas les yaourts. »

Bon. La vieille dame a l'air courroucée, Françoise range ses cadeaux dans son carton et s'en va. Emma la suit des yeux derrière son rideau, toujours méfiante. Cette manie des services sociaux de considérer les vieux comme des pauvres, ça l'agace. Elle est fière, Emma. Sa retraite ne va pas loin, mais un yaourt, tout de même !

Françoise disparaît dans la nuit sur son vélo, dans le brouillard froid du soir. Une dizaine de minutes plus tard, elle s'arrête devant un petit café dont les volets clos disent qu'il est en train de fermer.

Jaira et Paula, les deux sœurs propriétaires de ce bistrot, n'ont que ce revenu pour vivre, et pour vivre il faut travailler, même à quatre-vingt-six ans et soixante-dix-neuf ans. Et c'est dur de tirer les volets le soir.

Françoise cale son vélo et pénètre *in extremis* dans le café, où Jaira et Paula astiquent le zinc et rangent les chaises. Aimables sourires accueillants. « Qu'est-ce qu'elle veut la petite dame ? On va fermer, vous savez ? »

Françoise sort les yaourts de son sac et explique sa mission ; Jaira va chercher deux petites cuillères à café, et Paula, gourmande, goûte avec délice le petit pot tout blanc. Jaira se dépêche de la rattraper.

Ni l'une ni l'autre n'a le loisir de demander si ce goût un peu étrange est de la vanille, quelle est la marque du petit pot. En cinq minutes elles sont prises de vertiges, les yeux se révulsent, et le coma est immédiat. Jaira s'écroule sur une table, Paula s'effondre à terre.

Alors très vite, Françoise regarde autour d'elle ; nerveuse, les mains tremblantes, elle se précipite derrière le comptoir, ouvre le tiroir-caisse, rafle les billets sans même les compter. Il y en a pour soixante mille francs belges, environ dix mille francs français. Elle sort du café en courant, saute sur son vélo et disparaît dans la nuit glaciale.

La nuit du 23 au 24 février, Françoise dort mal aux côtés de son mari. Malgré les cachets, elle est agitée. Elle n'a presque rien avalé au dîner, et Patrick s'inquiète. Elle n'a jamais été agressive de cette manière-là. D'habitude, Françoise est triste, douce et parle peu. Mais, en rentrant ce soir, elle a fait claquer les assiettes dans la cuisine, sorti la poubelle en rageant et, lorsque Patrick lui a demandé gentiment : « Mauvaise journée ? », elle a rétorqué : « Pourquoi ? Ça t'intéresse ? »

Le lendemain matin, à l'hôpital de Bruges, Jaira meurt sans être sortie du coma, et Paula s'en tire de justesse. Dès qu'elle peut parler, elle raconte la visite étrange de la veille. Il était dix-neuf heures trente, c'était une jeune femme brune, mince, jolie, elle avait un vélo.

« Qu'est-ce qu'elle nous a fait avaler ?

— De toute évidence, un mélange mortel de somnifères et de médicaments mélangés au yaourt. »

24 février 1987, Yvonne Dannaes, quatre-vingt-sept ans, arrive en urgence à l'hôpital de Bruges, dans le coma. Chez elle on a trouvé les restes d'un pot de yaourt, on lui a volé des bricoles. Une somme modique, un petit coffret ancien... Mais Yvonne meurt le lendemain. Empoisonnée au yaourt.

25 février 1987, alerte générale. La presse raconte l'affaire, publie la description de la visiteuse au yaourt donnée par Paula, la survivante. La radio s'en mêle, et Emma Coob se retrouve en train d'expliquer à la police comment elle a échappé de justesse à l'empoisonnement. « Vous voyez bien qu'il faut se méfier ! Elle n'avait pas l'air très catholique cette assistante sociale... »

Pourtant, Françoise travaille effectivement au sein d'une association catholique caritative, Aide aux familles. Mais elle n'est pas assistante sociale, et nul ne l'a chargée, bien sûr, d'aller empoisonner les vieillards avec des pots de yaourt.

Le signalement de l'empoisonneuse est diffusé régulièrement dans les journaux et à la radio, avec des appels à témoins... et à la prudence. Et la police de Bruges a une idée sur la visiteuse. Grâce à un élément.

Il existe en effet, dans les fichiers de la police, le dossier d'une ancienne infirmière déjà condamnée pour empoisonnement dans un hospice de vieillards.

La journée du 25 février est cruciale. Il faut faire vite, l'hécatombe est à craindre. On recherche Maria X activement. Son signalement correspond : âge, cheveux, silhouette. Mais l'ex-infirmière, radiée de la profession en 1980, arrêtée en 1982 pour empoisonnement, n'est pas à son domicile. La presse donne son nom, la radio aussi ; c'est la curée autour de Maria X, dont on rappelle les horreurs – tentatives d'empoisonnement sur des vieillards pour leur voler leurs économies.

Pendant ce temps, l'empoisonneuse, qui elle aussi a entendu la radio à son réveil, se dit qu'il vaut mieux abandonner la bicyclette – elle serait trop repérable. Elle prend donc la voiture et va travailler comme d'habitude. Mais elle se montre toujours aussi nerveuse et agressive. À tel point que Patrick se demande tout à coup : « Et si c'était elle, cette jeune femme dont on parle à la radio ? Mon Dieu, pourvu que ce ne soit pas ça ! Je déraille. Françoise est incapable de tuer quelqu'un. Brune, mince, à vélo… »

Le dernier communiqué de la radio diffuse à ce moment-là une nouvelle importante : « Maria X, l'ex-infirmière empoisonneuse, vient d'être localisée par la police, elle se trouvait chez sa fille, elle est en garde à vue depuis ce matin. »

Patrick a un soupir de soulagement. Il se faisait des idées…

Pendant que Maria X répond à un interrogatoire serré et ne donne comme alibi que son séjour chez sa fille puis chez sa mère, de telle heure à telle heure, ce qui ne convainc pas immédiatement les enquêteurs… l'empoisonneuse rend visite à une ancienne assistante sociale à la retraite. Andea Gekiere et Françoise sympathisent, discutent du métier, et soudain Françoise demande : « Il me faudrait un carnet d'adresses des personnes âgées de la région. Je serais plus efficace. Vous avez dû garder ça sur vous ? »

Andea adorait son métier, elle est restée en relation avec beaucoup de gens, et elle a effectivement un petit carnet noir, avec les adresses des vieillards nécessiteux de la commune. Elle hésite à peine à le confier à cette jeune femme, jolie et douce, au regard si compatissant. Françoise la remercie, et les deux femmes se disent au revoir devant la maison d'Andea. Celle-ci regarde partir la BMW couleur or, avec Françoise au volant. Elle regarde, mais dans un petit coin de sa tête, elle se dit : « Je n'aurai pas dû lui confier mon carnet. Je suis une idiote. Si jamais… »

La BMW démarre et file sur la route. Andea note instinctivement le numéro : CBA 122. Jaune d'or. On ne sait jamais…

25 février, vingt et une heures, Julien Declercq, quatre-vingt-huit ans, assis dans son fauteuil devant la télévision, rajuste ses bretelles pour aller ouvrir la porte. Il ôte sa casquette, et salue la jeune et jolie dame dont la voiture est garée devant chez lui.

Il a déjà dîné, Julien, mais une visite avec un petit yaourt et un sourire gratuits, c'est sympathique.

Il engloutit le yaourt avec bonne humeur, trente-six chandelles l'illuminent, et il retombe inanimé dans son fauteuil.

La visiteuse s'empare de deux chandeliers anciens et disparaît.

Nuit du 25 au 26 février 1987. Françoise avale des barbituriques et s'endort au côté de son époux, bouche close, visage fermé sur sa souffrance.

Pendant ce temps, Andea Gekiere, l'ancienne assistante sociale, tourne en rond dans son salon. Elle a entendu les nouvelles à la radio. On a arrêté une certaine Maria X, mais voilà, ce soir au journal de vingt heures, il est dit que Maria X a un alibi, qu'elle a justifié tous ses déplacements, et il n'est dit nulle part qu'elle roule en BMW jaune d'or.

Andea ne dort pas de la nuit et, au petit matin, elle saute sur son téléphone pour raconter son histoire à un ami. « Appelle la police immédiatement ! »

26 février, la police de Bruges enregistre l'appel d'Andea et la convoque au commissariat pour prendre sa déposition.

Vendredi 27 février. Françoise range la voiture devant chez elle. Son mari l'attend pour dîner. Il est tard, l'alerte a été donnée dans toute la région ; il est conseillé de se méfier d'une jeune femme brune aux cheveux courts, mince, vêtue d'un anorak et proposant des yaourts empoisonnés aux vieillards. Tout le monde a dû fermer sa porte. Et d'ailleurs, elle n'a plus de yaourts.

Ce qui reste de sa décoction mortelle est dans un laboratoire de la police, où l'on a raclé le fond des petits pots pour analyser plus précisément le dosage et les différents composants utilisés.

Dîner plutôt coincé devant la télévision. Patrick se demande ce qu'il pourrait proposer comme détente à sa femme pour le week-end. Elle a les yeux cernés, le teint gris, on la dirait plus maigre, plus agressive que jamais. Même sans lui parler, il devine la tension nerveuse qui la tient debout. Il la regarde avaler ses médicaments, aller se coucher, et il reste seul, à écouter et à regarder le monde, auquel Françoise ne s'intéresse pas. Le sida, le Liban, le vote en Angleterre pour l'ordination des femmes...

28 février, dernier jour du mois, un samedi comme les autres. La radio annonce, dans la cuisine où Françoise et Patrick prennent leur petit déjeuner, qu'un vieux monsieur de quatre-vingt-huit ans, Julien Declercq, a été sauvé de la mort, *in extremis*, par son fils venu lui rendre visite inopinément. Il a découvert son père dans le coma, le vieillard a été transporté à l'hôpital de Bruges. Julien Declercq s'en sortira, il a été victime de la visiteuse aux yaourts, qui sème la terreur dans la région depuis quelques jours ; à ce sujet, le journaliste rappelle que Maria X, ex-infirmière, est toujours retenue dans les locaux de la police et que la psychose créée par cette série d'empoisonnements devrait bientôt prendre fin, grâce au témoignage d'une personne dont la déclaration est en cours de vérification.

Dimanche 1er mars. La même radio annonce la libération de Maria X, apparemment lavée de tout soupçon malgré son lourd passé d'empoisonneuse. Maria X n'a pas souhaité faire de déclaration à la presse, l'enquête reprend à zéro, la prudence est plus que jamais conseillée aux personnes âgées et seules ; il leur est recommandé de boucler leur porte et de ne laisser entrer chez eux aucune personne se présentant comme assistante sociale.

Lundi 2 mars, quatorze heures. Dans la gentille petite maison de Françoise et Patrick, le déjeuner est fini. Françoise fait la vaisselle rapidement. Patrick s'apprête à repartir à l'usine.

Une voiture de police s'arrête devant chez eux, on sonne, un officier demande poliment : « Vous êtes M. Patrick C. ?

— Oui.

— La BMW jaune immatriculée CBA 122 est à vous ?

— Oui.

— Votre femme est-elle chez vous ?

— Oui.

— Veuillez nous suivre, s'il vous plaît. »

Patrick se sent glacé. Il regarde Françoise, sa femme depuis onze ans, sans oser lui demander : « C'est toi ? » Il espère encore. Après tout, la police doit se renseigner auprès de tous les travailleurs sociaux de sexe féminin, âgés d'une trentaine d'années et circulant dans la région.

Françoise avoue au bout de trois heures d'interrogatoire. À bout de nerfs et de résistance. « Je ne voulais pas leur faire de mal, seulement les endormir.

— Pour les voler ?

— Oui.

— Vous avez besoin d'argent ?

— Non… mais…

— Votre mari n'est pas au chômage, vous non plus, alors pourquoi ?

— Je ne sais pas. Pour les voler. Mais je vous jure que je ne voulais faire mourir personne. »

Un éminent spécialiste de Gand a procédé à une expertise psychiatrique de Françoise avant sa comparution devant le tribunal correctionnel pour empoisonnements mortels et tentatives d'empoisonnement. Deux morts et trois rescapés.

Pourquoi un tribunal correctionnel et non pas les assises ? Parce que Françoise est quelqu'un de particulier. Ce n'est pas une meurtrière. Elle n'avait pas l'intention de tuer, mais de voler. Françoise est victime de pulsions irrépressibles s'apparentant à la cleptomanie. Elle vole sans pouvoir résister à ces pulsions, malgré une lutte terrible et anxieuse avec sa conscience morale. La psychanalyse explique que dans l'objet volé est investie symboliquement une grande valeur érotique, le vol signifiant alors la réparation d'un deuil, d'une séparation, d'un conflit dont souffre le patient.

Mariée depuis onze ans, Françoise a dû expliquer au psychiatre qu'elle était toujours vierge. Qu'elle vivait un enfer, toujours entre deux dépressions, sans parvenir à résoudre son problème.

Elle s'est mariée à dix-neuf ans, elle en a trente lorsqu'elle comparaît devant le tribunal correctionnel. Tête basse, serrant ses longues mains fines et maigres contre son ventre, tirant sur les bords de son manteau comme si elle voulait protéger son corps des regards, protéger sa vie intime devant les juges, elle ressemble à un oiseau blessé. Absence de désir et de plaisir sexuels, refus du devoir conjugal, cela s'appelle « anaphrodisie ». Cette frigidité primaire, relativement courante chez la jeune fille, ne dure pas, en principe. Mais lorsqu'elle dure, lorsqu'il s'agit d'une névrose de type angoisse de castration, fixation œdipienne sur le père ou homosexualité inconsciente, la femme consulte rarement un médecin. Elle s'enferme dans son problème et la frustration, un jour ou l'autre, fait naître une pulsion irrésistible.

Si Françoise avait volé n'importe quoi dans un grand magasin, elle aurait payé seule le prix de cette pulsion irrésistible. Mais elle travaillait dans le social, elle a choisi de piller au hasard des personnes âgées. Les endormir, ce n'était pas si grave…

Deux morts. Avec sa potion infernale, Françoise a quand même provoqué la mort de deux personnes âgées et naïves. Elle avait tout simplement oublié que des somnifères à hautes doses pouvaient tuer des organismes usés.

Le procureur réclame dix ans de prison, le juge lui en accorde sept.

Patrick a perdu sa femme. Mais était-ce une femme pour lui depuis onze ans ?

Il faut tuer mon fils !

18 septembre 1993. Dans la rue Goethe, à Francfort, le docteur Goebler, neurochirurchien, grand spécialiste et professeur à la faculté, s'apprête à monter dans sa luxueuse voiture. Il est huit heures du soir. C'est alors que quelqu'un le prend par le bras. Il se retourne et découvre une femme élégante d'une cinquantaine d'années. Elle s'adresse à lui à voix basse, d'un ton anxieux :

« Docteur, il faut absolument que je vous parle. Il s'agit d'un cas grave. »

Le docteur Goebler dévisage la femme qui fait des gestes nerveux. Il lui répond sèchement :

« Eh bien, allez à ma consultation à l'hôpital.

— Il ne s'agit pas de moi, docteur, je ne suis pas malade. »

Ouvrant la porte de son cabriolet, le docteur rétorque d'une voix tout aussi sèche :

« Je crois bien que si. »

La dame élégante s'agite de plus en plus. Elle sort des coupures de journaux de son sac à main.

« Je m'appelle Ingrid V., docteur. C'est de mon fils qu'il s'agit. Je n'ai pas voulu aller à votre consultation. Il ne faut pas qu'on sache. »

Malgré lui, le docteur Goebler prend les coupures que Mme V. lui met dans les mains. Il lit : « Attaque d'un pompiste à main armée », « Un chauffeur de taxi attaqué en pleine ville », « Incendie criminel dans la banlieue Ouest » …

Le docteur n'a même pas le temps de réagir, la femme lui parle avec un débit précipité :

« Tout ça s'est produit dans notre quartier. Tout ça c'est lui. Il n'est pas responsable. Il ne sait pas ce qu'il fait… J'ai eu un accouchement difficile après terme, avec forceps. Mathias a toujours été un enfant fragile. À huit ans il avait des vertiges. À onze ans, des crampes épouvantables. Les médecins que j'ai consultés m'ont dit que c'était la croissance. C'est à partir de quinze qu'il a eu des maux de tête et des absences. Je l'ai fait opérer du crâne, mais on n'a rien trouvé. Et depuis c'est de pis en pis. Il a vingt et un ans maintenant. Il est très brillant dans ses études… Il fait de la philosophie. »

Le docteur Goebler essaye de mettre fin à ce torrent de paroles.

« Écoutez, madame, le cas de votre fils m'intéresse effectivement. Il n'a qu'à venir à ma consultation. »

Mais Ingrid V. l'interrompt :

« Vous ne comprenez donc pas ? Mathias est un danger pour lui-même et pour les autres. J'ai réussi à cacher son état à son père… Mon mari est banquier, un homme important. Il n'aurait jamais admis… J'ai installé Mathias dans une petite maison pas loin de chez nous. J'y passe tous les matins. Quand il a eu sa crise la nuit avant, je le retrouve tout habillé sur son lit, les vêtements déchirés, quelquefois blessé. Par terre il y a de l'argent, des portefeuilles et quand je lui demande ce qui s'est passé, il ne se souvient de rien. »

Mme V. regarde le professeur d'un air implorant.

« Et puis après, je lis les faits divers dans le journal. Il faut que vous fassiez quelque chose, docteur ! Tout de suite. Ses crises sont de plus en plus fréquentes. Et si un jour je le retrouvais le matin avec du sang sur les mains et si j'apprenais le même jour que quelqu'un a été assassiné dans le quartier ? »

Le docteur Goebler regarde la femme, qui s'est enfin tue. Des malades, des mythomanes, des excités en tout genre, il en a vu en près de trente ans de carrière. Pourtant, il a une certitude : cette femme n'est pas malade. Elle dit la vérité, une vérité particulièrement grave.

Il ouvre la portière du passager et dit simplement : « Montez. Je vais l'examiner… »

Peu après, ils sont devant un petit pavillon d'une rue tranquille de Francfort. Mme V. a la clé. Elle entre. Mathias est dans la pièce du rez-de-chaussée, penché sur un livre de philosophie. Il se lève en voyant le docteur et le dévisage d'un regard interrogateur, sans hostilité. Il est plutôt frêle de corps, mais son visage a quelque chose de marquant, d'attachant même. Il est empreint à la fois d'intelligence et de douceur.

En quelques mots sa mère le met au courant de sa démarche et le docteur Goebler commence à l'interroger :

« Mathias, je suis ici pour vous aider, mais il faut tout me dire. »

Mathias V. a parfaitement compris et il commence son récit d'une voix posée, douce :

« Cela me prend le soir avant de me coucher… C'est une brusque impulsion, comme une envie de faire du mal, de détruire. À partir de ce moment-là, tout s'arrête. Et je me retrouve le lendemain matin tout habillé sur mon lit. Alors c'est affreux : quelquefois mes vêtements sont déchirés, quelquefois il y a des objets que je ne connais pas, dans la pièce… Je fais l'inventaire de mes poches et j'y trouve des billets de banque, des portefeuilles. Quand il y a des papiers d'identité, je les renvoie par la poste, mais c'est rarement le cas. Je répartis l'argent comme je peux, mais cela ne correspond pas forcément…

— Vous n'avez vraiment aucun souvenir ?

— Aucun.

— Dans les articles, on parle d'attaques à main armée. Avez-vous une arme ? »

Cette fois le jeune homme s'agite, il se prend la tête dans les mains.

« Oui. Je sais qu'il s'agit d'attaques à main armée, avec un revolver. Mais je ne sais pas où il est. J'ai fouillé dans toute la maison et je n'ai rien trouvé. Je dois le cacher quelque part dehors. Dès que la crise commence, le souvenir de la cachette doit me revenir et je vais directement le chercher. Mais le matin, lorsque je me réveille, je ne me souviens plus, je vous le jure, plus de rien…

— Je vous crois, c'est tout à fait vraisemblable dans votre cas. Calmez-vous. »

Mais Mathias V. ne se calme pas, bien au contraire. Il a un regard halluciné :

« Avant-hier, docteur, j'ai trouvé dans ma poche un morceau de corsage de femme. Heureusement, il n'y avait rien dans les journaux : pas question de viol ou de tentative de viol. Mais si un jour cela arrivait ? Si un matin, je me réveillais en apprenant que je suis un violeur ou un assassin ?

— Cela n'arrivera pas. À partir de maintenant, je prends les choses en main. Au besoin, je demanderai l'internement. »

Au mot « internement » Mathias V. a bondi.

« Jamais ! Je ne veux pas qu'on apprenne que je suis fou ! Je ne veux pas que mon père le sache… Non, il n'y a qu'une seule solution, je dois me tuer avant qu'il ne soit trop tard. »

Mme V., qui jusque-là était restée silencieuse, intervient :

« Oui, docteur, je vous en prie, pas d'internement ! Mon mari serait incapable de comprendre. Pour lui ce serait une catastrophe, il croirait que sa carrière, sa vie sont brisées… »

Le médecin ne répond pas, il sort de sa trousse un appareil perfectionné. C'est un modèle encore expérimental, une sorte de scanner portatif, permettant de faire des observations d'urgence. Il peut ainsi établir rapidement son diagnostic. La pression dans le cerveau du jeune homme est le double de la normale, ce qui est énorme. Seule une opération peut être envisagée, une opération à haut risque, mais elle doit être tentée d'urgence. Sinon effectivement le malade va perdre progressivement le contrôle de lui-même jusqu'à être capable des actes les plus imprévisibles.

Tout en prenant le pouls, le docteur Goebler réfléchit… C'est aujourd'hui samedi, tout à l'heure il prendra contact avec deux de ses collègues et l'intervention pourrait se faire lundi. Avec une chance sur deux de réussite… Il arbore un sourire rassurant.

« Bien. Je pense pouvoir vous opérer rapidement et vous guérir. D'ici là, prenez ceci.

Il sort un tube de médicament de sa trousse.

« C'est un sédatif puissant. Prenez deux comprimés le soir un peu avant l'heure où surviennent vos crises. À bientôt, monsieur V. »

Et après que Mathias et sa mère l'ont remercié avec émotion, le docteur Goebler prend congé. Rentré chez lui, il ne perd pas de temps. C'est un cas difficile et intéressant. Il téléphone à ses deux collègues avec qui il a l'intention d'opérer. L'un et l'autre sont d'accord sur la nécessité de l'intervention et pour opérer le lundi suivant.

Le docteur Goebler est satisfait, ce sera un des plus beaux cas de sa carrière. Malheureusement, il n'est pas au bout de ses soucis…

Le lendemain matin, dimanche, le téléphone sonne chez lui. Au bout du fil, une voix de femme altérée, haletante :

« Docteur, c'est Mme V., il faut que vous veniez tout de suite… »

Il y a un silence, la femme s'est tue, étranglée par l'émotion et elle continue dans un souffle :

« Docteur Goebler, je vous en supplie, tuez mon fils ! Je suis passée chez lui ce matin. Il était habillé sur son lit, il avait ses vêtements déchirés, le visage et les mains griffés. Votre somnifère n'a pas agi ou bien il ne l'a pas pris. Alors j'ai regardé dans la pièce, j'ai fouillé dans ses poches… Docteur, écoutez-moi bien : il n'y avait rien, pas un billet de banque, pas un objet. Cette fois-ci, il n'a pas volé… Vous avez lu le journal du matin, docteur ? Moi j'ai été l'acheter tout de suite. Regardez en cinquième page. Mathias n'a pas encore repris ses esprits. Je suis avec lui, je vous attends. »

Et elle raccroche.

Le docteur Goebler a bondi dans sa voiture. Après quelques centaines de mètres, il freine en catastrophe devant un kiosque. Il achète le journal, l'ouvre fébrilement à la page cinq, mais il se doute déjà de ce qu'il va lire :

« Hier soir, une jeune femme de vingt-deux ans, Anna Schmidt, a été retrouvée étranglée, dans une rue du quartier ouest de Francfort. La jeune fille sortait d'une surprise-partie et son meurtrier devait l'attendre devant l'immeuble. D'après des témoins, on aurait aperçu dans la rue un jeune homme d'une vingtaine d'années qui guettait. La police enquête. »

En fonçant dans les rues de Francfort, le docteur Goebler s'emporte contre lui-même. Il vient de commettre la plus grave faute professionnelle de sa carrière. Mathias V. était un malade dangereux. Protestation ou pas, il avait le devoir de l'interner hier soir. Il lui a fait confiance, mais on ne peut pas faire confiance à un malade : il est évident qu'il n'a pas pris son sédatif.

Le docteur Goebler pénètre en trombe dans le petit pavillon de Mathias. Le jeune homme est là, avec sa mère. Il est prostré, il ne se lève même pas. Il demande d'une voix faible :

« Ce matin, je n'avais rien dans mes poches. Pourquoi est-ce que je n'avais rien ? Maman me dit qu'il n'y avait pas d'article dans le journal... Vous l'avez lu, docteur ? C'est vrai qu'il n'y avait rien ? Pas de viol ? Pas de... »

Le docteur arbore son air le plus rassurant :

« Rien du tout, Mathias. Je suis simplement venu vous chercher. Je vais vous opérer demain, mais avant, je vais vous faire une piqûre. »

Le docteur Goebler sort sa seringue de sa trousse et brise une ampoule... Mme V. sort de la pièce.

Lorsqu'elle revient, une minute plus tard, Mathias est en train de s'assoupir. Ingrid V. est d'une pâleur mortelle, mais sa voix ne tremble pas.

« Merci docteur. Vous avez bien fait... »

Le docteur Goebler hausse les épaules :

« Je n'ai pas tué votre fils, je suis médecin et pas bourreau. Il s'agit d'une piqûre de neuroleptique, destinée à le neutraliser. Je ne veux pas qu'il commette d'autres bêtises avant l'opération. Je vais appeler une ambulance pour le conduire à l'hôpital. »

Mme V. a repris brusquement ses couleurs et elle lance avec véhémence :

« Docteur, c'est un assassin ! »

Tout en décrochant le téléphone pour appeler l'ambulance, le docteur Goebler répond :

« Votre fils ne sera pas jugé, il n'était pas responsable au moment des faits. »

Mme V. s'accroche à lui :

« Mais il y a la victime, cette jeune fille, ses parents... »

Le docteur la repousse sans ménagement :

« Je suis médecin, un point c'est tout. Votre fils est un malade et je dois le guérir. »

Lundi 20 septembre 1993. À neuf heures du matin, entouré de deux confrères, le docteur Goebler, neurochirurgien, commence l'opération de Mathias V. L'examen complémentaire qu'il a pratiqué, à l'aide, cette fois, d'un scanner véritable, lui a permis de localiser le lieu de l'intervention.

L'opération est extrêmement éprouvante pour le malade. Elle doit se faire sans anesthésie avec juste une insensibilisation locale sur la peau du crâne, le cerveau, lui, étant un organe insensible. Mais pour que l'opération réussisse, à aucun moment le malade ne doit s'endormir, il faut le faire parler en permanence. Un jeune interne, qui a étudié la philosophie commence donc à parler avec Mathias, de Descartes, de Platon…

Et tandis qu'ils échangent tous les deux des raisonnements et des opinions, le docteur Goebler entreprend son intervention qui comporte une chance sur deux de réussite ou d'échec. Il découpe dans la boîte crânienne un trou large comme une pièce de cinq francs environ. Juste en dessous, il découvre un conglomérat sanguinolent de la grosseur d'une noix. C'est le résultat de la naissance difficile de Mathias, vingt et un ans plus tôt, et de l'application des forceps. C'est cette masse sanglante qui comprimait le cerveau du jeune homme et causait ses terribles désordres de comportement.

Le reste de l'opération est difficile mais c'est une parfaite réussite. Au bout de trois heures, Mathias V., épuisé, regagne sa chambre d'hôpital. S'il n'y a pas de complication, il est sauvé…

Le docteur Goebler a informé la police le jour-même. Il l'a mise au courant en même temps de l'identité de l'auteur des multiples agressions qui avaient eu lieu dans le quartier ouest de Francfort, et de son état, qui excluait formellement toute responsabilité de sa part.

Toutefois, il est resté muet sur l'assassinat de la jeune femme. Après tout il n'avait aucune preuve et les policiers étaient assez grands pour faire le rapprochement eux-mêmes…

C'est trois jours plus tard que Mathias V., qui avait parfaitement supporté l'opération, a vu arriver trois personnes dans sa chambre : sa mère, le médecin et un homme qu'il ne connaissait pas. C'est ce dernier qui a pris la parole :

« Monsieur V., je suis le lieutenant Gründ de la police de Francfort. Je viens vous annoncer que l'instruction est en cours au sujet des diverses infractions que vous avez commises. Mais rassurez-vous, le dossier médical que nous a fourni le docteur Goebler est suffisamment clair. Vous n'étiez pas responsable au moment des faits. Vous ne serez pas poursuivi. »

Le malade a écouté le policier mais cette déclaration n'a pas l'air de l'apaiser, au contraire. Il se met à s'agiter.

« Lieutenant, il faut que je vous dise : le dimanche, le jour avant mon opération, il s'est passé quelque chose… »

Le lieutenant Gründ se rapproche de lui.

« Je sais. Il s'est passé quelque chose. Une jeune femme a été étranglée pendant la nuit du samedi à dimanche. Votre mère et le docteur ont sans doute pensé que c'était vous. Mais si c'est le cas ils se sont trompés. Ce matin, l'assassin s'est constitué prisonnier. C'était le fiancé de la victime. Il a agi par jalousie. Elle voulait le quitter : nous avons vérifié ses aveux. C'était bien lui. »

Et le policier ajoute après un instant :

« Vous n'avez jamais tué personne, monsieur V. »

Une grande détente apparaît brusquement sur le visage du jeune homme, mais tout de suite il reprend un air soucieux :

« Alors ces griffures que j'avais sur le visage et sur les mains, mes vêtements déchirés, c'était quoi ? »

C'est au tour du docteur Goebler de prendre la parole :

« Vous n'avez pas pris votre sédatif. La crise a dû arriver plus tôt que prévu. On peut supposer que, sachant que vous alliez être opéré, c'est-à-dire guéri, vous avez retourné votre besoin de destruction contre vous-même parce qu'il fallait qu'il s'exprime sans causer de catastrophe. C'est contre vous que vous vous êtes acharné ce soir-là et vous n'êtes sans doute pas sorti de chez vous… Bien sûr, ce n'est qu'une supposition, mais de toute manière, cela n'a aucune importance, car vous êtes guéri. Vous êtes parfaitement normal. »

Et le docteur Goebler conclut :

« Vous pouvez continuer à étudier votre philosophie, Mathias. Vous réussirez. Maintenant, votre cerveau est à vous, rien qu'à vous. »

La passion des armes

Dans l'avion de Charleston, Caroline du Sud, à New York, un jeune homme de vingt ans regarde distraitement par le hublot. Il est seul et personne ne fait attention à lui. Il en a l'habitude : c'est ainsi depuis qu'il est tout gosse. Ou plutôt cela n'a fait qu'empirer. Enfant, il était quelconque. Maintenant qu'il a grandi, sa disgrâce éclate au grand jour. Il est malingre, boutonneux, myope, avec d'énormes lunettes. Et puis, il y a dans toute sa personnalité quelque chose d'ingrat et de déplaisant qui met mal à l'aise.

Nous sommes le dimanche 17 novembre 1991 et Harry O'T. rentre chez lui, à V., dans l'État du New Jersey, pour passer en famille la fête nationale américaine, le *Thanksgiving day*. C'est normal. Le *Thanksgiving day*, qui a lieu traditionnellement le quatrième dimanche de novembre, est la fête familiale par excellence. Les Américains éparpillés dans tout le pays et même à l'étranger se retrouvent à cette occasion pour manger de la dinde et de la tarte au potiron... C'est ainsi qu'Harry va rejoindre son père Harry – dont il porte le prénom, selon une autre tradition américaine –, sa mère Mary et ses deux frères, Gerald et Bill. Mais il n'y a qu'à voir son visage fermé pour comprendre que cette perspective ne l'enchante nullement. Au contraire, elle s'apparente à un drame...

Tout au long de son enfance, puis de son adolescence, Harry O'T. a été persuadé que le monde entier lui en voulait. Il en est résulté une timidité effrayante, en particulier avec les filles. Il n'y en a jamais eu aucune dans sa vie. Pour échapper à ses problèmes, il s'est mis à se droguer au lycée, ce qui n'était pas vraiment une particularité dans son établissement. On pouvait presque dire qu'il était dans la norme.

En fait, il n'y a qu'un domaine où il ait jamais brillé : les armes à feu. Il en possède toute une panoplie et il passe son temps à s'entraîner au tir. Il n'est pas exagéré de dire qu'il est un tireur d'élite.

À l'âge de seize ans, pour compenser son aspect malingre, Harry a pris l'habitude de porter des treillis militaires. C'est cette manie, associée à sa passion pour les armes, qui a fait croire à son père qu'il était attiré par la vie militaire. Quand Harry senior lui a dit qu'il devait devenir soldat, Harry junior n'a pas osé le contredire. Il aurait préféré être vétérinaire, car il aime les animaux bien plus encore que les armes. Mais il est parti pour cette école militaire de Charleston, dans le sud du pays...

Harry n'a jamais su dire non à son père. Il l'impressionne trop. Âgé à présent de quarante-quatre ans, Harry O'T. senior est l'image même de la réussite. Il est parti de rien, comme simple représentant en machines à coudre, et il est à présent directeur dans une importante firme automobile. C'est un notable de leur petite ville, membre actif de plusieurs associations pieuses et charitables.

Le jeune Harry a sincèrement tout fait pour obéir à son père. Mais à l'école militaire de Charleston, ce fut tout de suite pire encore qu'au lycée. Avec sa gaucherie, sa timidité, il a vite été rejeté par ses camarades. La vie n'a pas tardé à ressembler pour lui à un enfer. Il a tenu un an et puis, hier, il a craqué. Il est allé trouver le commandant.

« Commandant, je ne rentrerai pas à l'école après le congé de *Thanksgiving*.

— Vous donnez votre démission ?

— Oui, commandant. Je viens d'apprendre que ma mère avait un cancer. Je dois rester auprès d'elle. Elle est condamnée. »

Le commandant a accepté sa démission sans vérifier ses dires. Il se fiait à son « sens de l'honneur militaire » ... Pourquoi, d'ailleurs, lui a-t-il fait ce mensonge ? Il lui suffisait de dire qu'il quittait l'école parce qu'il ne s'y plaisait pas ou qu'il ne se sentait pas à la hauteur. Il en avait le droit.

Mais il était bien trop lâche pour avoir une telle franchise. Harry a toujours menti par lâcheté.

Pourtant, tout cela n'est rien. Maintenant, il va devoir annoncer la vérité à son père. Et il ne sait absolument pas comment faire… Harry O'T. junior regarde désespérément par le hublot. Il aimerait que l'avion s'écrase. Cela vaudrait mieux pour tout le monde !

Mais l'avion Charleston-New York ne s'écrase pas et la famille est là pour l'attendre à l'aéroport J. F. Kennedy. Ce sont les embrassades habituelles. Sa mère lui dit combien elle est fière de le voir en uniforme. Son père ne lui fait pas de compliment, car un homme ne dit pas ces choses-là, mais il est visible qu'il pense pareil.

Harry délaisse un instant ses parents pour aller embrasser ses frères, Gerald, quinze ans, et Bill, douze ans. Avec eux, il se détend un instant. Il est très lié avec ses frères, surtout Gerald. Ils ont une grande complicité face à la sévérité de leur père. Mais ils ont à peine le temps d'échanger un mot qu'Harry senior pose la question inévitable :

« Alors, comment ça va à l'école ? »

Harry junior sent la terre s'écrouler. Il bredouille :

« Je vous en parlerai à *Thanksgiving*.

— Quelle idée ! Pourquoi à *Thanksgiving* ? Pourquoi pas tout de suite ?

— Je vous expliquerai… »

M. O'T. n'insiste pas. Peut-être pense-t-il que son fils a une bonne nouvelle à leur annoncer et qu'il préfère le faire au moment de la fête. Harry respire. Mais il sait bien que ce n'est qu'un répit…

Il rentre à la maison, dévoré d'angoisse. Il nettoie ses armes et il va faire un tour en voiture dans les environs, ce qui, d'habitude, le calme un peu, mais qui, cette fois, reste totalement sans effet. Les jours se passent… Il voudrait que la semaine qui le sépare de la fête dure une éternité : le temps s'écoule, au contraire, à toute allure. Il songe à s'enfuir, mais il ne fait rien. Il a toujours été incapable de quelque décision que ce soit. D'ailleurs, à quoi cela servirait-il ? Il faudrait bien rentrer à un moment ou à un autre.

Le soir de *Thanksgiving* arrive effroyablement vite et, devant la tarte au potiron, son père pose l'épouvantable question :

« Alors, qu'est-ce qu'il se passe à ton école ? »

Il s'entend répondre :

« Rien.

— Comment cela, "rien" ?

— Rien de spécial. Tout va bien. Tout est normal, quoi...

— Mais alors, pourquoi as-tu attendu ce soir pour nous le dire ?

— Je ne sais pas. »

Harry O'T. senior insiste encore un peu et finit par changer de sujet...

Plusieurs jours passent. Enfin vient le samedi suivant. Harry est là, à errer, désemparé, dans le jardin, lorsqu'il entend la voix de sa mère.

« Harry, tu as préparé ta valise ? »

C'est vrai : il aurait dû faire sa valise. Normalement, il part demain matin. C'est le moment de parler. Avec sa mère, ce sera plus facile. Elle ira ensuite l'annoncer à son père... Mais Harry ne trouve pas les forces nécessaires. Il rentre dans la maison et va faire sa valise.

Cette fois, il sait qu'il n'a plus aucune issue. Car il ne peut pas changer d'avis et reprendre ses cours au collège militaire. Il a menti au directeur en inventant cette histoire de cancer. Il devrait affronter sa colère et, de toute façon, il ne serait pas repris.

Sa valise faite, il roule en voiture. Il roule des heures, jusqu'à la nuit. Enfin, il se décide à retourner chez lui. Le moment terrifiant est arrivé.

À quatre heures du matin, un policier en patrouille dans sa voiture voit un jeune homme courir dans les rues de V. Il est dans un état d'agitation extrême :

« Vite ! Vite ! Venez chez moi ! Je viens de trouver mon père, ma mère et mon jeune frère morts. Mon autre frère a disparu. »

Le policier le prend à son bord et fonce à l'adresse qu'il lui indique : un coquet pavillon du quartier résidentiel. Une fois arrivé, Harry O'T. s'effondre dans le canapé du salon. Il dit dans un souffle :

« C'est là-haut... »

Au premier étage a eu lieu un carnage ! Dans la chambre des parents, Mary gît sur le lit, le crâne fracassé d'une balle. Dans la chambre à côté, Harry senior repose sur un lit, une balle dans la tête lui aussi. Le jeune Bill gît dans le couloir, au milieu d'une mare de sang. Le policier se rue au rez-de-chaussée.

« Bon Dieu, mais qu'est-ce qui s'est passé ici ? »

Harry O'T. junior fume cigarette sur cigarette (il en fumera huit paquets pendant la journée).

« C'est Gerald... C'est mon frère... »

Il laisse le policier appeler ses collègues en renfort, puis il commence son récit :

« Je suis rentré à la maison hier soir. Il y avait des éclats de voix. Gérald et mon père se disputaient. Gerald se droguait et mon père venait de le découvrir. Il menaçait de le dénoncer à la police et Gerald menaçait de le tuer. Alors je suis parti. Je ne supportais pas cette tension. Et quand je suis rentré, voilà ce que j'ai découvert... »

Une heure plus tard, il y a des dizaines de policiers dans le pavillon. Harry a répété devant eux sa version des faits, qui est plausible et tout à fait prise au sérieux. Le signalement de Gerald est même diffusé un moment dans la région.

Seulement, les investigations continuent sur place et, au petit matin, la piste de Gerald O'T. doit être abandonnée. Son corps est retrouvé dans une malle métallique au grenier. Il a été tué d'une balle dans la tête. Il est exclu qu'il soit l'auteur du carnage et qu'il se soit suicidé ensuite : le couvercle de la malle a été refermé et il n'y a aucune arme à proximité. On a même posé sur le corps des boîtes en carton contenant des guirlandes de Noël, pour le dissimuler puérilement.

Ce « on » n'est autre qu'Harry O'T., bien sûr... Et celui-ci passe aussitôt aux aveux.

Quand il est rentré, tout le monde dormait. Il a pris un de ses revolvers et il est entré dans la chambre de ses parents. Il a arpenté la pièce, ne sachant que faire, espérant peut-être qu'ils se réveilleraient et qu'il se verrait dans l'obligation de s'enfuir. Mais ils ont continué à dormir. Il a pointé l'arme vers la tête de son père et est resté ainsi, un quart d'heure entier, à le viser.

Finalement, il a hurlé : « Je ne peux pas y retourner ! »

Et il a tiré. Son père a été tué sur le coup. Sa mère s'est réveillée en sursaut et il l'a abattue. Il est allé dans la chambre voisine, celle de son frère Gerald. Il était immobile et terrorisé. Il l'a abattu à son tour. Son plus jeune frère, Bill, est le seul qui ait tenté de réagir : il lui a sauté dessus. Mais Harry lui a tiré deux balles dans le visage, puis dans la poitrine. Malgré cela, Bill n'était pas mort et s'est mis à hurler. Il l'a alors achevé d'un terrible coup de crosse à la tête…

Harry O'T. est, bien sûr, arrêté, mais quelques jours plus tard, il modifie ses aveux devant le procureur du comté :

« Je n'ai pas tué ma famille… Enfin, pas toute ma famille…

— Que voulez-vous dire ?

— C'est Gerald qui a tué mes parents et Bill… »

Le jeune homme reprend alors sa première version, celle d'une altercation entre Gerald et son père, qui avait découvert qu'il se droguait. Lui-même s'est enfui. Quand il est rentré, il a découvert Gerald hébété dans le salon. Ce dernier lui a annoncé qu'il venait de tuer ses parents et son frère. Il est allé voir dans les chambres, a découvert les corps et, saisi de fureur, a abattu Gerald.

Mais cette version n'est pas retenue et Harry O'T. junior est bel et bien inculpé des quatre meurtres.

À son procès, qui s'ouvre au mois de janvier 1993, la défense plaide la « folie générale ». Les psychiatres qu'elle a cités présentent l'accusé comme « un psychotique halluciné, pris au piège de l'affection et vivant dans la peur ». Il craignait par-dessus tout son père et il n'osait pas s'adresser à lui.

C'est cette thèse que reprend son avocat, dans sa plaidoirie :

« C'était un malade qui avait besoin d'aide. Torturé à l'idée de regagner Charleston, il a fini par crier : “Je ne *peux* pas y retourner", avant de massacrer sa famille. S'il avait été sain d'esprit, il aurait dit à son père : "Je ne *veux* pas y retourner." »

De son côté, l'accusation a engagé des psychiatres, dont les conclusions ont été diamétralement opposées, et le procureur prononce un réquisitoire implacable.

« Bien sûr que ce garçon est malade ! Il faut être malade pour faire ce qu'il a fait. Mais sur le plan pénal, il est responsable. »

Et il insiste longuement sur la préméditation et sur ses manœuvres pour charger son frère Gerald, qui montrent que son esprit fonctionne parfaitement et qu'il est même particulièrement machiavélique…

Ce sont ses arguments que retiennent les jurés et, à l'issue des débats, Harry O'T. junior est reconnu coupable des quatre meurtres. Il est condamné à quatre fois la prison à perpétuité, peines qui, selon la formulation déroutante de la justice américaine, « doivent être purgées simultanément dans une prison d'État ».

À sa demande, le lendemain du verdict, Harry a été conduit sur la tombe des siens au cimetière de la ville, par un froid glacial, en compagnie de l'aumônier. Il a beaucoup pleuré. Sa tante, qui avait tenu à être là, lui a dit, au nom du reste de sa famille :

« Nous te pardonnons et nous t'aimons… »

La presse du pays s'est faite largement l'écho de cette phrase généreuse, mais ne s'est pas posé la question de savoir si la cause première de ce drame n'était pas la possibilité qu'a tout un chacun, aux États-Unis, d'acheter des armes.

Cette tuerie aurait-elle eu lieu s'il n'y avait pas eu des revolvers qui traînaient partout dans la maison des O'T. et si Harry n'avait pas été habitué dès son plus jeune âge à s'en servir ? Il y a tout lieu de supposer que non. Harry O'T. n'était pas un être foncièrement mauvais, une graine d'assassin, mais il s'est trouvé dans une situation de tension intolérable, dont il s'est sorti par le meurtre.

Il est arrivé à beaucoup d'entre nous, à nous-mêmes peut-être, d'avoir des pulsions meurtrières. Qui sait vraiment ce qui se serait passé à ce moment-là, si nous avions eu, comme Harry O'T. junior, tout un arsenal à portée de la main ?

Le docteur Jekyll

Comme partout ailleurs dans le monde, on fête le nouvel an 1993, dans cette boîte de nuit assez peu recommandable du port de Hambourg. La nuit est déjà bien avancée lorsqu'un homme seul d'une soixantaine d'années s'installe à une table et commande une bouteille de champagne. Il est en smoking. Aussitôt, une fille blonde vient s'asseoir à côté de lui. Elle est très jeune, aux alentours de dix-huit ans. Elle a des taches de rousseur sur les joues. Elle le regarde, un peu intimidée. Elle n'a visiblement pas l'habitude de voir ce genre de client. L'homme l'interroge :

« Comment t'appeles-tu ?

— Gretel et vous ? »

Pas de réponse.

« Alors, comme ça, vous êtes seul le 1er janvier ? »

L'homme reste toujours muet. Il remplit sa coupe et se sert à son tour. Gretel insiste :

« Qu'est-ce que vous faites dans la vie ? »

Cette fois le client répond. Il dit un seul mot, avant de vider sa coupe d'un trait.

« Médecin… »

Et il se perd dans la contemplation du spectacle qui se donne sur scène, un strip-tease vulgaire qu'il regarde sans voir. Visiblement, il pense à quelque chose, il revit des souvenirs, douloureux sans doute.

Gretel se garde d'insister. Bien que nouvelle dans la profession, elle a déjà remarqué que les hommes, c'est tout l'un ou tout l'autre. Il y en a qui viennent pour s'épancher et ceux-là il n'est pas possible de les arrêter, et d'autres qui sont aussi bavards que des carpes. Elle respectera donc le silence de son docteur, car un client pareil cela se respecte !

La jeune Gretel ne se trompe pas : son voisin de table est bien en train de revivre ses souvenirs. Mais contrairement à ce qu'elle imagine, il ne s'agit pas d'un mari abandonné qui ne supporte pas de passer seul le nouvel an. C'est beaucoup plus compliqué, beaucoup plus grave et, malheureusement pour elle, beaucoup plus dangereux.

Aussi loin qu'il s'en souvienne, Bruno L. a toujours donné satisfaction à ses parents. Il était sage, sérieux, appliqué à l'école.

Son père, un riche armateur de Hambourg, était l'une des personnalités de la ville. Il était certain que son fils aurait un brillant avenir. Il y avait juste une chose qui le chagrinait un peu, c'était le défaut dont était affligé Bruno. Il louchait, ou, plus précisément, il se mettait à loucher chaque fois qu'il était en proie à une émotion violente : la colère ou l'envie très forte de quelque chose.

Mais monsieur L. père ne s'en inquiétait pas outre mesure. Cela lui passerait peut-être en grandissant et, de toute manière, ce n'était pas très grave...

Monsieur L. se trompait. Non seulement cette curieuse infirmité n'est pas passée, mais elle a occasionné à Bruno des souffrances effroyables et il n'est pas exagéré de dire qu'elle a déterminé toute sa vie.

C'est pour cette raison qu'en classe il a été le souffre-douleur de ses camarades. Ils faisaient exprès de le mettre en colère pour le seul plaisir de le voir loucher. Le jeune Bruno s'est réfugié dans l'étude et a obtenu de brillants résultats, mais tout était déjà brisé. Il se sentait dans un monde hostile où il serait toujours persécuté.

Quand est arrivée l'adolescence, ce fut pire encore. Si une jeune fille lui plaisait, lui souriait ou lui parlait gentiment, il se mettait immédiatement à loucher. Alors, rouge de honte, il s'enfuyait sous un prétexte quelconque.

Là encore, l'étude a été son refuge. Il a fait sa médecine, il a passé brillamment son doctorat et il s'est installé dans un cabinet de Hambourg.

Pourtant son infirmité continuait de le persécuter. Le docteur L. n'a pas réussi comme ses origines sociales et sa compétence professionnelle auraient dû le lui permettre. Avec ses manières brusques, maladroites, et surtout son étrange façon de loucher au moment où on s'y attendait le moins, il ne plaisait pas à la clientèle et, même, il lui faisait peur...

Hilda Anderson est venue par hasard à son cabinet. Elle accompagnait son mari, un homme beaucoup plus âgé qu'elle, qui se plaignait de tremblements des mains. Dès qu'il l'a vue entrer, Bruno s'est mis à admirer cette jolie blonde d'une trentaine d'années. Elle était tout à fait son genre. Elle avait l'air réservé, sérieux... Aussitôt, il s'est mis à loucher. Hilda a eu la gentillesse de ne marquer aucun mouvement de surprise.

Après avoir examiné le mari, il s'est enhardi à dire à la jeune femme, en louchant de nouveau :

« Il me semble que vous devez avoir des problèmes de tension. Vous devriez revenir me voir. »

Hilda Anderson est venue la semaine suivante. Entre eux, une liaison s'est installée rapidement. Pour Bruno L. c'était presque un miracle. Il avait une femme à lui, dont il était amoureux et qui l'aimait ! Enfin, presque à lui, puisqu'il restait le mari...

Mais dans son esprit aigri par ses années de jeunesse, un projet s'était déjà formé. Il lui fallait tout et tout de suite. Après avoir pendant quelque temps préparé le terrain, il a déclaré un jour à Hilda :

« Tu sais que je pourrais nous débarrasser de ton mari ? Je m'y connais comme personne en poisons. »

Hilda n'a pas dit non. Elle a résisté un peu pour la forme et elle a accepté.

La semaine suivante, elle a donné à son mari une pilule de strychnine à la place de son médicament habituel. Elle a appelé aussitôt Bruno qui, en tant que médecin de famille, a signé le certificat de décès : le crime parfait !

Le crime parfait à un détail près : Hilda elle-même. Elle n'a pas eu les nerfs assez solides ou s'est laissé gagner par le remords. Elle a tout raconté, sous le sceau du secret, à sa meilleure amie, qui s'est empressée d'aller rapporter la confidence à la police.

Le couple a été arrêté. Bruno a tout nié en bloc. Mais Hilda, bien au contraire, a continué à avouer. Et au procès, elle a chargé tant qu'elle a pu son amant. C'était lui qui l'avait forcée à tuer. Elle lui avait obéi parce qu'il la terrorisait. Cela lui a valu une condamnation légère, tandis que lui-même s'est vu infliger la réclusion à perpétuité.

Dans sa prison, Bruno L. a eu le temps de méditer. Et ses pensées ont eu un thème unique : les femmes. Avant, elles lui faisaient peur, depuis la trahison de Hilda il les haïssait toutes, sans exception. Si un jour il sortait de prison, il consacrerait le reste de sa vie à cette vengeance impitoyable, totale…

Ce jour est arrivé plus tôt que prévu. Bruno L., prisonnier modèle, consacrant tout son temps à la lecture et à l'étude, donnait toutes les apparences du repentir. Aussi, au bout de dix ans de détention, il a été libéré pour bonne conduite.

Une nouvelle vie s'ouvrait devant lui. Car non seulement il était libre, mais riche, très riche, très riche. Son père était mort pendant qu'il était en prison et, comme il était fils unique, il héritait de toute sa fortune.

Il a vendu rapidement l'entreprise familiale. Il a quitté Hambourg où trop de gens le connaissaient et s'est installé à l'autre bout de l'Allemagne, dans une petite ville de Bavière où il a ouvert un cabinet. En fait, il n'avait pas besoin de travailler. La fortune de son père lui permettait de rester oisif le restant de ses jours.

Ce n'était pas par amour de la médecine ni même pour avoir une occupation que Bruno L. avait décidé de continuer à exercer. C'était pour deux raisons. D'abord parce que cette profession lui était indispensable pour avoir accès aux poisons et ensuite parce qu'en prison il avait découvert un grand classique : *Docteur Jekyll et Mr. Hyde*.

L'histoire de cet honorable médecin londonien qui se métamorphose la nuit en brute meurtrière l'avait bouleversé. Oui, ce serait ainsi qu'il exécuterait sa vengeance. Il deviendrait un praticien honorable estimé de tous et un jour il retournerait à Hambourg, la ville d'Hilda et de sa jeunesse, et il se transformerait en Mr. Hyde, l'assassin.

L'ordre allemand des médecins s'étant montré compréhensif, Bruno L. a retrouvé l'autorisation de pratiquer, qui lui avait été retirée avec sa condamnation, et, à partir de là, tout est allé au mieux pour lui. Dans sa petite ville de Bavière, il s'est vite fait une clientèle nombreuse et fidèle. Il avait perdu ses manières brusques, empruntées. Même son strabisme n'avait pas l'air de trop inquiéter les gens.

Sa fortune y était pour beaucoup. Sa manière de s'habiller, ses voitures, sa luxueuse villa, ses fréquentations avec la meilleure société bavaroise lui donnaient l'assurance et la confiance en lui qu'il n'avait jamais eues.

Mais la transformation de Bruno L. avait une autre cause, plus profonde. Il ne craignait plus les gens parce qu'il était désormais absorbé par son grand projet. Il le savourait, s'en délectait par avance. Il riait intérieurement de tous ces mondains qui se pressaient dans son cabinet sans savoir qu'ils avaient affaire non au docteur L., mais au docteur Jekyll, au terrible docteur Jekyll !

Le 31 décembre 1992, au matin, l'honorable docteur L. est allé dans la pharmacie près de chez lui et il a acheté cinquante comprimés de strychnine. Il a signé le registre des poisons. Toute la journée, il a donné ses consultations, puis, au soir, il a mis son smoking et il est parti dans sa voiture pour Hambourg où il est arrivé en pleine nuit. Il s'est garé au hasard sur le port. Il est entré dans la première boîte à matelots venue, parfaitement froid et déterminé, un peu curieux, malgré tout, de savoir comment s'appellerait la première de celles qui allaient payer… Elle s'appelait Gretel.

Dans la boîte de nuit minable de Hambourg, la soirée avance et le client de Gretel n'a toujours prononcé qu'un mot : le nom de sa profession. La jeune fille se décide quand même à parler : « On va chez moi ? »

Cette fois, il y a une réponse. L'homme met la main à sa poche et en sort deux comprimés.

« Oui, mais avant, on va prendre ça. "Ecstasy", cela te dit quelque chose ? »

Bien sûr, Gretel a entendu parler de cette drogue qui permet, paraît-il, des promesses amoureuses. Elle a entendu dire aussi que c'était un peu dangereux, mais un client pareil mérite bien quelques risques. Bruno L. introduit le comprimé dans sa bouche, le bloque derrière ses dents et avale une gorgée de champagne.

« À toi, maintenant ! »

Gretel se prépare à faire de même et soudain elle voit quelque chose d'extraordinaire : son client s'est mis à loucher. Mais pas à loucher normalement, si l'on peut dire. Ses deux pupilles viennent de se rapprocher d'un seul coup, comme actionnées par un ressort, et il continue à la fixer ainsi.

« Qu'est-ce qui vous arrive ?

— T'occupe ! Avale ! »

Il n'y a pas à discuter : Gretel s'exécute. Le médecin se lève aussitôt.

« Je reviens. »

Elle le voit se diriger vers le bar… Après avoir recraché son comprimé de strychnine, Bruno L. met la main à son portefeuille et tend une liasse au patron. Celui-ci a un air désolé.

« Elle ne vous plaisait pas, la fille ?

— Non.

— Attendez ! Ne partez pas. J'en ai d'autres. »

Mais l'homme a déjà disparu… C'est alors que retentit un grand cri dans la boîte de nuit. Gretel est en train de se tordre de douleur par terre. On va lui porter secours. Elle parvient à articuler :

« C'était un médecin… Il louchait… »

Pendant ce temps, Bruno L. est déjà loin. Il a sauté dans sa luxueuse Mercedes et démarré en trombe. Il ne quitte pas Hambourg, cependant. Il se rend dans un autre quartier chaud de la ville. Là, il se met à rouler au pas. Deux silhouettes féminines ne tardent pas à apparaître dans ses phares. Il s'arrête.

« Montez ! »

Les deux filles constatent une chose incroyable : l'homme louche violemment. Comment peut-il faire pour conduire en louchant ainsi ? Sans doute sont-elles un peu mal à l'aise, mais elles montent quand même.

Quelques heures plus tard, la police du quartier du port de Hambourg a une affaire criminelle peu banale en guise de cadeau de nouvel an : trois prostituées ont été tuées par un inconnu, une dans un bar, deux sur un quai désert, vraisemblablement amenées là après avoir été prises en voiture dans la rue.

Des meurtres de prostituées, c'est une chose courante. Ce qui ne l'est pas, c'est la manière. Elles n'ont été ni étranglées ni tuées à coups de couteau ou de revolver, elles ont été empoisonnées. D'après les premiers témoignages, leur meurtrier semblerait un homme d'un certain âge appartenant au meilleur monde. Cela non plus, ce n'est pas courant.

Dans leur enquête, les policiers disposent pourtant d'un élément de taille. Si les deux filles prises en voiture étaient mortes quand on les a découvertes, la malheureuse Gretel a désigné son meurtrier comme un médecin qui louchait, ce qui, par rapport à l'ensemble de l'humanité, réduit tout de même le champ des investigations.

Cela dit, il reste à trouver un médecin qui louche à Hambourg, voire en Allemagne, voire à l'étranger... Mais la police allemande est parfaitement organisée et ses ordinateurs ne tardent pas à ressortir une affaire vieille d'une vingtaine d'années, dans laquelle un médecin avait été condamné pour meurtre par empoisonnement. À son procès, il avait beaucoup été question d'une infirmité qui avait, paraît-il, joué un rôle décisif dans sa vie : il louchait... La suite n'est plus qu'une formalité.

Bruno L. a été arrêté le 11 janvier 1993 dans sa luxueuse villa bavaroise. Quand les policiers lui ont passé les menottes, il s'est laissé faire sans résister ni chercher à nier. D'ailleurs, cela n'aurait servi à rien : ses yeux avaient avoué à sa place. Ils venaient de se rapprocher violemment, comme mus par un ressort. Depuis son enfance, Bruno L. n'a jamais pu s'empêcher de loucher sous le coup d'une émotion.

Tu ne boiras point

Cent quarante kilos, pour un mètre quatre-vingt-cinq, la quarantaine bouffie, l'homme attend dans le cabinet d'un médecin. Si l'on ne doit pas juger sur l'apparence, un médecin, lui, peut se le permettre. Un visage peut lui révéler beaucoup de choses. La couleur de la peau, les petits vaisseaux sanguins rouge sombre qui habillent les ailes du nez et le haut des pommettes, qui strient le blanc de l'œil devenu jaune… Et un médecin de campagne connaît encore mieux ses patients qu'un médecin de ville. À la campagne, on va toujours voir le même ; en ville, les hypocondriaques se dispersent d'un cabinet à un autre – maladie de civilisation, dit-on.

Jules ne fréquente pas le « toubib » depuis longtemps. Mais le médecin connaît bien Jules, qui se croyait une force de la nature. Patron de bistrot, grand buveur et grand chasseur, grande gueule aussi, il étalait sa force en faisant le bravache avec un fusil. Il n'a pas fait de bien longues études, Jules, il s'imaginait avec naïveté que cette stature imposante lui avait été offerte comme un don du Ciel, qu'il n'était que muscles et puissance. Il n'a pas vu la graisse envahir ce grand corps, le ramollir, le gonfler comme un Bibendum. Et s'il lui arrivait d'être essoufflé à la chasse, un coup de rouge était censé arranger ça.

« Vous avez fait une alerte cardiaque sérieuse. Il faut être raisonnable. Combien buvez-vous, Jules ?

— Ben, comme tout le monde… »

Certes pas. Tout le monde ne boit pas heureusement ce que Jules avale.

« … Quand on est patron de bistrot, vous savez… »

C'est vrai qu'il est difficile de refuser à un client, difficile de s'arrêter au « petit dernier » pour la route. Mais Jules ne conçoit pas la modération. Jules est un pléthorique. Quand il mange, il mange ; quand il boit, il boit ; quand il gueule, on l'entend à des kilomètres. Et quand il chasse, il tue.

« On peut pas faire les choses à moitié, hein, toubib ?

— Mais on peut mourir à moitié. C'est ce qui vous est arrivé. La prochaine fois, ce sera pour de bon. »

Jules est puni. Les toubibs sont tous les mêmes. On ne pourrait pas lui donner une pilule ? Quelque chose qui soigne ?

« Plus d'alcool.

— Et le vin ? C'est pas de l'alcool ! En mangeant ? »

Encore une idée reçue.

« Pas de vin en mangeant.

— Ben la bière… tout de même, quand on a soif… »

Difficile de faire admettre à Jules qu'il doit se contenter impérativement d'eau. Car Jules est un alcoolique, qui ne sait pas qu'il l'est.

Et pourtant… Après son travail de bistrotier où il a déjà engrangé pas mal d'alcool, il y a les soirées avec les copains, de bistrot en bistrot. Les grandes discussions stupides : « Je te parie que je me fais un merle dans la nuit à deux cents mètres ! »

Jules est un excellent chasseur. Un excellent tireur. Un mauvais buveur. Jules a des relations avec des gens qui lui ressemblent : hâbleurs, casseurs, tireurs, chasseurs ; et Jules est un peu surveillé par les gendarmes aussi ; son bistrot, qui d'ailleurs ne fait pas d'affaires puisqu'il en boit passablement le fonds, sert probablement de lieu de rendez-vous aux casseurs du coin. Les maisons des vacanciers, pillées en hiver… Pas de preuves, mais la gendarmerie surveille. Et si la gendarmerie avait pris Jules en flagrant délit de soûlerie au volant de sa voiture, si on lui avait retiré son permis…

Hélas ! ce n'est pas si facile. Les virées nocturnes de la bande à Jules évitent soigneusement le gendarme.

Le médecin, lui, peut essayer de lui faire comprendre. En lui faisant peur comme à un gosse. Car Jules, comme beaucoup de grandes gueules, est un petit garçon effrayé. La mort, la sienne, ça lui fait vraiment peur. Pas celle des autres, mais la sienne… Aussi obéit-il au toubib. Jules ne boit plus. « Alors Jules, t'es toujours à la flotte ? » « C'est le régime sec, Jules ? » « Un p'tit verre..., ça va pas te faire mourir, tout de même ! » « C'est le comble pour un patron de bistrot ! » Les copains de beuveries ont la plaisanterie lourde.

À la maison, c'est plutôt le calme après la tempête. Toutes proportions gardées, car le manque d'alcool ne rend pas Jules forcément plus aimable. Sa femme se tait le plus souvent possible. Elle travaille, elle est fonctionnaire, sa paie permet de boucler les fins de mois difficiles et de combler le déficit du bistrot. Et puis, lorsqu'on s'est entendu dire une fois : « Si tu me quittes, je te flingue ! », on rase les murs. Surtout à cause de l'enfant.

Si l'on demandait à Colette pourquoi elle ne divorce pas de cet homme-là, la réponse serait multiple. Elle a cru l'aimer avant, elle lui a donné une fille qui n'est pas encore élevée complètement, et puis, et puis... Jules n'est pas si mauvais bougre... et chacun porte sa croix. Et la collection de fusils de chasse est probablement dissuasive. Il est vrai que Jules ne raterait pas une mouche dans un couloir. Même au ball-trap il est le meilleur.

D'ailleurs il est relativement discret, Jules, sur sa vie de famille. Discret aussi sur ses activités extérieures au bistrot. Débrouillard, comme on dit.

Sevré, Jules. C'est dur. Les soirées ne sont plus ce qu'elles étaient. Les bières des copains lui passent sous le nez. Le jus d'orange en boîte, c'est pas fait pour les hommes.

Jules est-il un homme ? Un homme a-t-il forcément besoin de boire et de tirer au fusil pour être un homme ? Le cerveau de Jules ne comprendrait pas ces questions-là. Elles sont évidentes les réponses, installées dans sa tête depuis toujours. Et les pulsions primaires, chez lui, ne souffrent pas d'obstacles. Trois mois de régime sec n'ont pas réussi à les éteindre.

Un beau matin, il craque. Deux copains sont venus d'un autre village, la virée commence. Une bonne virée comme dans le temps.

Un premier verre, ça détend... Quel bonheur de sentir le pastis descendre dans la gorge, réchauffer ce cœur qui n'en a pourtant pas besoin ! Le deuxième, ça rend bavard. Jules se retrouve, se reconnaît, jovial, rigolard, serrant des mains à la ronde. Les copains l'entraînent du café Machin au bar Chose. Et de jovial, Jules redevient stupide. Les poches bourrées de cartouches, il fait le paon devant les consommateurs ébahis. La virée qui a commencé à cinq heures du soir au pastis se prolonge à la bière. Pour la soif. Cinq, dix, quinze, peut-être une vingtaine de bars voient défiler les trois ivrognes. Ils font le tour du département dans la voiture du copain. Et dans le coffre de la voiture il y a le fusil de Jules. Pourquoi un fusil pour une virée ? Mystère, on ne sait jamais – au cas où. Et ce serait quoi, le cas où ? Un gibier égaré sur la route... ou un « emmerdeur » dans un bar. Bref, ça rassure.

Le dernier bar refuse de servir les trois ivrognes. Jules cherche des noises à un gitan. Un casseur de voitures, peut-être, avec qui il a eu des problèmes de « commerce ». À ce stade de l'élocution de Jules, il est difficile pour la patronne du bar de démêler le fond de l'escarmouche. Elle voudrait bien qu'ils s'en aillent, elle a même envie d'appeler les gendarmes, mais on connaît Jules – difficile, quand on connaît quelqu'un, de lui mettre la maréchaussée aux trousses.

Jules sort du bar, titube jusqu'à la voiture du copain, ouvre le coffre, prend son fusil et revient, menaçant. L'arme est chargée, avec Jules elle est toujours chargée. Le canon vise le gitan, la patronne détourne le coup de feu par miracle et la balle va exploser dans le plafond. Exploser car Jules se sert de balles explosives – des balles de guerre, comme à la guerre.

Personne n'est touché et le trio des trois soûlards file en vitesse. Parce que la patronne ne va pas se laisser faire plus longtemps cette fois ; s'ils insistent, c'est les gendarmes.

Louis s'effondre soûl comme un porc à l'arrière de la voiture. Lulu s'accroche au volant de sa Peugeot et Jules au siège passager. Ils cherchent encore un bar.

L'alcool est révélateur de la personnalité profonde d'un individu. Il y a ceux qui rient, ceux qui s'écroulent, ceux qui pleurent en racontant leur vie. Mais au-delà d'un certain degré d'imprégnation, et sur des sujets habitués, ceux qui prétendent qu'ils ne sont jamais soûls, qui « tiennent » l'alcool comme ils disent, chez ceux-là... c'est pire.

Ce que va révéler l'alcool chez Jules, c'est qu'il est un tueur, au fond. Un vrai. Pas seulement un chasseur, ou un lauréat de concours de tirs. Un vrai tueur. Avec la vraie pulsion de tuer.

Le hasard s'en mêle. Il est aux environs de vingt et une heures trente, la route de campagne est sombre, il pleut comme en automne, et le goudron brille dans les phares. La Peugeot de Lulu, transportant Louis, Jules et son fusil, fonce sur une départementale et, devant eux soudain, une autre voiture. Elle roule plus lentement, cette voiture, car elle est familiale. Le père au volant, maman à côté, le petit garçon derrière papa, et derrière maman la petite fille. Ils vont voir un ami à la campagne. Ils sont passés devant les cafés de plusieurs villages. Ils ont bien vu que, devant l'un d'eux, il y avait beaucoup de voitures et de la lumière – ils ont pensé à un rassemblement de jeunes, une fête quelconque.

C'était le dernier bistrot visité par Jules et ses copains, avec leur marque au plafond, la balle explosive. Et la famille ne sait pas que la voiture qui les suit, cette Peugeot qui tangue un peu sur la route, c'est celle de Lulu et de Jules, avec leur copain ivre mort qui cuve à l'arrière et le fusil dans le coffre. Ils vont « s'amuser », les deux rescapés de la beuverie. Si Louis ne tient pas le coup, eux oui.

Lulu colle au train de la tortue qu'il a devant lui. Il n'avance pas, ce type… on va le faire bouger.

Jean a trente-huit ans, il est fonctionnaire aux télécommunications. Sa femme Francine et leurs deux enfants, Benoît et Sophie, ont peur. « J'espère qu'il va nous doubler. »

Jean se serre au maximum sur le bas-côté de la route glissante, s'arrête presque pour laisser passer la voiture agressive.

Elle les double effectivement et il pousse un soupir de soulagement. Il a fait ce qu'il fallait faire. On ne se bat pas avec des fous, on ne fait pas la course, on n'arrête pas le moteur pour descendre en roulant des mécaniques et leur cogner dessus. Rouler sur une départementale française, ce n'est tout de même pas la guerre.

Si. C'est la guerre. Un peu plus loin, la voiture est à nouveau devant eux, elle dérape et se met en travers pour bloquer le passage.

Jean ralentit et s'arrête à une cinquantaine de mètres pour observer. Que leur veut cette voiture ? Que leur veut cet énorme type blond, qui descend de la voiture et tourne autour, les bras ballants ?

Il faudrait faire demi-tour, mais il a plu, il y a de la boue de chaque côté de la route étroite, la voiture de Jean risque de s'embourber.

Francine a peur : « Recule, pars en marche arrière... »

Jean réfléchit, l'espace de quinze ou vingt secondes peut-être, essayant de savoir s'il peut forcer le passage, aller droit devant ou reculer à toute vitesse, mais dans la nuit...

Tout va très vite maintenant. Jean voit un autre homme sortir de la voiture, rejoindre l'autre à l'arrière, il les voit ouvrir le coffre et en sortir quelque chose qu'il prend pour une barre de fer. Ces deux types cherchent la bagarre.

À ce moment précis, Sophie et sa mère, presque dans un même cri, hurlent : « Fusil ! » Jean s'affole, fait un demi-tour laborieux, pour ne pas engager la voiture dans la boue. Il y est presque arrivé. Il braque une dernière fois pour remettre la voiture en ligne droite – il va pouvoir foncer devant lui, échapper aux agresseurs. Il accélère, crie avec sa femme aux deux enfants de s'aplatir à l'arrière. « Cachez-vous ! Cachez-vous ! »

Sophie se recroqueville sur le siège arrière roulée en boule, Benoît glisse entre les deux sièges avant, la tête contre sa mère, et le coup de feu tonne à ce même moment. Un bruit terrible résonne dans la voiture, la vitre arrière explose et Francine ressent comme une brûlure dans tout le corps.

Jean fonce désespérément, la voiture s'éloigne des tueurs. Il crie : « Ça va, les enfants ? » Une petite voix répond : « Ça va... »

Francine, elle, vient de comprendre ce qui lui a donné cette sensation de brûlure, elle est blessée à la main, cette main qu'elle avait instinctivement appuyée sur la tête de Benoît pour qu'il se cache plus vite. Elle n'ose plus bouger cette main et caresse de l'autre la tête de Benoît, qu'elle a protégé.

« N'aie pas peur, Benoît, maman est blessée, mais ce n'est pas grave, n'aie pas peur. Ça va, Benoît ? Ça va, mon bébé ? »

La voiture file si vite dans la nuit, ils n'osent pas allumer le plafonnier, ils ne savent pas où sont les autres. Ont-ils démarré derrière eux, vont-ils les poursuivre ? Tout paraît si long, en fait ils arrivent devant le café éclairé du premier village en trois minutes.

Jean s'arrête, épuisé, tremblant. L'arrière de son siège est criblé d'éclats, il a senti la secousse mais il n'a rien. Francine se retourne vers son fils, ôte sa main ensanglantée et, à la lumière diffuse de l'enseigne du bistrot, elle voit le trou. Dans la tempe de Benoît. Elle voit du sang partout sur sa poitrine ; l'enfant lui aussi est criblé d'éclats, il a les yeux ouverts, exorbités de terreur, mais il ne bouge pas. Paralysé ? Mort ?

Alors elle sort en courant et se met à hurler devant le café : « On a tué mon fils ! On a tué mon fils ! » Puis, se rendant compte qu'elle a laissé Benoît dans la voiture, elle y retourne en courant. Jean prend l'enfant dans ses bras ; ils courent jusqu'au café, c'est la panique.

Sophie n'a rien, c'est elle qui a répondu « Ça va. »

Le patron du café appelle la gendarmerie, sa femme court chercher des serviettes, on dépose Benoît sur une table, il ne bouge toujours pas, avec ce regard immense de terreur, mais il respire, faiblement.

C'est long, si long avant d'entendre la sirène, avant que les pompiers surgissent, appellent un Samu, puis un autre, avant que l'ambulance arrive enfin et emmène le petit garçon à l'hôpital de la ville.

Là, aux urgences, le médecin dit rapidement : « S'il a pris des plombs de chasse, on va le sauver. »

Francine et Jean se raccrochent à cette phrase. On va le sauver, il respire, il est vivant : des plombs de chasse, ce n'est pas mortel...

Puis le médecin revient avec une autre phrase terrible. « Les pompiers ont retrouvé trois douilles, ce sont des balles explosives. Des balles de guerre. »

Benoît est dans le coma, mais son regard s'est calmé, il respire toujours, il faut attendre.

Jean a échappé de peu à la mort. Dans le repose-tête de son siège, les gendarmes découvrent un morceau de balle explosive qui s'est encastré dans la plaque de métal. Sans cela, il l'aurait pris dans la nuque. C'est une balle à fragmentation, chaque morceau est comme une grenade.

On transfère Benoît à Paris, pour un scanner. Les médecins sont partagés. L'un dit : « C'est fichu, il faut considérer qu'il est mort. » Et l'autre est plus optimiste : « La chirurgie fait des miracles… »

Mais le petit Benoît a pris une balle explosive dans la tête. Comme à Sarajevo, comme en Somalie, comme dans un safari au Kenya… Un chasseur fou a tiré dans le noir, il a visé ce qu'il pouvait viser, la vitre arrière. Il a tiré sur un ennemi ? Sur un gibier ?

Pendant que ses parents et sa sœur foncent à Paris, pendant que Benoît n'est plus qu'un petit souffle sous le respirateur, que son cœur fait un petit *bip-bip* sur l'écran de contrôle, comme une mince étoile fragile qui ferait de tout petits bonds dans l'espace… pendant ce temps, les gendarmes ont arrêté les tueurs.

Ça n'a guère pris de temps. Une heure après le drame, les trois ivrognes se font prendre dans un autre bar, en train de jouer au baby-foot.

Deux grammes quarante d'alcool dans le sang de Jules. Un peu moins dans celui de Lulu. L'autre ronflait à l'arrière, il ne s'est réveillé qu'en entendant ses copains tirer comme à la foire.

Et ils continuaient leur virée, sans soucis et sans remords. Jules n'était plus au régime sec : ça se fête, un événement pareil.

Jules est inculpé d'homicide volontaire. Comme son copain Lulu, Jules a tiré. Pourquoi ?

Au bout d'une heure d'interrogatoire, devant le chef de la gendarmerie, Jules, qui n'a encore rien trouvé à répondre, finit par marmonner : « Ben, c'était pour leur faire peur. »

Alors pourquoi ne pas tirer en l'air ? Hein, Jules ? Parce qu'il est stupide, Jules ? Parce qu'il est fou ? Parce qu'il est alcoolique ? Parce qu'il est chasseur, tireur de cible, et qu'un homme, un vrai, ne tire pas en l'air pour faire peur ? C'est ça, Jules ? Parce que deux grammes quarante d'alcool, brutalement déversés dans le sang d'un alcoolique en manque depuis trois mois, révèlent enfin la vérité : qu'on est mû par une pulsion meurtrière, qu'on est un tueur ?

Tirer dans la vitre arrière d'une voiture où se trouvent un couple et deux enfants, c'est juste tirer pour faire peur, vraiment ? On ne pense pas une seconde que la balle de guerre va tuer n'importe qui en explosant ? On ne pense plus, Jules ? A-t-on jamais pensé, d'ailleurs ?

À Paris, le petit corps de Benoît est passé dans la grande machine du scanner, les chirurgiens ont compris. Ils ne pouvaient rien faire. La petite étoile du cœur de Benoît allait s'arrêter, ce n'était plus qu'une question d'heures, ou de minutes.

Et la petite étoile s'est arrêtée. Elle a disparu de l'écran, le dernier petit bond s'est achevé en une ligne plate.

Benoît avait six ans, Jules. C'est ça une cible ?

Maman, tu exagères !

Richard B. taille ses arbustes. Il fait très beau, ce 24 septembre 1992, un bel après-midi d'automne : il doit en profiter.

À grands coups de serpe vigoureux et précis, il coupe ses troènes et ses fusains. Bientôt son petit jardin sera coquet comme tout... Évidemment, ce n'est pas vraiment son jardin. C'est celui de sa mère, puisqu'avec Maria, sa femme, et leurs trois enfants ils habitent chez elle depuis près de quinze ans.

Dans le jardin, Richard B. entend au loin des sons qui lui parviennent : c'est la voix de sa mère, aiguë, criarde, comme à l'ordinaire :

« C'est insupportable, c'est odieux ! J'en ai assez de vous tous ! »

Richard B. pousse un gros soupir... Il va encore devoir arranger les choses, recoller les morceaux. Cela fait des années qu'il s'interpose entre sa mère et sa femme, qu'il déploie des trésors de diplomatie. Mais maintenant, il n'en peut plus. Il sent qu'il va craquer.

D'un geste rageur, il abat sa longue serpe sur une branche de troène, une branche saine qui poussait dans la bonne direction... Richard B. contemple l'arbuste qu'il vient de mutiler. Lui si calme, si maître de lui : c'est la première fois !

À travers la porte de la cuisine, qui donne sur le jardin, la voix de sa mère s'enfle encore :

« Je suis chez moi, ici, vous m'entendez, chez moi ! »

Il n'y a pas à dire, il y a des jours qui sentent le drame...

Tout en continuant à tailler ses fusains, Richard B. remâche ses souvenirs.

Quand il a épousé Maria, en 1978, ils ont choisi de vivre chez ses parents à lui, qui habitaient cette jolie maison dans la banlieue de Dortmund. Lui, Richard, bien sûr, c'était ce qu'il souhaitait. C'est la maison où il était né, sa maison, et elle était assez grande pour les loger tous. Quant à Maria, elle n'a pas dit non.

Son père, lui aussi, était ravi de cette cohabitation. Mais c'est de sa mère que sont venues les difficultés. D'abord, elle n'a jamais pu admettre sa belle-fille. Richard lui a demandé mille fois ce qu'elle avait à lui reprocher. Elle n'a jamais pu lui donner une réponse cohérente. En fait, elle lui reprochait sans doute d'être sa belle-fille, tout simplement.

L'atmosphère à la maison n'a jamais été bonne. Mais elle a été supportable six ans, jusqu'à la mort de son père. C'est à ce moment-là que tout a changé.

Comme Maria ne travaillait pas, les deux femmes se sont trouvées ensemble toute la journée, et chaque soir, quand il rentrait, Richard trouvait une ambiance électrique, empoisonnée. Sa mère se précipitait vers lui :

« Tu ne sais pas ce qu'elle m'a encore dit ? Tu ne sais pas ce qu'elle m'a encore fait ? »

Et c'étaient, pendant des soirées entières, d'interminables discussions où il essayait, avec toute la diplomatie, tout le bon sens dont il était capable, d'arranger les choses.

Mais les choses ne faisaient qu'empirer… Maria et lui ont eu deux garçons et une fille. À leur naissance, leur grand-mère ne leur a accordé aucune attention. C'était l'indifférence totale. Elle a laissé sa belle-fille les élever seule. Richard a été un peu déçu des réactions de sa mère, mais il était loin de se douter que la situation n'irait qu'en s'aggravant.

À mesure que les enfants ont grandi, sa mère les a pris en grippe, pour ne pas dire en haine. Elle détestait leurs jouets. Quand elle en voyait un qui traînait dans le salon ou dans la salle à manger, elle l'emportait sans dire un mot et allait le mettre à la poubelle.

Quand, plus tard, ils ont invité des camarades pour jouer avec eux dans le jardin, elle avait de véritables crises de nerfs :

« Allez dehors ! Tous dehors, je ne veux plus vous voir… »

Les enfants ont pris l'habitude de jouer dans la rue. Mais chaque fois, c'était, entre la mère et la belle-fille, des altercations à n'en plus finir. Et lui, en rentrant, il devait, comme d'habitude, arranger tout cela.

Richard B. a maintenant presque terminé son travail de jardinage. Dans la cuisine, la discussion se poursuit. Sa mère crie si fort qu'il entend tout :

« Et cette machine à laver ? Quel gaspillage d'électricité ! C'est mon courant, mon courant à moi qu'elle utilise. Vous êtes chez moi, ici. Alors, à partir de demain, vous irez faire laver votre linge chez le blanchisseur. »

Richard B. entend sa femme répliquer à sa belle-mère qu'elle exagère. Cette machine c'est Richard qui l'a achetée et on s'en sert aussi pour laver son linge à elle.

Richard B. essaye de garder son calme, mais ses mains tremblent. Ah oui, cette fois, elle exagère ! Elle exagère vraiment...

L'année dernière, quand il a décidé de faire des travaux dans la maison, sa mère n'a rien dit. Il a d'abord fait mettre le chauffage central. Il l'a fait lui-même. C'est son métier : il est installateur de chaudières. Ensuite, il a fait rénover la salle de bains, poser de la moquette, repeindre les volets. Tout cela, il l'a payé lui-même, avec ses économies. Chaque fois qu'il avait voulu en parler à sa mère, elle changeait de sujet. Pendant les travaux, elle continuait à se promener dans la maison, au milieu des ouvriers, sans leur adresser la parole, leur lancer un regard, comme si elle ne les voyait pas, comme s'ils n'existaient pas.

Mais quand tout a été fini, un soir après dîner, elle s'est mise à rugir.

« La couleur des volets est ignoble ! Et cette moquette, je ne peux pas la voir, et le carrelage de la salle de bains, c'est affreux ! Vous allez m'enlever tout ça ! Je suis chez moi. Je veux que ce soit comme avant. »

Richard a essayé de répliquer calmement :

« Mais enfin, maman, je t'ai demandé ton avis et tu n'as pas voulu me répondre ! »

Il n'y a rien eu à faire. Depuis ce temps, elle ne cesse de répéter :

« Ah, ce que c'est laid ! Mon Dieu que c'est laid ! C'est bien les goûts de Maria, ça ! »

Et elle menace de faire venir les ouvriers pour tout remettre comme avant. Pourtant, elle se sert de la salle de bains, elle profite du chauffage central... Ah, oui, elle exagère, elle exagère !

Les bruits de la discussion se sont tus. Maria, de guerre lasse, a dû quitter la cuisine. Richard B. a maintenant fini de tailler ses arbustes. Il lance un soupir... Allons, il faut qu'il aille trouver sa mère. Il va encore essayer d'arranger ça.

D'un air résigné, il pousse la porte de la cuisine, sa serpe à la main. Sa mère est là, qui tourne en rond. Richard la regarde comme s'il la voyait pour la première fois. Il y a des jours où il comprend l'aversion de sa femme à son égard. Cette grande femme maigre aux joues creuses, au visage pointu, n'a rien pour inspirer la sympathie. Et lorsque, comme en ce moment, la colère la défigure, elle a l'air franchement odieux.

Mme B. se précipite sur son fils.

« Ça ne peut plus durer. Je ne peux plus supporter ta femme ni tes sales gosses ! »

Richard fait un geste d'apaisement :

« Allons, Maman, Maria a peut-être été un peu vive, mais reconnais que toi aussi... »

Mais, cette fois, sa mère ne l'écoute pas. Elle est hors d'elle.

« J'ai pris une décision, Richard. Je ne veux plus de vous chez moi. Je vous chasse.

— Maman, tu plaisantes ?

— Non, je ne veux plus de vous. Allez-vous-en, sinon j'appelle la police ! »

Avec un terrible effort de volonté, Richard B. argumente calmement : cette maison, c'est aussi sa maison, il ne faut pas l'oublier. Il y est né, il y a passé toute son enfance. Et puis, tout de même, après les travaux qu'il a faits l'année dernière et qui lui ont coûté une fortune, ce serait trop facile...

Mais sa mère ne se contrôle plus. Sa mère n'est plus sa mère. Elle l'agrippe par la manche de sa chemise et le tire vers la porte d'entrée :

« Allez, dehors, toi, ta femme et tes sales gosses. Dehors, à la rue ! »

Richard B. voit comme un éclair passer devant ses yeux. Des années d'efforts et de patience pour ça ? Des trésors de diplomatie pour se voir chasser de chez lui, de sa maison ? Tout à coup, des tonnes de colère trop longtemps rentrées se libèrent…

La minute d'après, il est agenouillé sur le carrelage. Devant lui, sa mère est étendue, morte. Il l'a tuée d'un coup de serpe en pleine tête.

Maria est derrière lui. Elle murmure :

« Mon pauvre Richard, qu'est-ce que tu as fait ? »

Et elle prend le téléphone pour appeler le médecin et la police… Richard B., lui, reste prostré sur une chaise. Il vient de prendre conscience de cette vérité incroyable : il est devenu le meurtrier de sa mère. Il vient brusquement de passer dans le monde des assassins, un monde qu'il croyait séparé de celui des gens comme lui par une barrière infranchissable. Il ne comprend pas… Il balbutie en secouant la tête : « Mais que m'est-il arrivé ? »

Pour les policiers de Dortmund, il n'y a presque pas d'enquête, du moins sur la matérialité des faits. Richard explique les circonstances de son crime. Il insiste, il veut se souvenir de chaque détail. Non seulement il ne se cherche pas d'excuses, mais il en rajoute, il s'accable. On doit même le transporter à l'infirmerie de la prison car on redoute une dépression nerveuse.

Pourtant, des excuses, il en a. Sa femme, ses enfants viennent le dire au juge d'instruction Oskar Junger. Ils lui décrivent longuement ce qu'a été le calvaire de cet homme qui, jusqu'au bout, de toutes ses forces, a tout fait pour empêcher le drame.

Et puis, les voisins, eux aussi, viennent témoigner spontanément. Ils expliquent au juge que Mme B. était une femme odieuse. Ils sont même stupéfaits que son fils ait pu la supporter si longtemps avec une telle patience.

Tous les renseignements concernant le coupable sont concordants. Non seulement il n'avait aucun penchant à la colère, à la violence, mais au contraire, c'était le type même de l'homme rangé, pacifique. Son patron, dans l'entreprise de chauffage central où il travaille, déclare publiquement qu'il le reprendra dès qu'il sortira de prison.

En fait, jamais le juge d'instruction Junger et les policiers n'ont vu une affaire semblable. Ils ne peuvent s'empêcher de ressentir pour ce coupable pas comme les autres quelque chose qui ressemble à de la sympathie.

Et puis, ils éprouvent sans doute aussi une sorte de trouble : Richard B., cet individu honnête, doué, de toute évidence, d'un sens moral particulièrement développé, semble être la preuve vivante que chacun de nous, s'il est placé dans des circonstances exceptionnelles, peut devenir un assassin.

Au bout d'un mois, les policiers ont terminé leur enquête. Le juge d'instruction Junger demande alors une expertise aux psychiatres et psychologues. Ceux-ci examinent longuement le coupable et, quelques semaines plus tard, rendent leur rapport. Voici quelques extraits :

« Comment un homme normal est-il amené au crime ? C'est tout le problème posé par Richard B.

» Il est intelligent, équilibré, sensible. Tout ce qu'il fait dans sa vie est réfléchi et contrôlé. C'est un être plutôt renfermé, qui est sans ambition particulière et qui se plaît dans le métier qu'il a choisi. C'est quelqu'un qui n'aime pas les histoires et c'est justement à empêcher les histoires entre sa mère, sa femme et ses enfants qu'il s'est dépensé sans compter pendant des années.

» Ces efforts l'ont progressivement miné. C'est un homme aux nerfs malades sans le savoir qui a affronté sa mère lors de leur dernière discussion.

» Lorsqu'il s'est rendu compte de la totale insensibilité de celle-ci et, de ce fait, de l'inutilité de toutes ses tentatives depuis des années, il a ressenti un coup terrible. Et quand sa mère l'a chassé de sa maison, sa maison natale où il avait passé son enfance, le choc affectif a été insupportable.

» En constatant l'échec de ses efforts et devant la brutale agression de sa mère, Richard B. s'est trouvé dans des circonstances exceptionnelles qui diminuent ou annulent sa responsabilité. »

Nul ne sait quelles ont été les pensées du juge d'instruction quand il a lu ce rapport, seul dans son bureau, mais le

24 mars 1993, cinq mois jour pour jour après le meurtre, il rend sa décision : il reconnaît Richard B. non responsable et il le fait libérer le jour même.

Le juge Junger a sans doute estimé qu'il était impossible qu'il puisse récidiver. Jamais il ne se retrouverait dans des circonstances telles qu'elles le conduisent au meurtre. D'ailleurs, avec le sentiment de culpabilité qui le ronge, la prison ne serait d'aucune utilité. Elle ne servirait qu'à le détruire.

Quoi qu'il en soit, c'est une décision sans précédent. C'est la première fois, dans les annales judiciaires allemandes, qu'un homme reconnu sain d'esprit et sans qu'il y ait légitime défense est déclaré non responsable d'un meurtre.

L'innocent

Mme P. est assise à côté de son fils dans la salle d'attente d'une clinique de Portland, sur la côte Ouest des États-Unis.

Il fait beau, en cette fin de matinée de juin 1989. Le soleil pénètre largement par les baies vitrées qui donnent sur un jardin fleuri. Mme P., qui doit avoir la quarantaine, se tourne vers son fils : « Ça va aller, Billy, ne t'inquiète pas. »

Mais Billy ne cesse de remuer nerveusement les narines. « Ça sent drôle ici… J'aime pas. Pourtant la lumière est jolie… Mais ça sent drôle. »

Mme P. lui pose la main sur le bras. « C'est l'odeur de tous les hôpitaux, Billy. C'est l'éther. Tout à l'heure, dans le jardin, on ira sentir les fleurs. »

Billy a un hochement de tête. « Quand même, j'aime pas l'éther. C'est pire que le parfum… »

Et puis Billy se calme. Il se met à sourire. Un sourire léger, persistant, qui donne un charme supplémentaire à ses lèvres parfaitement dessinées. Car Billy est beau, d'une beauté qui ne peut pas passer inaperçue. Déjà, les deux infirmières qui ont pénétré dans la salle d'attente n'ont pu s'empêcher de lui jeter un regard furtif. Billy P. est bâti en athlète, mais sans rien d'exagéré, de lourd. Tout en lui est proportionné, harmonieux.

Et pourtant, quand on le regarde mieux, il y a quelque chose qui gêne. Il faut un certain temps avant de comprendre ce que c'est… Une statue, oui, ce jeune homme a vraiment l'air d'un marbre antique. Mais justement, s'il en a la plastique impeccable, il en a aussi la froideur. Son regard, sa physionomie sont comme figés, aucun sentiment, aucun signe de vie intérieure ne semblent les traverser, à part ce sourire harmonieux, déconcertant et lassant à force d'être harmonieux.

Une vie intérieure, Billy P. en a une, seulement elle est un peu particulière et seule sa mère la connaît, comme elle est seule, dans cette salle, à savoir que son fils, ce beau jeune homme de 1,76 mètre et soixante-dix kilos, aux allures de dieu de l'Antiquité, n'a que treize ans. C'est d'ailleurs pour toutes ces raisons qu'ils sont en ce moment en train d'attendre le psychiatre...

Les minutes s'écoulent dans la salle d'attente de la clinique de Portland. Pendant que Billy, immobile sur sa chaise, continue à sourire sans un mouvement des muscles du visage, comme s'il prenait la pose pour un peintre ou un sculpteur, Mme P. voit défiler ses souvenirs. Des souvenirs qui, à chaque fois, lui font mal.

C'était il y a treize ans. Billy avait huit mois. Pourquoi s'est-elle absentée de la cuisine en le laissant seul ? Elle ne s'en souvient plus. Mais Mme P. se souvient, se souviendra toujours du cri qu'elle a entendu. Le temps de se précipiter, il était trop tard. Billy, qu'elle avait laissé près du réchaud à gaz, s'était brûlé profondément à la main gauche, qui n'était plus qu'une horrible plaie mauve.

Le docteur avait pu le guérir, mais il avait dit à la fin du traitement : « J'ai peur que la véritable cicatrice ne reste à l'intérieur. Il est possible que Billy garde toute sa vie une peur maladive du feu... »

Mme P. jette un coup d'œil sur la main gauche de son fils qui s'est tourné vers la fenêtre : la marque est toujours là, mais l'autre, invisible, est hélas ! bien plus grave.

À partir de ce moment, le sommeil de l'enfant a été agité. Il se réveillait en hurlant : « Le feu ! Le feu ! »

Et puis son développement n'était pas celui des autres enfants. Billy a grandi très vite. À six ans, par exemple, à la mort de son père, il avait l'air d'en avoir dix.

Quand sa mère lui a dit : « Papa est parti en vacances », Billy n'a rien dit et n'en a jamais reparlé, du moins pas tout de suite.

Mais si Billy était en avance physiquement, intellectuellement c'était tout le contraire. À l'école, il était toujours dernier. Ses maîtres le traitaient de paresseux. Il n'arrivait à rien. Mme P. a fini par comprendre que son fils n'était pas comme les autres. Il avait sa vie à lui.

Pour Billy, il n'y a que les sensations qui comptent et, par-dessus tout, les odeurs. Il a horreur du parfum, par exemple. Il s'est totalement détaché de sa sœur aînée à partir du moment où elle s'est mise à se parfumer.

Et il y a eu aussi sa première fugue. Billy avait onze ans. Il a quitté la blanchisserie maternelle (car Mme P. est blanchisseuse dans la banlieue de Portland) en disant : « Je vais faire comme papa. Je vais partir en vacances. » Il est rentré de lui-même trois jours plus tard. À sa mère, folle d'inquiétude, qui lui demandait où il était allé, il a répondu : « Dans un bois de pins, à côté. Ça sent bon les pins. Et puis, la lumière est jolie à travers les arbres… »

« Madame P. »

Le docteur en blouse blanche, qui vient d'apparaître par la porte, ne peut s'empêcher d'avoir un mouvement de surprise en apercevant Billy. Une fois dans son bureau, il se tourne d'un air paternel vers ce garçon de treize ans qui le domine d'une tête. « Dis-moi, Billy, est-ce que tu sais écrire ? »

Billy ne se départit pas de son sourire. « Pour quoi faire ? Si j'avais été muet, ç'aurait pu être utile. Mais je parle.

— Bien, bien… Est-ce que tu sais lire l'heure ? »

Billy répond avec la même assurance tranquille :

« Je n'ai pas besoin d'horloge. Le jour c'est quand je n'ai plus sommeil, midi c'est quand j'ai faim, et le soir c'est quand je recommence à avoir faim.

— Réponds-moi franchement, Billy, est-ce que tu te plais à l'école ?

— Oui, je m'y plais. Ça sent bon, surtout la craie. »

Le psychiatre a un sourire compréhensif.

« Et dis-moi, qu'est-ce que tu penses des filles ?

— Je n'aime plus ma sœur depuis qu'elle se parfume.

— C'est tout ?

— Ben oui, c'est tout… »

Hors de la présence de Billy, qui est retourné dans la salle d'attente contempler les rayons du soleil sur le linoléum du plancher, le médecin fait son diagnostic à Mme P.

Il lui explique que Billy est remarquablement constitué physiquement, mais que son développement mental s'est bloqué. Et pas seulement à cause de l'accident, sans doute pour des raisons plus profondes, physiologiques, génétiques. Il faudra faire des examens.

« Des examens ?

— Nous sommes équipés pour cela. Ensuite, il faudra sans doute placer votre fils dans un établissement spécialisé. Il n'est pas fait pour vivre dans notre monde à nous. Pour l'instant, il ne s'intéresse pas encore aux filles, mais ça ne va pas tarder. Quand l'instinct sexuel s'éveillera en lui, dans ce domaine-là aussi il se comportera comme un animal. »

Mme P. murmure quelques mots d'assentiment, mais intérieurement elle a pris sa décision. Non, elle ne se séparera pas de son petit. Elle l'aime plus que ses autres enfants. Et puis, elle se sent toujours coupable de ce qui lui est arrivé. Des examens, elle sait très bien que cela ne sert à rien. Si Billy est comme il est, c'est parce qu'il s'est brûlé bébé.

Elle quitte la clinique psychiatrique, fermement résolue à ne jamais y retourner. Elle vient de décider du destin de son fils et, malheureusement, pas seulement de son fils.

Un an a passé. Dire que Billy a grandi serait faux, il avait depuis longtemps atteint sa taille définitive. C'est dans son comportement que quelque chose a changé. Il n'a plus l'attitude égale, impassible qu'il avait avant. Il a tendance à devenir nerveux, irritable. Son beau regard bleu, naguère limpide, a maintenant quelque chose de trouble.

Mme P. s'est décidée à retirer Billy de l'école où il ne faisait plus rien. Maintenant, il l'aide à la blanchisserie. C'est lui qui va porter leur linge aux clients, et les colis les plus lourds ne lui font pas peur.

De temps en temps, bien sûr, il continue à « partir en vacances ». Sa mère ne s'inquiète plus. Elle sait qu'il sera de retour trois ou quatre jours plus tard. Billy va toujours dans le bois de pins. Il rôde aussi autour des stations-service, car s'il déteste l'odeur du parfum il adore celle de l'essence.

C'est au mois de janvier 1992 que se produit le premier incident. Billy livre toujours le linge aux clients de la blanchisserie. On l'aime bien. Il est gentil. On l'invite quelquefois à entrer pour lui donner, en plus de la pièce traditionnelle, un gâteau ou un petit verre…

On le trouve beau aussi. Car Billy a plus que jamais des allures d'Apollon. Les clientes ne peuvent s'empêcher de l'admirer, surtout Mme Benson. Mme Benson, la veuve de l'épicier, est encore jolie. Chaque fois que Billy vient livrer chez elle, elle lui adresse des sourires engageants. Mais ce jeune naïf ne semble rien comprendre.

Alors, un jour de janvier 1992, quand Billy sonne chez elle comme d'habitude, il est surpris d'entendre une voix lointaine lui répondre à travers la porte : « C'est ouvert, entre, Billy. Entre, je suis dans le salon… »

Un peu étonné, Billy pose son linge dans l'entrée. Il aime bien chez Mme Benson. Il n'y a pas d'odeur de cuisine comme dans beaucoup d'autres maisons et le papier à grosses fleurs rouges est joli.

Billy entre dans le salon. Mme Benson est assise sur un canapé, dans un déshabillé mauve. Sur une table devant elle, il y a une carafe, deux verres et des gâteaux secs.

« Tu prendras bien un doigt de porto, Billy ? »

Billy est brusquement ému. Il s'approche de cette femme qui l'invite à prendre place à côté d'elle. Mais il ne sait comment s'y prendre. Il fait plusieurs pas, les mains en avant grandes ouvertes, ses mains puissantes dont l'une porte la marque de sa brûlure d'enfance.

Mme Benson, après un moment de surprise, se lève et se met à reculer vers le fond de la pièce. Billy continue d'approcher. Il est tout près. Ses mains vont se refermer… Mais soudain, il pousse un cri terrible et s'enfuit en courant.

Le soir, il raconte tout à sa mère : « Tu comprends, maman, elle avait mis du parfum. Alors, je suis parti. Sans ça, je ne sais pas ce qui se serait passé. »

Ce jour-là, Mme P. prend une décision : Billy n'ira plus livrer le linge. Mais elle ne veut toujours pas l'envoyer dans un établissement spécialisé, comme le lui avait demandé le psychiatre. Être privée de son Billy, jamais ! Elle l'aime son

Billy, elle essaie de compenser par son amour le handicap dont il est victime. Et puis, elle veut se racheter, car tout cela c'est de sa faute.

À partir de ce moment, Billy reste dans la maison maternelle. Il s'occupe du jardin, il fait le ménage et les commissions. Et puis, de temps en temps, il « part en vacances ».

Il se rend moins souvent dans le bois de pins, désormais il est de plus en plus attiré par les humains. Il va dans le port de Portland. Il reste des heures à contempler les reflets du soleil dans l'eau sombre, au milieu des arcs-en-ciel de pétrole.

Un soir de juillet 1992, alors qu'il est en train de contempler le soleil couchant dans le port, une voix l'interpelle derrière lui : « Bonjour, beau blond ! »

Billy se retourne. C'est une jeune fille en robe verte, d'un vert sombre, comme les arbres juste avant la nuit. Il s'approche d'elle… Elle n'est pas parfumée. Il lui touche le bras. La fille se dégage avec un petit rire.

« Pas si vite, beau blond. Est-ce que tu as de l'argent ? C'est vingt dollars. »

Billy fouille dans ses poches. Non, il n'a pas vingt dollars. Il en a juste dix. Il les tend à la fille avec un sourire timide. Mais elle le repousse. « Rien à faire, c'est vingt dollars ! »

Billy ne comprend pas. Il n'a jamais bien compris à quoi servait l'argent. Tout ce qu'il comprend, c'est ce qu'il ressent et ce qu'il veut. Et il veut cette fille…

Il s'approche… Non seulement elle n'est pas parfumée, mais elle sent bon. Le tissu de sa robe est soyeux, ses bras sont doux. La jeune fille hurle. Billy n'aime pas ce cri. Il ne faut pas qu'elle crie. Il ne faut pas !

L'instant d'après, elle est toute molle dans ses bras. Billy la regarde, incrédule. Il n'a rien fait de mal. Il l'a juste serrée un peu pour qu'elle ne crie pas…

Quand il rentre chez sa mère, il fait déjà nuit. Mme P. comprend tout de suite, malgré les explications hachées de son fils, qu'il est devenu un assassin. Elle aurait dû obéir au psychiatre. Maintenant il est trop tard. Il faut que Billy reste chez elle pour échapper à la police. Mme P. fait promettre à son fils de ne plus « partir en vacances », en tout cas pas avant qu'elle ne lui en donne l'autorisation.

À Portland, l'enquête sur le meurtre de la prostituée est menée sans acharnement excessif. Des témoins ont bien remarqué plusieurs fois ce grand jeune homme blond aux yeux bleus qui passait des heures immobile à regarder l'eau sale. Quelques-uns lui ont même adressé la parole. À ses réponses simplettes, ils ont compris qu'il s'agissait d'un innocent.

C'est ce que pense aussi la police : un innocent dans tous les sens du terme, un pauvre type inoffensif qui n'a rien à voir ni de près ni de loin avec un meurtre.

L'enquête suit donc d'autres pistes : trafic de drogue, sadiques. Aucune n'aboutit et, au bout de six mois, l'affaire est enterrée en attendant d'être classée…

Pendant tout ce temps, Mme P. vit dans l'angoisse. En quittant tous les soirs sa blanchisserie, elle n'a qu'une hâte : rentrer chez elle et s'assurer que Billy est bien à la maison, qu'il n'est pas reparti pour une de ses fugues dont elle sait à présent qu'elles peuvent être meurtrières. Mais chaque soir, Billy est là, abîmé dans la contemplation des derniers rayons du soleil et elle finit par se dire qu'il s'est définitivement assagi.

Alors, un soir de janvier 1993, Mme P. dit à Billy après le dîner : « Mon grand, tu vas pouvoir, si tu veux, partir en vacances. Mais attention, pas loin, hein ! Et pas dans le port, surtout pas dans le port. Ne sors pas du quartier. Tu peux aller jusqu'au bois de pins, mais c'est tout… »

Dans le quartier qu'il habite avec sa mère, il y a surtout des petits pavillons entourés de jardinets. Billy marche sans se presser. Il sourit. Il est rayonnant. Jamais, peut-être, il n'a été aussi beau.

Mais soudain, sa physionomie change. D'elles-mêmes ses narines se contractent. Il tourne la tête, à droite, à gauche. Il y a quelque chose subitement dans l'air, quelque chose qu'il n'aime pas. Et puis, il voit derrière une maison un voile noir : de la fumée. C'est le feu !

Au lieu de fuir, Billy se dirige vers l'endroit d'où part la fumée. Il faut arrêter le feu ! Le feu, ça fait mal, il ne faut pas qu'il continue…

Billy P. arrive devant une petite maison semblable à celle qu'il habite avec sa mère. Dans le jardin, une femme est en train de faire brûler des feuilles mortes et des détritus. Billy enjambe la barrière. Comme il se précipite pour éteindre le foyer, la femme s'interpose. L'instant d'après, elle est, comme la prostituée de Portland, toute molle entre ses mains.

Il se met ensuite en devoir d'éteindre le feu. Quand les policiers arrivent un peu plus tard, il n'a pas bougé. Il leur déclare simplement : « Elle faisait du feu… »

Billy a été interné dans la clinique psychiatrique où il aurait dû entrer bien plus tôt. Sa mère a été inculpée de non-dénonciation et complicité de meurtre et laissée en liberté. Elle attend d'être jugée. Car elle n'avait pas, elle, l'excuse de l'innocence.

Au secours police !

« Chéri, regarde ! On dirait qu'il y a quelqu'un dans le garage Peugeot ! » François G., 43 ans, jette un coup d'œil par la fenêtre. En effet, en face, dans le garage tenu par M. P., quelque chose a l'air bizarre. À cette heure de la nuit, il y a de la lumière à l'intérieur du bâtiment. M. P., le propriétaire, un homme d'ordre, n'est pas connu pour ses habitudes nocturnes. Il fait son travail aux heures ouvrables et c'est bien rare s'il s'attarde après vingt heures, même pour obliger un client... François, en observant plus attentivement la façade du garage, perçoit un détail plus curieux encore : on dirait que la fenêtre qui éclaire le bureau a l'une de ses vitres brisées. M. P. ne laisserait jamais son établissement dans un tel état : cela fait désordre et nuirait à la marque Peugeot dont il est concessionnaire. François, après deux minutes de réflexion, se décide, malgré l'heure tardive – ou justement à cause d'elle –, il alerte la gendarmerie, pour signaler qu'« il se passe, à son avis quelque chose de pas catholique ».

Quelques instants plus tard, la camionnette de la police s'arrête silencieusement devant l'établissement Peugeot. Quatre représentants de l'ordre en descendent sans faire de bruit. Après les sommations d'usage, ils se rendent maîtres de la situation et arrêtent en flagrant délit de cambriole deux petits malfrats qui, à l'intérieur, avaient déjà fait main basse sur de l'outillage, quelques pièces de rechange d'un certain prix et plusieurs autoradios. Entre-temps, M. P., le propriétaire du garage, prévenu, est arrivé lui aussi. À la fin de l'opération, François, le voisin plein d'initiative, se manifeste lui aussi et se fait connaître. Félicitations, congratulations, remerciements croisés puis tout le monde retourne se coucher. Les deux malfrats se disent que, la prochaine fois, ils choisiront mieux leur proie.

Depuis ces événements, en 1990, François se remémore souvent les faits avec la satisfaction du bon citoyen fier de son civisme. Ses relations avec M. P. le garagiste sont au beau fixe... Quel plaisir de pouvoir compter sur ses voisins en cas de besoin.

En avril dernier, François, qui connaît des problèmes de chômage comme, hélas ! bon nombre de Français, rentre chez lui en compagnie de son épouse, et de son fils, Cédric, âgé de treize ans, après une soirée passée chez sa mère qui fêtait son anniversaire. La soirée s'est bien passée.

En descendant de sa voiture, machinalement, François jette un coup d'œil sur le garage Peugeot, son voisin. « Tiens, se dit-il, à cette heure il y a encore de la lumière. Pas possible que M. P. soit encore au travail, ce n'est pas dans ses habitudes. » Et, automatiquement, François le gentil voisin repense à l'incident où, deux ans auparavant, il a fait la preuve de son civisme, de son esprit de bon voisinage et de ses réflexes. « Voilà que ça recommence, encore des cambrioleurs. » Aussitôt, François saute sur le téléphone et appelle la police. Il donne, sans précipitation, toutes les précisions nécessaires, l'adresse du garage et même son nom et son numéro de téléphone. Puis, au lieu de se mettre au lit, par curiosité et dans le désir de voir les choses se terminer par le triomphe du bon droit, il décide de rester dans la rue, devant chez lui, jusqu'à l'arrivée de la police. Devant chez lui, c'est-à-dire à côté du garage. La nuit est profonde et les minutes passent.

Soudain, François aperçoit un véhicule qui s'approche silencieusement et, tous feux éteints, s'arrête non loin du concessionnaire Peugeot. François, jusque-là si tranquille, est pris d'un doute. Il s'attendait à voir apparaître le panier à salade classique, facile à identifier, et cette voiture banalisée ne lui dit rien qui vaille : et s'il s'agissait du reste de la bande des cambrioleurs ? Seul contre tous, François se dit qu'il ne fait pas le poids. Déjà trois hommes en civil sont descendus de la voiture et se dirigent vers lui. Pas un mot ! François estime qu'il est trop tard pour se précipiter vers la porte de sa propre maison. Il imagine déjà les trois hommes armés s'engouffrant sur ses pas. À l'intérieur, sa femme Mathilde et son fils seraient des proies faciles pour Dieu sait quel chantage. On voit tant de choses dans les journaux et à la télévision. En un éclair, François se dit que la meilleure tactique est de fuir, de semer les occupants de la voiture, de les entraîner loin de chez lui. Il prend ses jambes à son cou et file dans la nuit.

Mais les autres ont eu le temps d'apercevoir cet homme qui semblait attendre quelque chose, qui paraissait faire le guet. Les trois policiers, car ce sont des représentants de l'ordre, tirent immédiatement la conclusion qui s'impose : cet homme qui s'enfuit est sûrement un des membres de la bande qu'on vient de leur signaler par téléphone, le guetteur sans aucun doute. Autant lui mettre le grappin dessus, et les voilà qui courent derrière François, l'arme à la main. Le malentendu s'épaissit. Chez François, Mathilde et Cédric, le fils âgé de treize ans, ont tout vu et en voyant François déguerpir, ils pensent, eux aussi, qu'il va tomber entre les mains d'autres gangsters. Ils appellent à nouveau la police : on leur confirme que les choses sont en bonne voie puisque... trois policiers en civil sont déjà partis pour le garage Peugeot et, au poste central, on prie la famille de prendre patience en attendant le triomphe du bon droit... Nouvel appel quelques minutes plus tard, nouvelle confirmation : les forces de l'ordre sont en route, elles sont même déjà sur place et il n'y a rien à redouter.

En effet, les trois individus armés, les trois policiers donc, ont fini par se saisir de François qui est parfait dans le rôle du guetteur complice. Dans l'action, personne ne réalise vraiment qui est l'autre. François, qui défend chèrement sa peau, la croyant en danger, n'est pas avare de coups plus ou moins bas. Les autres, forts de leur bon droit et de leur nombre, s'énervent un peu devant un complice si peu enclin à se laisser arrêter. Ils y parviennent enfin. François se retrouve, menotes aux poings, à l'hôpital où, pour arrêter l'hémorragie qui l'aveugle, on lui pose quinze points de suture. Son doux regard d'honnête citoyen prend à vue d'œil des couleurs qui vont du jaune canari au bleu aubergine en passant par le vert olive. D'autre part il a les côtes fortement endolories : la police ne l'a pas raté. On lui explique, un peu trop tard, qu'il aurait dû rester tranquillement sur place puisque les trois hommes armés qu'il a confondus avec des malfrats sont en fait trois membres de la BAC : la brigade anticriminelle. On lui dit qu'il aurait dû, dans le noir, apercevoir et identifier leurs brassards rouges, qu'il aurait dû remarquer, toujours dans le noir, le pare-soleil de leur véhicule où l'on peut lire le mot « Police ». Un des trois policiers, quant à lui, se voit accorder, pour blessure au genou, trois semaines d'interruption temporaire de travail. Pour l'instant, à tout hasard, François porte plainte. On demande l'intervention de l'IGPN, la police des polices. M. P., propriétaire du garage Peugeot, devrait, dorénavant, ne pas trop compter sur l'intervention de François G., son gentil voisin, au cas où, dans les mois à venir, il viendrait à d'autres malandrins l'idée de le cambrioler à nouveau.

Actes de barbarie

12 février 1989, quatre heures et demie du matin. Les pompiers luttent avec acharnement contre un incendie qui vient de se déclarer dans une ferme d'un petit village de la Meuse. Il fait un froid glacial et les flammes sont gigantesques. Elles sont d'ailleurs anormalement violentes ces flammes, tout comme il est étonnant que ce ne soient pas les habitants de la ferme qui aient donné l'alerte, mais les voisins. Mais l'heure n'est pas à ce genre de réflexion. Ce qui importe, c'est d'éteindre le feu, le reste viendra après.

Ce n'est pas le bâtiment principal qui brûle, c'est la grange. Les pompiers ne sont donc pas inquiets quant aux vies humaines. Et pourtant, quand ils maîtrisent le sinistre, après une heure d'efforts, ils découvrent dans le bâtiment un homme à moitié calciné sur un lit de fer.

Ce n'est pas tout. Dans l'écurie à côté, qui a miraculeusement échappé aux flammes, une femme gémit doucement, recroquevillée contre une botte de foin. Mais peut-on dire « une femme » ? La malheureuse n'a presque plus rien d'humain. Elle a le visage et le corps tuméfiés, une cheville cassée. Ses oreilles saignent, sa jambe n'est plus qu'une plaie. Elle ne peut ni marcher ni parler. Elle pèse trente-cinq kilos !

Hospitalisée d'urgence, après avoir gardé le silence pendant quatre jours elle se met enfin à parler et c'est alors qu'on entre dans l'horreur.

Cour d'assises de Bar-le-Duc, 17 septembre 1993. Quatre ans et demi ont passé depuis le tragique incendie, qui va connaître son épilogue sur le plan judiciaire. Les habitants de la ferme : Jeanne T., soixante-huit ans, et son fils Jean-Pierre T., quarante-six ans, sont inculpés de torture et d'actes de barbarie sur Georgette T., femme de Jean-Pierre, la malheureuse retrouvée dans l'écurie, et d'assassinat sur la personne de Werner W., quarante-six ans, l'homme découvert carbonisé dans la grange. Ce dernier cas sera jugé ultérieurement dans un autre procès. Aujourd'hui et les jours qui vont suivre, il ne sera question que du martyre de Jeanne T.

Pour comprendre les faits, il faut remonter tout de suite après la guerre.

Fille unique, Jeanne T. se destine dès l'enfance à reprendre la ferme. Elle travaille dur, plus qu'un homme, et arrête ses études après son certificat d'études, à treize ans. Elle ne sort jamais, ne va jamais au bal. Son père meurt en 1945. Sa mère demande alors qu'un prisonnier allemand – ils sont nombreux, alors, dans l'est de la France – l'aide à la ferme.

Les autorités accèdent à sa requête et Léopold W., trente-neuf ans, vient rejoindre les deux femmes. Jeanne n'a alors que vingt et un ans, mais ni la différence d'âge ni la nationalité de Léopold ne lui posent de problème. Ils ont une liaison et elle ne tarde pas à se retrouver enceinte. Ce n'est que quelques jours avant qu'elle n'accouche que Léopold lui avoue ce qu'il lui avait caché jusque-là : il est marié en Allemagne et il a quatre enfants.

Jeanne, qui n'a guère le choix, accepte la situation. Elle donne le jour à Jean-Pierre en 1947. Son temps de prisonnier terminé, Léopold W. reste à la ferme et fait même venir ses quatre enfants d'Allemagne. La période n'est certainement pas facile pour Jeanne T. L'ancien prisonnier est une brute épaisse, qui la roue de coups. De plus, elle est traitée comme une pestiférée par tout le village, qui lui reproche d'« être avec un Boche ».

En 1967, tout change avec la mort accidentelle de Léopold. Trois de ses enfants retournent en Allemagne, sauf le dernier, Werner, qui, par malheur pour lui, choisit de rester. Il est aussitôt traité comme un chien par Jeanne, qui se venge sur lui des mauvais traitements que lui infligeait son père.

Frappé, privé de nourriture, accablé des tâches les plus répugnantes, vêtu de haillons repoussants, Werner W. mène dès lors une vie de bête. On lui interdit de se laver, il couche dans la grange. Au village, on sait tout cela, mais on ne dit rien. Ce sont les affaires des T. et on ne va pas s'en mêler pour prendre la défense d'un fils de Boche. D'autant que Jean-Pierre, âgé à présent d'un peu plus de vingt ans, fait figure de terreur dans la région. C'est un colosse qui revient de son service dans les paras où il a appris à se battre. Il faudrait être fou pour le provoquer !

Mais s'il impressionne tout le monde par son physique, Jean-Pierre T. reste entièrement soumis à sa mère, à qui il voue une totale dévotion. Cette dernière, de son côté, met tous ses espoirs en lui. Il ne lui a apporté que des satisfactions et elle est sûre qu'il va épouser une héritière du pays, dont les terres vont s'ajouter aux siennes. Malheureusement, il n'en sera pas du tout ainsi…

En 1971, Jean-Pierre rencontre dans une noce une jeune fille d'origine vietnamienne, Georgette D. Elle n'est pas du pays, elle n'est pas de la campagne mais de la ville et elle n'a pas le sou. Cela n'empêche pas Jean-Pierre de l'épouser contre l'avis de sa mère et de l'amener à la ferme.

Georgette se retrouve enceinte un an plus tard. Elle accouche d'un fils, mais entre-temps tout a changé. Jean-Pierre, après cet acte d'indépendance, est redevenu soumis à sa mère et la laisse tout diriger. C'est Jeanne qui s'approprie le fils de Georgette, Thierry. Elle seule a le droit d'y toucher et c'est elle, pas sa mère, qu'il appellera « maman ».

Rapidement, la situation de Georgette se dégrade et elle va bientôt devenir semblable à celle de Werner, qui continue à être martyrisé. Dans le courant de l'année 1977, elle n'a plus le droit de dormir à la maison. Elle est installée dans la grange et, à partir de là, son calvaire commence. Il ne prendra fin qu'avec l'incendie tragique du 12 février 1989 où son compagnon d'infortune trouvera la mort.

D'après les résultats de l'enquête, d'ailleurs, cet incendie n'a pas été dû au hasard. Jeanne T. est soupçonnée de l'avoir allumé pour se débarrasser de Werner, qui, suite aux mauvais traitements qu'il avait subis, ne pouvait plus se tenir sur ses jambes et ne servait plus à rien. Comme il était devenu une bouche inutile, elle aurait décidé sa disparition. Elle lui aurait donné un puissant somnifère avant de mettre le feu à la paille qui lui servait de matelas.

Mais de cela, il sera question dans un second procès. Il ne s'agit, cette fois, que du sort infligé à Georgette T.

Les deux accusés ont pris place dans le box. Jean-Pierre T. a bien des allures de terreur, avec sa carrure d'athlète et son regard dur, mais le plus frappant est encore sa mère. Jeanne T., la principale accusée, n'a rien d'un monstre. Elle fait bien ses soixante-huit ans. Elle est plutôt frêle, avec son 1,55 mètre. Bref, elle ressemble à n'importe quelle grand-mère et on imagine mal que ce soit à elle qu'on reproche de telles horreurs.

Dès qu'elle s'exprime, pourtant, on s'aperçoit qu'elle est loin d'être dénuée de personnalité. Elle ne manque pas d'assurance, elle répond sans faiblir, d'une voix bien posée, aux questions du président concernant son enfance.

« Mon père était un homme bien, très dur… »

On en vient enfin à Georgette. Le président lui demande comment elle a accueilli sa belle-fille. Elle affirme : « J'étais contente… »

Questionnée avec plus d'insistance, elle finit pourtant par reconnaître qu'elle n'est pas allée au mariage de son fils : « Il aurait fallu que je m'achète une robe, des chaussures… »

Jeanne ne se montrant guère loquace, c'est la victime elle-même qui va parler à sa place. Georgette T. arrive à la barre. Elle marche avec difficulté. Elle est à jamais infirme. Son visage harmonieux, aux traits à la fois européens et asiatiques, est impénétrable. Les souffrances semblent avoir détruit en elle tout pouvoir d'exprimer une émotion.

Elle raconte d'une voix glaciale comment elle est venue à la ferme en 1971. Elle ne savait rien de la vie et Jean-Pierre était son premier homme. Elle a compris tout de suite que c'était sa belle-mère qui commandait. Elle a d'abord été transformée en domestique. Il lui fallait travailler aux champs, nourrir les bêtes, traire les vaches à la main dans le noir pour économiser l'électricité. Et bien vite, les mauvais traitements ont commencé. Elle montre ses cheveux courts.

« J'étais belle, très belle. J'avais de longs cheveux. Mais Jeanne me les tirait tout le temps. Je me les suis coupés moi-même avec un couteau pour qu'elle n'ait plus de prise. »

On la battait le plus souvent avec un morceau de tuyau à traire que Jeanne et son fils avaient surnommé l'« esprit frappeur ». On le fait passer comme pièce à conviction dans le tribunal... C'était Jeanne T. qui dirigeait et commandait tout, précise Georgette, mais Jean-Pierre, qui se vantait d'avoir « du sang dans les veines », approuvait ces supplices et y participait volontiers. Tout cela a duré douze ans et elle a plus d'une fois failli mourir de faim et d'épuisement.

« Je me voyais mourir de faim. Je ramassais des fruits en allant mener les vaches aux champs. En cachette, sinon j'étais frappée... »

Avec ce témoignage terrible, prononcé d'une voix dont l'émotion est absente, les jurés et le public pensent avoir assisté au moment le plus pénible de ce procès. Ils se trompent : le pire est à venir.

Thierry, le fils de Georgette, a été habitué dès son plus jeune âge à prendre part aux mauvais traitements contre sa mère. Il a été lui aussi son tortionnaire !...

Il comparaît en tant que simple témoin devant les assises de Bar-le-Duc. S'il n'est pas inculpé comme son père et sa grand-mère, c'est qu'il était mineur au moment des faits. Mais il sera jugé par un tribunal pour enfants. Il a le visage un peu asiatique de sa mère et la carrure de son père. La contenance aussi. Il ne semble nullement impressionné par les faits qu'on lui reproche, ni gêné par la situation.

« Ma mère, on la frappait avec les poings, les pieds et aussi avec des bâtons... »

Le président s'indigne : « Mais vous n'aviez aucune affection pour elle ? »

Il hausse les épaules :

« Je la connaissais à peine. C'est ma grand-mère qui m'a élevé et puis mon père m'a expliqué que si on la frappait, c'était pour la punir...

— Est-ce que le chien mangeait mieux que votre mère ? »

Sourire :

« Oui, bien sûr !

— Que ressentiez-vous quand vous entendiez votre mère hurler ? »

Même sourire : « J'aurais pas aimé être à sa place ! »

Le président insiste. Il veut savoir comment cela se passait concrètement.

« Tout le monde la frappait : moi, je faisais pareil. J'allais la réveiller le matin.

— Vous la frappiez ?

— Oui, ça m'arrivait. C'est ma grand-mère qui me le demandait. Je le faisais avec un bâton.

— Comment trouvez-vous votre grand-mère ?

— Bien !... »

En fait, Thierry ne s'anime vraiment que lorsque le président lui demande ce qui l'intéresse dans la vie.

« Ce qui m'intéresse, c'est tout ce qui a trait à la dernière guerre, le nazisme. Ça, ça me plaît, comme ça plaît à mon père !... »

Après ce terrible moment, les autres dépositions qui se succèdent jusqu'aux plaidoiries n'ajoutent rien, et c'est, d'ailleurs, à Thierry que maître Bienfait, partie civile, s'adresse en prenant la parole :

« Vous vous rendez compte du calvaire que votre mère a subi des années durant ? On l'a maltraitée, battue, on l'a obligée à avorter deux fois. Elle est devenue esclave, frappée à coups de tuyau d'arrosage, piquée avec des pointes de fourche. Quand on l'a découverte, elle ne pesait plus que trente-cinq kilos et pourtant elle travaillait tout le jour durant. On est allé jusqu'au bout de l'horreur. Et puis, comme un point d'orgue au cauchemar, il y a cet incendie. Werner y a péri, mais je suis persuadé que Georgette, elle aussi, était condamnée à mourir ce soir-là. Si les pompiers n'étaient pas arrivés aussi vite, c'est sans doute le sort qu'elle aurait subi. Elle ne serait plus aujourd'hui qu'un petit tas de cendres... »

L'avocat général, Mme Simoncello, s'en prend, elle, à l'attitude de l'entourage :

« Je regrette que ces deux-là soient seuls au banc des accusés. Car je tiens à souligner que tout le village savait ce qui se passait chez les T. Et personne n'a rien dit ! Les médecins qui venaient chez eux, parfois, savaient, eux aussi. Si certains habitants du village n'ont pas été sanctionnés pour non-dénonciation de crime, c'est tout simplement parce que les faits, trop anciens, sont prescrits. »

Et elle conclut : « Les seuls coupables que vous pouvez châtier aujourd'hui, ce sont Jeanne et son fils Jean-Pierre. Je vous demande de prononcer contre eux dix années de réclusion criminelle, le maximum de la peine prévue par la loi pour tortures et actes de barbarie. »

Il faut insister sur ce dernier terme. Le mot « barbarie » n'est pas seulement employé ici pour qualifier un acte particulièrement révoltant. Il a une signification juridique. Le délit de barbarie figure dans notre droit, même si le Code ne le définit pas de manière précise. Il est très rarement retenu contre un accusé, ce qui souligne le caractère exceptionnel de cette affaire...

Dans leurs plaidoiries, maîtres Kremser et Hechinger réclament les circonstances atténuantes. Ils insistent sur le climat de violence qui régnait à la ferme à cause du père de Jean-Pierre, Léopold W., le prisonnier allemand. Ils insistent sur l'indifférence de l'entourage qui aurait pu, sinon, mettre un frein au calvaire de la malheureuse... Parlant les derniers, la mère et le fils trouvent les arguments qu'ils peuvent.

Jeanne T. : « Tout ce qu'on a dit sur moi est vrai, mais si j'ai frappé Georgette, c'était parce que je buvais. »

Et Jean-Pierre : « Moi, je ne savais pas ce qui se passait. Le jour, je travaillais à la ferme, et la nuit je dormais chez ma maîtresse... »

Le verdict tombe peu après : dix ans pour chacun, le maximum prévu pour « acte de barbarie ».

Lundi 15 novembre 1993 : deuxième et dernier acte de cette terrible affaire, avec le second procès de Jeanne et de Jean-Pierre T., cette fois pour le meurtre de Werner W. Jeanne est accusée d'homicide avec préméditation, tandis que son fils l'est seulement de non-assistance à personne en danger.

L'accusation reprend des faits déjà connus pour l'essentiel, en insistant toutefois davantage sur la personnalité de Werner. Il a neuf ans quand son père le fait venir d'Allemagne. Il est placé à l'école et apprend rapidement le français, ce qui prouve qu'il n'est nullement un attardé mental. Mais Léopold le retire deux ans plus tard de l'école, pour qu'il fasse les travaux de la ferme. C'est alors que Léopold meurt et que commencent pour le malheureux garçon les sévices décrits au premier procès.

Début 1989, il perd l'usage de ses jambes et, selon l'acte d'accusation, Jeanne T. décide de le supprimer... Dans la nuit du 11 au 12 février 1989, elle éloigne son fils et fait absorber à Werner une forte dose de Mogadon, un somnifère puissant. Quand il est endormi, elle arrose son lit d'essence et y met le feu.

Cette version des faits est conforme aux aveux qu'elle a passés à deux reprises. Elle s'est rétractée depuis, mais il y a de nombreuses charges contre elle, dont une assurance-vie à son profit sur la tête de Werner, prise peu avant sa mort...

Contrairement au procès précédent, Jeanne T. nie farouchement ce dont on l'accuse :

« Ce n'est pas moi qui ai mis le feu !

— Vous l'avez pourtant avoué à deux reprises.

— J'ai avoué parce que j'avais la hantise qu'on mette mon petit-fils en prison.

— Mais vous avez été chercher vous-même, devant les enquêteurs, le récipient qui vous avait servi à transporter l'essence dans l'appentis pour mettre le feu.

— Ce n'est pas moi qui ai mis le feu !... »

Le président aura beau faire, Jeanne continue à nier et finit par s'enfermer dans un silence buté... On voit alors revenir Georgette à la barre. L'affection qu'elle porte encore à son compagnon de misère est particulièrement émouvante.

« Werner n'était pas l'idiot qu'ils disent. Il savait lire, écrire et compter. Il me racontait sa jeunesse en Allemagne. Il aurait voulu y retourner, mais c'était impossible. »

Elle décrit longuement son calvaire quotidien, semblable au sien : « Werner n'avait jamais de vrais vêtements, juste des hardes repoussantes. Il n'avait pas de nourriture, seulement du pain trempé dans les reste de lait tourné, pas d'argent, pas de quoi se laver. Jeanne et Jean-Pierre le frappaient à coups de bâton. Il criait. À partir de novembre 1988, il est tombé malade. Il avait une jambe abîmée. Il ne pouvait plus marcher... »

Les débats se poursuivent... Jean-Pierre est laissé dans l'ombre. Visiblement, il n'a pas joué un grand rôle dans cette affaire et peut-être pas de rôle du tout. Les psychiatres s'interrogent sur la personnalité de Jeanne et, comme il arrive souvent, ils ne sont pas d'accord entre eux. Un premier distingue chez elle « des traits pervers et un sens moral défaillant » mais un second ne lui trouve « pas l'ombre d'un caractère pathologique ».

C'est dans ces conditions qu'on en arrive, le mercredi 17 novembre, au réquisitoire de l'avocat général Christine Laï. « C'est un gamin, un adolescent, un jeune homme, un homme qui a été spolié pendant toute son existence. C'est Werner W. que vous avez détruit. » Et elle demande vingt ans de réclusion criminelle pour Jeanne T. et cinq pour Jean-Pierre.

Maître Hechinger, avocat de Jean-Pierre, est argumenté, précis, et conclut : « Il n'y a aucune preuve dans ce dossier. »

Maître Kremser, avocat de Jeanne, plaide, lui aussi, l'innocence pour le meurtre de Werner : « On supplée, dit-il, le défaut de preuve par l'intime conviction. » Et il ajoute que les aveux qu'elle a passés sont sans valeur…

Ce n'est pas l'avis des jurés. S'ils acquittent Jean-Pierre T., ils reconnaissent Jeanne coupable et la condamnent à treize ans de prison, confondus avec les dix qu'elle avait déjà reçus.

Pour leurs actes de barbarie, Jeanne et Jean-Pierre T. ont donc été condamnés en tout à treize et dix ans de prison. Et, pour tous ceux qui ont assisté à ces débats, il reste une interrogation qui fait froid dans le dos. Sans l'incendie de la grange, on n'aurait jamais su ce qui se passait à la ferme des T. Alors, il est malheureusement probable, pour ne pas dire certain, que, dans d'autres maisons isolées, d'autres subissent le même calvaire et que, pour ceux-là, on ne saura jamais !

« *Le rôle de sa mort* »

« Silence ! Moteur ! Action ! » Les ordres rituels du réalisateur résonnent sur le plateau de télévision pour le cent cinquantième épisode du tournage de *Corps et âmes*, le feuilleton d'amour et de passion qui fait vibrer tous les soirs des millions de Brésiliens. Le décor est simple mais de bon goût, la mise en scène ne va pas chercher midi à quatorze heures : le principal c'est qu'on comprenne ce qui se passe dans la tête des héros. Il l'aime mais elle ne veut pas subir cette passion ravageuse parce qu'elle a peur d'en aimer un autre. A-t-il encore une chance ? Saura-t-il la convaincre ? Dieu seul le sait, et encore on peut en douter car, dans ce genre d'histoire à l'eau de rose, le scénariste lui-même, une fois qu'il a installé ses principaux personnages, ne sait pas très bien où l'histoire va le conduire. Ce sont pratiquement les réactions des téléspectateurs lors des premiers épisodes qui vont lui dicter la conduite à tenir, la cote de popularité des acteurs, leur présence. Faudra-t-il élargir le rôle des méchants, faire disparaître le jeune premier dont l'imprésario vient soudain d'augmenter les prétentions sur le plan financier ? Le courrier des lecteurs sera-t-il abondant, tel ou tel personnage va-t-il faire un tabac ?

Autant de questions qui se posent au scénariste, aux producteurs, aux comédiens. Le rythme du tournage est tel, rentabilité oblige, que personne n'a vraiment le temps d'approfondir ses motivations, chacun puise directement à la source de ses propres souvenirs pour remplir son personnage. Les téléspectateurs, par leurs réactions, influencent directement toute l'équipe. Petit à petit, jour après jour, les acteurs et les actrices, choisis parce que l'image qu'ils donnent est la plus près possible du rôle, finissent par vivre en osmose complète avec le personnage qu'on leur fait jouer quotidiennement à une allure effrénée. Ce n'est pas grave s'il s'agit de comédies pleines de rires et de gags. Quand l'histoire se fait plus sensuelle, plus passionnée, plus chaude, comme les nuits brésiliennes, l'interprète, au bout de quelques semaines, n'a plus le temps de se relaxer, il devient le héros ou l'héroïne, bon ou mauvais, névrotique ou diabolique, qu'on lui fait jouer.

Daniela P., la ravissante comédienne qui incarne l'héroïne, a de quoi se réjouir : jour après jour elle devient une nouvelle idole du Brésil. Bien sûr, ce feuilleton pour les masses n'est pas susceptible de lui ouvrir d'un seul coup les portes de la gloire internationale, mais c'est, en dehors des rentrées financières, un excellent marchepied vers autre chose, le vrai cinéma, le théâtre, les rôles plus étoffés, plus fouillés. Pour l'instant, elle se contente d'être belle et fragile et de subir, dans le rôle de Yasmine, les crises de jalousie de l'ignoble Bira, un rôle incarné par le très joli Guilherme V. qui, lui aussi, à l'aube de sa carrière se fait, une fois rentré dans sa loge, les mêmes réflexions. Enfin on pourrait le croire… Hélas ! Guilherme n'est pas exactement dans les mêmes dispositions d'esprit que sa partenaire principale. Le drame couve.

Guilherme est marié avec une fort jolie femme, Daniela l'est aussi de son côté et parfaitement heureuse. C'est la mère de Daniela qui, dotée d'un joli brin de plume et des relations nécessaires, écrit, jour après jour, la suite des aventures amoureuses et désespérées de « Yasmine ». Une affaire de famille et qui tourne à la satisfaction de tous. On envisage déjà d'autres histoires quand celle-ci, vers le millième ou deux millième épisode aura un peu lassé le public… Daniela se contente, jour après jour, d'apprendre son texte sur le bout du doigt, « au rasoir », comme on dit… Pourtant elle a un petit problème. Elle remarque, au fil des tournages, que Guilherme, qui joue Bira, le super-jaloux, est de plus en plus « convainquant » dans les scènes rapprochées, ses étreintes sont de plus en plus passionnées et ses baisers, filmés en gros plan, n'ont plus rien à envier aux vrais baisers d'un amant qui perd la tête. Au début Daniela éprouve une certaine admiration pour l'intensité du jeu de son partenaire. Elle est très heureuse dans son mariage, elle suppose que son partenaire l'est aussi et s'efforce de se montrer à la hauteur dans chaque épisode. Moins on fait de « prises », plus vite on est libre et moins on fait perdre d'argent à la production. Une sorte d'assurance prise sur l'avenir, c'est ainsi qu'on construit sa réputation d'actrice fiable... Dur métier où les journées sont longues, épuisantes, dur métier qui oblige Daniela à rentrer tard chez elle, seule dans sa voiture, dans un Brésil où les attaques nocturnes de femmes seules au volant sont fréquentes, particulièrement lorsque leur véhicule est bloqué à un carrefour par un feu rouge.

Mais en fait, Guilherme, au fil de « scènes de jalousie » suivies, selon la loi du genre, de réconciliations, d'étreintes, d'adieux déchirants, de retrouvailles émouvantes, se sent, lui aussi, « pris », non pas par le jeu de Daniela mais par son parfum, la douceur de ses lèvres, de sa peau, la caresse de ses cheveux qu'il a souvent l'occasion de presser contre sa joue, ses yeux, toutes choses bien réelles et concrètes : l'amour entre en lui par le biais de la fiction, du « faux-semblant ». Il attend absolument le « Coupez ! » du réalisateur pour que ses lèvres veuillent bien libérer celles de Daniela qui, en regagnant sa loge, lui lance souvent un coup d'œil en biais, plein d'interrogations et déjà, à juste titre, plein d'angoisse...

Daniela en parle à son mari mais lui, pour ne pas la troubler dans son personnage, s'efforce de la rassurer, de lui expliquer qu'un partenaire qui joue un peu trop bien le jeu est une chose courante dans le métier, que cela peut l'aider, elle, dans ses répliques, qu'elle doit en profiter pour améliorer d'autant ses propres réactions de comédienne et que, une fois la série terminée, les choses rentreront dans l'ordre. Chacun alors s'inquiétera de trouver un autre engagement, d'autres sentiments. Daniela n'est qu'à moitié convaincue, elle sent de jour en jour dans les baisers de « télévision » de Guilherme quelque chose de malsain, comme un désir réel de la posséder complètement...

Semaine après semaine toute l'équipe du tournage reçoit le script du tournage suivant : scénario avec l'explication de l'action, les textes de chacun et les répliques des autres. Daniela se jette dorénavant sur les nouveaux épisodes avec des sentiments mitigés. Elle est anxieuse d'apprendre son nouveau texte le plus vite et le plus parfaitement possible, mais, en même temps, elle prévoit, entre les lignes de l'action, dans les répliques de Guilherme, toutes les nouvelles occasions de « corps à corps », de baisers, de contacts physiques. Elle se demande jusqu'où cela va la mener, jusqu'où Guilherme va pousser les choses...

Gloria, la scénariste, mère de Daniela, elle aussi surveille de près les réactions de Guilherme. Elle continue à écrire, pour la plus grande gloire de *Corps et âmes*, orientant l'action du mieux qu'elle peut – faisons-lui confiance – pour maintenir le suspense dans des millions de foyers brésiliens.

Cette semaine, en recevant la dernière mouture des aventures de Yasmine et Bira, chacun frémit devant le rebondissement imprévu : l'héroïne doit consommer la rupture avec son amant jaloux au-delà du possible. Pendant quelques épisodes au moins, elle n'aura plus à subir ses baisers et ses larmes, elle ne se retrouvera plus prisonnière des bras de Guilherme-Bira. Qui sait, la chose sera peut-être définitive ? Daniela a peut-être suggéré ce rebondissement à sa mère. Celle-ci l'a peut-être imaginé pour d'autres raisons. Toujours est-il que Guilherme, en constatant qu'il n'a plus, dès la scène trois, l'occasion d'enfouir son visage dans la chevelure abondante de Daniela, devient comme fou, révélant au grand jour sa vraie passion plus ou moins dissimulée jusque-là. Il se précipite chez Gloria et la supplie de changer à nouveau le cours de l'histoire.

Mais, pour des raisons qu'elle ne juge pas utiles de lui expliciter, Gloria refuse énergiquement de changer le script prévu. Elle a, dit-elle sans ambages, un plan à respecter. En ce qui la concerne, il est nécessaire que Yasmine plante là Bira, le public réclame l'entrée en scène d'un nouveau prince charmant, doté, au moins pour l'instant, de toutes les qualités. Bira n'aura plus l'occasion de serrer Yasmine contre lui. Au moins pendant les prochains mois à venir.

Bira n'aura plus du tout l'occasion de serrer Yasmine dans ses bras. Les téléspectateurs brésiliens, une fois l'épisode du jour terminé, apprennent au bulletin d'information qu'on vient de découvrir Daniela dans un terrain vague, morte, poignardée de vingt-deux coups de couteau.

Très vite les soupçons se portent sur Guilherme et même sur l'épouse de celui-ci, Paula, qui n'a que dix-neuf ans et qui avoue, dans un premier temps, que la pauvre princesse de feuilleton a été assassinée par son mari, fou de douleur de devoir renoncer aux étreintes sensuelles qu'il attendait chaque jour, sur le plateau, avec une frénésie morbide. Puis Paula, qui précise que cela s'est passé dans le véhicule de son mari, qu'elle était d'ailleurs cachée à l'arrière, se rétracte. Guilherme lui aussi nie, raconte une histoire qui semble incroyable à tous. Daniela aurait cherché à devenir sa maîtresse : c'est elle qui, sous les projecteurs, aurait prolongé à plaisir leurs étreintes alors qu'il défendait sa vertu. On parle de magie noire, de vaudou, comme de bien entendu sous ces latitudes.

Guilherme, lors de son arrestation, est attendu par une foule déchaînée et l'assassin « présumé » de la « princesse des feuilletons » manque d'être lynché. Gloria, effondrée aux obsèques de sa fille, se dit, un peu tard, qu'elle aurait sans doute mieux fait de changer le cours de son histoire, de prolonger les baisers de Bira le jaloux. Dieu seul le sait…

Le lac des cygnes

« Maman, est-ce que je peux aller donner du pain aux canards ? »

Le petit Gunther B., neuf ans, qui vient de poser cette question, regarde sa mère, Frida B., qui, de son côté, a levé les yeux de son tricot. Elle est assise sur une chaise métallique de couleur verte comme il y en a dans les jardins publics. Bien qu'il soit midi et qu'il fasse assez beau, ce 10 mai 1993, le parc municipal de Zurich, en Suisse, est presque désert.

Frida B. sourit à son gamin. Elle vient juste d'atteindre trente-cinq ans ; elle a le charme qu'on peut attendre d'une habitante de la Suisse alémanique : yeux bleus, cheveux blonds sagement ramenés en bandeaux, teint rose ; elle a quelque chose de rassurant et de prospère.

« Si tu veux, mais ne t'approche pas des cygnes. Tu sais bien qu'ils sont méchants.

— Oui, Maman.

— Et ne reste pas plus de cinq minutes. Papa ne serait pas content si tu n'étais pas là quand il arrivera.

— Oui, Maman. »

Et le petit Gunther B. s'en va avec ses morceaux de pain dans un sac en papier… Frida B. se remet à son tricot. Elle sait bien que d'autres mères ne laisseraient pas leur enfant s'éloigner comme cela. Mais elle n'est pas du genre inquiet, voilà tout. Et puis le lac est à deux pas. La seule chose à craindre, ce sont les cygnes, dont la morsure peut être dangereuse, mais Gunther est un garçon prudent… De toute manière, dans quelques instants, Helmut, son mari, sera là et ils iront déjeuner.

Ce 10 mai, en effet, l'enfant n'ayant pas classe, M. B. leur a donné rendez-vous dans le parc, qui est tout près de son bureau, pour aller manger tous les trois.

Une dizaine de minutes environ se sont écoulées. Tout à compter ses mailles, Frida B. ne s'en est pas aperçu… Un bruit de pas la fait se redresser : c'est Gunther.

« Alors, ils ont bien mangé, les canards ? »

Gunther répond, d'une toute petite voix : « Oui, Maman. »

Mme B. se rend immédiatement compte qu'il y a quelque chose d'anormal : « Qu'est-ce qui se passe, Gunther ? »

Le gamin hésite un instant, puis il se décide.

« Près des canards, j'ai vu une dame.

— Et alors ? Qu'est-ce qu'elle fait, cette dame ?

— Rien. Quand je suis arrivé, elle dormait dans l'eau… »

Frida B. se précipite aussitôt vers le lac et elle s'arrête saisie : une jeune femme en robe rouge est étendue sur le dos ; son visage, immergé dans l'eau bleue, regarde le ciel. Un cygne passe avec indifférence près d'elle… Frida B. se met à crier.

« Le crime du lac des cygnes », ainsi que le surnomme la presse de Zurich, ne va pas rester longtemps une énigme pour les policiers. D'abord, l'identité de la victime est connue : il s'agit de Magda Weber, vingt et un ans, serveuse dans un supermarché. D'après les premiers témoignages, la jeune fille était de mœurs faciles, sans être une prostituée de métier.

Le plus intéressant est pourtant le témoignage d'un médecin. Il ne s'agit pas du médecin légiste, dont le rapport est sans surprise et conclut à la mort par strangulation. Il s'agit d'un témoin, le docteur Schneider, qui s'est trouvé par hasard sur les lieux quand Mme B. a appelé au secours. Il se montre catégorique dans sa déposition auprès des enquêteurs :

« J'ai retiré de l'eau la victime. Elle vivait encore. Elle est morte dans mes bras. Cela signifie que l'agression était toute récente. Dans les cas d'étranglement, la mort intervient dans un délai très court, quatre ou cinq minutes. »

Le commissaire Handke, chargé de l'enquête, comprend tout de suite l'importance de cette précision.

« D'après le jeune garçon, la victime était inanimée quand il est arrivé et il est resté plusieurs minutes avant de rejoindre sa mère.

— C'est donc qu'il ne dit pas la vérité.

— Et qu'il a été témoin du meurtre ?

— Vraisemblablement... »

Telles sont les délicates circonstances dans lesquelles le commissaire Handke commence son enquête. Tout tourne autour de la famille B. et l'horaire va avoir une importance capitale... À midi, le petit Gunther demande à sa maman d'aller au bord du lac donner du pain aux canards. Vers midi dix il revient en disant qu'il a vu une dame dans l'eau. Mme B. se rend sur les lieux, crie, et le docteur Schneider arrive aussitôt. Et c'est cinq minutes plus tard environ que M. B., qui sort de son bureau, survient sur les lieux.

Sans perdre de temps, le commissaire Handke s'attaque à la partie la plus difficile de son travail : l'interrogatoire du petit Gunther.

Gunther B., assis entre ses parents dans le bureau du commissaire Handke, est un garçon blond qui paraît à peine ses neuf ans. On le devine timide, voire secret. Frida B. s'efforce de paraître à son aise pour rassurer l'enfant, mais il est visible qu'elle fait un gros effort. Quant à Helmut B., le père, il ne cherche pas à dissimuler sa colère.

« Je m'élève contre cet interrogatoire ! Vous mettez la santé de Gunther en danger. »

Le commissaire reste calme.

« La loi suisse fait obligation à tous de témoigner, même aux mineurs.

— Gunther a déjà dit ce qu'il avait vu.

— Eh bien, il va me le répéter... N'est-ce pas, mon grand ? »

Le gamin adresse un regard craintif au policier.

« Voyons, quand tu es arrivé près du lac, qu'est-ce que tu as vu ?

— Ben, la dame...

— Elle était dans l'eau ?

— Ben, oui...

— Et après, qu'est-ce que tu as fait ?

— Ben, rien...

— Ta maman dit que tu es resté dix minutes près du lac. Tu as donc fait quelque chose.

— Je ne sais pas.

— Tu as donné quand même ton pain aux canards ?

— Oui.

— Et tu n'étais pas gêné que la dame soit dans l'eau pendant ce temps-là ? »

Gunther B. se met à pleurer. Son père intervient avec violence :

« Vous martyrisez cet enfant ! Vous n'avez pas le droit !

— C'est l'unique témoin d'un meurtre.

— Il n'a rien vu. Il vous a dit que la victime était déjà morte quand il l'a découverte.

— Il l'a dit, mais ce n'est pas possible. Je vais vous demander de vous retirer, ainsi que Mme B. »

Sans prêter attention aux protestations de son père, le commissaire prend le petit Gunther par la main et l'entraîne vers la pièce à côté.

« Viens. On va parler ensemble… »

Et c'est dans la pièce contiguë, tandis qu'Helmut B. vocifère qu'il va prévenir son avocat, que se poursuit l'interrogatoire et que la vérité sur le crime du Lac des cygnes va éclater.

« Tu es un grand garçon, Gunther ? »

Gunther regarde le commissaire d'un air désespéré et renifle bruyamment. Le policier sait parfaitement l'épreuve qu'il va infliger à l'enfant. Mais il n'a pas le choix.

« Tu es un grand garçon et les grands garçons ne doivent pas mentir. Car tu as menti tout à l'heure… »

Gunther B. a un air de détresse encore plus intense.

« Tiens, je vais t'aider. Je vais parler et tu n'auras qu'à faire oui avec la tête… Voilà, quand tu es arrivé près du lac aux canards, tu as vu la dame, elle n'était pas morte. Elle était assise au bord de l'eau. C'est cela ? »

Gunther fait oui de la tête.

« Tu as été un peu plus loin pour donner ton pain aux canards et tu n'as plus fait attention à elle. Et à un moment, tu t'es retourné, sans doute parce qu'elle a crié. C'est cela ? »

Gunther fait oui de la tête.

« La dame était alors avec un monsieur qui la tenait dans ses bras.

— Non ! Il n'y avait pas de monsieur !

— Mais si, Gunther... D'abord, il faut que je te dise une chose : tu sais qu'il y a des gens qui se ressemblent. Toi, on a déjà dû te dire que tu ressemblais à quelqu'un de ta famille, non ?

— Oui c'est vrai : tout le monde dit que je ressemble à mon frère. »

Pour la première fois, le petit Gunther a un pâle sourire. Les paroles du commissaire semblent le rassurer un peu.

« Alors, ce monsieur, il pouvait très bien ressembler à quelqu'un que tu connaissais sans être lui... Par exemple, il pouvait ressembler à ton papa. »

Gunther B. a un sursaut de tout son corps.

« Donc le monsieur que tu as vu ressemblait à ton papa... »

Il y a un moment interminable, puis l'enfant hoche lentement la tête. « Oui, il lui ressemblait. »

Et il ajoute précipitamment :

« Mais ce n'était pas lui, n'est-ce pas ?

— Non, Gunther, ce n'était pas lui... »

Quelque temps plus tard, c'est au tour d'Helmut B. de se trouver en face du commissaire Handke. Le petit Gunther a été confié à sa mère, qui a été mise discrètement au courant de l'horrible vérité.

Helmut B. n'a plus rien de l'homme coléreux qu'il était en présence de sa femme et de son fils. C'est un être effondré, brisé. Il ne cherche pas à mentir.

« La seule chose que j'espérais, c'était que Gunther ne m'ait pas vu. Non pas pour échapper à la justice, mais parce que je ne peux pas supporter qu'il ait vu... ça.

— Il a vu, monsieur B. Qu'est-ce qui s'est passé exactement ?

— Je ne sais pas... J'ai perdu la tête. Ce n'était pas la première fois que cela m'arrivait. Déjà, en croisant des jeunes filles dans la rue, j'avais eu des envies, des impulsions, mais j'y avais toujours résisté.

— Et là ?

— Je suis sorti du bureau un peu en avance. Pour rejoindre Frida et Gunther, j'ai décidé de faire un détour par le lac. J'ai aperçu de loin sa robe rouge sur l'herbe. J'ai voulu faire demi-tour, mais j'ai continué à avancer, comme fasciné. Alors, elle m'a lancé un regard provocant et à partir de ce moment je ne sais plus rien. »

Tels sont les aveux qui ont été passés devant la police suisse par M. B., aveux déconcertants et terribles de la part d'un homme jusque-là irréprochable, d'un père de famille aimant et respectable. La justice aura à se prononcer plus tard sur son degré de responsabilité mais, quoi qu'il en soit, le commissaire Handke n'avait pas vraiment menti au petit Gunther : ce n'était pas son père qu'il avait vu, au bord du lac des cygnes, c'était le monstre qui était caché en lui… Comme en chacun de nous, peut-être.

Le cœur crevé

« Vous vous appelez Ilsa Schott ? »

La voix ferme et calme du psychiatre s'adresse non pas à une femme, non pas à Ilsa Schott, mais à une sorte de bête fauve, ficelée et muselée, que l'on vient de jeter comme un paquet dans la salle des urgences.

Les yeux d'Ilsa, d'un bleu profond, presque électrique, s'accrochent au regard du médecin. Toute la rage, toute l'impuissance et les brimades de son corps ligoté passent dans ce regard.

Le médecin a un geste vers les infirmières. « Ôtez le bâillon !

— Elle va hurler, docteur, et mordre tout ce qu'elle pourra !

— J'ai besoin qu'elle parle ! »

Les infirmiers s'exécutent en haussant les épaules. Parler, cette fille-là ? La dingue la plus dangereuse qu'ils aient reçue dans ce service depuis des années ! Elle a déjà mordu deux infirmiers et cassé trois seringues dont elle porte encore les aiguilles dans le bras ! Personne n'arrive à l'approcher. La douche glacée n'a pas eu raison d'elle, il aurait fallu l'assommer ! Ce petit psychiatre ferait mieux d'expédier cette tigresse aux électrochocs, plutôt que d'essayer de lui parler.

Le bâillon de sparadrap arraché sans ménagement fait venir des larmes dans les yeux bleu élecrique d'Ilsa Schott et elle crache brutalement au visage de l'infirmier. D'une voix rauque, cassée à force de cris, elle l'injurie avec vulgarité, puis se tait brusquement pour reprendre son souffle. Le psychiatre l'entend marmonner, comme pour elle seule : « Ils vont me crever le cœur… »

Elle respire profondément, par saccades, comme une noyée qui retrouverait enfin la surface. Couchée sur le flanc, dans une position ridicule, les bras dans le dos, les jambes repliées en arrière, elle renverse la tête pour regarder le plafond. Ses longs cheveux bruns éparpillés autour de son visage blanc, les yeux fixes, elle récupère. On dirait une étoile de mer échouée sur une plage.

Le psychiatre de service de l'hôpital d'Offenbach a consulté la fiche d'admission de la malade. Il y a lu en résumé ce qui devrait ressembler à une vie. Ilsa Schott, trente-trois ans, célibataire, un enfant confié aux services sociaux, internée depuis 1960. Comportement agressif envers les infirmiers, responsable de divers dégâts à l'intérieur de l'hôpital, vitres brisées, meubles cassés, placards dévastés. Deux suicides manqués et, plus récemment, tentative d'étranglement sur la personne de l'infirmière en chef. Doit être déplacée dans la section des agités dangereux.

Mais une fiche n'a jamais raconté une vie tout entière.

« Vous vous appelez Ilsa Schott ? »

Pourquoi ce médecin veut-il absolument lui faire répéter son nom ?

Pour l'identifier dans le sens complet du terme. Un dément qui ne connaît plus son nom a franchi un stade avancé de la maladie. Par contre, celui qui est encore capable de s'identifier en tant qu'individu socialement répertorié, possédant un nom, un âge, de la famille, un métier, des racines, dans la normalité en quelque sorte, celui-là est encore accessible au dialogue.

« C'est marqué sur le papier que je m'appelle Ilsa. Vous ne savez pas lire ?

— Depuis quand êtes-vous à l'hôpital ?

— Ce n'est pas moi qui vous répondrai. Moi, je ne sais plus où sont les jours, les nuits, les heures que je passe ici. On me les vole. Je veux m'en aller, je veux sortir de cette maison de fous, on va me rendre fou, moi aussi.

— Folle, vous voulez dire.

— Je dis fou. Ici on est fou, on n'a plus de sexe, plus de visage, plus de corps, on est enfermé comme un monstre. Je ne suis pas un monstre.

— Pourquoi êtes-vous là, alors ? Que s'est-il passé ?

— Je n'en sais rien. Je vivais dehors. J'étais libre et, un jour, on m'a amenée ici. Je n'avais pas le droit d'avoir des amants, peut-être ?

— Mais qui vous a mise ici ?

— Ma mère, un juge et un flic. Ils m'ont pris mon gosse, ils l'ont fichu dans un orphelinat, je ne sais où. Mon fils... Et après, ils m'ont jetée ici. Une soi-disant maison de repos. Je n'en veux pas de leur repos. Vous savez où je dors en ce moment ? Dans une chambre avec six filles. L'une se gratte toute la journée jusqu'au sang, l'autre n'arrête pas de se balancer en poussant des cris. La grosse veut toujours dormir dans mon lit, il faut que je me batte sans arrêt contre elle. Et la petite, on dirait qu'elle est morte, elle se réveille pour renverser sa gamelle de soupe sur sa tête. Alors, je n'en peux plus et je hurle ! Je hurle tellement que je n'ai plus de force. Ils vont me crever le cœur.

— Qu'est-ce que vous voulez dire par : crever le cœur ?

— Mon cœur va flancher. Un jour je ne pourrai plus crier, je n'aurai plus de force et personne ne m'entendra pour me sortir de là.

— Ilsa, si on vous a mise là, c'est que vous êtes malade, vous ne croyez pas ?

— Vous aussi, vous dites que je suis malade ? Pourquoi vous m'avez enlevé ce bâillon, alors ? Juste pour que je parle ? Juste pour écrire encore des petites phrases dans vos cahiers, et puis après, on referme le cahier et on me renvoie là-bas ? Je n'irai plus là-bas ! Je ne suis pas malade, ma tête est solide. Détachez-moi. Laissez-moi me mettre debout comme tout le monde, ouvrez cette porte, laissez-moi sortir, et vous verrez que je suis normale.

— Vous êtes normale, mais nerveuse. Vous avez essayé de vous suicider deux fois.

— Et alors ? Dehors, les gens aussi se suicident ! Pas besoin d'être fou pour ça, et dehors, jamais je n'ai voulu mourir, moi ! C'est ici que je l'ai fait, avec leurs pilules, leurs piqûres et leurs séances de parlote qui n'en finissent pas !

— Vous vous rappelez pourquoi on vous a amenée ici ?

— Parfaitement. C'est à cause des gens du quartier. Ils ont appelé les flics, et ma mère a été d'accord.

— Que vous reprochait-on ?

— Je n'en sais trop rien. Je buvais trop, je connaissais trop de types.

— Pourquoi trop ? Un seul ne vous suffit pas ?

— Vous ne pouvez pas comprendre.

— Et vous, vous comprenez ?

— Non, je ne comprends pas. Je cherche. Je cherche quelqu'un qui lui ressemble. Je ne trouve pas, mais je cherche encore. Parce qu'il est mort, vous savez, il est mort.

— Qui est mort ?

— Fichez-moi la paix ! Sortez-moi d'ici !

— Allons, continuons de parler, restez calme. Si vous hurlez, vous n'arrangerez pas votre cas.

— Vous avez peur ?

— Pour vous, oui.

— Espèce de lâche ! Vous êtes comme les autres ! Vous vouliez m'endormir avec vos questions. »

La bête fauve a repris du service. Ilsa se met à hurler comme une démente qu'elle est, ou qu'elle n'est pas. Tout le problème est là. Il faut à nouveau la bâillonner, l'immobiliser, suer sang et eau pour enfin lui faire une piqûre.

Alors, le corps se détend enfin. On lui ôte le bâillon, elle respire à petits coups et, avant de sombrer dans la léthargie des tranquillisants, murmure distinctement : « Je vous prouverai que j'ai tout mon sang-froid, je ferai ce qu'il faut pour qu'on me juge responsable de mes actes. Je le ferai avant d'avoir le cœur crevé. »

Et on l'emporte vers une cellule isolée ; on l'attache sur un lit bas ; on referme la porte sans verrou apparent. Toutes les six heures, deux infirmiers viennent renouveler la piqûre, pour tuer la bête fauve qui est en elle, en attendant de prendre une décision sur son cas. Electrochocs ? Il faut l'accord de la famille. C'est pourquoi Mme Schott, prénom Hildegarde, mère d'Ilsa, est convoquée chez le psychiatre, le 20 septembre 1960.

Mme Schott, veuve et bigote, a honte d'avoir mis au monde une fille comme Ilsa. Une fille qui a pris tant d'amants qu'elle en est devenue la honte du quartier.

« Et pourtant, à dix-huit ans, c'était une gentille petite fille, docteur. Elle était fiancée, elle allait à l'église, c'était la fin de la guerre, j'espérais qu'elle aurait une vie meilleure avec Frederick.

— Qu'est devenu le fiancé ?

— Il s'est noyé. Un accident. Ilsa n'était pas avec lui ce jour-là. Elle l'a cherché dans le lac pendant des jours. Elle plongeait et replongeait, il a fallu l'empêcher de continuer. On n'a pas retrouvé le corps. Alors, elle est devenue bizarre. Tout d'abord, elle a voulu se marier avec le frère de Frederick. Elle s'est conduite comme une petite traînée. Elle est allée jusque dans son lit. Mais il ne voulait pas d'elle. Ensuite, ça n'a pas arrêté. La honte de la famille et du quartier, docteur. Elle racolait n'importe qui. Un soir l'un, un jour l'autre, et pas moyen de l'en empêcher. Une jeune fille qui était si pure, si raisonnable pendant ses fiançailles. Puis elle s'est mise à boire et à faire des esclandres partout. En 1950, elle était enceinte, j'ai voulu la mettre dans une maison de repos, mais ils n'ont pas voulu la garder. Il a fallu lui enlever l'enfant à la naissance. Alors, elle a recommencé de plus belle. Elle m'a battue, elle a injurié les assistantes sociales. Il a fallu déplacer l'enfant plusieurs fois, elle voulait le reprendre. Elle devenait folle. Et puis elle a recommencé ses orgies. Un soir, on l'a trouvée en compagnie d'un jeune garçon de treize ans, elle l'appelait "mon fils". Les parents se sont plaints, ils ont appelé la police et elle est devenue folle. Elle aurait tué n'importe qui. On l'a accusée de détournement de mineur : une honte. Heureusement, il y a eu un non-lieu. L'enfant n'avait rien. Enfin, vous me comprenez. Mais il a fallu interner Ilsa. On ne pouvait plus ni lui parler ni la raisonner, et elle allait faire des scandales chez les voisins. Voilà, si vous me dites que c'est pire ici, il faut lui faire ce que vous dites, docteur.

— Ce n'est qu'une suggestion pour l'instant, madame. Je vais d'abord la remettre au contact des autres malades et tenter une psychothérapie. Selon son comportement, nous déciderons ou non des séances d'électrochocs. Avec votre accord, bien sûr, puisque vous êtes sa seule famille. Voulez-vous signer là ?

— Vous la guérirez ?

— Je l'espère, madame.

— Il faudra qu'elle quitte le pays, après ça. Vous comprenez, nous étions une famille honorable. Mon mari est mort sur le front russe. J'ai perdu un fils à la guerre, il a eu des médailles. J'ai repris toute seule mon commerce, nous étions bien vus. »

Au bout d'une semaine d'isolement, réduite à l'état de larve par les médicaments, amaigrie par le manque de nourriture, car elle a été nourrie uniquement par perfusion, Ilsa Schott est assise en face du médecin. Fébrile, un peu égarée, elle a du mal à parler et s'exprime lentement. On l'a lavée, peignée en tordant ses lourds cheveux dans sa nuque, de larges cernes entourent ses yeux bleus qui n'étincellent plus.

« Comment vous sentez-vous ?

— Arrêtez toutes ces drogues, tous ces gens qui me touchent et me traitent comme un bébé, arrêtez ça. Vous allez me rendre vraiment dingue, je n'ai plus de force.

— Vous êtes calme, c'est tout.

— Calme… Quand on est calme, on n'est plus fou ?

— On est moins malade.

— Mais pour vous, on est fou tout de même.

— Vous allez retourner dans le dortoir commun. Vous êtes contente ?

— Je suis contente.

— Vous serez raisonnable ?

— Je serai tout à fait raisonnable.

— Si vous l'êtes vraiment, vous pourrez reprendre une vie normale.

— Et votre truc à l'électricité.

— Pour l'instant, vous n'avez pas besoin de cela. Nous verrons si votre état s'améliore.

— Sinon, j'y passerai ?

— Ne vous effrayez pas, je préfère essayer une psychothérapie. Nous allons tenter de comprendre ensemble ce qui vous a perturbée.

— Vous avez vu ma mère, n'est-ce pas ? Elle vous a raconté les choses à sa façon. Elle n'a jamais aimé de sa vie, elle. Elle ne sait pas ce que c'est, un corps qui disparaît. Je l'aimais, Frederick ! On nous disait : “Ah non, pas avant le mariage.” Il pourrit dans l'eau d'un lac maintenant, et moi, je le cherche ailleurs, chez les autres hommes. Il y en a qui lui ressemblent. C'est comme mon fils, je ne l'ai jamais vu. Il a onze ans. Lui aussi, il pourrit quelque part dans un orphelinat. Je ne sais pas qui est son père. Mais qu'est-ce que ça peut faire ? C'était peut-être un petit Frederick. Comme ce gamin – il était si mignon, presque un homme déjà. Sa mère a dit que je l'avais violé. L'imbécile ! Je voulais le respirer, c'est tout. Pour savoir comment c'est, un petit garçon, il faut le respirer. C'est du vice, ça ? C'est pour ça qu'on est fou ? On vous enferme, vous, quand vous aimez une femme ? On vous enferme quand vous jouez avec vos enfants ? Non ! Peut-être qu'on devrait : si c'est mal pour moi, c'est mal pour vous.

— Ce n'est pas pareil, Usa. Moi, je n'ai pas d'idée fixe, vous, vous recherchez un être mort et un autre qui est éloigné de vous. Il faut oublier.

— Alors, je suis folle parce que je n'oublie pas ? Vous ne me ferez pas croire ça. En réalité, c'est ma mère qui ne me supporte pas, et les femmes du quartier qui sont furieuses parce que je me conduis dans la vie comme une putain et que je ne me fais pas payer. C'est ça qui les tracasse, le fait que je ne demande pas d'argent. Alors, elles me veulent enfermée, comme une folle, mais moi je leur prouverai que je ne suis pas folle.

— C'est bien, Ilsa. Vous allez retourner dans votre dortoir.

— Avec celle qui se gratte ? Celle qui hurle ? Celle qui se balance ? Celle qui fait la morte ? Et l'autre qui se laisse crever dans un coin, qui veut mourir, qui pleure toute la nuit en disant qu'une araignée lui ronge la tête ?

— Si vous êtes solide et calme, vous pourrez les aider et aider les infirmières. C'est le premier pas vers la guérison.

— Je suis là pour ça. »

Le 27 novembre 1961, dans le dortoir des femmes, Ilsa Schott s'est glissée sans bruit jusqu'au lit d'une aliénée profonde, Helga K., âgée de vingt-quatre ans, qui se trouvait immobilisée pour la nuit dans une camisole de force, les mains enfermées dans des moufles de cuir attachées au lit. La pauvre fille était internée depuis l'âge de quinze ans et cherchait à se tuer par tous les moyens. Ilsa arracha une bande de toile de son lit et étrangla la pauvre fille qui mourut sans un cri.

Ensuite, Ilsa avertit l'infirmière de garde et lui remit une lettre adressée à la presse et à la police criminelle. Cette lettre disait : « Je suis perturbée d'accomplir ce crime mais, si je ne le fais pas, je devrai mourir ici. C'est le seul moyen de faire connaître mon sort à tout le monde et d'avoir un avocat. La clinique spécialisée a fait de moi une criminelle. Je dois aller en prison et être jugée. »

Les médecins experts, au nombre de treize, furent d'accord sur l'état mental d'Ilsa Schott : responsabilité limitée, caractère instable, mais pas de démence. Elle sera donc jugée, puis, après décision du tribunal, ira en prison ou retournera au centre spécialisé, selon qu'elle sera considérée comme ayant commis son crime en état d'irresponsabilité totale ou non.

Si Ilsa se retrouve en prison, comme elle le demande, guérira-t-elle de ses idées fixes, dont le procureur général dit qu'elles ne menacent que la tranquillité des gens ? Ou bien, à nouveau internée, deviendra-t-elle folle, définitivement ? Le cœur crevé, comme elle dit.

Le procès a lieu après une dramatique reconstitution du crime à l'intérieur de l'asile, reconstitution durant laquelle les magistrats ont observé Ilsa, tandis qu'elle refaisait les gestes de cette nuit où, en toute connaissance de cause, dit-elle, elle a tué un être fou pour qu'on la sorte de là, pour qu'on la considère comme une criminelle normale.

Mme Schott mère déclare au tribunal : « Ma fille a mené une vie de débauche, elle m'a fait vivre l'enfer sur terre. »

Et Ilsa lui crie : « Ne mens pas ! Tu ne m'aimes pas ! Et tu as peur de l'amour ! »

Le professeur Erhardt, expert, affirme avec conviction qu'Ilsa n'est ni folle ni malade et ne doit être internée en aucun cas. Il prétend que des gens comme elle devraient vivre dans des centres sociopédagogiques étudiés pour eux, centres qui n'existent malheureusement pas. Alors Ilsa Schott est condamnée à six ans de prison, avec ce commentaire de la cour : « Il s'agit d'un crime bizarre, commis par une accusée singulière. Vu les rapports des médecins, il n'entre pas dans les attributions des jurés de décider de son internement. »

Sa mère crie : « Elle mourra dans la débauche ! »

Et Ilsa déclare : « Je veux être seule en prison, j'ai besoin de comprendre ce qu'il y a dans mon cœur. »

Qui j'ai tué ?

« Fous le camp ! »

Nino ne supporte pas qu'on lui dise de foutre le camp. Et il faut être culotté pour mettre dehors un colosse comme lui. Un mètre quatre-vingt-dix, quelque chose comme cent kilos. Quarante ans. Une tête tout en os, des épaules en trapèze et une souplesse surprenante. À La Nouvelle-Orléans, ce patron de station-service va le regretter. Nino laisse tomber sa vieille Cadillac, dont le moteur refuse d'obéir, il bondit sur le patron, une clé de bougie à la main, et le frappe. Après quoi il attrape l'individu par son tee-shirt, le soulève de terre, lui envoie un coup de tête dans le menton, le secoue avec colère et le relâche.

L'homme tombe assommé, comme un pantin, le cou étrangement désarticulé. Et Nino replonge dans son moteur en hurlant de fureur.

Nino est paranoïaque. La terre entière en veut à Nino depuis qu'il est tout petit. Son père lui en a voulu le premier, d'être né d'une mère d'origine espagnole, alors que lui était d'origine irlandaise, et que cette mère ne soit bonne qu'à récurer son bastringue, alors qu'il empilait les dollars à coups de bières au comptoir.

Nino a grandi derrière ce comptoir, protégé par une mère esclave, que le père n'a jamais épousée. Et un jour, lorsque Nino a eu quinze ans, il a cogné sur son père qui avait cogné sur sa mère un peu trop fort cette fois-ci. Le père en a réchappé de justesse.

« Fous le camp ! »

Depuis le temps qu'il entendait ça, Nino s'est résigné à le faire, après avoir cogné encore sur le barman qui lui en intimait l'ordre. Et il s'est retrouvé dans la rue. Où la police lui a mis le grappin dessus et l'a expédié dans un centre de correction pour mineurs. À dix-huit ans, il a fait la route. Petits boulots, bricole – les grosses pognes de Nino sont habiles à réparer les motos, les vieilles bagnoles, les machines à café, les vieux frigos. Il n'a pas fait d'études, mais il a au moins ça, et il sait ce que ça veut dire que le travail bien fait. Or cet individu, qui se disait garagiste, voulait lui faire croire que sa vieille Cadillac était rongée par les mites et la pièce qu'il lui a vendue cinquante dollars la veille est un vieux truc pourrichon à envoyer à la casse. C'est l'origine de la bagarre.

Le garagiste est toujours à terre, lorsqu'un automobiliste de passage aperçoit Nino en train de fouiller avec ardeur et sans aucun ménagement dans l'atelier du propriétaire étendu sur le sol. L'homme file avertir la police, pendant que Nino vole, comme il se sent autorisé à le faire, la pièce en question, mais neuve. Et des pneus en plus, pour les dommages et intérêts, plus un bidon d'huile et diverses bricoles à portée de sa main. Ce sale type lui en veut, il a fait exprès de lui vendre un delco hors d'âge, on prend toujours Nino pour un imbécile !

Juillet 1977, trente-deux degrés à l'ombre. Suant et soufflant, Nino pousse sa voiture hors de la station-service, la fait démarrer vaille que vaille et s'apprête à décamper. Deux voitures de police lui tombent dessus en même temps. Six hommes armés en uniforme l'obligent à s'allonger par terre en hurlant des injonctions. Les énormes mains de Nino sont bloquées par des menottes, ses chevilles aussi, et on le traîne comme un paquet sur les lieux du crime.

Car le garagiste est mort. Non pas du « coup de boule » de Nino, mais de la pression de ses mains comme un étau autour de son cou, quand il l'a projeté à terre.

Nino se retrouve en prison. Un an plus tard, il est condamné à vingt ans de réclusion. Car il est récidiviste. Chaque fois que quelqu'un lui a « mal parlé », chaque fois qu'un type dans un bar lui a marché sur les pieds, chaque fois qu'il a eu un patron, Nino a frappé. Il a volé aussi. Chez un marchand de saucisses qui lui avait vendu des denrées douteuses. Dans un magasin de téléviseurs, sous prétexte que l'étiquette n'affichait plus le prix soldé de la veille… Les exemples n'en finissent plus.

Et s'il a bu un coup de trop, sa paranoïa devient encore plus dangereuse. Un patron de motel se souvient de lui et de son fusil à canon scié : il a pris du plomb dans les jambes. Nino faisait du scandale dans son motel et il a eu le tort de crier : « Fiche le camp ! »

En quarante ans d'existence, Nino a traîné son jean dans pas mal de postes de police, pas mal de prisons, mais comme il y a eu mort d'homme cette fois... il n'en sortira qu'à soixante ans si tout va bien. Or tout va mal en prison. Il passe plus de temps au cachot que sur le terrain de basket, plus de temps enchaîné que dehors à faire du footing. Pour tout et pour rien.

Si encore il n'avait pas hurlé, devant le procureur, que les salopards de garagistes n'avaient qu'à crever – ça leur apprendrait à vivre !

Il n'a même pas pu assister aux funérailles de sa mère. Il n'a plus qu'une vieille photo dans sa cellule, du temps où il était gamin et ou sa mère lui disait : « Nino, le monde est méchant avec nous... »

Le monde est méchant avec Nino jusqu'en 1984. Il a cinquante-deux ans. Il fabrique des couronnes mortuaires en plastique. Des petites fleurs mortes à entrelacer sur un grillage. Il n'a pas de visites. Le diable sait où est son père qui ne l'a jamais reconnu ! Aucune famille, et pas une seule femme dans sa vie. La femme est un objet que Nino ne comprend pas.

Août 1984. Chaleur humide, odeur de marécages autour de la prison. Dans son coin, sur une table de bois encombrée de couronnes inachevées, Nino écrit laborieusement une lettre bourrée de fautes d'orthographe à l'avocat qui fut jadis nommé d'office pour sa défense.

« Monsieur l'avocat.

« Si vous plai, y fau m'aider. Jai tué une dame, je sais pas qui. À City Park l'année de avant le procès. Aidez moi si vous plait. Je veux savoir qui c'est la dame. Je tuai la dame c'est sûr. »

Trois mois passent. Le temps pour l'avocat de se décider à faire quelque chose. Il va voir son ancien client, pour lui dire : « Vous êtes fou ? Parce que si vous n'êtes pas fou, le psychiatre le verra très vite. Si vous cherchez à sortir de prison de cette manière, c'est ridicule. »

Nino ne comprend pas.

« Je ne veux pas sortir de prison, je veux savoir qui est la dame que j'ai tuée.

— Vous savez que vous n'êtes pas le seul à essayer de tromper la justice de cette manière ? Le procureur en a par-dessus la tête des gens comme vous qui s'accusent d'un meurtre dont soi-disant ils ne se souviennent pas. C'est une vieille technique pour sortir de prison, passer des tests et se retrouver en psychiatrie.

— J'ai tué la dame. J'ai pas oublié, je m'en souviens. C'était dans City Park. Je l'ai jetée dans le bayou. Elle était habillée en noir avec un blouson en cuir rouge. »

Tout de même, l'avocat demande : « Pourquoi l'auriez-vous tuée, cette dame ?

— Justement, je sais pas. Ça m'a pris, et je l'ai tuée.

— Vous auriez fait cela il y a huit ans ? Sans savoir pourquoi ? Et vous vous accusez maintenant ?

— Je la vois toutes les nuits. Je fais des cauchemars, je l'entends qui m'appelle. J'ai des remords. Ça me rend malade d'avoir tué quelqu'un sans savoir qui c'est, et sans savoir pourquoi. »

L'avocat hésite à croire Nino Manadela. Il y a quelque chose d'anormal dans sa demande. Sa mauvaise conduite lui a fait perdre ses chances d'une libération conditionnelle. D'autre part, lorsque lui-même a essayé de le défendre, du moins de lui obtenir des circonstances atténuantes, un psychiatre lui a renvoyé son client en le qualifiant de paranoïaque ordinaire, conscient de ses actes, donc responsable. En admettant – rien n'est moins sûr – que Nino soit réellement coupable d'un autre meurtre, tout ce qu'il récolterait serait la prison à vie. Plutôt deux fois qu'une.

Mais Nino s'obstine.

« Bon, donnez-moi des détails plus précis. La date exacte ?

— Je sais plus. Sauf que je travaillais sur les quais, c'était pas loin de Noël, et il pleuvait. La dame était dans une voiture, elle est sortie de la voiture, y avait un type dans la voiture, il est parti en la laissant là.

— Une prostituée ?

— Faut pas dire ça. J'en sais rien.

— Que s'est-il passé avec elle ?

— Je sais plus. Elle m'a demandé si je pouvais lui indiquer sa route. Je lui ai montré la direction, et elle m'a demandé si je voulais pas l'accompagner. J'ai dit que j'avais du travail et qu'il fallait qu'elle attende, et puis que c'était loin. Alors elle a commencé à me raconter des trucs, comme quoi ce type l'avait laissé tomber, elle s'est assise là, devant le hangar, elle parlait tout le temps. Finalement je l'ai emmenée dans ma voiture. Où ? Je me souviens plus.

— Elle vous a dit son nom ?

— Je crois pas.

— Et ensuite ?

— Je crois qu'elle a dit des bêtises. Ça m'a pas plu. J'ai dû la taper après Canal Street.

— La taper ? Avec quoi ?

— Un crochet en fer, pour les ballots. J'avais ça dans la voiture. Après, je me suis retrouvé à l'entrée du parc, il commençait à faire nuit, je l'ai sortie de la voiture, je l'ai portée jusqu'au bayou, je l'ai jetée là.

— Dans l'eau ?

— C'était de la vase, mais j'ai pas eu envie d'aller la porter ailleurs. On a dû la trouver, c'est sûr. »

Une dame habillée en noir avec un blouson rouge. À l'entrée est de City Park. Aux environs de Noël 1977.

L'avocat va voir le procureur. La liste des crimes non résolus s'affiche sur les écrans d'ordinateurs. Quelques semaines de recherches et un détective vient voir Nino Manadena, un dossier sous le bras. Il en sort une photographie prise à la morgue. Une femme, au visage difficilement reconnaissable :

« Alors ?

— C'est pas elle.

— Pourquoi ?

— Elle a pas de blouson rouge.

— Elle a été tuée le 20 décembre 77. On l'a retrouvée dans un lac, près de City Park.

— C'est pas elle. Celle-là elle a une robe. L'autre, elle avait pas de robe. »

Le policier repart. Avec, cette fois, la quasi-certitude que Nino s'accuse réellement. S'il avait voulu se faire passer pour fou, il aurait sauté sur l'occasion et choisi la première victime qu'on lui présentait. Mais il reste un doute. Fou ou pas fou, Nino ne pourrait pas se couper de manière aussi grossière. Il a fait une description vestimentaire si précise, du point de vue des couleurs, qu'il pourrait difficilement revenir dessus.

Peut-être faut-il chercher non pas un cadavre, mais une personne disparue, dont la description correspondrait à la sienne ? Le cadavre a pu être dépouillé de ses vêtements par n'importe qui après le crime. La victime a pu rester longtemps dans cet endroit désert. Et ne plus être identifiable.

Deux mois passent encore. Nino ne cesse d'écrire des lettres où il s'accuse. Nino demande à se confesser. Nino s'agenouille dans sa cellule et demande pardon à Dieu d'avoir tué une inconnue. Le paranoïaque est devenu pénitent. En pleine dépression, il refuse de manger, refuse de travailler, se traîne comme un malade et parle sans arrêt de son crime. Dont la police ne trouve pas trace.

Sa vieille Cadillac a été mise à la ferraille. En admettant qu'il ait conservé l'arme du crime, elle a disparu depuis longtemps. Le détective revient, avec une foule de questions. La victime était-elle de race blanche ou noire ? Blanche. Quel âge ? Entre vingt et trente. Lui a-t-elle fait des propositions indiquant qu'elle faisait métier de ses charmes ?

Silence. Nino baisse sa grosse tête de brute et la secoue comme s'il refusait de répondre à Dieu lui-même. Le détective insiste. Il a de bonnes raisons pour cela. Le seul dossier qu'il a déniché est celui d'une prostituée, découverte presque nue dans un étang boueux, à l'autre extrémité du parc, c'est-à-dire à trois kilomètres au moins de l'endroit cité par Nino. Le corps était lardé de coups de couteau. Le visage déchiqueté. Son souteneur a été arrêté puis relâché. Alibi solide. Elle s'appelait Emma Diveau, métisse, teint suffisamment clair pour passer pour une Blanche. Elle avait vingt-sept ans, elle était droguée, la seule personne de sa famille qui a pu l'identifier est sa mère, elle-même prostituée. Le policier dispose dans son dossier d'une photographie de pièce d'identité, d'un sac qui a été retrouvé dans le parc, vide d'argent. Et d'une bague de pacotille.

« Alors, Manadela ? Elle t'a fait des propositions ? C'est ça que tu appelles des bêtises ?

— Je me souviens pas. Je sais pas ce qu'elle a dit. Je sais pas. Elle a enlevé cette espèce de veste qu'elle portait, elle avait presque rien en dessous. C'était honteux.

— C'est elle qui l'a enlevé ou c'est toi ?

— C'est elle.

— Tu es sûr, Manadela ? Tu n'as pas essayé de l'embrasser ?

— J'ai jamais embrassé une dame. Jamais.

— Alors c'est elle ? C'est elle qui a voulu t'embrasser ?

— Elle m'a touché. Elle m'a touché, je suis sûr. Elle avait pas le droit.

— Pourquoi ça ? T'aimes pas qu'on te touche ?

— Y a que ma mère qui a le droit. Elle est morte, ma mère.

— Tu n'avais pas un couteau dans ta voiture, Manadela ?

— Un couteau ? Si, j'avais un couteau. Je l'ai plus.

— Et où il est ?

— Je l'ai jeté.

— Où ça ?

— Quand je suis retourné travailler, le lendemain, je l'ai jeté dans le fleuve.

— Et le crochet ? Je croyais que tu lui avais tapé dessus avec le crochet ?

— Non, je l'ai tirée de la voiture avec le crochet, par terre, et puis après je l'ai portée.

— Pourquoi l'as-tu portée ? Pourquoi ne l'as-tu pas traînée avec le crochet jusqu'à l'étang ?

— Je pouvais pas… elle avait… elle était…

— Parce que tu l'avais déshabillée ? C'est ça, Manadela ?

— Je peux pas dire… je peux pas… je sais pas ce que j'ai fait. Je l'ai tuée, c'est sûr.

— D'accord. Tu as jeté les vêtements dans le fleuve ? »

Silence. Nino Manadela semble faire un effort surhumain pour voir quelque chose, quelque chose d'enfoui loin et profond dans sa tête.

« J'ai mis une corde, avec une vieille batterie, je l'ai fait, j'ai jeté le blouson rouge… Il était dans la voiture.

— Alors tu l'as déshabillée ?

— J'ai rien fait de ça. Je l'ai pas touchée.

— Tu l'as touchée puisque tu l'as tuée ! Pourquoi tu as tué cette fille, Manadela ?

— Elle me voulait du mal. »

Le policier sort la photographie du dossier, Nino Manadela regarde le petit format, ahuri.

« Alors ? Tu crois que c'est elle ?

— Vous l'avez trouvée ? Vous l'avez trouvée ? C'est elle ?

— C'est toi qui peux le dire. Pas moi. »

Nino semble avoir peur de la petite photographie, où l'on voit un visage souriant mais triste, des cheveux foncés et très bouclés, un regard immense aux prunelles presque noires.

Emma Diveau ressemblait à sa mère. À la mère de son enfance, celle qui le berçait en lui racontant que le monde était méchant. Elle avait ces grands yeux-là, ces cheveux-là, ce teint-là. Quand le père l'avait battue, elle avait cet air triste. Et quand les clients du bar lui faisaient des compliments, elle avait ce sourire-là.

Au fil des semaines, avec l'aide d'un psychiatre, Nino Manadela a confié tant de choses. Qu'il était puceau, qu'il avait peur des femmes, qu'il n'aimait pas quand sa mère plaisantait avec les clients et faisait des « bêtises » avec eux. Qu'il avait commencé à faire des cauchemars en prison quand on lui avait dit que sa mère était morte. Qu'il revoyait toujours cette « dame » qu'il avait tuée, en noir avec un blouson rouge.

Mais il n'a jamais voulu admettre qu'il l'avait déshabillée. Il n'a jamais voulu admettre que c'était une prostituée qui lui avait fait des propositions. Il ne comprend toujours pas vraiment pourquoi il l'a tuée. Mais il est sûr que c'est elle.

Preuves indirectes, absence de pièces à conviction, d'arme du crime, incohérences au moment de la reconstitution du crime : le jury n'a pas accepté que Nino Manadela soit reconnu officiellement coupable du meurtre d'Emma Diveau et l'a renvoyé dans sa cellule. Nino a été qualifié cette fois de fabulateur, de paranoïaque ordinaire dont les pulsions violentes sont peut-être dues à une affectivité délabrée depuis l'enfance. Mais le jury n'est pas certain, par manque de preuves, qu'il ait tué la dame qui lui proposait ses charmes. Et qui ressemblait tellement à sa mère…

Délire à deux

Novembre 1983, le jour des morts. Dans un appartement d'une petite ville de Belgique, Bernadette et Pierre, mariés, la cinquantaine chacun, pensent à leur fils unique Philippe.

Philippe s'est suicidé le 5 décembre 1982. Il y a presque un an.

Philippe ressemblait à sa mère, mais ce qu'il y a de viril dans les traits de cette mère paraît féminin chez lui. Mêmes cheveux sombres, mêmes sourcils largement arrondis sur un regard intense. La photo, les photos de Philippe sont dans tout l'appartement. Il était le centre de ce couple, l'unique lien avec la vie, leur espoir, il est devenu leur douleur.

Philippe s'est suicidé pour une histoire d'amour. C'était sa deuxième expérience amoureuse. La première fois, il a raté son suicide, la deuxième fois il l'a réussi.

C'est l'explication officielle. Une dépression.

Les parents ont une autre explication. Leur fils a été assassiné. D'abord ils ont pensé à un crime. Pourquoi Philippe s'est-il tué de la main gauche en se tirant une balle dans la tête alors qu'il était droitier ? Pourquoi ne leur a-t-on pas montré la douille ? Contre toute objectivité, ils sont allés voir le procureur du roi pour déposer une plainte contre X.

Le procureur s'est montré humain, attentif à la douleur obsessionnelle de ces parents-là. Il a expliqué, démontré que Philippe s'était bien suicidé. Que si l'arme était restée crispée dans sa main gauche, ce détail était dû à sa position assise dans sa propre voiture, l'endroit qu'il avait choisi pour mourir. Que la douille n'avait pas été retrouvée parce qu'elle était probablement tombée dans un caniveau, mais que l'essentiel était la balle, que cette balle était sortie d'une arme empruntée à un ami sous un faux prétexte, et que cet ami l'avait confirmé. Que l'autopsie confirmait le suicide. Que leur fils avait signé ce suicide en voulant mourir devant le domicile de celle qu'il avait aimée.

Mais ses explications se sont heurtées à un mur. Alors il leur a conseillé de prendre un avocat pour étudier sérieusement l'affaire, de se porter partie civile, seule manière de faire rouvrir le dossier et d'avoir accès à toutes les informations. Et aussi de se faire aider par un médecin, pour parvenir à faire le deuil de leur fils, à retrouver sinon la sérénité, du moins l'équilibre. Et aussi d'aller voir un prêtre puisqu'ils sont croyants.

Ils ont tout refusé en bloc. Ils ne peuvent pas accepter la mort de Philippe. Le père dit : « Perdre son enfant, c'est vomir la vie. » La mère dit : « Si on ne l'a pas tué, on l'a poussé au suicide. »

Ce couple est entré dans ce qu'on appelle un deuil pathologique. Un délire à deux. Et onze mois après que Philippe a été découvert dans sa voiture, enroulé dans son sac de couchage avec une balle de 22 long rifle dans la tête, devant le domicile de son ex-petite amie, ce délire les pousse à agir. La vengeance leur paraît la seule solution. La mort de quelqu'un d'autre. Du responsable.

La mort, la dépression, le suicide font partie du passé de la mère. Elle-même a fait jadis une tentative de suicide, elle est dépressive et, dans sa famille, il y a déjà eu trois suicides par pendaison. Son grand fils, qui faisait des études de psychologie, qui cherchait l'amour et n'a trouvé que la mort, lui manque viscéralement, comme une partie d'elle-même. Il lui appartenait, elle l'a couvé, aimé, protégé, jusqu'à ce qu'il échappe à cet amour en allant vivre sa vie ailleurs. Que faisait-il d'autre, à part ses études ? Elle l'ignore.

Une seule personne le sait, un psychiatre, chez qui Philippe avait entrepris une thérapie. Mais Philippe n'en a pas parlé à ses parents, et le psychiatre était tenu par le secret professionnel. À vingt-deux ans on est adulte, on se prend en charge, pour la vie ou pour la mort.

Ce que savent les parents, ou croient savoir, c'est que Philippe a consulté un médecin généraliste, quand il vivait avec eux, après sa première tentative. Un médecin habitué aux jeunes, confronté chaque jour aux problèmes de la drogue, du mal de vivre, puisqu'il s'occupe essentiellement des étudiants.

Ce médecin-là est à portée de la main.

D'abord, ils l'ont fait venir chez eux. La mère a utilisé un subterfuge, donné un faux nom et prétendu qu'elle était malade pour qu'il vienne à domicile. Le médecin était de garde ce soir-là, et il est venu innocemment une première fois se faire prendre au piège. Se faire insulter pour ne pas avoir expliqué en long et en large à ses parents ce que Philippe venait faire chez lui ! Pourquoi ce médecin n'a-t-il pas téléphoné à maman pour tout lui raconter ?

Michel, le médecin, a l'air d'un étudiant lui aussi, barbu, les cheveux en broussaille, des petites lunettes rondes sur le nez, l'air calme et doux ; il a dû penser que ces gens étaient fous, obsédés, à l'insulter de la sorte, à l'accuser d'avoir poussé leur fils au suicide.

Comment peuvent-ils, ces parents-là, qui disent aimer leur fils au-delà de tout, en savoir si peu sur lui ?

On ne parlait pas dans cette maison, on faisait semblant. Des deux côtés. Par exemple, la jeune fille qui n'était pas assez amoureuse de Philippe et l'a quitté, cette jeune fille pour laquelle il s'est suicidé, en avait-il parlé ?

La mère dit : « Elle lui avait offert une écharpe, je lui ai demandé s'il y avait anguille sous roche, il m'a répondu que ce n'était pas une fille que l'on épouse. C'est tout. »

Mais c'était une fille pour qui l'on meurt.

La jeune fille dit : « Je n'étais pas la femme de sa vie, et il ne m'a jamais parlé de suicide. »

Étrange. À moins que Philippe ne se soit suicidé pour autre chose, et que le mal d'amour ne soit qu'un masque.

Un copain étudiant dit : « Il était mal dans sa peau, il se sentait étouffé par son père qui le haïssait. Un jour il m'a dit : "Si je me suicide, j'espère faire du mal à mon père." »

Michel, le bon docteur barbu qui sait écouter les jeunes, en sait sûrement plus sur Philippe que ses parents. Il s'est laissé insulter et il est parti. À quoi bon tenter de déformer l'image rigide que ces gens-là se font de leur fils et qui doit absolument correspondre à la leur ? À leur amour égoïste pour lui ? À la projection d'eux-mêmes dans ce grand garçon faible et vulnérable ?

Aujourd'hui, jour des morts, les parents de Philippe repensent à tout cela, comme ils ne cessent de le faire depuis le début, enfermés dans un cercle épouvantable, tels deux oiseaux malades dans une cage, incapables de communiquer avec l'extérieur.

Leur décision est prise. L'est-elle lucidement ? Devant la loi, sûrement. D'un point de vue psychiatrique, le doute est permis.

C'est un délire et de ce délire naît une pulsion mortelle.

Mais l'exécution de la vengeance est parfaitement et logiquement organisée. Le 5 novembre 1983, le docteur Michel D., trente-trois ans, est de garde pour le week-end. Vers dix-sept heures trente, il reçoit un appel et le note sur son carnet près du téléphone : « R. Essen, avenue Einstein. »

Il part à ce rendez-vous et sa femme n'aura plus de nouvelles, jusqu'au lendemain 6 novembre, où l'on découvre son corps couché sur le dos, dans un petit chemin forestier, non loin de l'avenue Einstein, à une centaine de mètres environ. Près de lui, une énorme pierre de vingt-sept kilos, couverte de sang, et un rouleau de papier hygiénique. Sa voiture est garée à proximité. La mise en scène qui voudrait faire croire à l'automobiliste pris d'un besoin naturel et qui tombe par accident sur cette énorme pierre est cousue de fil blanc.

Les lésions sont multiples, plusieurs enfoncements crâniens indiquent qu'il a été agressé avec une extrême sauvagerie. Et qu'il existe sûrement une autre arme que cette pierre.

L'enquête se dirige d'abord vers une affaire de drogue. On se livre à certains rapprochements avec l'arrestation d'un médecin de W. dont la clientèle était essentiellement constituée de drogués et qui entretenait la toxicomanie de ses patients. Privés de leur source habituelle d'approvisionnement depuis cette arrestation, ces patients auraient-ils tenté de persuader le docteur Michel D. de leur venir en aide, et devant son refus, l'auraient-ils tué ?

Voilà pourquoi les véritables meurtriers du docteur Michel vont vivre leur vengeance en toute impunité durant près de deux ans. Rien ne les relie à leur victime, qui n'a apparemment jamais parlé à personne de sa première visite chez eux. Rien, sauf le fait que Philippe figurait dans sa clientèle. Comme des dizaines d'étudiants. Mais personne n'y pense pour l'instant.

Le 24 juin 1985, une lettre anonyme parvient au domicile de la veuve du médecin, assortie d'un morceau de bristol rouge, en mauvais état, sur lequel sont écrits quelques lignes et un numéro de téléphone. Ces lignes sont supposées être de la main de Pascale, une étudiante de vingt-cinq ans, fiancée à un autre étudiant, William, qu'elle est sur le point d'épouser.

La jeune fille se retrouve suspect numéro un, inculpée de participation au meurtre du docteur, mais laissée en liberté par le juge d'instruction, qui prend la précaution de faire examiner la pièce à conviction par un expert graphologue. Et qui fait aussi le lien entre l'assassin désigné par le corbeau et les parents de Philippe.

Pascale est la jeune fille pour qui il a voulu mourir. Pascale avait écrit des lettres à Philippe, du temps de leur liaison. Et ces lettres, c'est le père et la mère de Philippe qui les ont conservées.

L'expert dit : « L'écriture de Pascale a été imitée, à partir de ces lettres, par M. Pierre R., père de Philippe. »

Le père nie. Et c'est assez étrange en effet qu'il soit le corbeau qui finit par se dénoncer lui-même. Alors que rien dans l'enquête jusqu'ici ne l'avait impliqué. Il nie jusqu'en février 1986, au cours de plusieurs interrogatoires, puis finit par avouer. Et le lendemain, sa femme raconte. Ils ont mis au point leur plan ensemble, l'ont exécuté ensemble, ils sont coupables tous les deux.

Le 5 novembre 1983, elle a appelé le docteur Michel en contrefaisant sa voix, en donnant un faux nom et en le suppliant de venir la chercher sur l'avenue Einstein – le médecin la verra de loin, elle vient de tomber et de se briser une cheville. Le médecin se rend sans méfiance au rendez-vous. Il note le faux nom, l'heure, le nom de l'avenue sans numéro, puisqu'il ne s'agit pas d'un domicile.

L'avenue est déserte. Non loin de là, s'élève le quartier industriel. Pas de circulation, pas de curieux. À son arrivée, il est immédiatement attaqué à coups de marteau, une arme de 1,340 kg, dont on a scié le manche pour la dissimuler dans la poche. Le père a aussi transporté dans sa voiture une énorme pierre ornementale de jardin, avec laquelle il achève sa victime en lui fracassant le crâne. Il se penche pour écouter le cœur, tâter le pouls, s'assurer que le « responsable » du suicide de son fils est bien mort. Ensuite ils mettent rapidement sur pied une mise en scène qui ne tiendra pas longtemps, la pierre étant destinée à faire croire à un accident. Le père va jeter le marteau dans les broussailles d'une autoroute, où il sera retrouvé plus tard.

Et le père et la mère de Philippe rentrent chez eux. Vengés ? Apaisés ? Sûrement pas.

Leur vengeance n'est pas suffisante. L'autre « responsable » du suicide de leur fils doit payer pour ce meurtre. Ils fouillent dans la correspondance de leur fils – c'est une idée de la mère ; le père, lui, imite la signature de la jeune Pascale et envoie la lettre anonyme. Ainsi ils auront rendu la justice à leur manière.

Cette mère, Bernadette, qui a cinquante-quatre ans au moment des aveux, on la sent capable, avec son visage dur et ses traits de bûcheron, de s'armer d'un marteau. Et pourtant, tous ceux qui la connaissent la décrivent comme une personne douce, serviable, dévouée, toujours prête à rendre service. Et c'est effectivement le père qui s'est servi du marteau.

Cet homme de cinquante-six ans, en costume-cravate, la bouche pincée, le visage fermé sur un malheur incommensurable, était un commerçant tranquille. Marchand de charbon et mazout. Croyant, il fréquentait avec sa femme la chorale de l'église. Jusqu'au jour où, après le suicide de Philippe, il s'est pris de querelle avec le curé à propos de l'emplacement d'une cuve, et ne lui a plus parlé. Ils se sont retirés de la chorale. La paranoïa ordinaire n'est pas très loin.

Les experts psychiatres ont du travail. « Pierre R. a reporté sur des tiers son agressivité inconsciente vis-à-vis de ce fils qui a détruit l'image affective et sociale qu'il avait de lui-même. »

La mère, en prison, fait un délire carcéral. Recroquevillée sur le lit de sa cellule, elle hurle de peur devant une assiette de plastique à terre : « Les rats, ils m'ont mis des rats ! »

Le père envoie promener les « faiseurs de tests » psychologiques.

Ils prétendent tous les deux avoir conclu à la « responsabilité » du docteur Michel à partir d'une phrase qu'il leur aurait dite lors de leur premier entretien piège. « Votre fils était décidé à mourir, je lui ai donné la marche à suivre pour ne pas souffrir. »

Un médecin peut-il dire une chose pareille ? Les parents n'ont-ils pas plutôt déformé un argument du docteur Michel ? Ils refusaient tellement que leur fils soit malheureux et qu'il veuille se suicider. On pourrait interpréter cette phrase autrement : « Philippe souffrait tellement qu'il pensait au suicide. Je lui ai indiqué la marche à suivre (voir un psychiatre) pour ne plus souffrir. » D'ailleurs, Philippe l'a vu ce psychiatre, en secret de ses parents. Comment aurait-il pu dire à son père : « Je souffre parce que tu me détestes » ? Et à sa mère : « Je souffre parce que tu m'étouffes » ? C'était son mal de vivre à lui, sa vie à lui, ses déceptions, ses faiblesses, ses terreurs à lui. Et son suicide à lui. Mais même ça, les parents s'en sont emparés.

Le problème des jurés d'une cour d'assises devant un double cas aussi exceptionnel n'est pas simple. En dehors des aveux et de la monstrueuse réalité des faits, ils ont à comprendre chacun des personnages, pour déterminer s'ils sont passibles d'internement carcéral ou d'internement psychiatrique. Ils ont aussi à comprendre le suicide de Philippe, puisqu'il est déterminant dans le comportement criminel de ses parents. Peut-on expliquer un suicide ?

On ne le peut guère. Un suicide n'appartient à personne d'autre qu'à son exécutant.

Philippe était intelligent, doué, fragile, sentimental. À vingt-deux ans, il était la proie de toutes les jeunes filles de son âge un peu plus délurées que lui. Il était vraiment amoureux, vraiment désespéré. Ce n'est pas pour autant que la jeune fille qui lui a offert un jour une écharpe et un peu d'amour serait responsable.

Quant au couple assassin : fou ? Oui et non. Ils ont voulu assouvir une vengeance. Le réquisitoire refuse les circonstances atténuantes, qui les voudraient malades et psychotiques. L'accusation reste pragmatique : « Cette pierre, ce marteau, les objets ont un langage. On nous dit que la mère était si malade et dépressive qu'elle ne pouvait plus soulever une casserole, mais elle a eu la force de soulever avec son mari une pierre de vingt-sept kilos. La force de le regarder frapper, puis l'idée de la lettre anonyme. C'était un processus sans fin. Après le médecin, après l'étudiante, il y aurait eu autre chose... Leur vengeance n'avait pas de limite. »

Regrettent-ils la mort du docteur Michel ? Sans conviction, disent les psychiatres. Et deux détails aussi font de ce couple un couple d'assassins sans circonstances atténuantes.

La mère dit : « Il a tâté le pouls pour voir s'il était mort. » Le père réplique : « Ce n'est pas vrai, je n'ai pas fait ça, elle ment. » Le juge demande : « Vous avez transporté cette énorme pierre ?

— Non, elle était sur place.

— Non, on l'a trouvée là. »

Alors que c'est faux. Ils se disputent sur des petites choses mesquines, s'accusent l'un l'autre, l'esprit plus empoisonné que jamais par leur délire, et l'on chercherait vainement de l'amour entre eux – cet amour dont ils parlent tant pour l'avoir projeté sur Philippe.

Leur plan était logique, l'exécution en était logique, tout cela n'a rien à voir avec l'irresponsabilité. La défense veut que l'on guérisse ces gens au lieu de les mettre en prison, l'accusation veut qu'on les enferme pour qu'ils ne continuent pas. Ils sont dangereux, et ils ont encore du temps devant eux, pour l'être encore et encore.

Philippe, en se donnant la mort, a déclenché la pulsion criminelle de ses parents.

Les jurés ont suivi l'avocat général, qui avait « clairement souhaité que la société ne confonde pas la frontière entre la défense sociale paranoïaque et la simple tendance paranoïde. Une question capitale de “degré psychiatrique” dans la jurisprudence ».

Aussi, en dépit de leur deuil pathologique et de leur délire criminel à deux, les parents de Philippe ont été condamnés à vingt ans de travaux forcés. Après le verdict, on donne la parole aux condamnés pour la dernière fois devant les jurés. Le père dit : « Je ne comprends pas encore aujourd'hui ce qui s'est passé. Je demande pardon à tous ceux que j'ai fait souffrir. » La mère dit : « Je demande pardon à tous. Quant à toi, Pascale, n'aie plus peur, sois heureuse avec tes enfants. »

Ils n'attendaient plus rien de la vie depuis longtemps et l'avaient déclaré juste avant le verdict à leurs avocats.

Mais la vie attend quelque chose d'eux. Sûrement. Qu'ils n'ont pas encore trouvé. Et Philippe attendait d'eux autre chose aussi, sûrement, qu'ils n'ont pas pu lui donner.

L'enfant témoin

Londres, juillet 1992. Sur une chaîne de radio anglaise, un homme jeune, la voix enrouée par la détresse, lance un appel à témoins. « J'ai besoin d'agir, je ne peux pas rester à attendre près du téléphone. Mon fils de trois ans est l'unique témoin. Pour l'instant, il est sous le choc, incapable de parler, les médecins m'ont dit qu'il était trop jeune pour garder plus tard un souvenir du drame qu'il vient de vivre. Dieu merci, il s'en remettra. Mais un jour, demain peut-être, il pourra identifier le meurtrier. Sa vie est en danger. Quelqu'un a dû voir quelque chose. Cet homme n'a pas pu s'enfuir dans le parc sans qu'on le remarque. Il était forcément couvert de sang ! Je voudrais dire à ceux qui le connaissent… peu importent leurs sentiments pour lui… de venir témoigner en masse, je les en supplie, avant qu'il ne détruise une autre vie… »

Ce père de famille, André Hanscombe, a vingt-cinq ans. Jusqu'à ce jour, il vivait avec sa femme Rachel, vingt-trois ans, et leur petit garçon de deux ans et demi dans un petit deux-pièces de la banlieue ouest de Londres. Un bonheur tranquille. La vie était certes un peu dure. Lui, professeur de tennis au chômage, avait dû, pour faire vivre sa famille se résoudre aux « petits boulots » – coursier, livreur –, en attendant de retrouver un emploi conforme à ses capacités. Elle, jeune et jolie, ravissante même, entamait une carrière de mannequin qui s'annonçait prometteuse, ses études à l'université, en droit et philosophie, n'offrant pour l'instant aucun débouché. Le couple vivait, comme beaucoup, la crise de l'emploi, mais s'en sortait courageusement. Une vieille voiture, une vie simple, Rachel distribuant son temps entre son petit garçon et les séances de pose.

En ce matin du 15 juillet 1992, André la quitte pour effectuer son travail de livreur. Elle décide d'aller promener le petit Alex dans le parc public de Wimbledon et d'y faire un jogging en même temps. Rachel emmène avec elle leur chien, un labrador, et, aux environs de dix heures, gare sa voiture dans les allées du parc.

Il y a beaucoup de monde à proximité. Un club de golf, des promeneurs et leurs chiens, des adeptes de la course à pied. Le Wimbledon Common Park, à l'ouest de Londres, ressemble à notre bois de Boulogne parisien. En tout, c'est-à-dire qu'il a deux vies : une vie diurne pour les citadins friands de grand air, et une vie nocturne pour les autres, friands de rencontres plus privées. Mais, à dix heures du matin, en plein mois de juillet, une mère et son enfant peuvent y circuler sans danger.

À onze heures du matin, les faits prouvent le contraire. C'est un promeneur, comme Rachel, avec son chien lui aussi, qui découvre un spectacle horrible. D'abord il entend pleurer, gémir – des petits cris d'enfant terrorisé. Il franchit quelques bosquets en direction des pleurs, pensant à un gamin perdu. Un corps de femme ensanglanté est recroquevillé à terre. C'est Rachel. Un petit garçon en pleurs est accroché au cadavre de sa mère. C'est Alex. Spectacle insoutenable, affreux, l'enfant porte des traces de coups, des ecchymoses au visage, il est lui-même couvert du sang de sa mère et s'agrippe à elle. Il vient de subir un choc épouvantable, manifestement il a assisté à l'agression, au viol et aux quarante-neuf coups de couteau qui ont fait mourir la jeune femme dans des conditions atroces.

Le promeneur arrache l'enfant à ce cadavre dénudé, court le mettre sous la protection d'autres promeneurs, et la police arrive très vite sur les lieux.

Les joueurs de golf, non loin de là pourtant, n'ont rien entendu, pas plus que les passants dans les allées voisines. Toutes les identités sont vérifiées immédiatement – une vingtaine de témoins – et par élimination la victime est identifiée comme étant la propriétaire d'une Volvo grise, garée à cinq cents mètres.

L'enfant, sous le choc, est incapable de parler. Le chien a disparu.

C'est ainsi que vers midi, lorsque André Hanscombe téléphone chez lui pour prévenir sa femme qu'il a terminé son travail de la matinée, il tombe sur la police. « Votre femme a été agressée, votre fils est vivant... »

L'univers s'écroule. En faisant le chemin qui le sépare de son domicile, André Hanscombe croit devenir fou.

Le commissaire principal de Scotland Yard, John Basset, va diriger l'enquête immédiatement. Le seul témoignage recueilli dans le parc est maigre. On a vu un homme se laver les mains dans un ruisseau du parc, à proximité du lieu de l'agression. Mais la description est vague : blanc, entre vingt et vingt-cinq ans, cheveux bruns et courts, tee-shirt clair et jean. Un couteau a été retrouvé dans les broussailles à moins de quinze mètres de cette rivière. C'est probablement l'arme du crime. Mais elle ne révélera aucune empreinte utilisable.

David Canter, spécialiste de ce genre de choses, professeur à l'université du Surrey, dresse à la demande de Scotland Yard le portrait psychologique de l'assassin : un homme jeune, solitaire, affectivement immature, vivant seul ou avec sa mère. Et qui a peur des femmes.

Alex n'a pas prononcé un mot depuis qu'on l'a trouvé. À part « maman » et « chien ». De toute façon, à cet âge – moins de trois ans –, un enfant est incapable de faire la description d'un visage. Tout au plus pourrait-il parler d'un signe particulier, telle une moustache ou une barbe. S'il pouvait parler... Mais le petit garçon est figé. Il a assisté à toute l'agression, il a été frappé, il a vu le viol, il a vu le couteau, le sang, il a vu un homme s'acharner sur sa mère qui, elle, a tenté de défendre et de protéger son enfant, c'est visible. Alex est donc l'unique témoin vivant, et il est en danger, car s'il ne peut pas décrire le monstre sadique, il pourrait parfaitement le reconnaître, le désigner. L'image de cet homme est inscrite à jamais dans sa mémoire.

Par quel miracle a-t-il été épargné ? L'homme a-t-il été dérangé, a-t-il eu peur, ou bien a-t-il été incapable de s'attaquer à l'enfant ? Le scénario de l'agression préalable est certainement celui-ci : l'homme s'empare de l'enfant d'abord pour menacer la mère, l'attire dans les broussailles à l'abri des regards, frappe l'enfant pour le faire taire, viole la mère, la tue avec une rage stupéfiante, s'enfuit, se lave les mains, lave le couteau, le jette très vite et disparaît à travers bois.

Ce crime particulièrement odieux a un énorme retentissement dans la presse ; un appel à témoins est diffusé dans les journaux, un appel à témoins du père est lancé à la radio. Tout le monde craint pour la vie de l'enfant.

Le commissaire principal Basset, lui, sait qu'il y a à peine un mois, dans ce même parc, une autre jeune femme a été violée et tuée. S'il s'agit du même assassin, ce qui est probable, il faut faire vite.

Une enquête des plus complètes et des plus minutieuses commence. Tous les suspects fichés à Scotland Yard pour des délits sexuels sont interpellés. Sur 540 sadiques répertoriés, 35 sont retenus dans un premier temps. Les enquêteurs doivent vérifier d'autre part 3 242 informations, vérifier 4 161 fausses pistes, enregistrer 920 dépositions. Mais tout va assez vite néanmoins et, sur les 35 suspects restants, on en isole un.

Il se nomme Colin Stagg, il a le profil défini par le psychologue. Il vit seul dans un petit appartement de style HLM au rez-de-chaussée d'un pavillon en brique, avec un jardinet bien entretenu. Il est chômeur, on ne lui connaît aucune liaison féminine, son enfance a été perturbée et il a eu des ennuis avec la police pour une histoire d'exhibitionnisme. Âgé de vingt-neuf ans, cheveux bruns presque ras, une boucle minuscule accrochée à sa grande oreille droite. Visage très ovale, en forme d'œuf, long nez qui pointe vers le bas, presque comme un crochet, bouche épaisse, menton réduit. L'ensemble ne donne guère bonne impression. Une visite à son domicile permet de compléter le profil psychologique du suspect. Sur sa porte, est inscrit un slogan bizarre : « Chrétiens, passez votre chemin, ici vit un païen ! » À l'intérieur de l'appartement, les murs sont peints en noir et les lectures de ce Colin Stagg en disent long. Des livres d'occultisme, traitant de mystères, de sixième sens oublié, de l'après-vie – de l'ésotérisme de bazar. Il se déclare lui-même adepte d'un culte ancien, « Wicca », qu'il prétend antérieur au christianisme, et qui n'est en réalité qu'un terme utilisé par les sorciers modernes pour désigner leur « art ». Une littérature qui sent le soufre, mêle drogue, sexe et orgie, et dont l'un des auteurs les plus illustres en Angleterre, Aleister Crowley, un illuminé complet, prône entre autres messes noires, orgies ou rites lucifériens, et se veut l'apôtre du « sex-magic ». Pour lui le sexe doit être élevé à la première place, celle de la manifestation du divin... Slogan : « Fais ce que tu veux. »

L'individu est donc mis en garde à vue, non pas pour ses croyances, mais surtout pour le fait qu'il habite à un demi-mile du parc de Wimbledon et qu'il reconnaît s'y être promené le jour de l'agression. Mais il prétend avoir achevé sa promenade à neuf heures trente et être rentré chez lui.

Après cette garde à vue, qui dure trois jours, le commissaire principal est intimement persuadé qu'il tient le coupable. Hélas, aucune preuve matérielle ne lui permet de l'inculper.

Quant au petit Alex, il en a déjà supporté beaucoup. On lui a montré les photos de dizaines de sadiques, sans résultat, et son père a décidé de l'éloigner de l'enquête sur les conseils d'un médecin psychiatre. Il n'a d'ailleurs pas réagi devant le portrait-robot de l'agresseur qu'on lui a présenté. Alex doit vivre, oublier, le torturer davantage serait criminel.

Le père et l'enfant ont disparu tous les deux quelque part en Europe, à l'abri de l'horreur, et à l'abri du tueur aussi.

Scotland Yard est contraint de relâcher Colin Stagg faute de preuves, et le commissaire principal Basset enrage. Il refuse cet échec, il n'est pas loin de prendre sa retraite – quitter la grande maison sans avoir résolu cette affaire, il n'en est pas question. À cette époque, fin septembre 1992, la presse n'est pas informée de l'état de l'enquête, ignore l'identité du suspect numéro un et ne connaît pas les raisons qui ont forgé l'intime conviction du détective.

Car une autre enquête souterraine vient d'être décidée. À l'initiative d'une jeune femme, auxiliaire de police. Son identité demeure secrète. Elle a trente ans, est mariée et mère de famille, et elle propose d'entrer en contact avec le suspect. « Marilyn » – c'est son nom de guerre – va tout simplement faire la connaissance de Colin Stagg, par hasard, dans le parc de Wimbledon où il se rend souvent... se lier d'amitié avec lui, le faire parler, le mettre en confiance, et rendre compte régulièrement des progrès de cette amitié particulière.

Bien entendu, le risque est grand. La jeune femme ne doit absolument pas accepter de rendez-vous hors des lieux publics, ne jamais se rendre seule au domicile du suspect, ne jamais l'accompagner dans un lieu désert. Elle risque sa vie. Pour ce travail délicat, elle est suivie elle-même par un psychologue, qui la conseille au fur et à mesure de l'enquête. Désormais, tout ce que dit ou fait Colin Stagg devant Marilyn est l'objet d'un rapport, patiemment analysé.

Les mois passent. Colin se confie de plus en plus, ils ont des rendez-vous réguliers dans un pub, s'écrivent ; le suspect a tellement confiance en son amie qu'il lui parle même de sa première arrestation, de son inquiétude par rapport à la police qui cherche à le « coincer », sous prétexte qu'il est un marginal.

Ce travail souterrain est remarquablement mené par la jeune femme dont le sang-froid doit être particulièrement solide. Pour Colin, elle a une identité, elle est la jeune femme qu'il a rencontrée au parc, la première femme à s'intéresser à lui, il est possible qu'il en tombe amoureux – en tout cas, leur « amitié » lui est précieuse.

Marilyn est rapidement certaine qu'elle a affaire à un psychopathe dangereux. L'aventure extraordinaire qu'elle mène a débuté au printemps 1993. À la fin de l'été, elle a rassemblé suffisamment d'informations et d'indices pour pouvoir dire à ses patrons de Scotland Yard : « C'est lui. »

Une dernière fois elle va serrer la main à son « ami », une dernière fois elle va lui dire « À bientôt ». Elle laisse la place aux uniformes.

Le 19 août, Scotland Yard annonce à la presse que l'arrestation de Colin Stagg a eu lieu la veille au petit matin. Il a été interpellé à son domicile et une brigade de policiers fouille son jardin, sous les regards avides d'une foule curieuse. L'affaire fait tant de bruit à Londres et le calvaire du petit garçon arraché au corps de sa mère a tant ému l'opinion que le public voudrait bien voir le monstre. Mais, tandis que l'on fouille son jardin, que l'on retourne soigneusement les massifs de fleurs, Colin Stagg est déjà en prison, officiellement inculpé de l'assassinat de Rachel.

Les voisins n'ont jamais eu à se plaindre de lui. Un garçon calme, qui n'avait pas changé depuis sa première arrestation. Il se rendait chaque jour au parc de Wimbledon avec son chien, un bâtard marron et beige du nom de Brandy.

Les policiers sont soigneux : chaque plante, chaque massif de fleurs déterré est protégé par un plastique et sera soigneusement replanté après la fouille. On croit savoir qu'ils ont découvert le cadavre d'un chien. Peut-être celui du labrador noir, qui gambadait aux côtés de sa maîtresse par une belle matinée d'été. On voit les policiers ranger leurs pelles, à la nuit tombante, emporter des sacs, dont le commissaire principal dira qu'il s'agit d'indices matériels.

Outre la révélation de la méthode employée et un rapide commentaire sur le travail de l'auxiliaire Marilyn, les seuls commentaires du commissaire Basset sont : « Tous les indices ramènent à Stagg. Récemment, l'enfant, qui s'est lentement remis du choc, a pu nous donner certains détails. » Et les journalistes en seront pour leurs frais. Pas question d'interviewer l'auxiliaire de police connue sous le prénom de Marilyn, pas question de publier sa photographie dans les journaux, pas question de révéler sa réelle identité.

Un voisin a pris en charge le chien de Colin Stagg – pour longtemps. Les jardiniers policiers ont ratissé le jardin, arrosé les fleurs, refermé le portillon. En Angleterre ce sont des choses qui se font, on y respecte autant les chiens que les marguerites.

Par contre, dans la série « faits divers » d'un jeu de cartes à base de questions, fort célèbre en Angleterre comme ailleurs, figurait déjà une question pour le moins indécente : « Dans quel endroit touristique de Londres a été tué le mannequin Rachel Nickell ? »

Les éditeurs du jeu ne s'embarrassent pas de scrupules. La famille a demandé le retrait de cette carte, et l'Angleterre a été choquée.

Lors du procès, il est possible que l'enfant soit appelé à témoigner, sous une forme particulière, par l'intermédiaire d'un enregistrement vidéo, afin de lui éviter le choc d'un interrogatoire en plein tribunal.

Il a eu quatre ans cette année. Son père a déclaré qu'il allait aussi bien que possible, et qu'il ne se souvenait de sa mère à présent que souriante, blonde et ravissante sur une photo de vacances.

Il a fallu un an pour parvenir à cette forme de sérénité. Un an pour que Scotland Yard ait la preuve de la culpabilité de ce jeune homme bizarre, capable de courir en short blanc avec son chien dans les allées d'un parc, mais capable aussi de violer et de tuer une jeune femme de quarante-neuf coups de couteau de chasse, sous les yeux d'un gamin de trois ans. Presque au milieu des promeneurs, en l'espace de quelques minutes.

Pourquoi ? Que se passe-t-il dans la tête d'un garçon de son âge ? Quelle pulsion morbide, quel instinct sexuel dévié l'animent ?

Il le dira peut-être devant ses juges, ou peut-être pas.

Alex oubliera peut-être son visage, ou peut-être pas.

Mortel Minitel

Un crissement de pneus sur l'asphalte. Une voiture qui s'arrête brusquement. Un homme dans la force de l'âge en descend. Au bord de la route un autre véhicule est arrêté : sa conductrice, une brune appétissante aux lèvres pulpeuses, est de toute évidence dans l'embarras. Son pneu est crevé et ses jolis doigts manucurés ne sont pas faits pour la manipulation des crics, des jantes et de tout ce qu'il faut empoigner à pleines mains quand on doit changer sa roue. Hervé, l'obligeant automobiliste, a tôt fait de remettre tout en ordre. On bavarde, Hervé est beau parleur, tous deux repartent ensuite pour continuer la conversation autour d'un rafraîchissement. On échange les numéros de téléphone, les jours passent, on se revoit, on s'abandonne, on se donne, on finit par vivre ensemble. Hervé, la quarantaine, a dix-huit ans de plus que Clotilde, la jolie conductrice en détresse. Il aime bien raconter sa vie, en l'arrangeant un peu… Ce vilain petit défaut les conduira tous les deux aux assises.

Pourtant le passé de Hervé tel que celui-ci le confie à Clotilde n'a rien de trop glorieux. Il avoue qu'il a quitté l'école à quatorze ans, pour apprendre la couture. Pourquoi pas ? Puis, sans doute lassé par les piqûres d'aiguilles, il change de métier. Il est dispensé de service militaire car l'armée lui découvre des troubles du comportement. Il bifurque alors vers l'électricité, ce qui l'amène, sans trop de logique, à devenir coffreur-boiseur. Il passe ensuite du coffrage à l'autobus, puis de l'autobus au camion de livraison. Une vie qui se cherche, un peu instable mais pas de quoi fouetter un chat. Le dernier patron de Hervé est dur à la tâche. Il exige des cadences infernales. Hervé en fait une dépression nerveuse et finit par obtenir une pension d'invalidité de deuxième catégorie. C'est la garantie d'une rentrée d'argent régulière mais c'est aussi la consécration officielle d'une certaine « incapacité » au travail.

Au bout du compte, Hervé, dans ses heures de loisirs, aime bien se promener revêtu d'un treillis, nostalgie d'une armée qui l'a rejeté. Mais, sur ce treillis il se fait plaisir en arborant de belles barrettes dorées, ce qui est formellement interdit par la loi. Ces galons immérités lui permettent de se dire à l'occasion « colonel en retraite ». Voilà une carte de visite qui inspire dorénavant confiance aux plus naïves...

Clotilde, quant à elle, est dactylo au chômage. Elle est la dernière-née d'une famille d'émigrés italiens, la petite « chouchoute » d'un père qui lui passe toutes ses volontés. Pas vraiment la meilleure éducation pour affronter les difficultés de la vie moderne. Clotilde apprend, très tôt, le pouvoir de ses grands yeux noirs et de ses lèvres pulpeuses. Elle en conclut instinctivement qu'elle détient là un moyen de se défendre dans l'existence, meilleur moyen que de passer des heures à se casser les ongles sur un clavier de machine... Le couple Hervé-Clotilde s'installe dans un appartement de Golfe-Juan. Bientôt, les voisins témoigneront de l'étrange vie du faux ménage. Nombreuses allées et venues, tapage nocturne, cris de femme battue, volets constamment fermés. Rien à voir avec une vie bourgeoise...

Pourtant, Hervé exprime déjà le désir d'épouser Clotilde. Il charge même son futur beau-frère de lui dénicher un restaurant à vendre, mais pas n'importe quoi, plutôt un établissement dans le genre luxueux. Quelque chose qui soit digne des relations mondaines qu'il prétend avoir : la clientèle, à l'entendre, ne comprendra rien moins que le général Bigeard et Jacques Chaban-Delmas... Le mythomane parfait brode son histoire.

Par ailleurs, le séduidant Hervé ne plaît pas qu'à la seule Clotilde. Il est père de quatre enfants issus d'un mariage. Il a, en plus, semble-t-il, une liaison avec une autre femme, et Clotilde la brune aux grands yeux, pour se venger, décide alors, selon ses dires, de « rencontrer d'autres hommes ».

La technique moderne et les PTT mettent aujourd'hui pour ce faire d'excellents moyens techniques à la disposition de tout un chacun et particulièrement de ceux et celles qui savent taper sur un clavier. Clotilde devient une habituée des Minitel conviviaux où, sous un pseudonyme plus ou moins évocateur, on entre en contact avec d'autres esseulés de tout sexe.

L'enquête démontrera qu'entre le 1er octobre 1988 et le 12 du même mois, jour fatal, Clotilde est présente sur les réseaux du Minitel à cent dix-sept reprises... La police qui peut tout savoir obtiendra sans difficulté la liste complète des correspondants qui se sont abouchés avec la jolie brune... Au prix minima de 1,98 F la minute de communication, nul doute que Clotilde se retrouve avec des factures de téléphone très gonflées au moment des relevés. Il faut avoir certains moyens car Hervé, quant à lui, standing oblige, ne circule qu'à bord de voitures luxueuses, CX, Porsche, Mercedes, Alpine Renault. Le couple, qui paye 2 800 F par mois pour son appartement à S., une fois le loyer payé, n'a plus que quelques billets de 100 F pour vivre et pour entretenir ses deux voitures... Il leur faut absolument de l'argent.

Le 12 octobre 1988, Clotilde, sous son pseudonyme plus ou moins habituel, entre en contact avec un correspondant qui lui semble correspondre aux critères qu'elle recherche. Elle annonce carrément la couleur : « Jeune nymphomane attend le mâle possédant plusieurs tigres dans son moteur. » Un certain « Charles » répond qu'il possède tout ce qu'il faut. Il habite la région et paraît désireux de la connaître. Clotilde confie son numéro de téléphone. Elle sait déjà qu'il est marié, père de famille, commerçant honorablement connu, qu'il est dans les cuirs et peau. Il lui propose d'ailleurs de lui offrir une jupe en cuir. Clotilde à l'autre bout du fil acquiesce bien volontiers. On se donne rendez-vous dans un endroit discret à une heure tardive.

Clotilde, qui est là au volant de sa voiture bien avant l'heure, voit arriver un homme jeune et de type oriental. L'honnête commerçant trouve la jeune femme tout à fait à son goût. Pour une fois, la correspondante n'a pas triché sur son âge ni sur ses qualités physiques. Sa bouche surtout le fait rêver. Il n'hésite pas à lui demander de quelle manière elle compte s'en servir.

« Viens chez moi et tu découvriras tout », répond la « jeune nymphomane », l'œil plein de promesses ! L'homme, la tête en feu, la suit au volant de sa propre voiture. On pénètre dans le studio. Clotilde offre à boire. L'homme se détend un peu, dévorant des yeux sa future partenaire. Il s'excuse car, dit-il, dans sa précipitation il a complètement oublié de prendre la jupe en cuir promise. Clotilde ne semble pas lui en vouloir. On bavarde assis sur le canapé. Sur la télé on peut voir une photo de Hervé en uniforme de colonel : il est parfait dans le rôle du mari plus âgé et absent. Les caresses se font plus précises...

À 3 h 25 du matin, le téléphone sonne au commissariat d'A... Hervé se présente et annonce : « J'ai surpris ma femme avec un autre homme, je l'ai tué. » Quand la police arrive, le cadavre de Charles, la tempe trouée par le coup à bout touchant d'un revolver à grenaille, gît, désespérément seul dans le salon. Les amants infernaux ont décampé sans demander leur reste.

L'enquête démontrera que la victime, installée depuis seulement douze ans sur la Côte d'Azur, jouit d'une excellente réputation dans la région, tant sur le plan commercial que familial. Compétent et travailleur, responsable d'un club sportif, son image est parfaite en tout point et sa communauté d'origine, puisqu'il vient du Proche-Orient, à l'annonce du drame, le pleure et le regrette sans aucune fausse note. S'agit-il d'une sorte de Mr Hyde à la double vie ? Tout simplement un homme sensuel qui rêvait de caresses inédites que son éducation lui interdisait de demander à son épouse... Bel homme au demeurant. Mais il est mort... et bien incapable de donner sa version des faits.

Quelques semaines plus tard, les deux amants en fuite donnent à la famille de « Charles », dans une lettre postée du Piémont, leur version des faits : « Il s'agit d'un accident. Hervé ne voulait pas tuer cet homme... » Ils expliquent que Hervé est rentré inopinément dans l'appartement au moment où « Charles », entièrement nu, s'apprêtait à violer Clotilde. Pour l'impressionner, parce qu'il résistait, Hervé l'a alors menacé de son revolver. Le coup est parti accidentellement. Plus tard les amants meurtriers expédient, de

Corse, une lettre à l'intention de la presse spécialisée annonçant leur intention de « mettre fin à leurs jours ». On ne découvre pas de cadavres intéressants à la suite de cette annonce.

Quelques mois plus tard, Hervé, transformé, affublé de perruques, moustachu, au volant d'un véhicule aux plaques maquillées, se risque à nouveau sur la Côte. Clotilde, de son côté, fait de même et pousse l'imprudence jusqu'à se promener à visage découvert. Elle pense, à tort, que la police a, depuis le meurtre, d'autres chats à fouetter. On l'interpelle assez vite et elle raconte que Hervé s'est enfui en Italie. On le retrouve cependant dans une chambre d'hôtel français, sous le pseudonyme princier de Grimaldi. Les voici tous deux sous les verrous : Clotilde est inculpée de complicité mais Hervé, lui, affronte une inculpation d'homicide volontaire et d'extorsion de fonds. Car, entre-temps, un élément important est parvenu à la connaissance de la police, élément qui changea toute l'affaire...

Parmi les nombreux correspondants de Clotilde, « la nymphomane qui cherchait un mâle », parmi tous ceux qui l'ont contactée au cours de ses cent dix-sept prises de contact des jours précédant le meurtre, un de ses amants potentiels, Albert B., fonctionnaire et père de famille, s'est lui aussi rendu, comme le malheureux Charles, à un rendez-vous nocturne. Lui aussi a été séduit par la pulpeuse brunette. Lui aussi a accepté de la suivre dans l'appartement du couple. Lui aussi a aperçu, posée sur la télévision, la photo de Hervé, tout galonné. Il raconte par une lettre à la police que Clotilde, tout en lui laissant espérer le meilleur d'elle-même, tout en cherchant sa bouche, n'a pas été beaucoup plus loin. En effet, au moment où les choses allaient devenir sérieuses, le malheureux Albert a vu surgir Hervé, le visage décomposé par ce qui ressemblait fort à la colère du mari trompé qui surprend son épouse en plein adultère.

Clotilde, devant la colère de Hervé, devrait nier les faits mais, bizarrement, devant Albert complètement effaré, elle semble presque admettre, par son silence gêné, qu'elle vient d'avoir des rapports intimes avec son invité. Albert comprend alors que l'homme et la femme sont complices. Il est victime d'un piège et, vert de peur, ne sait pas comment les choses vont se terminer... Il bredouille des excuses mais reçoit, en réponse, des coups de crosse de revolver au visage. Hervé, toujours dans son rôle de mari offensé, ricane et se vante de connaître les endroits précis où l'on peut faire mal sans laisser de trace. Puis il demande à son « épouse » de lui apporter le « couteau d'Algérie ». Albert croit que ses derniers jours sont arrivés. Ou du moins qu'il ne rentrera chez lui que privé de ses « bijoux de famille ». On lui demande de se déshabiller. Mais il s'y refuse.

Très rapidement le mari outragé change d'humeur. Il se déclare prêt à négocier son déshonneur. Albert, couvert de sueur, avoue qu'il n'a pas d'argent sur lui. Son chéquier est dans la voiture et Hervé l'accompagne jusque-là. Albert, tout penaud, signe, à titre d'acompte, un chèque de 2 000 F. On le laisse alors filer et il rentre chez lui presque heureux de s'en être tiré à si bon compte...

Dès le lendemain, tout déconfit, il fait opposition au chèque, puis, comme de nombreux autres sans doute, il s'abstient d'ébruiter son aventure, et de porter plainte. Il se promet simplement de ne plus « pianoter » sur le Minitel. En tout cas de ne plus suivre de brunes et jolies inconnues chez elles.

Quelques jours plus tard, en lisant dans le journal qu'un homme a été découvert mort dans l'appartement de Clotilde et de Hervé, Albert est saisi d'un remords. Il se dit que s'il avait eu le courage de porter plainte, il aurait provoqué l'interpellation du couple infernal et qu'il aurait sans doute sauvé la vie de « Charles ». C'est à ce moment qu'il décide de témoigner de sa propre histoire devant la police.

Ce témoignage pèse lourd devant les juges. La version de Clotilde et de Hervé, l'histoire du coup de feu accidentel, s'évapore comme rosée au soleil. La fable selon laquelle Clotilde n'invitait ses correspondants que pour une « conversation » sans arrière-pensée sexuelle ne tient pas davantage. Les témoignages de voisins, les aveux d'autres « mâles » minitélistes complètent le tableau, on comprend que les amants avaient mis au point un système qui leur permettait de maintenir leur train de vie. Hervé est condamné à dix-huit ans et Clotilde qui, en prison, est devenue sa femme légitime, écope de dix ans. Compte tenu de la préventive et des remises de peine, elle pourra bientôt se retrouver sous le beau soleil du Midi. Souhaitons qu'elle ait compris la leçon. « Charles », lui, victime de ses désirs, ne reviendra pas pour surveiller l'éducation de ses enfants.

Vidéosexuels

1960. Mohamed T. est instituteur et marocain. Il fait partie, dans son pays, de ceux qui savent… Il est bel homme, jeune, ambitieux, il a, comme on dit, du « tempérament ». Mohamed pose sa candidature pour entrer dans la police. Un corps de métier qui permet bien des choses…

1962. Mohamed T., policier, est nommé aux renseignements généraux d'Agadir, ville touristique s'il en est. 1972. Sa carrière, menée avec prudence, le conduit à un poste plus important : Mohamed est toujours aussi ambitieux, toujours bel homme, et son « tempérament » se fait de plus en plus exigeant. À présent qu'il est commissaire, il sait le pouvoir que lui confère sa fonction, il frémit de plaisir en constatant la crainte qu'il peut voir dans le regard de tous ceux qui l'approchent, spécialement ceux qui viennent quémander une faveur, un tampon sur un papier officiel, une autorisation. C'est un petit chef, comme on en rencontre dans tous les pays. Mais un petit chef tourmenté par le démon du sexe, par la haine des femmes. Pourquoi ? Une déception ? Un sentiment d'infériorité, un complexe d'Œdipe mal résorbé ? L'histoire et le procès ne le diront pas mais les faits sont là.

Le procès ne dira pas tout… On ne parlera que des « incidents de parcours » du beau Mohamed. Beau, puissant, il pourrait ne pas connaître beaucoup de cruelles, comme on disait autrefois. Mais la séduction n'est pas son fort. La violence l'est par contre.

En 1980, Mohamed attire chez lui une jeune fille marocaine et, après Dieu sait quelles péripéties, la viole tout simplement. Devant l'horreur de ce qui lui arrive, particulièrement dans un pays musulman où la virginité demeure le plus grand trésor d'une jeune fille honnête, la victime décide qu'elle n'a aucune chance de faire connaître la vérité. Elle choisit la seule voie qui semble possible et, enjambant le balcon, se jette dans le vide. Le commissaire Mohamed T. est bien embarrassé pour expliquer ce qui s'est passé. Heureusement pour lui, personne ne tient à éclabousser la police. La famille ne parvient pas à obtenir justice... La jeune fille est morte pour rien. Mohamed est... muté dans une autre ville. Il sait désormais que ses fonctions le mettent à l'abri de certaines sanctions. À condition de ne pas en abuser.

Dix ans passent, le commissaire poursuit son petit bonhomme de chemin, sans doute jalonné d'autres larmes méconnues, d'autres supplications, d'autres viols discrets. En 1990, Mohamed, qui possède une garçonnière à Casablanca, y attire une femme mariée : Mme H. L. Cette fois-ci il menace la belle d'un couteau et l'oblige à subir ses caprices, la viole. Mais la dame porte plainte. Mal lui en prend. Le « corps policier » réagit comme un seul homme. La victime se retrouve accusée : accusée de prostitution. Elle doit, à sa grande honte, retirer sa plainte et se rétracter. À présent Mohamed triomphe : il vient d'avoir la démonstration de son pouvoir absolu. Il sait qu'il peut se permettre de poursuivre ses viols... sur une plus grande échelle, si l'on peut dire.

Mlle F. est une jeune femme marocaine dynamique. Elle vient de se voir proposer un contrat de travail en Arabie Saoudite. Mais, pour rejoindre le poste qu'on lui propose, elle doit se procurer un passeport. Denrée rare pour les femmes marocaines. Mieux vaut, pour accélérer les choses, être dans les petits papiers d'un homme qui a le bras long. Un commissaire, dans le genre de Mohamed T. Pour son malheur c'est justement à celui-ci que Mlle F. fait appel. Convoquée dans la garçonnière du commissaire, elle est violée sans autre forme de procès. Elle a compris qu'elle n'a aucune chance de faire éclater la vérité. Mais, comme prix de son silence, elle obtient son passeport. Plus étonnant encore, elle demeure en relation « amicale » avec Mohamed. C'est lui qui, muni d'une procuration en bonne et due forme, gère son compte en banque tandis qu'elle travaille au loin. Mieux encore et plus surprenant : au moment où la jeune femme envisage de devenir l'épouse d'un Américain rencontré au Proche-Orient, c'est Mohamed qui se propose pour réparer les « dégâts » dont il fut responsable. Grâce à lui, Mlle F. rencontre un chirurgien très spécialisé qui parvient à reconstituer l'hymen déchiré par le violeur... Elle se mariera avec toutes les apparences de la virginité.

Le chirurgien n'a rien à refuser à Mohamed : depuis quelque temps il fait partie d'un groupe d'intimes du commissaire. Il partage avec lui les victimes qui tombent dans la toile de l'araignée policière. Lui et quelques autres, un retraité assoiffé de luxure, un promoteur immobilier très intéressant quand il s'agit de trouver des garçonnières discrètes, un technicien de la vidéo dont le savoir a lui aussi été mis à contribution, Akil M., un tenancier de bistrot qui sert de rabatteur quand les proies se font attendre. Tout cela pourrait durer éternellement. Le système policier, l'esprit de corps, la philosophie générale de la société, la place ambiguë des femmes, tout cela concourt à consolider le système du commissaire Mohamed... Jusqu'au jour où...

Ce jour-là, Mohamed, à bord de sa belle Mercedes bleue, est à l'affût près de la faculté. Il lorgne les étudiantes qui sortent des cours et regagnent le domicile de leur famille. Un couple de belles brunes attire son regard. Deux mignonnes petites bourgeoises qui, livres sous le bras, pouffent de rire en faisant des commentaires espiègles sur les gens qui passent. Elles ne remarquent même pas Mohamed quand elles arrivent à la hauteur de la Mercedes. Il démarre et les rattrape un peu plus loin. Il s'arrête juste devant elles, baisse sa glace et leur propose de les accompagner. La Mercedes, l'âge certain du conducteur, le fait qu'elles soient deux les rassurent. Emoustillées par cet imprévu, elles acceptent, pour le plaisir de la promenade. Erreur fatale...

L'automobile a redémarré en direction du parc de la Ligue arabe. Les jeunes filles échangent des regards complices. Ce Monsieur si galant a l'air d'un personnage important. Tout en conduisant il parle dans un talkie-walkie et donne des ordres à des subordonnés que l'on devine, à l'autre bout de la ligne, au garde-à-vous. L'aimable quinquagénaire se présente... sous un faux nom : Hamid. Il explique pourtant qu'il occupe un poste important dans la police. Les jeunes filles, intéressées, notent ces détails pour en agrémenter le récit de la journée qu'elles se promettent de faire dès le lendemain à leurs amies, qui en seront sans doute vertes de jalousie.

Soudain il freine... devant une pâtisserie et propose aux deux jeunes filles qui acceptent, enchantées, de grignoter, chemin faisant, quelques douceurs au miel. Elles se sentent de plus en plus en confiance. On repart et, toutes à leurs gâteaux, les jeunes filles ne remarquent pas que le véhicule ne va pas dans la direction proposée peu auparavant.

La Mercedes stoppe brutalement. L'aimable conducteur quitte le volant et change alors de discours. À présent il tient un revolver à la main et intime aux deux étudiantes médusées l'ordre de quitter leur siège pour l'accompagner dans l'appartement devant lequel il est garé. Devinant leur réticence, il leur explique en quelques mots rapides qu'elles n'ont plus le choix. Étant donné ses fonctions, Mohamed-Hamid leur explique que, si elles s'avisent de refuser, si elles appellent au secours, il aura tôt fait de les faire accuser de racolage et de prostitution. Étant donné le crédit dont la police bénéficie, du soutien que chaque policier peut espérer de sa corporation, du fait qu'au Maroc les femmes et surtout les toutes jeunes filles ont, par principe, toujours tort, les pauvres étudiantes se taisent, passives, obéissent, suivent Mohamed dans l'appartement.

Là, Mohamed, de plus en plus sûr de lui, allume la télévision et met dans le magnétoscope une vidéocassette pornographique. Puis on passe aux « travaux pratiques ». Elles doivent, tant bien que mal, exécuter sur leur tortionnaire les pratiques qu'elles viennent de découvrir sur la vidéo. Il les viole toutes les deux. Elles remarquent, dans l'angle de la pièce, une caméra qui fixe sur la pellicule tout ce qu'elles doivent subir. Mais leur supplice ne s'arrête pas là. Un autre homme d'un âge certain fait irruption. Lui aussi exige et obtient d'elles ce qu'elles viennent d'accomplir avec le commissaire. Lui aussi les viole. Puis on les laisse partir sur une dernière menace de représailles au cas où elles ne tiendraient pas leur langue. Elles rentrent chez elles en refoulant leurs larmes.

Le lendemain, en sortant des cours de la faculté, les deux jeunes filles, saisies, aperçoivent à nouveau la Mercedes bleue au coin du trottoir. Au volant Mohamed-Hamid. Veut-il leur faire subir à nouveau les atrocités de la veille ? Est-il à la recherche de nouvelles victimes trop aventureuses ? Veut-il recommencer avec elles les mêmes horreurs subies la veille ? La gorge serrée, terrifiées par la perspective d'une nouvelle « séance », elles n'hésitent plus. Elles courent pour porter plainte.

Heureusement pour elles, les deux jeunes filles appartiennent à la bourgeoisie de Casablanca. La situation de leurs parents, le fait de leurs témoignages communs vont mettre la machine judiciaire en marche. La gendarmerie royale prend les choses en main. On perquisitionne chez Mohamed et on y découvre cent dix-huit cassettes vidéo sur lesquelles on voit Mohamed et quelques-uns de ses amis dans l'exercice de leur sport favori : le viol accompagné de figures libres... très libres. Les mères sont violées devant leurs enfants, les coups pleuvent. Le dossier s'épaissit.

Mohamed, quant à lui, ne s'inquiète pas trop. Il est « commissaire aux renseignements généraux ». Un des puissants de ce monde au royaume marocain. Pratiquement un « intouchable ». Il est connu dans la hiérarchie mais, depuis longtemps, il constitue sur un certain nombre de collègues et de supérieurs des « dossiers » plus ou moins compromettants, accumulation de preuves concernant leur manque de moralité, leurs trafics, leurs prévarications bien méditerranéennes. Dès qu'on lui demande des comptes, il se précipite « en haut lieu » et menace. Si on l'ennuie tout le monde va plonger avec lui : il en sait trop sur beaucoup trop de monde. À la rigueur il accepterait qu'on le sanctionne par une « mutation » ... qui lui permettrait de changer un peu d'air. Mais, à sa grande surprise, la hiérarchie ne se laisse pas impressionner : le palmarès de Mohamed est trop lourd. On sait déjà, indépendamment de la jeune fille qui s'est défenestrée, de la dame qu'on a fait taire en l'accusant de prostitution, on sait que Mohamed a violé, seul ou avec ses comparses, plus d'une centaine de femmes...

Les complices se révèlent tous plus ou moins lâches, plus ou moins terrorisés par les menaces que Mohamed faisait peser sur eux en cas de rébellion. Comment lui résister ? Comment résister au plaisir pervers de posséder des femmes sans défense ?... Mohamed, découvre-t-on soudain, est propriétaire d'un superbe bain de vapeur dont les clientes constituent, sans le savoir, un terrain de chasse privilégié. Avec quel argent, avec quelles protections a-t-il pu s'en rendre acquéreur ? Question sans réponse. On renonce à évaluer la fortune que son génie d'homme d'affaires manipulateur lui a permis d'acquérir... Simple détail aujourd'hui sans importance : au bout de trois semaines de procès, M. le commissaire Mohamed, tout étonné, s'entend condamner à la peine de mort.

La maman et les putains

Heidi, Elfriede, Sabina, Sylvia, Karin, Brunhilde et Regina... Une brune aux yeux verts, une rousse aux yeux noisette, une frisée, une autre aux cheveux lisses, une blonde, une châtain terne, une aux cheveux courts... des femmes, jeunes, moins jeunes, et même plus très jeunes, des prostituées. Étranglées, assommées, abandonnées dans des rivières ou des étangs, par un commis voyageur du crime, sur un trajet de tueur-touriste en Autriche. Sept femmes en presque deux ans, entre 1990 et 1991.

Lorsque la manière de tuer est quasi identique, cela s'appelle en jargon criminel un « modus operandi ». Et lorsque des services de police repèrent un « modus operandi », il s'agit presque toujours d'un criminel unique. Affreusement classique, le tueur de prostituées.

Celui-ci aurait donc opéré entre les mois de mai 1990 et d'octobre 1991. Sept femmes en dix-sept mois. Une moyenne régulière et un système identique : l'étranglement, avec un bas, une écharpe ou un soutien-gorge, sans mobile autre, apparemment, que celui de tuer, et sans traces suffisantes permettant d'identifier le tueur.

Le premier travail d'un policier dans ce genre d'affaires est de répertorier dans les fichiers des suspects possibles.

Un suspect brille parmi les autres. Il brille même de tous ses feux. Libéré de prison justement au mois de mai 1990, après dix-sept ans de cellule, pour un crime commis en 1974.

Devant la fiche de cet homme, les enquêteurs réfléchissent avec précaution. C'est qu'il ne s'agit pas de n'importe qui. Hansi Unterweger, dit « le beau Jack ». Une célébrité. Auteur à succès, écrivain, poète, l'exemple même de la réinsertion parfaite. Il a été condamné à l'âge de vingt-quatre ans, il en a quarante et un. Et durant ses années passées en prison, il a grimpé sur l'échelle sociale avec une intelligence et une réussite remarquables. À tel point qu'il est devenu la coqueluche de Vienne, de l'intelligentsia autrichienne, une sorte de locomotive, qu'il est de bon ton d'inviter aux conférences, aux cocktails, aux réceptions diverses, sur qui l'on a écrit des articles flatteurs, vantant son talent d'écrivain et sa formidable réadaptation.

Un bel homme, brillant, mondain, qui a su profiter d'une condamnation, pourtant terrible à son âge, pour devenir « quelqu'un ».

L'homme est donc devenu un symbole. Après avoir été un enfant, un adolescent et un jeune homme du pavé.

Lors de son procès, toute sa vie a été étalée devant le tribunal, une vie d'enfer, une vie qui ne pouvait que le mener au crime. Sa mère, prostituée occasionnelle, rencontre à dix-huit ans un soldat américain, tombe enceinte et accouche d'un petit garçon dont elle n'a que faire et qui l'encombre à tel point qu'elle le confie à son propre père, alcoolique.

Joli départ. Hansi ne connaîtra jamais son Américain de père, occupant triomphant et passager de l'Allemagne des années cinquante. Et, durant sa petite enfance, il n'entendra parler de sa mère qu'en termes terriblement imagés : « Ta saloperie de mère est une pute, elle me laisse sans fric pour t'élever. » Ainsi parlait le grand-père, qui, le rudoyant par principe, le traitait également de « fils de pute ».

Le « fils de pute » voudrait bien, comme tous les petits garçons, avoir une mère tout de même. Il l'attend, il l'espère, elle ne vient pas, et entre-temps il copie le comportement de son grand-père, lequel ne pense qu'à boire et à trousser des filles, et entasse des revues pornographiques, y compris des photos de nus de sa propre fille, à portée du gamin.

Que se passe-t-il dans la tête d'un enfant, à la vue du corps de sa mère ainsi offert à tous les regards ?

Il fait l'amour à dix ans, avec une copine de maman, il apprend le trottoir, les vols, fréquente le petit milieu, le gros milieu. Maman exerçant son métier un peu partout dans le pays, il cherche à la retrouver de ville en ville, de trottoir en trottoir, sans jamais la rejoindre. Une quête sans espoir, durant laquelle il habite chez des prostituées, dort derrière un rideau tandis qu'elles œuvrent avec les clients, et vit de rapines.

Il n'a que quinze ans, et son casier est déjà marqué de délits divers, vols, récidives ; de fugue en fugue il n'a toujours pas rattrapé sa mère. L'Assistance publique l'arrache à la chaleur du trottoir et le met en apprentissage. Hansi pourrait devenir cuisinier sous les ordres du chef de l'hôtel de l'Agneau Blanc à Graz. Il ne deviendra que son petit ami de corps. Les autres apprentis refusent de supporter les chouchouteries homosexuelles du chef avec Hansi, et il se fait renvoyer.

À la fin des années soixante, il a dix-huit ans ; il est joli garçon, il a tout vu et tout connu sur le sexe, il est facile pour lui de se prostituer, de devenir lui aussi, sur le port de Hambourg où les marins chantent et s'abreuvent de bière, une « pute à matelots ». Tout en cherchant sa mère sur les quais, dans les ruelles, les hôtels miteux et les bars de malfrats.

Il ne l'aura vue que deux fois en vingt ans. Une fois à treize ans, où elle se contente de lui faucher ses économies de gamin, une autre fois à vingt ans, et là curieusement, il n'en parlera pas. Ni dans le récit de sa vie qu'il écrira plus tard, ni au tribunal. Il a rencontré sa mère. Point.

L'a-t-elle pris pour un client ? Un concurrent ? L'a-t-elle ignoré ? insulté ? rejeté ou conseillé sur la meilleure façon de tapiner ? Errance et trottoir, vols et bagarres, douze inculpations sur son casier, la treizième est capitale.

Une prostituée de vingt ans, Margarett Shafer, est découverte étranglée et ligotée dans un étang près de Francfort. C'est « Hansi » qui l'a massacrée à coups de barre de fer, et abandonnée dans la boue de son existence. Le crime a été commis sous le regard de sa « fiancée », plutôt sa complice, dans des conditions assez incertaines, mais qu'il ne nie pas. Tous les deux fuyaient, traqués par la police pour un hold-up dont ils n'étaient pas responsables, et une prostituée passait par là.

Hansi nie le hold-up, mais avoue le crime.

Il est condamné à perpétuité et se retrouve en cellule à la prison de Graz en Autriche. Un endroit sinistre que l'on nomme « la maison de pierre ». Il a vingt-quatre ans, aucune instruction – il s'est contenté depuis l'adolescence de se servir de son corps de joli garçon, sexuellement ambivalent. Aucune famille à laquelle se rattacher. Sa mère a été assassinée dans l'exercice de son métier, il n'a même plus la ressource de l'appeler à son secours. Sa mère prostituée a été assassinée, comme lui-même a assassiné une prostituée...

Que va-t-il faire de la prison, ce mauvais garçon au visage de jeune premier ? Servir la sexualité des autres prisonniers ? S'avilir davantage ?

Pas du tout. La seule concession faite à cette nouvelle vie derrière les barreaux, ce sont les tatouages qu'il arborera fièrement sur des biceps gonflés et un torse d'athlète. Pour le reste, il s'attaque à sa propre éducation. Cours par correspondance, pour apprendre à écrire : la technique de l'écriture, la construction littéraire. Il apprend à taper à la machine aussi et passe son bac qu'il obtient. Il lit énormément, romans, essais, journaux, revues de littérature – c'est un recyclage précis, méticuleux, sérieux, qu'il a entrepris, et qui l'amène un beau jour à fonder sa première revue littéraire : *Le Pont des Mots*. Et aussi à la faire éditer. Le jeune homme est habile en matière de communication, il a su solliciter et obtenir l'aide d'un petit cercle d'intellectuels et d'écrivains, ébaubis par son style et son parcours.

Les médias s'intéressent à ce phénomène : la première revue littéraire sortant de prison ! Dans sa cellule Jack écrit, écrit avec boulimie toutes sortes de textes, qu'il envoie partout. Des contes, des poèmes. On parle de lui à la radio, on l'interviewe, on lit ses textes, il commence à devenir un quasi-professionnel, qu'on édite. Il a dépassé la trentaine lorsqu'il écrit une pièce de théâtre, la première, grâce à laquelle il obtient une bourse. Immédiatement il se lance dans son premier roman autobiographique, *Le Purgatoire*, qu'un éditeur allemand trouve excellent, publie, diffuse, et qui devient un best-seller. Il y raconte le long chemin de galère de son enfance, son grand-père ivrogne, sa mère putain, les copines de sa mère, le chien sauvage qu'il avait apprivoisé enfant, qu'il adorait et qui s'est enfui à jamais. Il y parle de l'unique copain d'enfance, mort, qu'il n'a pas pu saluer à l'enterrement, chassé de l'église comme un bâtard qu'il était, un « fils de pute » …

Le succès est énorme. Son réel talent, son style incisif, sa sensibilité lui gagnent les faveurs du milieu intellectuel viennois qui s'emballe pour cet écrivain sorti de la fange et toujours derrière les barreaux. Il fascine. Toute l'intelligentsia autrichienne, dite de gauche, en prend fait et cause pour lui, mène campagne, et il est libéré après avoir accompli dix-sept ans de prison, quasiment en fanfare. Riche, grâce à ses droits d'auteur, sachant manier le langage, il donne des interviews vêtu comme un jeune lord – costume blanc, chapeau d'artiste, nœud papillon et mocassins immaculés. Séducteur, amant de jeunes femmes extatiques, il roule désormais en Mercedes, on l'invite partout, on l'attend partout, il paresse un peu côté écriture : la célébrité l'emporte sur le travail. Encore une pièce de théâtre, mais la critique se fait tiède, alors il se lance dans une forme de journalisme professionnel qui rapporte. Il connaît le milieu, le bas peuple, le sordide, les bordels et les malfrats, il en parle : reportages sur la prostitution, sur la prison, sur le sexe. On lui demande des articles jusqu'en Amérique, à Los Angeles. Il entreprend une enquête pour un magazine sur « Les trottoirs de Graz », obtient la collaboration de la police pour son article, interviewe même à la radio le directeur de la sécurité de Vienne. Et durant ce temps, des prostituées meurent, étranglées, étranglées, étranglées…

La police interroge ses relations, apprend que les pratiques sexuelles de Jack consistent souvent à « jouer à étrangler » les femmes. Une prostituée révèle qu'un écrivain, affirmant se prénommer « Walter », bien connu des filles du trottoir, était un habitué de l'une des victimes, et dans le journal de cette victime, Elfriede, retrouvé après sa mort, on peut lire : « Je suis allée chez lui aujourd'hui, rue Floriani, le mec aime bien les trucs avec les menottes, il m'a l'air un peu pervers, fier de ses tatouages… »

Elfriede a été retrouvée étranglée dans un bois, en mars 1991, six mois après sa mort. Jack était son client.

Tout est allé très vite pour lui, et l'ascension a été fulgurante. Comment ce modèle de réinsertion sociale, ce symbole de la réussite en prison peut-il devenir suspect numéro un, dans une affaire de meurtres en série ? Personne ne veut y croire. Sauf la police. Pourquoi ?

D'abord parce qu'il s'agit de prostituées et qu'il en a déjà tué une dans les mêmes conditions. Et aussi parce qu'un ancien policier qui enquêtait dans les années soixante-dix vient raconter à ses collègues de Graz des années quatre-vingt-dix une petite histoire : « Je travaillais sur un meurtre, une jeune fille retrouvée étranglée et ligotée dans un lac aux environs de Salzach. Je n'arrivais à rien. Dix ans plus tard, je suis tombé sur des preuves évidentes de la culpabilité de ce Jack Unterweger. Mais il était déjà condamné à perpétuité, j'ai laissé tomber, et depuis je suis à la retraite... Maintenant, c'est différent. »

Le témoignage de ce policier porte à huit victimes les soupçons qui pèsent sur Jack.

Il y a aussi d'autres indices, qui font frémir l'instinct des enquêteurs. Cette dernière série de meurtres, commis dans des lieux différents, sur un itinéraire apparemment sans logique, présente une suite de coïncidences. À chaque fois, le beau Jack était sur place. Conférence, interview ou week-end, il était là. Non loin des corps retrouvés étranglés et abandonnés, qui dans une rivière, qui dans un étang ou un lac. Il était toujours dans les parages d'un cadavre retrouvé.

Si bien que le célébrissime produit de la réinsertion sociale autrichienne voit arriver les grands pieds des enquêteurs sur sa moquette de luxe. Où étiez-vous tel jour, à telle heure ? Avec qui ? Il a des alibis, huit alibis, dont un faux, un seul, ce à quoi il lui est facile de rétorquer sur un ton mondain : « Je voyage énormément, j'ai des tas de rendez-vous, je ne peux pas me souvenir de tout ! »

Certes. Alors les enquêteurs s'attaquent aux petits indices, cheveux, résidus de tissu, poussières... Mais dans ce domaine, les résultats ne sont pas certains à cent pour cent. Ce cheveu retrouvé dans la voiture de Jack pourrait appartenir à telle prostituée, ce fragment de laine à une écharpe qui a servi à étrangler telle autre...

Le *serial killer* est sous pression, la presse s'intéresse soudain différemment à lui, car le juge d'instruction de Graz ne s'interdit pas de faire aux journalistes des révélations, dont la plus importante, et la seule certaine, est celle-ci : « Jack

Unterweger se trouvait dans les parages de chacun des huit meurtres, il ne peut pas s'agir de huit coïncidences ! »

Huit coïncidences, en effet, c'est beaucoup. Et le beau Jack, qui avait commencé à donner des interviews du genre : « mon passé me persécute », « la police s'acharne », « je suis victime de la machine judiciaire », choisit de prendre la fuite la veille du jour où un mandat d'arrêt est lancé contre lui en février 1992. Ce n'est pas le meilleur moyen de prouver son innocence.

Ses attaches avec le milieu viennois laissent supposer qu'il a été prévenu de l'imminence de son arrestation.

On recherche la voiture – une Volkswagen Passat immatriculé VW 266 DL – à bord de laquelle il a pris le large en compagnie de sa petite amie Bianca. On les repère en Suisse. Trop tard. Entre-temps, Jack a pris soin d'avertir la presse par téléphone : « Je suis traqué, ce n'est pas moi qui ai tué ces femmes, je suis victime de l'acharnement d'un policier de Graz. On veut me remettre en prison, mais même en préventive, je ne le supporterai pas. Je ne me rendrai pas, je n'irai pas en prison. J'avais gagné de l'argent, je n'ai plus un sou, je pense au suicide… »

La cavale le mène de Suisse en France, à Paris, où l'on découvrira plus tard qu'il a abandonné sa voiture dans la banlieue, à proximité de l'aéroport d'Orly, avant de sauter dans un avion avec sa petite amie.

Interpol le recherche. Avec d'autant plus d'acharnement que la police de Graz a été informée d'une autre « coïncidence » bizarre.

Jack a fait un séjour à Los Angeles, l'année précédente, et quatre prostituées y ont été étranglées durant la période de son séjour…

Huit coïncidences plus quatre.

Une perquisition à son domicile renforce, semble-t-il, la conviction policière. Des photos pornographiques du beau Jack en compagnie de dames diverses, ainsi que d'autres indices, dont la teneur exacte n'est pas révélée, mais qui justifient largement la demande d'extradition que la police autrichienne présente à la police de Los Angeles.

Los Angeles, où Jack l'écrivain joue la star en cavale, pose pour un magazine à la moralité douteuse, sur la première page duquel il apparaît avec cette légende : « Hello, c'est moi le *serial killer !* »

En Autriche, un débat s'instaure entre intellectuels, la droite dure et pure accusant la gauche « de salon » d'avoir pris fait et cause pour un récidiviste, sous prétexte de donner des leçons de réinsertion sociale et de prouver que la prison à perpétuité n'est pas une solution... Un psychiatre avait déclaré au moment de sa libération qu'il ne saurait récidiver. Les psychiatres, la police, les journalistes s'étaient emparés du sujet : un tueur est-il un récidiviste possible ? Comment le déterminer ? Qui doit prendre ou pas la décision de remettre un détenu en liberté ? etc. Sujet qui n'est pas propre à l'Autriche, loin de là. Tous les pays démocratiques le connaissent.

Reste que Jack Unterweger avait été condamné à dix-huit ans, qu'il n'avait été libéré qu'au bout de dix-sept ans, et qu'une année de plus, en admettant qu'il soit coupable, n'aurait pas changé grand-chose à l'affaire.

Jack est arrêté aux États-Unis, à Miami où il s'était réfugié en février, et est extradé en mai 1992. Puis mis en prison à Graz. Où il continue de se dire innocent. Son avocat estime que le dossier d'accusation ne tient pas, que jamais il n'a vu aussi peu d'éléments permettant de renvoyer son client en cour d'assises.

L'instruction sera longue, difficile, compliquée – expertise génétique sur un cheveu, confrontations de témoins douteux, tout cela très longtemps après les faits. Selon l'avocat de Jack, des éléments de pièces à conviction ont disparu, notamment un gant de plastique qui aurait permis d'identifier avec certitude l'assassin. Accuserait-il la police de complot contre son client ? Presque. Les corps ont été retrouvés en mauvais état, et toute la défense sera basée sur des batailles d'experts. Les enquêteurs vont concentrer leurs efforts sur deux meurtres en particulier, celui de Bianca, assassinée à Prague le 15 septembre 1990, et Heidi, à Bregenz le 5 décembre 1990. Sur les vêtements de cette dernière ont été retrouvées des fibres textiles présentant des similitudes avec les vêtements de Jack, ainsi que des cheveux qui pourraient être les siens. Ce qui ne prouvera pas de toute façon le meurtre, tout juste qu'il a été en relation avec la victime… Même chose pour ces cheveux retrouvés dans la voiture de Jack à cette époque, une BMW, lesquels cheveux pourraient appartenir à Bianca.

Le directeur de la police scientifique de Zurich, chargé de nouvelles expertises sur ces deux cas précis, a du pain sur la planche, car Jack nie évidemment avoir jamais rencontré ces deux « personnes ».

Procès envisagé dans le courant de l'année 1994. Et alors ? Les États-Unis vont-ils réclamer à leur tour l'assassin présumé de leurs quatre prostituées ? Ce serait simple si Jack retournait en enfance et en littérature, pour expliquer comment, haïssant sa mère prostituée et abandonné par elle, il se venge impulsivement sur des images vivantes, copies conformes de ce qu'il recherchait dans son enfance, une mère faisant le trottoir et lui échappant à jamais.

Ce serait simple, aussi, trop simple, s'il s'agissait d'une « machination policière » uniquement destinée à détruire cet homme-là. Et beaucoup plus compliqué si l'assassin présumé était lui-même innocent, victime d'un double, un *serial killer* profitant de sa célébrité pour accomplir ses propres fantasmes et assouvir ses pulsions de mort.

Jack Unterweger coïncide avec l'assassin onze fois en Autriche, quatre fois aux États-Unis. La justice va devoir se débrouiller avec ces quinze coïncidences-là. Si son avocat a du talent, si les experts se contredisent et s'il est innocent, bravo. Mais s'il est coupable…

Un couple idéal

Robert et Marguerite sont un couple idéal. Du moins est-ce ce que l'on vient de décider en ce beau jour, sur les plateaux de télévision. Ils ont répondu à toutes les questions et bien mieux que les autres couples concurrents. Marguerite a su deviner les réponses de Robert quand on lui a demandé : « Quel est le principal défaut de votre épouse ? » et Robert, de son côté, a répondu avec précision à la question : « Quel est l'objet qui pour Marguerite symbolise le mieux votre rencontre ? » Applaudissements, cadeaux, chèque : Robert et Marguerite rentrent chez eux tout fiers de la victoire, riches d'une jolie somme, leur voiture encombrée de multiples cadeaux aussi utiles qu'agréables. Pendant quelque temps ils deviennent les héros du quartier, on les félicite chez tous les commerçants. Leurs deux enfants, Faustine et Joël, charmantes têtes blondes, sont les petites vedettes de l'école.

Bonheur fugace pour ces deux fonctionnaires des PTT. Il faut dire que leur mariage a étonné tout le monde : la famille de Robert d'abord, sa mère effacée et craintive, son père, ancien militaire, violent et alcoolique. Robert leur a toujours semblé, hélas, malgré son intelligence indéniable et un peu au-dessus du commun, un fruit sec. Est-ce la violence du père qui bloque l'adolescent ? Toujours est-il que, depuis son jeune âge, il semble doté d'une paresse irrépressible.

Comme il faut bien se résoudre à travailler, il devient, sans enthousiasme, cuisinier, mais ce métier, trop salissant à son gré, trop fatigant, ne lui convient guère. Pour juguler son instabilité, sa mère lui conseille de passer le concours de la fonction publique. Il réussit. Dès son premier poste il rencontre Marguerite. Il a vingt-deux ans, elle en a dix-neuf. Elle aussi est plus intelligente que la moyenne. Elle occupe d'ailleurs un poste plus élevé que celui de Robert. En définitive, les deux jeunes gens se plaisent et décident de se marier.

Ils deviennent, au cours des années qui suivent, les parents attendris de Faustine et Joël. Leurs vies semblent toutes tracées jusqu'à l'âge de la retraite. Mais, si Marguerite, ambitieuse et sérieuse, construit sa vie avec opiniâtreté et volonté, Robert, lui, prend goût chaque jour davantage à l'alcool. Si, tous les matins, on le voit descendre pour aller acheter son quotidien, on ignore qu'en fait il s'empresse, en route, d'effectuer une petite visite au coffre de sa voiture, coffre rempli de diverses bouteilles de whisky. À moins de trente ans, Robert boit une bouteille d'alcool écossais par jour…

À ce régime-là sa santé n'est pas ce qu'elle devrait être. D'autant plus que Robert, fluet et d'allure un peu molle, n'a pas la carrure de certains grands buveurs nordiques. Aussi les conséquences ne se font guère attendre : absences à son travail, perte d'efficacité. Conscient de sa propre dégradation, Robert quitte le domicile conjugal. Pendant quinze jours… Au bout de cette période, il regagne l'appartement où Marguerite, furieuse mais digne, l'accable de son ironie méprisante. La vie reprend son cours.

Ce jour-là, un dimanche de juin 1990 comme les autres, Faustine et Joël regardent les dessins animés à la télévision. Le ménage est fait, le déjeuner de midi est en route. Robert exprime le désir d'accomplir son devoir conjugal. Marguerite, en bonne épouse, acquiesce. Le couple s'enferme dans la chambre à coucher. Les enfants ne reverront jamais leur mère…

Après quelques instants, ils entendent des gémissements qui viennent de la chambre. Inquiète, Faustine, du haut de ses quatre ans et demi, essaie d'ouvrir la porte. Fermée à clé. Puis Robert apparaît, seul, et déclare aux enfants que « maman est partie en promenade ». La journée se passe, un peu morne. À tout instant les petits interrogent leur père du regard : « Maman ne rentre pas ? » Son silence plonge l'appartement dans une atmosphère lourde.

Le lendemain Robert, après avoir habillé Joël, sort de l'appartement. Ils se rendent en ville et le fonctionnaire des

PTT fait l'acquisition de deux scies à main et de divers instruments de bricolage. Puis, une fois rentré à la maison, il décroche le téléphone. Il informe sa belle-famille qu'il va leur amener les enfants. Marguerite, dit-il en pleurant, a fait une fugue, en emportant trois mille francs qui se trouvaient dans l'appartement. Pas de doute : elle lui rend la monnaie de sa pièce après sa propre défection de deux semaines. Quelques instants plus tard, Robert, après avoir fait la toilette des enfants dans la baignoire, les habille et les emmène chez ses beaux-parents qui sont très surpris devant la disparition de leur fille. S'ils savaient...

S'ils savaient que Marguerite n'a pas quitté l'appartement. Pour l'instant, morte, elle est soigneusement cachée dans le placard à balais. Bien emballée et encore toute dégoulinante d'eau. Car, après l'avoir tuée, dans un accès de colère, Robert s'est empressé de plonger le corps de son épouse dans la baignoire remplie d'eau. Pourquoi ? Mystère ! De toute manière, Marguerite s'obstine à flotter à la surface et, très déçu, Robert l'emballe dans du plastique et la dissimule dans le placard. De toute façon, les enfants, bien élevés, ne sont pas du genre à aller ouvrir toutes les portes.

Une fois seul, Robert s'occupe de faire disparaître le corps de Marguerite. Le dépeçage sanglant commence. Mais Robert n'est pas adroit de ses mains. Les scies cassent, les mèches de la perceuse électrique restent plantées dans les articulations de la pauvre femme... Vaguement découragé, Robert ramasse quelques débris sanglants et jette dans la poubelle un avant-bras, un moignon... Pas de doute, il n'y arrivera jamais comme ça. Il décide alors de procéder autrement.

L'appartement est équipé d'un congélateur. Robert le vide de tout son contenu puis le remplit d'eau. Après avoir brisé les articulations, raidies par la mort, de Marguerite, il installe son ancien grand amour assis dans le congélateur qu'il remplit d'eau, puis il laisse le froid faire son œuvre. Au bout de quelques heures, Marguerite, doublement raidie dans la mort, se trouve au centre d'un énorme glaçon. Robert termine la dernière goutte de sa bouteille de whisky quotidienne...

Pour la vraisemblance de la chose, Robert s'est rendu à la police pour signaler la disparition de son épouse. La belle-famille, au loin, attend désespérément des nouvelles. L'assassin tourne en rond dans l'appartement vide. Le mois d'août arrive. Robert, faute de projets de vacances en famille, s'offre... une dépression nerveuse que son alcoolisme chronique aggrave s'il en était besoin. On l'hospitalise pour quinze jours. À peine remis, l'employé des PTT sympathise avec une infirmière qui accepte, sans se faire prier, de passer quelques instants au lit avec lui. Mais, en fait, Robert, toujours ulcéré par son dernier essai avec Marguerite, essai qui a provoqué le drame, veut simplement vérifier s'il est devenu impuissant ou si cette « panne sexuelle » était vraiment accidentelle.

Malheureusement l'infirmière, elle aussi, est bien forcée de constater que son « amant » n'est pas à la hauteur de la situation. Pis encore, il quitte le champ de bataille sans insister. Elle en est vexée et ne se gêne pas pour exprimer son dépit. Si elle savait combien ses commentaires sont dangereux... Robert rentre chez lui très déprimé. Combien de temps pourra-t-il continuer à vivre avec Marguerite congelée dans sa cuisine ?

D'autant plus que, pendant ce temps-là, au bureau des PTT, les responsables s'étonnent de l'absence inexplicable de leur employée modèle. Qu'elle ait fait une fugue loin de sa « chiffe molle » de mari, passe encore. Mais qu'elle n'ait donné aucune nouvelle, qu'elle compromette ainsi une carrière qui lui tenait tant à cœur paraît invraisemblable à tous ceux qui la connaissent un peu. L'assistante sociale prend sur elle de prévenir la police. Cette fugue en est-elle bien une ?

C'est la question que les agents viennent poser à Robert, par un beau matin, après avoir sonné à la porte de l'appartement du meurtre. Robert, les yeux bouffis par l'alcool, comprend qu'il est inutile de continuer ce jeu macabre sans issue. « Inutile de la chercher plus longtemps, dit-il d'un air las, elle est là-dedans. » Et du doigt il désigne le congélateur.

Il faut quarante-huit heures pour laisser fondre le glaçon. Robert raconte que, pris d'une colère subite devant les ricanements de Marguerite, au moment de sa « panne sexuelle », il a saisi son épouse par le cou et l'a étranglée, sans même se rendre compte de ce qu'il faisait… Après, il ne se souvient plus exactement des détails… Mais le médecin légiste n'est pas d'accord avec cette version des faits.

Indépendamment des mutilations *post mortem* dans ses efforts pour faire disparaître le corps, Robert ne parvient pas à expliquer ce qui s'est réellement passé dans la chambre à coucher conjugale. Marguerite, selon le médecin légiste, est morte après avoir été frappée de vingt-deux coups de couteau et de marteau, dont deux au moins furent mortels.

Malgré les circonstances atténuantes, dues à son enfance perturbée, accordées au meurtrier, celui-ci se voit condamner à vingt ans de réclusion criminelle…

Justice à la grecque

Athanassios D., un homme jovial et moustachu, incarne la joie de vivre. Il a un fils de seize ans, Georges, un beau garçon qui ressemble à son père et dont l'avenir semble tout tracé. Ce soir, jour de fête, Georges est sorti pour s'amuser un peu avec trois autres lycéens de son âge. Ils sont partis en voiture pour aller danser, rire, extérioriser la vitalité de leur adolescence.

Soudain on sonne à la porte. Athanassios, malgré l'heure tardive, va ouvrir en fredonnant un petit air qui lui trotte dans la tête depuis le matin. En voyant sur le seuil un agent de police en uniforme, le petit air s'arrête d'un seul coup. En quelques minutes, après avoir confirmé son identité au représentant de l'ordre, Athanassios voit son univers s'écrouler. Le policier est venu lui annoncer, avec toute la douceur dont il est capable, qu'un malheur est arrivé. Une minute plus tard, il lui avoue que Georges, son Georges adoré, est mort dans un accident de la circulation.

Sur le chemin de l'hôpital, Athanassios essaie d'en savoir davantage. Il imagine Georges sur un lit blanc, les médecins et les infirmières s'activant autour de lui. Puis, soudain, il réalise qu'il est en plein rêve. Là-bas, à l'hôpital, aucun médecin ne s'affaire autour de son fils, puisqu'il est mort. Il n'aura pas à guetter le moindre signe de vie : on va lui ouvrir un sinistre tiroir de la morgue. Son Georges, pâle et raide, reposera sous un horrible linceul qui recouvrira son visage à jamais immobile. Athanassios éclate en sanglots.

Mais, une fois sa douleur calmée, le père effondré apprend des détails sur les circonstances de l'accident. Le responsable est un policier qui conduisait son propre véhicule. L'enquête révèle que ce policier, Dimitri K., était, inutile de le nier, complètement ivre au moment du drame.

Athanassios réalise que sa joie de vivre, que son petit Georges lui a été ravi par un ivrogne qui n'avait pas su résister à l'attrait de quelques verres d'ouzo avant de prendre le volant. Comble de l'horreur, les trois amis de Georges ont été tués avec lui... Les familles se replient sur leur chagrin. Athanassios se jure que justice leur sera rendue. Mais le responsable est policier...

Sa situation professionnelle semble le mettre relativement à l'abri de la justice... Athanassios et son épouse, elle-même ravagée par le chagrin, attendent cependant avec une certaine confiance que « justice soit faite » ... Peine perdue, semble-t-il.

L'affaire traîne en longueur, les années passent. Après quatre mois de détention, l'ivrogne, Dimitri, retrouve une liberté conditionnelle et reprend son travail, indigne représentant de l'ordre auprès de ses concitoyens. Condamné, il fait appel, démarche qui révulse Athanassios. Celui-ci, rongé par la colère et la rancune, avertit qui veut l'entendre qu'il veillera à ce que « justice soit faite ». Le procès est encore à venir... Dimitri, le responsable, se fait assister par deux avocats qui n'ont pas de mal à faire valoir, par des arguments spécieux, tout ce qui peut diminuer la responsabilité de leur client.

Athanassios, dans son village, à Corinthe, prend certaines dispositions : il fait ouvrir la tombe familiale, celle-là même où Georges repose au bout d'une si courte vie. Il fait nettoyer le caveau et prépare un nouvel emplacement qui, selon ses dires, sera prochainement rempli. Personne ne comprend trop ce qu'il entend par là. On le saura, hélas, très vite.

Avril 1993 : la salle d'audience bourdonne. Le procureur vient de prononcer son réquisitoire, les avocats ont fait valoir leurs arguments, l'accusé, Dimitri, arbore déjà un petit sourire de satisfaction. On comprend qu'il va s'en tirer avec le minimum et que, dès le soir même, l'affaire jugée, il va reprendre le cours tranquille de sa vie d'ivrogne, sans plus se préoccuper des quatre cadavres d'adolescents qu'il laisse dans son sillage sanglant.

Athanassios, lui aussi, comprend et devine ce qu'il va entendre. D'un mouvement preste, il sort un revolver de la ceinture où il l'avait glissé. Sautant derrière un policier qui se trouve là, il lui passe son bras autour du cou, tout en lui appliquant le canon du revolver sur la tempe. Tout le monde est debout mais personne n'ose intervenir de peur de déclencher l'irréparable... D'autant plus que le policier qui est l'otage du père indigné n'est pas là par hasard. Le soir fatal il était le passager de Dimitri. Ce soir-là, il ne pouvait pas manquer de remarquer l'état où se trouvait le responsable du drame. Lui aussi, par son silence et sa négligence, est en quelque sorte responsable des quatre morts d'adolescents.

Traînant son otage avec lui, Athanassios désarme alors un policier qui est en faction à la porte du tribunal. Il oblige celui-ci à ligoter, avec des cordes qu'il a pris la précaution d'apporter avec lui, tout un groupe qui comprend l'accusé, l'autre policier, témoin et passager, ainsi que les deux avocats, qui, à ses yeux, par leurs plaidoiries vicieuses, sont les complices du chauffard criminel.

Athanassios, semble-t-il, ne veut qu'une chose : que le tribunal reconnaisse officiellement que, le soir du drame, Dimitri était complètement soûl. Car, au fil des ans, cet élément de la tragédie a été soigneusement gommé par les avocats. Dimitri, selon eux, avait bu normalement, comme chacun boit pour son repas du soir. L'accident serait dû à la fatalité, spécialité grecque depuis la plus lointaine Antiquité, pas du tout à l'inconscience d'un alcoolique... De toute manière il risque, au maximum, quatre ans de prison ferme et, en suivant les voies légales, il a « racheté » ces années de prison en payant une amende de deux millions six cent mille drachmes, c'est-à-dire de soixante-cinq mille francs, ce qui met le cadavre de Georges et ceux de ses amis à seize mille deux cents francs la pièce...

Athanassios exige qu'on reconnaisse la pleine responsabilité d'un policier ivrogne... Mais il ne veut pas d'une confidence murmurée à l'intention des quelques personnes présentes et apeurées. Il veut que la presse vienne enregistrer ces aveux, photographier ses otages bien ligotés en petit fagot et qui claquent des dents...

Juge, greffier, avocats, tous regroupés dans un coin, s'efforcent de calmer le père fou de douleur. En vain, sa colère semble grossir à vue d'œil. Athanassios, une dernière fois, demande à ce qu'on « dise la vérité », publiquement, officiellement. Il n'obtient rien qui aille dans ce sens. Alors il tire…

Athanassios, méthodiquement, systématiquement, sans réfléchir, tire dans le paquet d'otages qui se macule de taches sanglantes. Sans écouter les râles et les gémissements de ses victimes, Athanassios grimpe rapidement l'escalier qui conduit à la tribune surplombant la salle du tribunal. Et, de là, froidement, il continue à tirer sur les juges, les greffiers, les spectateurs. Il blesse gravement cinq personnes qui se disent qu'elles auraient mieux fait de ne pas être là.

D'une dernière balle Athanassios met fin à son chagrin terrestre et à sa colère, tout en se soustrayant définitivement à la justice des hommes. Il part, sans doute l'espère-t-il, pour rejoindre son cher petit Georges dans un paradis céleste qui ne connaît aucun ivrogne chauffard.

Quelques jours plus tard, avec toute la dignité et toutes les traditions des funérailles antiques, la famille d'Athanassios, entourée par les familles des trois autres adolescents morts en 1991, l'a enfoui dans le caveau de pierre. Les familles ont juré d'obtenir que justice soit enfin faite, après les vaines tentatives d'Athanassios. Car, ultime ironie des dieux, dans le massacre du palais de justice, quelqu'un s'en est sorti sans trop de mal. Enfoui sous les corps de ses deux avocats tués sur le coup, Dimitri, l'ivrogne, a été à peine égratigné.

Fin de parcours

Marcel en a marre. De tout, de la vie, de sa famille, des voisins. Cinquante-trois ans, sec, le visage buriné, une petite moustache, le regard qui peut passer de l'extrême douceur à la plus grande férocité, surtout quand il a bu, ce qui lui arrive plus souvent que de coutume. Cinquante-trois ans de galère, depuis sa naissance dans une famille de quatorze enfants, sans amour ni viande dans l'assiette. Cinquante-trois ans de survie grâce à des trafics de chaises rempaillées ou de peaux de lapin. La plupart ont disparu, sont morts, les autres ne donnent pas de nouvelles. Reste Véronique, la sœur, qui n'habite pas trop loin, dans la brume de l'est de la France. Marcel aime bien Véronique mais il ne va pas trop souvent la voir. Elle ne vient pas non plus lui rendre visite dans la « schoutt », cette espèce de zone de jardins abandonnés où Marcel demeure dans un chalet de bois.

Il y a aussi Céline, sa fille aînée, et Zora, la seconde. Elles vivent ensemble faute de mieux. Céline, une belle plante, se retrouve avec quatre enfants et pas de mari. Zora n'a pas de charges de famille. Marcel aimait bien Céline, mais elle vient de lui jouer un sale tour.

Faut dire qu'il y a quelques semaines, Marcel, pris d'une envie subite de voir sa fille, s'est présenté plutôt éméché devant la porte du HLM où elle demeure. Rien qu'au son de sa voix, Céline a compris qu'il était dans un mauvais jour et elle a refusé de lui ouvrir. Avec lui, on sait comment ça commence, mais on ne sait jamais comment ça finit. On lui ouvre et le voilà qui se croit en pays conquis. Il s'installe, il se couche, il boit, il hurle, il jure, il menace tout le monde.

Quand il en a assez, Marcel est capable de tout. Il le démontre en saupoudrant le goûter de ses petits-enfants avec du poivre moulu, en ajoutant une bonne giclée de liquide à vaisselle sur leurs steaks hachés. Et puis, pour Céline, tout à coup, ça fait trop longtemps que ça dure, cette façon qu'a son père de se glisser dans son lit et de « faire sa petite affaire ». Encore heureux quand ça se passe au lit. Depuis l'âge de seize ans qu'elle doit supporter ça…

Alors, ce jour-là, Céline met son manteau et file à la gendarmerie où, pour en finir, elle porte plainte. Pour viol, pour inceste : elle raconte tout ce qu'elle a subi, sa sœur aussi. Puis elle rentre et, comme son père, après avoir enfoncé la porte d'un coup de pied, s'est installé chez elle pour Dieu sait combien de temps, elle lui jette les nouvelles fraîches au nez. Marcel, furieux, repart en claquant la porte qui n'a pas besoin de ça… Un moment il songe à tuer Céline. Il a tellement l'habitude de « couper » tous ceux qui lui résistent, ceux qui refusent ses invitations à boire, ceux qui lui « manquent ». Le couteau, le coup de poing, il ne sait pas résoudre le moindre problème autrement.

Marcel retourne ensuite à son petit chalet dans les herbes folles. Il salue d'un grognement ceux qui gravitent autour de lui dans son petit monde de magouilles. Il y a Fernand, un SDF, qu'un soir de bon cœur Marcel a récupéré à Metz ou dans les alentours et qu'il loge dans une sorte de cabanon de béton, rempli d'objets rouillés. Autour, flotte l'ombre d'un clochard algérien qui occupait les lieux il y a quelques années et qu'on a retrouvé brûlé à mort par un vieux poêle mal réglé…

Comme Fernand est seul, un beau soir, Marcel lui ramène un cadeau : Mireille, une sorte de virago qu'il a dégotée dans une banlieue, vivant tristement entre ses deux enfants et son mari sourd-muet. Il lui dit qu'elle est une fleur et cette fleur à gueule d'empeigne le croit suffisamment pour le suivre jusqu'à son terrain vague. Mais Marcel n'aime pas ce genre de femme, bâtie en largeur, les traits trop virils. Il n'aime que les petites fluettes qu'il peut appeler « poupée ». Alors il offre carrément Mireille à Fernand et, tandis que le couple se forme sur un lit de cartons ondulés, Marcel rentre dans son chalet afin de remâcher sa colère.

Avant, il prend soin de passer chez « Fifi », une vieille clocharde qu'il héberge aussi dans une caravane qui tombe en ruine et prend l'eau de toutes parts. Fifi, fermement sollicitée, lui remet une bonne part de la pension qu'elle vient de toucher.

Faut dire que Marcel est un homme à femmes. Il y a eu les siennes d'abord : la première, une gitane qui lui a fait sept enfants et qui vit maintenant au loin ; la seconde, Liliane, est morte d'un cancer généralisé après lui avoir fait deux fillettes qui, aujourd'hui, sont placées par la DDASS loin de ce père trop soupe au lait. Céline dit à qui veut l'entendre qu'il est dangereux, Jacques, l'un de ses fils, surnommé Eddy, ne l'approche plus car Marcel, qu'on surnomme « Pierrot le Fou » dans le voisinage, a juré de le « trouer » à la première occasion.

C'est ce que raconte Geneviève, une aide-soignante qui voit, depuis ses fenêtres, évoluer toute la tribu autour de Marcel. C'est ce que dit Richard, un ferrailleur taillé en armoire à glace, qui traite certaines affaires avec « Pierrot le Fou » mais se méfie comme de la peste tout autant de ses coups de colère que de ses coups de tendresse. D'autant plus qu'on sait que Marcel possède chez lui trois fusils, un pistolet et une ribambelle de couteaux qui coupent.

« Pierrot le Fou » est capable de vous donner sa chemise si vous êtes dans le besoin, il peut aussi bien vous trouer d'un coup de couteau si vous lui faites remarquer qu'il manque un bouton à ladite chemise. Mais au fond, pour se venger de son enfance brutalisée, de sa jeunesse souillée, Pierrot aime faire mal, il aime terroriser, humilier, frapper. Plus peut-être…

Cette nuit-là, Richard, le gentil ferrailleur, est réveillé par des coups sur ses volets. Pierrot-Marcel est là, un fusil à la main. Il a besoin d'un service : que Richard l'emmène, d'un coup de voiture, jusque chez Céline, sa fille aînée. Richard, pour éviter le pire, accepte. Mais, par précaution, il se fait accompagner de son fils Jérôme. Seconde précaution, il demande à Marcel de poser son fusil dans le coffre de la voiture. Et les voilà partis. En route, histoire d'animer la conversation, Marcel-Pierrot déclare, hilare : « Je viens d'en buter trois ! » Pas de réponse de Richard qui sait qu'il en est capable. « Tu ne me crois pas ? – Si, si, je te crois ! » Il ne demande pas de détails. On roule.

Marcel décide alors que, plutôt que d'aller chez sa fille « pour la tuer », Richard va l'emmener jusque chez Véronique, sa sœur. Ça fait un an qu'il ne l'a pas vue. Elle sera certainement ravie de le voir débarquer à trois heures et demie du matin. Mais en arrivant, nouvelle déception, la maison est vide. Va-t-on, en pleine nuit, repartir chez Céline, la dénonciatrice, la traîtresse, pour l'exécuter ? Marcel soliloque à haute voix, puis, soudain pris par le sommeil, décide de rentrer chez lui. Richard, dès qu'il l'a déposé à l'entrée du terrain vague, file chez lui et évacue sa femme et ses enfants vers un lieu plus sûr. On le comprend…

Le lendemain Marcel, un peu dessoûlé, rend visite à Richard. « Qu'est-ce que je tenais hier soir », dit-il en s'esclaffant. Du coin de l'œil, il aperçoit, dans un chantier tout proche, un jeune homme qui téléphone. « J'ai jamais pu l'encadrer, dit-il à Richard, si tu veux, je le descends. » Richard se garde de rien dire, mais il sait que Marcel est prêt à tout… Marcel qui rentre chez lui… songeur…

Comment ne pas être songeur devant trois cadavres. En effet, la veille, avant l'expédition chez sa sœur, Marcel-Pierrot, pris d'une envie de « faire le ménage », a tué d'une balle dans l'œil son copain Fernand, comme ça, pour ne plus le voir. Quelques minutes plus tard, Mireille, elle aussi, a pris une balle dans l'œil. Aujourd'hui les deux cadavres sont restés en place, « artistiquement » disposés dans une dernière étreinte par leur assassin, sur les cartons qui leur servaient de couche. Des mouches d'été commencent à bourdonner. Un peu plus loin, dans le cabanon qui sert de W-C, Fifi, elle aussi, vieille soûlarde qui ne se lavait jamais ni les mains, ni les pieds, ni le reste, n'aura plus besoin de songer à son hygiène intime. Marcel lui a logé une autre balle dans la tête. Elle est affalée, impudique. Il lui jette une couverture par-dessus, comme pour arranger la chose.

Alors, soudain découragé, Marcel se dit qu'il s'est mis dans de beaux draps. C'est, pour leur malheur, le moment que choisissent Albert, son neveu, et Raoul, son beau-frère, pour lui rendre visite. Les enquêteurs essaient de savoir à quel moment et à quel propos Marcel-Pierrot leur tire à chacun une balle dans le crâne. Autre question : pourquoi s'en va-t-il téléphoner à Guy P., un homme de soixante-neuf ans qui lui sert de chauffeur et exécute divers petits boulots ? Pourquoi l'invite-t-il soudain à dîner au restaurant et pourquoi lui tire-t-il trois balles mortelles dans le corps ?

Après cette hécatombe, « Pierrot le Fou » décide qu'il a pris le mauvais chemin. On le retrouvera le lendemain, couché dans son lit. Après cette vie de galères, après huit condamnations, dont cinq pour violences volontaires, deux pour conduite en état d'ivresse, une pour port d'armes illégal. Après six meurtres en vingt-quatre heures, « Pierrot le Fou » est parti ailleurs en se tirant une balle dans la tête…

Jour de gloire

« Je suis un voleur professionnel ! Je ne suis pas un violeur ! » La déclaration éclate dans le prétoire, incongrue, tonitruante. Celui qui hurle à la fois cette profession de foi peu orthodoxe et son innocence est un homme encore jeune, la trentaine à peine. Ce qui frappe, quand on le regarde, ce sont ses tatouages qui envahissent jusqu'au visage. Sous les yeux, deux larmes d'encre lui donnent l'allure d'un pierrot triste au crâne rasé. Mais ce pierrot est aujourd'hui accusé d'avoir, récemment, sur un banc public, violé une jeune femme.

Qu'on l'accuse de tout ce qu'on veut en matière de cambriole, ça d'accord, mais celle-là, une rencontre de hasard pour cet errant toujours entre deux condamnations, celle-là, affirme-t-il avec vigueur, elle s'est donnée à lui volontairement, sans faire de chichis. C'est après qu'elle a dû penser à tirer quelques avantages de la situation. Non pas qu'il soit très riche mais Wolfgang, normand malgré son prénom germanique, est riche d'un lourd casier judiciaire. Dix ans ont passé depuis sa majorité : dix ans de tôle… Alors, si on l'accuse de viol, cela ne devrait pas faire trop de problèmes : ce sera vraisemblable…

La jeune femme qui accuse, Maryvonne, malheureusement pour elle et ses avocats, est un peu floue dans son récit de l'agression. Bien sûr, c'était il y a deux ans, par une douce nuit de septembre. Tout ça est un peu loin. Elle est légitimement mal à l'aise. Ce qui fait qu'elle n'est pas très convaincante sur les raisons qui l'ont amenée sur ce banc, destiné aux amoureux et aux promeneurs fatigués plus qu'aux violeurs et à leurs victimes. Ce qui n'empêche pas le procureur, très enflammé, de réclamer entre huit et dix ans de réclusion criminelle pour Wolfgang qui vient quand même de faire vingt et un mois de prison préventive. Un peu long si l'on est innocent…

Mais le « voleur professionnel » se lève et clame son innocence à sa manière : « Je ne suis pas un "pointeur" ! » Il faut dire qu'il n'est pas antipathique malgré ses tatouages d'apache. Et ses avocats ont la langue bien pendue. Juste avant la délibération des jurés, Wolfgang s'arrange pour bien faire comprendre qu'il a, en plus des vols, une certaine ambition dans la vie. Quand le président lui demande, comme ça, juste pour voir, ce qu'il a l'intention de faire quand il aura recouvré sa liberté, Wolfgang, jamais pris de court, se lève et s'écrie, à l'étonnement de l'assistance : « Je veux la gloire… Demain sera mon jour de gloire ! »

Pour l'instant, on ne peut pas dire qu'il en ait vraiment pris le chemin, de prison en centrale…

Miracle, le bon Dieu est avec Wolfgang car un verdict d'acquittement vient récompenser ses protestations d'innocence. Sans perdre de temps, muni d'un viatique d'à peine cent francs, le voleur non violeur retrouve la clé des champs… Ses avocats sont satisfaits, Maryvonne plutôt dépitée. Voilà une affaire réglée. Eh bien non, voilà une tragédie qui commence…

Le lendemain, à quelques kilomètres de là, dans une petite bourgade typiquement méridionale, c'est jour de marché. Tout le monde est là, les gens du village du bas et ceux qui sont descendus du village du haut. Toutes les boutiques sont ouvertes et la foule, vêtue de couleurs vives, anime les rues.

Il y en a un qui, malgré le soleil et les couleurs, fait tache sur le reste de l'humanité bourdonnante. On le remarque tout de suite, ne serait-ce qu'à cause des tatouages qui lui décorent le visage. Ces larmes tatouées sous les yeux attirent les regards des petits et des grands. Certains sourient, mais d'autres s'inquiètent car, à part ses tatouages, on remarque que l'individu porte un revolver coincé dans la ceinture de son pantalon. On n'est pas au Far West ici. Et, en plus, il a l'air passablement agité. Il tient des propos décousus… Et le voilà qui entre dans un café. Énervé comme s'il avait bu un coup de trop…

Il réclame un café et va, dans sa lancée, jusqu'à en offrir un à un inconnu qui est accoudé au bar. L'inconnu, impressionné par les tatouages et surtout par le revolver que l'énergumène brandit maintenant, refuse en se faisant tout petit. On ne sait jamais quelle idée peut passer par la tête d'un bonhomme assez « disjoncté » pour brandir une arme dans un lieu public en pleine matinée. « Minus ! » lui crie Wolfgang, car c'est lui, on l'a reconnu. Et voilà notre acquitté de la veille qui décide que des affaires l'appellent au loin. Il quitte le café sans plus inquiéter personne. Mais le patron croit de son devoir d'appeler les gendarmes pour leur signaler l'incident.

Un homme avec une arme qui déambule dans les rues, excité, en pleine journée, au milieu des femmes et des enfants qui font leur marché : voilà une « atteinte à l'ordre public » qui mérite qu'on intervienne. Aussitôt l'adjudant Jean-Pierre V., un gaillard sympathique et moustachu, accompagné de deux de ses hommes, saute dans un véhicule et se dirige vers le quartier concerné…

Wolfgang, de son côté, vient de s'acheter une barquette de fraises bien mûres lorsqu'il s'aperçoit qu'il lui manque quelque chose : il monte dans un taxi en stationnement et lui demande de l'emmener vers l'armurerie de la commune. Le taxi, qui vient de remarquer le revolver, obéit, désolé d'avoir embarqué un tel client. Pourtant, malgré ses airs de matamore, Wolfgang, le client, ne semble pas animé de mauvaises intentions : il offre quelques fraises au chauffeur qui les refuse, sans doute par peur de se salir les doigts…

Ils roulent le long des rues quand, à un carrefour, leur route est croisée par le véhicule bleu des gendarmes. Aussitôt Wolfgang s'aplatit derrière le siège du chauffeur qui comprend, s'il en était besoin, que son client a quelque chose à se reprocher. Mais, à cet instant précis, Wolfgang, acquitté de la veille pour le non-viol de Maryvonne, n'a rien à se reprocher. Il cherche la gloire, rien de plus.

Les gendarmes, comme on s'en doute, n'ont pas remarqué Wolfgang, qu'ils ne connaissent d'ailleurs pas, et celui-ci arrive bientôt à destination. L'armurerie est ouverte et l'armurier attend les clients éventuels – l'ouverture de la chasse est pour très bientôt… Wolfgang entre et réclame, aussi normalement qu'il le peut, des « cartouches ». Il a formellement demandé au taxi de l'attendre, mais celui-ci préférerait presque perdre le prix de sa course plutôt que de la continuer avec l'amateur de fraises...

Tandis qu'il observe à travers la vitrine de l'armurerie son « client » qui discute, en gesticulant, avec l'armurier, le chauffeur de taxi décroche son téléphone et appelle lui aussi la gendarmerie pour signaler son drôle de client. Le message est transmis jusqu'au téléphone mobile de l'adjudant V., homme calme et résolu qui décide de se rendre à l'armurerie. Opération de routine. D'ailleurs, pour l'instant, pas un seul coup de feu n'a été tiré : il s'agit simplement de calmer un homme qui brandit une arme et ne menace personne, bien au contraire...

Dès qu'il pénètre, sans arme, dans l'armurerie, l'adjudant V., d'un ton posé, s'adresse au « tatoué » : d'un ton ferme, il lui intime l'ordre de lâcher son arme, un revolver qu'il identifie comme un 22 LR. Mais l'autre, qui vient de passer vingt et un mois de résidence forcée et peut-être injustifiée derrière les barreaux, s'affole un peu. A-t-il l'intention d'accéder à la « gloire » ? Le saura-t-on jamais ? Toujours est-il qu'il tire une balle dans la direction de l'adjudant.

Après cette attaque caractérisée, bien des gendarmes, à la place de celui-ci, dégaineraient sans plus d'explications et mettraient l'énergumène tatoué hors d'état de nuire. Une balle bien ajustée dans la main ou dans la jambe ferait parfaitement l'affaire. Mais, pour son malheur, l'adjudant V., père de quatre enfants, croit en son métier. « Quand j'endosse mon uniforme, confiait-il encore récemment à des proches, j'en suis fier et j'ai des ailes. » Les ailes de son ange gardien qui devrait le protéger.

Wolfgang entend l'adjudant, toujours sans arme, lui demander de « ne pas faire le con » et de lui rendre son arme. Wolfgang réalise qu'en tirant sur un membre des forces de l'ordre, il est bon pour un nouveau séjour au cabanon. Il veut la « gloire », il ne sait plus bien où il en est, il tire, une fois, deux fois. Un des gendarmes qui suit l'adjudant dégaine, lui aussi, et blesse Wolfgang d'une balle dans le ventre. Blessure superficielle puisque notre énergumène tente de s'enfuir par la porte arrière de l'armurerie. Le second gendarme, non sans mal, le maîtrise et le désarme.

Des trois balles tirées par Wolfgang, une s'est logée dans la tête de l'adjudant V. Pour celui-ci, ce ne sera qu'un triste jour de gloire « posthume ». Wolfgang, déjà transféré à la prison, risque d'être à jamais enfoui dans l'oubli et l'anonymat de la perpétuité qui lui pend au nez.

Maman ira au paradis...

Joseph a des problèmes. Joseph est mal dans sa peau. Joseph va faire une bêtise, une de plus en ce beau jour d'avril 1993, dans le doux pays de Vendée, paisible entre tous. Pourtant Joseph est, en ce moment même, assis dans une cellule de l'abbaye de M., abbaye cistercienne où, depuis neuf cents ans, des hommes cherchent à rapprocher l'humanité souffrante de Dieu, par leurs prières, par leurs humbles travaux, par leur silence, par leur dénuement... Joseph, cependant, n'est pas bénédictin. C'est un ouvrier, un menuisier de profession. Célibataire, âgé de trente-neuf ans, Joseph souffre depuis plusieurs années, depuis son enfance, d'un état dépressif. Il en souffre très exactement depuis l'âge de onze ans, quand son père meurt brutalement. Cette mort qui le touche de si près l'abat à un tel point que l'idée même de mort devient obsédante chez ce gamin jusque-là pourtant si gai et plaisant.

Après avoir terminé ses études primaires, Joseph entre en apprentissage chez son oncle Fernand. Après le décès du père, Louise, la mère, continue à s'occuper de ses enfants avec tendresse. Tendresse qu'ils lui rendent bien. D'autres membres de la famille, d'ailleurs, demeurent tout près, la tante Berthe, sœur de Jeanne. Le groupe familial reste solidement soudé. Joseph pourrait vivre heureux : il n'est pas vilain garçon, sérieux, gentil, calme. Mais une mauvaise étoile le rend victime de cette obsession : la mort, le grand saut dans le vide auquel nous sommes tous condamnés. Après ? Quoi ? Où ? Questions métaphysiques sans doute trop élevées pour les capacités intellectuelles de Joseph.

Quand vient le moment d'entrer dans la vie professionnelle, Joseph, menuisier compétent, choisit d'aller, en octobre 1989, se présenter à l'abbaye cistercienne de M. Les moines l'accueillent à bras ouverts, d'autant plus que, au fur et à mesure que les jours passent, Joseph se révèle tout à fait en accord avec la vie de la communauté. Comme les moines il se lève tôt, comme eux il obéit aux directives du père supérieur.

Il n'envisage pas d'entrer dans les ordres, il se contente de participer aux travaux agricoles de l'abbaye, d'exécuter les travaux nécessaires, de mettre ses capacités de bricoleur au service des autres. Les moines, enchantés de Joseph, envisageraient volontiers qu'il devienne l'un des leurs à temps complet. Mais il n'en est pas question. Joseph, pour l'instant, est logé dans une vieille caravane qui, posée sur des cales, est là, le long des murs de la communauté.

Toute la semaine il vaque aux occupations qu'on lui confie. Il s'est fait un ami, un autre ouvrier travaillant lui aussi pour l'abbaye. Mais ce collègue, Rémy X., ne peut guère aider Joseph à s'épanouir. Traumatisé par la guerre de 39-45, il est muré dans le silence. Silencieux, replié lui aussi sur lui-même. Les frères remarquent, à divers petits incidents, qu'il souffre d'une certaine fragilité nerveuse, qu'il n'est pas bien dans sa peau. Ils essaient de l'aider à se trouver, à retrouver sa joie de vivre. En vain, semble-t-il.

Chaque fin de semaine Joseph, quittant la communauté, se rend chez sa mère, à vingt-cinq kilomètres de là, au volant de sa petite Renault. Dès qu'il arrive, après avoir donné à sa mère un baiser affectueux mais rapide, Joseph va s'enfermer dans sa chambre avec son cocker, le fidèle Ernest, qui, lui aussi, partage toute la semaine la vie des moines. Là, couché sur son lit, silencieux, Joseph regarde les programmes de la télé. Au bout d'un moment il se lève, saisit une carabine 22 long rifle qu'il conserve précieusement en souvenir de son père, et sort de la maison en déclarant : « Je vais faire un carton. » Effectivement, un peu plus loin on peut le voir en train de tirer sur d'innocentes bouteilles vides, qui éclatent sous les impacts des balles.

Mais qui est, en réalité, l'ennemi invisible que Joseph cherche à pulvériser ainsi ? La mort sans doute. Après le décès brutal de son père, Joseph a dû affronter aussi la mort accidentelle de Jean-Charles, son frère chéri… Cela fait peu de temps que Joseph s'est installé à l'abbaye. Le voisinage de Dieu ne parvient donc pas à chasser la mort de sa vie ? Joseph sent comme une rage monter en lui. D'autant plus que, un triste jour, Louise, sa mère chérie, lui annonce qu'on doit l'opérer. Opération sérieuse. On parle de cancer. Joseph sent que la mort marque des points, que la personne qui compte le plus à ses yeux va lui être arrachée, elle aussi. Il rentre à l'abbaye et, d'un seul coup, avale tous les cachets qui lui tombent sous la main. On le sauve de justesse. Tout le monde se pose des questions sur sa santé psychique, de toute évidence terriblement précaire.

Sous l'emprise de la colère, Joseph, perdant tout son sang-froid, entre un jour comme un fou furieux dans la cellule du frère Henri, alors que celui-ci est penché sur la comptabilité du monastère. « Vous êtes le diable ! » lui hurle Joseph en brisant une chaise sur le mur de la cellule. Puis, de ses mains puissantes d'ouvrier, il saisit le frère Henri au cou et commence à l'étrangler.

Heureusement, d'autres frères, surpris par ces cris qui troublent le silence habituel du cloître, se sont précipités, ont maîtrisé le forcené. Le médecin appelé d'urgence préconise un placement immédiat dans un établissement hospitalier. Au bout de quelques semaines Joseph peut rejoindre le domicile de sa mère pour se détendre. Hélas, une nouvelle terrible pour lui le rejette soudain en pleine obsession de la mort. Rémy, le copain silencieux du monastère, est mort d'un infarctus. Joseph est persuadé que la « camarde », la mort, vient encore de marquer un point en lui arrachant un de ses proches… Il disjoncte.

Après son séjour en établissement psychiatrique, les moines se manifestent pour récupérer Joseph, pour l'aider à retrouver son équilibre. Au lieu de la caravane installée à l'extérieur de la communauté, ils lui offrent d'occuper une des chambres réservées aux hôtes de passage. Elle dispose même d'un réfrigérateur et de la télévision. C'est le nouveau domicile que, chaque soir de la semaine, Joseph rejoint après ses huit heures de labeur. Pour y remâcher ses craintes et ses colères…

Louise, la mère, après son opération, rejoint elle aussi la maison basse et blanche, à la mode du pays, de son village… Joseph lui trouve les traits tirés, elle marche plus difficilement. Il voit dans chacun de ces symptômes les indices évidents d'une mort inéluctable… Cela ne cessera-t-il donc jamais ? Soudain il entrevoit une solution… et passe à l'exécution.

Pour l'instant Joseph, assis dans sa cellule, se remémore le parcours sans joie qui est le sien depuis la mort de son père. Il vient d'installer une toute nouvelle carabine, récemment achetée au chef-lieu de canton. Coincée par une chaise, elle est reliée par des ficelles à la poignée de la porte. La première personne qui va ouvrir cette porte va avoir la surprise de sa vie… surprise de sa mort, vaudrait-il mieux dire.

Le frère Philippe J., soixante-trois ans, inquiet de l'absence de Joseph à la table du repas de midi, prend l'initiative de venir aux nouvelles. Il frappe à la porte de la cellule. N'obtenant aucune réponse, il ouvre la porte et… reçoit en plein poumon une balle. Mais sa nature robuste lui laisse assez de force et de réflexe pour se précipiter en avant malgré la douleur. Le frère saisit l'arme et la jette par la fenêtre, dans le jardin. Puis il se met à lutter avec Joseph, car celui-ci semble à nouveau pris de démence.

Le coup de feu, le bruit de la lutte, les appels au secours du bénédictin font, une fois encore, accourir les autres moines. Cette fois, la chose est grave. Les gendarmes, appelés par téléphone, se présentent. Ils ne sont pas au bout de leur surprise. Joseph, à présent accablé, leur dit, sans émotion apparente : « J'ai fait une autre bêtise. » Sur ses indications, les gendarmes se rendent au domicile de Louise, la maman tant aimée, et découvrent celle-ci, couverte de sang, écroulée dans le fauteuil où elle aimait à se reposer. Joseph, de son propre aveu, lui a tiré huit balles d'affilée, dont six lui ont fait exploser la tête et deux l'ont atteinte en plein cœur. Dans la chambre de Joseph, on retrouve aussi le cadavre, tué d'une balle en pleine tête, d'Ernest, le fidèle cocker…

Il semble que ce jour-là, Joseph, après une nuit sans sommeil, ait tenté dès l'aurore de se confier à un moine. Mais celui-ci, pressant le pas vers l'office des matines, lui a, avec un sourire charmant, proposé de le voir après la prière de la communauté. Joseph, contrarié, a sauté dans sa voiture. Quelques minutes plus tard il tuait sa mère et son chien, les deux êtres qui lui étaient le plus chers… pour leur épargner, sans doute, les souffrances de notre monde sordide. « Pour qu'ils aillent au paradis », expliquera-t-il au premier substitut du procureur…

Contrat

Michel P. en a assez. À quarante-trois ans la vie lui semble « croche et filandrine », comme dirait Bécaud. À quoi bon vivre ? Vivre de quoi ? Vivre pour quoi ? Autant de questions qu'il n'est pas près de résoudre. Surtout depuis sa dépression nerveuse. Aujourd'hui il est chômeur, il habite un petit studio de location. Mais ce moustachu au visage avenant est bien vu du voisinage. Correct. Rien à dire, poli, souriant. Il ne fait rien, à part fréquenter les bistrots du coin. Il en est le client assidu, bien vu là aussi de tout le monde, car il est jovial, rieur, généreux. Il est un des rares à offrir des tournées générales.

Pourquoi a-t-il envie de mourir ? Pourquoi chaque matin se réveille-t-il en souhaitant ne plus avoir à affronter une nouvelle journée ? Qui pourrait le dire ? Même pas sa famille qui vit loin du Jura, dans la région parisienne, même pas son frère qui demeure dans la région du Mans. Personne pour déchiffrer la mélancolie de cet homme normal.

Dans ces bistrots que fréquente Michel le moustachu, une autre victime de la vie vient aussi se désaltérer et oublier les vicissitudes du quotidien. Félicien D., vingt-neuf ans, a lui aussi du mal à vivre. Mais en ce qui le concerne, on comprend mieux les raisons de son spleen. À vingt ans tout juste, un grave accident de voiture le laisse dans le coma et il demeure sans réaction aucune pendant deux mois. Quand il reprend conscience, son entourage, et lui aussi peut-être, se rend compte de l'étendue des dégâts. Félicien, qui n'était peut-être pas un génie avant l'accident, est devenu un peu plus lent dans ses réactions et dans ses démarches « intellectuelles ». Il est aussi devenu plus lent dans ses mouvements physiques et, désormais, une boiterie assez forte donnera une allure saccadée à ce grand garçon qui ressemble comme deux gouttes d'eau à un jeune Jacques Brel.

Félicien, suite à cet accident, perçoit une pension d'invalidité et c'est là son seul revenu. Son épouse Julie, mère d'une petite fille, n'a pas les épaules assez larges pour envisager de vivre toute sa vie durant avec ce grand boiteux qui n'est plus que l'ombre de celui qu'elle a épousé. Elle demande et obtient le divorce, entame une autre vie, sans aigreur, sans haine, pour simplement essayer de préserver l'avenir de sa fille, la petite Patricia. De temps en temps Félicien jouit de son droit de visite et essaie de donner à la gamine le peu qu'il possède, en argent, en amour... Si peu, il le sait et cela le désole. Mais... c'est la vie.

Heureusement qu'il y a la chaude ambiance du bistrot. Des copains, comme Michel, par exemple, le moustachu sympa et généreux.

Justement, ce soir, devant une bière, Michel aborde Félicien et lui glisse presque confidentiellement dans l'oreille : « Il faut que je te parle, si tu es libre, ça serait bien qu'on aille tous les deux au restaurant demain à midi. Je t'invite à l'auberge Marguerite. » Félicien, incrédule, contemple Michel et hésite à comprendre : l'auberge Marguerite ? Mais c'est l'endroit le plus élégant de la ville et le plus cher aussi. Avec des menus à « y a pas de prix ». Il a sans doute mal compris. « À l'auberge Marguerite ? » Michel confirme : « Mais oui, t'en fais pas, c'est pour célébrer quelque chose et pour te faire une proposition qui te rapportera pas mal d'argent. Je pense que tu ne vas pas cracher sur le pognon ? »

Ce soir-là Félicien a du mal à s'endormir. Mais le lendemain matin, conformément aux recommandations de Michel, il revêt ses plus beaux vêtements et, après un petit parcours au volant de sa R 18, il rejoint Michel qui vient tout juste d'arriver devant l'auberge avec sa Ford Fiesta. Félicien est presque étonné de voir l'autre à l'heure pour le rendez-vous. Michel a, lui aussi, revêtu son plus beau costume, orné de quelques faux plis. Les deux copains pénètrent dans la salle à manger cossue. Le feu dans la cheminée réchauffe l'atmosphère et invite à déguster les plats les plus fins.

Michel, d'un air décidé, demande une table pour deux à Sophie, la serveuse. Celle-ci, d'un œil professionnel, jauge machinalement ces nouveaux arrivants. Sont-ils du genre à laisser un pourboire généreux sur la soucoupe, au moment de l'addition ? L'un d'eux a les ongles en deuil et des traces de cambouis sur les mains, l'autre semble avoir oublié de repasser son pantalon. Qui sait ?... Ce sont peut-être des camionneurs qui viennent de gagner au Loto ? En tout cas ils se tiennent correctement et s'installent sans complexe à la meilleure table.

Bientôt le plus âgé passe commande de deux menus à quatre cent soixante francs. Le grand jeu : foie gras, poêlée de Saint-Jacques au jus de truffes, homard rôti, poulet de Bresse aux morilles, fromage, pâtisseries. Ils ont bon appétit et arrosent ce festin du meilleur beaujolais. Entre eux la conversation va bon train. À vrai dire c'est surtout le plus âgé, le moustachu, qui parle et l'autre, les sourcils froncés, écoute, et opine du chef pratiquement sans répondre aux propos de son interlocuteur, propos qui échappent à la serveuse.

Ce que Sophie, la serveuse, n'entend pas la ferait certainement sursauter si elle en saisissait la teneur. Michel, souriant, détendu, le verre de beaujolais à la main, explique à Félicien qu'il en a assez de l'existence, qu'il voudrait quitter ce bas monde. Pourquoi ? Une maladie incurable, précise-t-il, sans d'ailleurs donner plus de détails, ni sur les symptômes, ni sur un éventuel traitement, ni sur l'identité des médecins qui auraient déclaré son état sans espoir.

Félicien, de l'autre côté de la table, écoute, approuve, sans trop comprendre. Il a déjà entendu, au bistrot, Michel se plaindre de l'amertume de l'existence. Lui aussi, souvent, se demande si la vie vaut la peine d'être vécue. S'il n'avait pas les visites à sa petite Patricia... Mais voilà que Michel, après avoir commandé une nouvelle bouteille, dévoile son plan : il veut mourir mais il ne sait pas trop comment s'y prendre... Il n'a pas non plus tellement de courage pour s'envoyer seul une décharge de chevrotines dans la bouche ou dans le crâne. Et s'il se ratait ? Et s'il se retrouvait handicapé à vie ?

Aussi Michel demande-t-il à Félicien, tout de go, de bien vouloir lui rendre le service d'appuyer sur la détente de la carabine. Michel a tout prévu, tout calculé : l'endroit, tout près de la station de pompage désaffectée, l'arme : une carabine qu'il possède. Il a prévu aussi les réticences de Félicien et les conséquences prévisibles. Il explique qu'il ne s'agit en fait que d'un acte d'euthanasie. D'ailleurs Michel a déjà écrit une lettre de « décharge » qu'il montre à son copain. Il reconnaît qu'il désire mourir et que Félicien lui rend simplement le service de l'aider. Et, comme toute peine mérite salaire, Michel offre à Félicien, pour mieux jouir de l'existence, pour gâter un peu plus la petite Patricia, un chèque de cinquante mille francs.

Félicien hésite. Michel, versant le beaujolais à pleines rasades, fait sauter tous les arguments que son copain pourrait objecter. Félicien accepte enfin de rendre ce service. Michel, élevant le ton, réclame l'addition. Sophie l'apporte, discrètement pliée en deux dans un petit panier : pas loin de mille francs.

Michel rédige son chèque, y joint un généreux pourboire et, dans la foulée, sous les yeux de la serveuse, rédige un nouveau chèque : celui de cinquante mille francs qu'il remet immédiatement à son invité. La serveuse, malgré tout, regarde la scène avec des yeux étonnés. Et Michel, grand seigneur, explique : « C'est pour son anniversaire. » La serveuse songe que son propre anniversaire tombe quelques jours plus tard. Dommage pour elle de ne pas avoir d'ami aussi généreux. Les deux convives sortent du restaurant, salués par les plus aimables sourires de la patronne et de Sophie.

Le lendemain, dans la lumière brumeuse de ce mois de mars, deux promeneurs choisissent de porter leurs pas vers la station de pompage désaffectée. Un corps gît dans l'herbe. Michel, dans son beau costume, est face contre terre, la nuque déchirée. Les gendarmes, aussitôt appelés, constatent qu'il ne s'agit sans doute pas d'un suicide : difficile de se tirer une balle dans la nuque, l'absence de l'arme confirme d'ailleurs leur hypothèse. Pourtant les poches du mort renferment encore un peu d'argent. Le vol ne semble pas le mobile du crime. Avec l'argent voici son carnet de chèques : l'avant-dernier de presque mille francs : c'est l'addition de l'auberge Marguerite. Le dernier de cinquante mille francs est plus étonnant. Mais le nom du destinataire est noté sur le talon : Félicien R... Intéressant ! D'autant plus que, sur la page de garde du carnet, Michel, de son écriture d'ouvrier aux mains calleuses, a noté : « Je veux quitter la vie mais il ne faut pas m'en vouloir. J'ai demandé à R. de m'aider. »

Toute l'histoire est écrite là. L'enquête s'achève avant même d'être commencée. Les gendarmes ont tôt fait de retrouver Félicien. Celui-ci dort lorsqu'on vient sonner à sa porte. Il était en train de rêver, se voyait en train d'offrir à Patricia la plus belle poupée qu'on puisse trouver dans la ville. C'est sans émotion qu'il avoue aux gendarmes le meurtre qu'on lui reproche. Il exhibe même la lettre de « décharge » de la victime. Pour lui tout est en ordre. Félicien, surpris et indigné, est chargé dans un fourgon cellulaire. On pourrait le traiter avec un peu plus de ménagement quand même... On ne peut plus rendre un service à un copain maintenant ?...

Dans sa cellule Félicien a du mal à comprendre qu'il vit dans un monde absurde où, à vingt ans, on peut se retrouver handicapé à vie, divorcé. Un monde où même un bon copain comme Michel peut vous rouler... Car le chèque de cinquante mille francs (comme celui de mille francs d'ailleurs) s'est révélé... sans provision.

Petit boulot au noir

Il vaut mieux être riche et en bonne santé que pauvre et malade, dit ironiquement la sagesse populaire. Birgit von R., blonde baronne allemande aux yeux bleus de porcelaine, est riche, seule et, somme toute, bien qu'elle ne soit plus de toute première jeunesse, en assez bonne forme physique. Elle est pourtant bien malheureuse car la solitude lui pèse depuis qu'elle a perdu le baron.

Elle ressent le besoin de refaire sa vie et, comme elle en a les moyens, elle s'adresse à une agence matrimoniale qui lui garantit que, malgré son âge, elle va sûrement retrouver un compagnon digne d'elle. Quand on sait que, sur le « marché du mariage » on rencontre dans les fichiers des agences un grand nombre de messieurs de moins de quarante ans et de revenus parfois modestes, il est évident qu'il peut être difficile de les assortir avec des dames qui sont, elles, souvent pourvues de moyens financiers intéressants mais qui ont souvent aussi, hélas, largement dépassé la quarantaine. Si l'on reste conscient du fait qu'une riche dame de quarante-cinq ans n'acceptera que très, très rarement de refaire sa vie avec un ouvrier désargenté, même musclé et honnête, de dix ans plus jeune qu'elle… on comprend mieux les problèmes du « marché de la solitude ».

Mais Birgit croit qu'elle peut, grâce à l'agence, dénicher l'oiseau rare : beau physique, niveau intellectuel supérieur, libre de tous liens et prêt à se laisser mettre la corde au cou par une dame « dans sa tranche d'âge ».

Tout d'abord les événements donnent raison à l'optimisme de Birgit. L'agence lui présente très rapidement l'homme idéal. Un professeur d'université, très connu dans une petite ville d'Allemagne de l'Ouest : il est beau, distingué, élégant. C'est pratiquement le coup de foudre. Pour la baronne Birgit, en tout cas… Comme elle n'a pas de temps à perdre, et lui non plus semble-t-il, les choses vont rondement. Petits dîners, promenades, week-ends en amoureux, longues nuits d'amour, petits déjeuners campagnards, longues promenades en barque. Birgit vit un rêve. Elle est persuadée que les mauvaises années sont loin derrière elle.

Pourtant son bel amant n'est pas né de la dernière pluie. Birgit, avant de construire leur avenir, s'inquiète un peu de son passé au moins sur le plan sentimental. Il faut toujours se méfier d'un homme proche de la cinquantaine qui n'aurait jamais eu aucune liaison, aucune vie affective, à plus forte raison s'il vit encore avec sa maman. Mais ce n'est pas le cas de Rolf. Il a été marié… Il l'est encore à dire vrai, mais, ajoute-t-il avec un joli regard d'enfant pris en train de dérober des confitures, « nos relations ne sont plus que des relations d'intérêt financier, le divorce est en cours ». Birgit soupire. Autant ferrer le poisson avant qu'une autre ne se mette en travers. L'homme « en instance de divorce » est souvent à nouveau « en main » quand le jugement est rendu.

Hélas, un triste soir, tous les rêves de Birgit s'écroulent. Rolf, au bout du fil, lui annonce, sans grand ménagement, qu'après tous les bons moments, toutes les jolies soirées et toutes les nuits exaltantes qu'ils viennent de passer ensemble durant ces quelques semaines de bonheur, il est « contraint » de prendre une décision « qui fait mal » mais qui, pourtant, « tout bien considéré », est la seule vraiment raisonnable « pour le bien de tout le monde ». Il « repart pour reprendre la vie commune avec son épouse » … *Clic !*

Le bruit du téléphone raccroché et le signal sur la ligne explosent littéralement dans la tête de Birgit. Comme dans les films d'amour, elle s'écroule lamentablement sur son lit, la tête enfouie dans les oreillers et, pendant de longues minutes, des heures peut-être, secouée de sanglots elle revit les moments magiques de son amour qui est bien mort.

Mais Birgit n'est pas femme à sombrer dans le désespoir sans lutter. Froidement, elle considère la situation. Bon, Rolf vient de lui faire savoir qu'il repartait pour reprendre la vie commune avec son épouse. Tout cela est bien joli, mais, si l'épouse venait à disparaître, Rolf se retrouverait à nouveau libre et, après les moments qu'ils ont connus, l'entente sexuelle qui a été la leur, nul doute qu'il reviendrait vers elle.

En attendant, pour y voir un peu plus clair, Birgit se décide à aller consulter une voyante dont une amie lui a dit le plus grand bien. La pythonisse, vêtue d'oripeaux colorés, se donne le genre « gitane » dans son appartement décoré de tous les symboles ésotériques les plus classiques. Elle tire le grand jeu et annonce à Birgit, un peu étonnée, qu'il y a un homme dans sa vie, un homme qui l'aime passionnément. Birgit approuve avec un soupir. Cependant cet amour est contrarié car « une autre femme s'oppose au bonheur de Birgit ». Elle s'oppose même, précise la voyante, « par la sorcellerie » et jette des sorts à tour de bras. La baronne Birgit, selon les dires de la voyante, est en danger de mort. Qu'elle se méfie de tous les déplacements, des voyages en avion, des promenades en voiture.

Birgit rentre chez elle plus contrariée qu'elle n'en est sortie. Ainsi la femme de Rolf, qu'elle a toujours considérée comme une créature faible et négligeable, serait une redoutable adversaire, prête à tout. Birgit a l'habitude de se battre. Elle décide de le faire. À magie, magie et demie.

Une relation lui indique l'adresse d'un mage arabe particulièrement efficace dans les « retours d'affection » et le désenvoûtement. Birgit se rend chez le mage qui considère son problème comme assez banal. Il détient d'ailleurs la solution à portée de la main. Tandis que Birgit lui rédige un chèque confortable, le mage d'au-delà des mers lui confie une poignée des feuilles d'un arbre inconnu d'elle. Il préconise de réciter des formules adéquates inscrites sur un papier et de faire brûler ces feuilles, puis d'aller, aussi discrètement que possible, les répandre sur le seuil de la maison de son ennemie.

Birgit s'exécute et, pendant les jours qui suivent, elle attend en surveillant les journaux. Mais aucun d'entre eux n'annonce le moindre accident concernant l'épouse de Rolf. Pas le moindre appel de celui-ci pour lui apprendre que sa femme est brusquement atteinte d'un cancer généralisé. Le temps passe.

Birgit, qui voit les jours, les semaines défiler, se dit que les années, elles aussi, s'avancent inexorablement. À son âge on n'a plus le temps d'attendre. Elle décide de passer à l'action. Il faut que l'épouse de Rolf meure. Mais bien sûr, étant la première bénéficiaire de ce décès, la baronne ne peut se permettre d'exécuter elle-même son projet. Il lui faut trouver un « tueur à gages ». Justement la radio annonce que la criminalité est en pleine recrudescence en Allemagne de l'Est. Le mur de Berlin n'est pas encore démoli.

Birgit passe alors une petite annonce dans un journal de RDA : « Recherche homme entre 20 et 30 ans, possédant casier judiciaire, désireux de refaire sa vie en Allemagne de l'Ouest avec un nouvel emploi. » Des dizaines de réponses parviennent au journal. Birgit les examine longuement le soir chez elle...

Elle finit par fixer son choix sur un homme de trente-cinq ans, ancien garçon boulanger, déjà titulaire de quelques condamnations. Elle lui écrit et lui explique qu'il s'agit tout simplement de liquider une « mauvaise femme ». Cette femme, selon la lettre de Birgit, est séropositive et, le sachant, a contaminé « volontairement » un jeune homme qui vient de mourir du sida. Birgit, sous le nom de « Gerardt P. », prétend être le « père » du jeune homme en question. L'élimination de la femme de Rolf, la « mauvaise femme », sera payée au prix de quatre mille cinq cents deutsche Mark, soit environ quinze mille francs. En plus, bien sûr, il s'agit d'une œuvre de justice...

L'ancien boulanger répond, en poste restante, et reçoit un premier acompte de cinq cents marks accompagnés de conseils techniques : il doit se présenter au domicile de la victime en se faisant passer pour le facteur, la neutraliser avec une bombe lacrymogène puis la traîner jusqu'à sa baignoire et, une fois la mauvaise femme dans l'eau, l'électrocuter au moyen d'un quelconque appareil électrique plongé tout allumé dans le bain.

Au cas où ce procédé, somme toute discret, se révélerait impraticable, l'exécuteur peut, si le cœur lui en dit, « couvrir le visage de la victime d'un oreiller et lui tirer une balle dans la tête... ». Il est d'autre part prié de bien vouloir effectuer son petit boulot au noir pour la date du 15 mars 1991. Birgit ne s'embarrasse pas de prévoir ce qu'elle pourrait avoir à répondre aux policiers... Elle vit dans un rêve.

Manque de chance pour elle, l'ex-boulanger, en attendant de procéder à son « petit boulot », se livre à d'autres « petits boulots » dans le genre cambriole. Et c'est parce qu'un contrôle de police fortuit sur une autoroute révèle qu'il transporte dans sa voiture des objets récemment dérobés, qu'on l'arrête, le 14 mars 1991, veille du jour où il devait exécuter sa « commande ».

Les policiers allemands, grâce à la douceur de leur interrogatoire, finissent même par lui faire avouer... le projet commandé par ce mystérieux « Gerardt P. », père inconsolable et indigné. On trouve les lettres, on remonte sans difficulté jusqu'à la baronne Birgit, baronne désespérée, prête à tout pour retrouver l'amour de son beau professeur d'université.

Aujourd'hui, devant le juge, elle retombe lourdement sur terre et se dit qu'au lieu de se lancer dans cette entreprise criminelle, elle aurait mieux fait, il y a quelques mois, de consulter un psychiatre plutôt qu'une voyante.

Bienfait-méfait

Tout le quartier est en émoi : pensez donc, ce matin Mme B., la femme de ménage qui vient régulièrement pour travailler chez Mme P., a trouvé sa patronne raide morte au milieu de l'appartement. La porte était ouverte et le téléphone décroché. De toute évidence Mme Henriette P. a été assassinée, au moins depuis deux jours… Qui pouvait lui en vouloir ? C'est la question que se pose tout le voisinage dans cette petite ville des Pyrénées. Une si bonne personne, si aimable, si prompte à rendre service…

Mme Henriette P., trois jours plus tôt, est une retraitée de soixante-quinze ans, ancienne secrétaire, et elle fait l'unanimité de ses voisins. Elle vit dans le même appartement depuis vingt-cinq ans. Elle n'est pas riche mais jouit d'une bonne retraite de neuf mille francs par mois. Elle n'a pas d'héritiers, à part un frère artiste peintre qui, étant donné son âge, vit de son côté dans une maison de retraite. Son défunt mari, qui a mis fin à ses jours dans leur appartement quinze ans auparavant, n'a pas laissé, lui non plus, de famille. Aussi, Mme Henriette P., assurée de ses rentrées financières chaque mois, peut planifier son budget et son existence au mieux de son bon cœur.

Elle apprend ainsi qu'un peintre en bâtiment qui ravale l'immeuble n'est pas des plus riches, elle le fait parler et lorsqu'il lui révèle, avec réticence, que ses deux enfants, faute de lits, dorment sur deux matelas à même le sol, Henriette lui fait immédiatement un chèque pour lui permettre d'améliorer le confort des deux petits… Mieux encore, quand, quelque temps plus tard, elle apprend que la belle-mère dudit peintre est morte, elle fait aussi un chèque pour régler les frais d'obsèques… Et ce n'est pas tout : le peintre, un homme bien charmant, bénéficie une fois encore des bienfaits de Mme Henriette : elle lui donne une jolie somme (quinze mille francs) pour l'aider à construire sa maison dans un village tout proche... Brave Mme Henriette.

D'autres personnes se félicitent aussi de ses largesses. Mais Mme Henriette n'a pas la générosité discrète : elle fait volontiers état des dons et des prêts qu'elle accorde à ceux qui lui sont sympathiques. À la limite, elle espère qu'ils sauront lui démontrer leur reconnaissance en lui rendant de petits services. Donnant, donnant, comme on dit. Ainsi fait-elle comprendre au peintre qu'elle aimerait volontiers faire quelques promenades en voiture, durant les week-ends, à l'occasion. Une manière de la remercier de ses bienfaits.

Tous les jours, presque à treize heures, Mme Henriette se rend, juste avant la fermeture, chez Michel R., le charcutier qui tient boutique tout à côté de chez elle. Elle passe sa commande et Michel la taquine un peu, sur son choix, sur sa tenue, aimables propos d'un commerçant de bonne humeur et d'une vieille dame qui n'a pas non plus sa langue dans sa poche. Parfois Michel fait la livraison à domicile de ce que la vieille dame lui commande. Il en profite pour lui monter, du même coup, jusqu'au second étage, le vin et l'eau minérale qu'elle attend. C'est l'occasion de prendre un café ou un petit apéritif... Relations de bon voisinage comme on en trouve en province... De l'avis de tous, Henriette le traite comme s'il était son fils ; en échange il la réjouit de sa bonne humeur perpétuelle.

Pourtant, pour Michel, la vie n'est pas si rose : sa charcuterie ne lui rapporte pas autant qu'il l'avait espéré. Bien qu'il soit lui-même fils de charcutier, l'affaire périclite. A-t-il mal choisi l'emplacement, a-t-il trop investi, est-il victime de la concurrence des grandes surfaces ? Michel sent que son affaire coule doucement vers le dépôt de bilan. Bien qu'il ne soit pas marié, Michel a des responsabilités familiales, sa concubine lui a donné une petite fille de dix mois... Il s'angoisse. Les conversations affectueuses avec la vieille dame lui remontent le moral.

Ce qui lui remonte le moral, c'est aussi, hélas, quand les clients se font attendre, de traverser la rue pour aller boire un petit coup au café d'en face... La boutique du charcutier est de plus en plus abandonnée. Et l'humeur du charcutier, de plus en plus alcoolisé, est de plus en plus instable.

Un beau jour Mme Henriette, comme tout le reste du quartier, se heurte à une porte close au moment où elle s'apprête à acheter sa tranche de jambon et la cervelle de veau qu'elle envisage de cuisiner pour son déjeuner du dimanche. Un petit papier laborieusement calligraphié mentionne : « Fermé pour cause de congé du 1er au 15. » Comme on n'est encore que le 1er décembre la date semble curieuse pour des vacances... Mme Henriette, déçue, poursuit ses courses dans le quartier. Mais elle ne peut s'empêcher de faire part de son opinion sur Michel, le charcutier défaillant. Elle n'oublie pas de mentionner qu'elle est déçue à titre de cliente, mais aussi, bien plus encore, à titre de bailleuse de fonds. Tout le quartier apprend donc qu'elle a avancé entre quarante mille et cinquante mille francs à Michel, le gentil charcutier.

Après mûre réflexion, Mme Henriette se demande si elle n'a pas avancé cette somme à fonds perdus ? Quand il apprend les bavardages de sa vieille cliente, Michel est plus que contrarié. Il se rend chez elle. Deux jours plus tard, on découvre le corps de la bienfaitrice étendu raide près de la salle de bains.

L'autopsie révèle que la pauvre Henriette a été étranglée. Des traces suspectes sur son visage poussent à un examen approfondi du cadavre qui indique un écrasement des vertèbres cervicales. Les policiers, après une brève enquête, s'intéressent à tous ceux qui ont bénéficié des générosités de la vieille dame : certains sont retenus, gardés à vue pour des interrogatoires musclés. Personne n'avoue.

Mais, finalement, un faisceau de présomptions, la présence de ses empreintes digitales en des endroits incongrus poussent à accuser formellement Michel, le charcutier serviable. Depuis la mort d'Henriette, dégoûté de la charcuterie, il est en train de suivre un stage de gestion hôtelière. Pressé de questions par les gens de la police, il craque et passe aux aveux : oui, c'est vrai, furieux d'apprendre qu'Henriette s'était vantée dans tout le voisinage de ses bienfaits, ce qui ruinait en quelque sorte son crédit, Michel a rendu visite à sa bienfaitrice. Au bout de quelques phrases peu aimables, la discussion s'envenime. Puis il l'assomme soudain, d'un coup de poing sur la tête. Pourquoi, il n'en sait rien. Il achève son œuvre en l'étranglant et rentre chez lui… « Je ne sais pas ce qui m'a pris », dit-il simplement aujourd'hui.

Pleine lune

John, un joli blondinet qui va sur ses douze ans, est ravi. Ce soir, il va faire un grand tour de bicyclette. Mais, bien sûr, il ne va pas faire cette promenade tout seul. Christopher, son copain hispano-américain, dix ans, va l'accompagner. Et un troisième petit larron, gentil bonhomme de huit ans, Steve, sera aussi de la fête. Les parents n'ont pas donné leur autorisation pour cette promenade exceptionnelle et un peu tardive. Les trois gamins font l'école buissonnière. Autour du pâté de maisons entourées de jardins de leur quartier bourgeois. Mais, parfois, dans les buissons, de grands méchants loups guettent...

Les trois gamins, par cette nuit tellement belle, tellement chaude, ont décidé de s'éloigner un peu du périmètre rassurant de la zone pavillonnaire. Ce soir, ils vont pousser jusqu'au parc de Robin des Bois, cette forêt aménagée pour les pique-niques, ce lieu délicieux et embaumé, orgueil de W., petite ville universitaire de l'Arkansas. Un grand tour dans les bois, autrefois fréquentés par les ours et les loups, aujourd'hui, parfaitement balisés et policés. On ne risque de rencontrer que des amoureux en train de flirter à l'intérieur de voitures discrètement garées dans des allées un peu sombres.

Pour les trois garçonnets c'est une petite aventure à l'insu des parents. Qui sait, se disent-ils, s'ils n'auront pas la chance de rencontrer E.T. ou quelque autre gentil Martien débarqué d'une planète amicale ?... Hélas pour eux, notre planète contient assez d'esprits maléfiques pour nourrir la rubrique des horreurs des quotidiens locaux...

John, Christopher et Steve, dans leurs jolis vêtements bien propres, sur leurs beaux vélos flambant neufs et bien astiqués pédalent déjà vers leur destin tragique.

Bien différents de John, Christopher et Steve, sont Michael, Jesse et Charles. Plus âgés tout d'abord : tous les trois ont aux environs de dix-huit ans. Un milieu social bien différent aussi : des familles plus que modestes engluées dans les problèmes de chômage, de naissances trop fréquentes, d'alcool, de drogue aussi. Charles et Jesse vivent tous deux dans des camps de caravanes, entre les détritus et les chats errants. Michael, Jesse et Charles, pour sortir de la grisaille gluante et malodorante qui forme leur vie quotidienne, se sont forgé une personnalité qui tranche sur le conformisme bien-pensant qu'on leur propose quotidiennement. Faute de pouvoir accéder au statut doré de « jeunes cadres », les trois adolescents ont choisi, depuis quelques mois, de se forger une image de « lucifériens ».

En bons adeptes de l'Ange du Mal, ils commencent par la tenue. Noire pour Jesse, des pieds à la tête, ce qui forme, pense-t-il, un heureux contraste avec sa chevelure blonde de Nordique. Des gants de cuir noir complètent logiquement cette tenue de serviteur du mal.

Charles, quant à lui, ne possède pas les mêmes cheveux aux reflets dorés. Il décide donc de teindre les siens d'un roux flamboyant, couleur tout à fait de circonstance quand on veut évoquer les flammes rougeoyantes de l'enfer, royaume de son « maître » … Pour compléter son image personnelle il ne se sépare jamais d'un baladeur, dont les écouteurs, perpétuellement collés sur ses oreilles, lui percent les tympans de décibels véritablement infernaux, rythmes et hurlements de cuivre, de guitares dans le style « démoniaque » très à la mode…

Le troisième de ces ados marginaux, Michael, a choisi, pour se distinguer et pour mieux terroriser ses compagnons du campus, le style « tatoué-imperturbable ». Ses biceps, qui n'ont rien de particulièrement musclé, s'ornent déjà d'images noires et angoissantes. Il s'affuble du pseudonyme de Damien et se promène souvent en compagnie de sa petite amie, une blonde trop maquillée et trop enceinte pour son âge. Lui porte une chaîne dorée. Au bout de cette chaîne, un pendentif aussi macabre qu'original, le squelette d'une tête de chat, toutes dents dehors, qui se balance…

Ainsi sont les trois « lucifériens », puisque telle est leur dénomination. Agressifs envers tout le monde, ils n'ont aucun respect pour leurs camarades, pas plus que pour leur professeur. Michael, à l'occasion d'une réprimande lors d'un cours, n'hésite pas à hurler en direction de l'enseignant : « Si vous croyez que j'aurais peur de tuer un homme, vous avez tort ! » Chacun se le tient pour dit, car les trois copains ont vraiment mauvaise réputation.

Ils entretiennent cette réputation en se vantant d'organiser dans les forêts des environs des « messes noires ». Ceux qui ont eu la « chance » d'y être invités sont revenus en colportant des histoires de sacrifices d'animaux, malheureux chats ou chiens égorgés au milieu de cercles démoniaques tracés dans la poussière du sol, parmi des bougies, rouges ou noires, simulacres de messes dont les accessoires, volés dans les églises des alentours, ont été profanés et brisés : crucifix que l'on plante la tête en bas dans la boue, ciboires déformés à coups de pied, souillés de toutes les manières. Une fois les victimes sacrifiées, on doit les dépouiller, les faire cuire, en manger la patte arrière. C'est la condition *sine qua non* pour être admis au sein des orgies…

Des filles folles consentent, et Dieu sait ce qui les y pousse, à prêter leurs corps nus pour servir de tables d'autel d'un soir. C'est sur leur ventre que le sang des animaux égorgés s'écoule. C'est dans leur intimité qu'on enfouit le pain et le vin de ces célébrations impies. Les livres qui donnent le mode d'emploi de ces horreurs ne manquent pas. N'importe qui peut les consulter, même à la bibliothèque de l'université.

Une fois la messe dite, les participants, énervés de bière et de drogue, soûlés de produits pharmaceutiques, se jettent souvent les uns sur les autres, sans distinction de sexe, pour arriver, dans le fracas du rock, à une jouissance qui se transforme souvent en abrutissement de plusieurs heures, sinon de plusieurs jours… Mais la jeunesse a le don de récupérer vite. Du moins pendant les premières étapes de cette descente vers l'enfer…

Cette nuit donc, nuit de pleine lune, Michael, Jesse et Charles décident d'une cérémonie qui doit, au moins font-ils semblant de le croire, faire descendre sur eux les vibrations de l'astre blême et indifférent. Toutes les statistiques, y compris celles de la police et des compagnies d'assurances, confirment que, ces nuits-là, les crimes sexuels, les meurtres et les accidents divers augmentent d'une manière sensible…

Nos trois énergumènes décident d'organiser, sous les futaies du parc de Robin des Bois, une messe qui fera date dans leurs annales personnelles. Mais il s'agit aussi d'éviter les rondes de police, de ne pas se faire remarquer… Transportant dans des sacs à dos les accessoires nécessaires à leur célébration, Jesse, Charles et Michael s'avancent vers le lieu précis où ils ont donné rendez-vous à leurs invités…

Mais, soudain, ils entendent derrière eux le bruit d'une conversation. D'un bond ils se dissimulent dans les buissons qui bordent le chemin. S'agit-il de promeneurs, d'amoureux, de policiers ? Rien de tout cela : ce sont simplement Christopher, Steve et John, les trois gamins si proprets, sur leurs vélos nickelés. Ils pédalent à toute vitesse en s'encourageant pour ne pas être saisis par la peur dans la forêt trop noire. Mais, hélas pour eux, leurs petites bicyclettes d'enfants sont bien incapables de les emmener assez vite au loin.

Dès que les trois « lucifériens », dissimulés dans les buissons, comprennent à qui ils ont affaire, ils se rassurent. Michael, dans un réflexe, se persuade qu'en cette nuit de pleine lune, Lucifer, son maître, lui envoie des victimes exceptionnelles pour une « messe noire » hors du commun. En un éclair, les trois adolescents maléfiques bondissent sur le chemin et courent derrière les trois petits vélos. Un instant plus tard les trois gamins, qui ne comprennent rien, sont aplatis au sol. Michael crie un ordre : « Chacun le sien ! » Les deux autres n'ont aucun mal à maîtriser une proie… La lune reste indifférente.

Deux heures plus tard, Mark, le père de John, trouve que l'absence insolite de son fils dépasse les limites du normal. Il se met sur le seuil de sa villa pour ordonner au gamin, dès qu'il l'apercevra, de rentrer immédiatement. Mais personne n'apparaît. Mark se met alors en contact avec les parents de Steve. En vain. John serait-il chez eux ? L'autre famille est dans la même ignorance, dans la même inquiétude que lui. De même chez les parents de Christopher vers lesquels on se tourne. Chaque famille pense que son enfant s'attarde chez un de ses petits copains. Soudain l'angoisse saisit les trois familles.

Elles décident d'alerter la police. Celle-ci patrouille immédiatement dans tout le quartier, mais sans résultat : aucune trace des enfants, pas plus que des bicyclettes. Où donc ont-ils pu s'égarer ? La nuit devient blanche sous la lune qui luit sans rien révéler de ce qu'elle sait peut-être...

Le lendemain, dès le point du jour, les recherches reprennent, s'élargissent. Faute d'indices dans la partie urbanisée de la ville, une patrouille pousse un peu plus loin vers le parc de Robin des Bois. Un policier dont le regard fouille le paysage aperçoit soudain une tache rouge et blanche à la surface d'un des fossés qui évacuent les eaux usées. Qu'est-ce que c'est ? Une basket semblable à celles dont, selon ses parents, Christopher était chaussé hier soir... Le policier se penche à la surface de l'eau, tire sur la basket. Horrifié, il comprend que dans la chaussure, un pied d'enfant est encore enfermé : au bout du pied la jambe et le corps, le cadavre tout entier. Le père de Christopher va passer un mauvais moment dans quelques minutes...

Hélas, il n'est pas le seul : en très peu de temps, on retire des eaux les corps des deux autres enfants. Très vite, rien qu'en les regardant, on comprend qu'il ne s'agit pas d'un accident. L'horreur est telle que certains policiers sont pris de vomissements. Qui a pu ainsi torturer les trois pauvres mioches, hier encore si pleins de vie, de rires, d'espoir en l'avenir ?

L'autopsie pousse l'horreur à son comble. Non seulement les trois petits ont été tués mais, auparavant, on les a torturés, violés, assommés à coups de gourdin. L'un d'eux a même été émasculé... L'épouvante saisit la ville. Les mères, légitimement inquiètes, accompagnent les enfants jusqu'à l'école, les pères les récupèrent. Chacun regarde ses voisins d'un drôle d'air. La police examine les faits avec logique. Les psychologues analysent les blessures, les mutilations. On pense alors aux méfaits d'une secte. On s'intéresse bien vite aux « satanistes » ; l'ombre de Manson, l'assassin de Sharon Tate, immense, s'étend sur toute la région. À l'école, les sièges vides de Christopher, de John et de Steve sont couverts de bouquets et de dessins d'enfants.

Fatalement les policiers finissent par resserrer le cercle des présomptions autour des adolescents « lucifériens » du campus. Ils surveillent Michael, Jesse et Charles. Ceux-ci protestent de leur innocence, se fournissent mutuellement un alibi pour la nuit du crime... Mais Jesse, les nerfs plus fragiles, finit par craquer et il raconte, d'un seul flot, sans pouvoir s'arrêter, la nuit d'horreur. Il raconte le rapt des petits cyclistes, la cérémonie démoniaque en plein bois, loin de tout, près d'une grotte sauvage où ils ont coutume de dissimuler leurs motos. Il raconte les chants destinés à évoquer l'Ange des Ténèbres.

Il avoue la soûlerie à la bière, les danses, la manière dont ils se roulent nus dans la poussière, la frénésie sexuelle qui les saisit tous les trois. Il fait revivre, si l'on peut dire, les trois enfants, ligotés, jetés dans un coin, terrorisés, incapables de comprendre ce qui les attend, comme des agneaux destinés au sacrifice. Il avoue les tortures sadiques, le viol des trois innocents. Il décrit Michael, le visage défiguré par de grands dessins noirs en forme de larmes, transformé en grand prêtre satanique, hurlant : « Le moment est venu, Satan veut du sang ! » Jesse, aujourd'hui effondré, décrit les coups sur les crânes qui éclatent, le couteau de Michael tranchant dans le bas-ventre sanglant. Il raconte comment Michael, le lendemain, l'appelle chez ses parents pour lui demander le silence total sur la nuit démoniaque, sous peine de mort. Jesse, claquant des dents, dit qu'il ne comprend pas ce qui les a pris. Il parle d'une force inconnue qui les poussait, sans l'aide d'aucune drogue, ce soir-là, à se transformer en « bouchers de l'enfer », lui qui, l'après-midi même du crime, gardait, comme il en a l'habitude, les enfants de voisins...

Pitié pour la meurtrière

Une femme âgée, malade, presque aveugle, qu'une autre femme plus jeune aide à s'installer dans une ambulance, au coin de l'hôpital d'une petite ville de province, quelque part en France. Scène banale un jour d'été 1986.

Elles ne se connaissent pas. Thérèse approche de la soixantaine, c'est la malade. Éliane a la trentaine, c'est l'ambulancière.

Les malades ne sont pas toujours faciles, les ambulanciers le savent. Tel on est bien-portant, tel on se retrouve malade. Un mauvais caractère demeure un mauvais malade. Élisabeth est ainsi. Elle râle, elle traite les gens de haut, méprise celle qui la transporte, refuse de signer les papiers de prise en charge, et Éliane la trouve immédiatement antipathique. Avec sa voix rauque, son fume-cigarette trop long et prétentieux, ses lunettes noires de vieille belle sur le retour… Mais tout de même, l'administration a ses exigences, ce papier doit être signé et, après avoir fait descendre sa malade devant chez elle, Éliane l'accompagne dans le jardin, puis sur le pas de sa porte. Mais la râleuse s'obstine. Qu'on lui fiche la paix avec ce papier idiot ! « Je vous téléphonerai ! Ne m'embêtez pas avec ça ! »

Curieux personnage que cette Thérèse. Elle a dû être belle, elle paraît cultivée, parle avec autorité et méchanceté, mais surtout, elle paraît terriblement seule à la jeune femme. Une vague pitié, un brin de malaise, Éliane abandonne les formalités, en se disant qu'elle verra plus tard.

Plus tard c'est le lendemain, et c'est la vieille dame qui se manifeste. « Passez me voir chez moi ! »

Ce n'est ni une invitation ni une prière, c'est un ordre. Éliane devrait refuser, se contenter d'avertir son service, d'envoyer le papier par la poste, bref de se sauver. Éliane n'aurait jamais dû mettre les pieds dans ce jardin d'une maison maudite, où Thérèse l'accueille ce jour-là d'un air mystérieux, l'entraîne sous un arbre, un sureau au parfum pénétrant, en lui disant : « Vous me rappelez un mari que j'ai épousé il y a longtemps... c'était au XIVe siècle... »

Éliane ne se sauve pas, au contraire, elle est fascinée, attirée par cette vieille femme autoritaire, dominatrice. On ne rencontre pas tous les jours quelqu'un capable de vous parler d'un homme aimé au XIVe siècle ! Puis elle se laisse entraîner à l'intérieur de la maison, se laisse raconter des histoires, la vie, le passé d'une femme fascinante certes, mais qui aime à parler d'elle, encore et toujours d'elle, de sa beauté passée, de ses deux ex-maris, de sa vie en Afrique, des gens célèbres qu'elle a connus... Albert Schweitzer par exemple.

Les yeux écarquillés, Éliane écoute l'extravagante lui parler de peinture, car elle peint, c'est une artiste. Et elle écrit aussi, et elle joue de la guitare...

Surtout, mais c'est un secret, Thérèse est médium. Thérèse a vécu des tas d'autres vies antérieures, elle n'a qu'à claquer des doigts pour allumer les lampes, on entend chez elle des bruits de chaînes la nuit, des visiteurs fantomatiques viennent lui tenir compagnie...

« Revenez demain, mon petit, vous me plaisez. »

Éliane n'est pas entièrement convaincue de trouver cette dame sympathique. Il y a quelque chose qui ne colle pas, une peur et une attirance en même temps. Mais le téléphone ne cesse de sonner depuis cette rencontre : « Venez, j'ai des tas de choses à vous dire, venez, nous serons amies... »

Thérèse est déjà âgée, mais attirante. Et Éliane, la jeune ambulancière, tellement romantique. Son jeune passé n'est pas gai. Un fiancé qu'elle a quitté pour une passion avec un homme beaucoup plus âgé qu'elle ; au bout de deux ans, c'est la rupture, assortie de ce genre de phrases dont les hommes ont le secret pour se débarrasser d'une femme en douceur : « Il vaut mieux nous séparer maintenant, je suis trop vieux pour toi, un jour tu me tromperais, nous souffririons tous les deux... »

Éliane ne s'est pas encore remise de ce drame. Le désespoir amoureux est pour elle comme une drogue. Elle écrit des poèmes, des tas de poèmes, et tous les hommes qu'elle rencontre lui font peur, désormais. Quant à son métier, ce n'est qu'un choix de résignation. Elle aurait voulu être infirmière, mais l'école n'était pas à sa portée. Alors, après une tentative dans les postes, elle s'est rabattue sur le métier d'ambulancière. Aider les autres, servir, se dévouer, c'est ce qu'elle préfère.

En juin 1986, lorsqu'elle rencontre Thérèse, Éliane est à la fois attirée par la personnalité de sa malade et mue par son besoin d'aider. Devenir l'infirmière, le chauffeur d'une femme de cette classe, la soigner, l'aider à vivre malgré sa solitude, pourquoi pas ?...

Et puis, Thérèse est alcoolique, elle se détruit avec obstination, comme pour un suicide programmé. Un gâchis que la jeune femme croit pouvoir stopper. Pourquoi détruire ainsi son talent de peintre, pourquoi risquer de perdre la vue, de sombrer dans le noir, alors qu'avec un peu d'aide, un peu d'affection...

Si l'on pouvait plonger à cette époque dans l'inconscient d'Éliane, peut-être y découvrait-on une homosexualité latente, un besoin de refuge auprès d'un corps féminin, besoin exacerbé par ses expériences masculines ratées. Mais cette femme n'a rien de physiquement attirant. C'est vers une personnalité plus forte que la sienne qu'Éliane se tourne, en désespoir de vie, en désespoir d'amour. Pour une fois elle n'est pas rejetée ; au contraire, on l'aime et on a besoin d'elle.

Hélas, les alcooliques sont presque toujours dangereux pour les autres. Ils font naître chez leurs partenaires une dépendance affective terrible. Vouloir aider un alcoolique c'est entrer dans son jeu destructeur, dans sa pulsion de mort, d'anéantissement personnel, et l'on en sort très rarement indemne.

Juillet 1986. Dans la maison hantée, sombre, sont accrochés aux murs des toiles de nus sans sexe défini, ambigus. Thérèse tient son journal intime, y décrivant des amours sulfureuses, interdites. Elle y consigne ses maris, ses amants, et aussi ses fantasmes, vécus ou non : « J'aime l'inquiétant petit voyou garni de cuir et bardé de chaînes... » « J'aime la femme du monde qui cache sous ses longs gants noirs des lames de rasoir afin qu'on s'y écorche... »

Éliane se laisse approcher, comme par un serpent. Cette vieille amoureuse, de trente ans plus âgée qu'elle, lui offre à présent une relation homosexuelle sans ambiguïté et elle s'y laisse prendre. Elle ne fait plus confiance aux hommes, de toute façon, elle a une préférence pour les êtres plus âgés et dominateurs, et Thérèse réunit ces deux conditions.

En un mois, elles sont donc devenues amantes. Au début Éliane éprouve un sentiment de sécurité, elle retrouve un amour de la vie qu'elle avait perdu depuis sa rupture avec son amant. Elle ne traîne plus sa dépression de femme abandonnée, de laissée-pour-compte, et peut enfin revoir sans souffrir les êtres et les lieux où elle fut heureuse. Thérèse a dévoré son passé sans gloire, une nouvelle vie s'offre à elles.

Pour sceller cette union, Thérèse exige de pratiquer une coutume africaine douteuse : mélanger leurs sangs dans une éprouvette. Cérémonial mi-magique, mi-ridicule, qu'Éliane commence par refuser puis par accepter. Car elle va tout accepter de sa maîtresse, désormais. Sous prétexte d'admiration pour son talent, pour sa beauté ancienne mais toujours imposante, pour sa culture, son aisance à parler d'art et à faire étalage de ses connaissances.

Et au bout de deux ans, c'est une relation diabolique, infernale, étouffante qui s'établit. Thérèse se révèle jalouse, possessive, coléreuse, elle boit de plus en plus et parle de suicide, comme on parle d'amour, au noir. Le chantage est permanent, la domination psychologique totale. Cette femme est en permanence au bord du gouffre, la mort l'attire, la mort lui sert de mode d'expression. Elle se regarde dans la mort comme dans un miroir funeste, on dirait... On dirait qu'elle la veut, qu'elle la désire charnellement, et qu'elle l'attend de son amante. Alors lentement, le poison de mort pénètre dans la tête, dans les veines, dans le comportement d'Éliane.

Dans l'entourage de Thérèse, un petit village où tout se sait, cette liaison n'est pas inconnue. On s'en étonne. Que fait donc cette jeune femme lisse et tranquille, en âge d'aimer et d'avoir des enfants, avec la « sorcière » de la maison hantée ?

Quels maléfices ont envoûté Éliane ? Comment fait-elle pendant cinq ans pour supporter la tyrannie de sa vieille compagne, écouter ses discours d'alcoolique, la regarder se prendre pour une panthère en chaleur ? Car il est certaines nuits où Éliane entend des feulements bizarres. Thérèse se prend pour un félin égaré dans la jungle, griffe, râle, joue les sorcières d'Afrique, bref, se fait un cinéma personnel en noir et blanc complètement délirant.

Éliane s'obstine ; esclave, elle veut la sauver de l'alcool, l'aider à ne pas perdre la vue, devenir l'héroïne de ce sauvetage, et l'autre la tient par on ne sait quels pouvoirs. Par la jalousie permanente d'abord ; où étais-tu ? Avec qui ? Que vas-tu faire dehors ? Plus domestique qu'amante, plus terrorisée que consciente, plus esclave que concubine, Éliane encaisse les scènes interminables. Au village on lui dit parfois : « Va-t'en ! Fiche le camp ! Elle est folle ! C'est une malade dangereuse. Tu vas y laisser ta peau ! »

La panthère a aussi une fille à l'étranger, qui s'est éloignée d'elle, qui ne peut plus rien pour sa mère depuis longtemps. Car on ne peut rien contre sa méchanceté pathologique, ce besoin obsessionnel de détruire l'autre parce qu'elle refuse sa propre déchéance. Thérèse est une mère abandonnée – par une fille qui, elle, n'a que des pulsions de vie, pas de mort.

Petit détail de méchanceté pathologique : un jour, alors qu'elle était encore jeune, Thérèse a voulu provoquer une crise cardiaque chez sa propre mère, en introduisant un serpent dans sa chambre...

À quoi joue cette vieille femme ? Au jeu de la mort. Et elle y a entraîné Éliane définitivement. Reste qu'il n'est pas sûr du tout que la jeune femme en ait compris la règle.

Les années passent ainsi, et Éliane vieillit, subjuguée par un être qui la torture au quotidien. Piégée. Comme ces femmes battues qui ne trouvent jamais le courage de quitter leur mari frappeur. Elle écoute à l'infini les histoires de Thérèse parlant de ses amants, de ses folies sexuelles, de ses fantasmes vécus ou non, allez savoir...

« J'ai eu l'impression de faire l'amour avec le diable... » Voilà ce qu'Éliane dira au procès, après une scène ultime, où Thérèse va la manipuler jusqu'à la mort.

Elle y pense sans cesse à cette mort. Sa mort. Elle en menace Éliane en permanence, les crises sont de plus en plus rapprochées, exacerbées. Elle en avertit sa fille qui ne la croit plus, lassée des extravagances de sa mère, et on la comprend. Elle a connu cette mère en prêtresse vaudoue un soir, en sorcière du Moyen Âge un autre. Cette mère qui est allée jusqu'à lui enlever son fiancé. Cette mère qui prétend rendre à une voisine l'affection dont elle manque depuis le départ de son époux, en lui offrant, comme un talisman, un tas de terre et de cailloux du cimetière voisin...

Mort, destruction, sadisme, sorcellerie, alcool, le couple se déchire maintenant quotidiennement, et Éliane est à bout.

À cette époque, Thérèse écrit une sorte de roman dans lequel elle raconte comment elle a tué Éliane, qu'elle surnomme aimablement « la Girafe ». Elle se réserve quant à elle le rôle de panthère ou de guépard, prédateur noble et élégant, féroce et carnivore devant un mammifère stupide au long cou.

Elle écrit ceci qui s'adresse directement à Éliane : « J'ai pris mon revolver dans une crise de folie et, Dieu que c'est difficile à dire, je t'ai menacée ; devant ton impassibilité je suis devenue plus folle encore. Tu reposais sur l'oreiller, pâle, émaciée, immobile. Tu as fermé les yeux et j'ai tiré. » Autrement dit, en clair, je rêve de te tuer pour ta faiblesse, ta servilité, je suis le bourreau glorieux, toi la victime stupide.

Le 19 février 1991, c'est l'apothéose. Après un dîner auquel assiste un ami d'Éliane, Thérèse, probablement plus ivre que d'habitude, entame une longue scène. Éliane a réellement peur cette fois, une peur physique, viscérale. Elle a soudain la certitude que Thérèse va la tuer, ou se tuer elle-même, en tout cas que le dénouement est proche. Il y a une arme dans la maison, un revolver chargé.

Le convive est parti, les deux femmes sont maintenant seules. Thérèse appelle sa fille à l'étranger et entame son chantage comme d'habitude : « Je vais mourir ce soir, je ne veux plus vivre, je vais me foutre en l'air ! » Et elle raccroche. Puis hurle et insulte Éliane, en réclamant le revolver. « Tu n'as pas le courage ! Tu voudrais me quitter, tu voudrais que je meure, être débarrassée de moi, et tu n'es même pas bonne à ça ! »

Au fond, rien ne l'empêcherait d'aller le chercher seule, ce revolver. Même aveugle, elle le trouverait bien…

Éliane, terrorisée, appelle au téléphone l'ami qui a dîné avec elles. « Elle dit qu'elle veut se tuer, mais c'est moi qu'elle va tuer, j'en suis sûre !

— Calme-toi, enferme-toi dans le salon et barricade la porte. »

Sur les faits précis, on ne sait rien d'autre. Sauf que l'une des deux femmes va mourir.

Thérèse a écrit dans son embryon de roman autobiographique que c'est elle qui tuait sa maîtresse. Et Éliane le sait, elle a lu le roman. « Le Guépard » rêve de mettre une balle dans la tête de « la Girafe ». Elle est folle de peur.

Personne ne peut l'aider cette nuit-là. Ni la fille de Thérèse ni l'invité rentré chez lui. Ils ont cru tous les deux qu'une fois de plus, il s'agissait d'une crise due à l'alcool, à la névrose.

Complètement paniquée, Éliane téléphone au médecin traitant de Thérèse, il est vingt-deux heures. Le médecin, une femme, connaît la situation, plusieurs fois déjà elle a conseillé à Éliane de quitter cette maison, de ne pas gâcher sa jeunesse avec une névrosée… Ce soir, elle la supplie de s'enfuir immédiatement, de laisser Thérèse aller au bout de sa crise, seule. Mais Éliane refuse : « Si je m'en vais, elle est capable de mettre le feu à la maison et de brûler avec, je n'ai pas le droit de faire ça. »

S'en aller, c'est pourtant ce qu'elle devrait faire devant ce scénario d'une mort annoncée. La mort arrive à une heure du matin.

Allongée par terre, une balle dans la tête, c'est Thérèse que les gendarmes découvrent. Éliane est pétrifiée. Elle déclare d'abord qu'à bout de nerfs, à bout d'insultes, elle est allée chercher le revolver pour faire peur à Thérèse, puis qu'elle a tiré, dans une crise de colère subite.

Plus tard, Éliane modifie cette déclaration. « En fait, dit-elle, j'ai pris l'arme, je la lui ai tendue, j'étais exaspérée, elle l'a approchée de sa bouche pour se suicider, ou faire mine de se suicider, j'ai voulu l'en empêcher, il y a eu une bousculade, et le coup est parti accidentellement.

Explication plus plausible, qui facilite la défense. Mais au fond, Thérèse n'a-t-elle pas cherché délibérément sa mort ? Elle la voulait, la réclamait, probablement de la main de sa maîtresse, afin de parfaire la destruction de l'être qu'elle disait aimer et de l'entraîner avec elle. Pour la réduire, la contraindre à faire le geste qu'elle ne parvenait pas à accomplir elle-même. Son désir de suicide devait passer par une exécution.

Ou alors Éliane a tiré dans l'affolement, pour se préserver.

Ou bien encore, entre ces deux femmes hors d'elles, dans la lutte qui les opposait, dans les hurlements de celle qui criait : « Je vais me tuer ! » et ceux de l'autre qui répondait : « C'est moi que tu veux tuer ! » l'arme a choisi sa cible au hasard.

En mars 1993, après deux années d'emprisonnement, Éliane est devant les assises. Elle a trente-cinq ans, l'air d'une adolescente pâlotte et mal dans sa peau.

L'accusation maintient la version de l'homicide volontaire, s'en tenant à la première déclaration d'Éliane : « J'ai tiré dans un accès de colère. » Et les témoins défilent. Il est rare, dans un procès d'assises, d'une part qu'il n'y ait pas de partie civile, et d'autre part que les témoins s'emploient à diaboliser ainsi la victime. Le prêtre du village dit qu'il a tenté d'envoyer un exorciste voir Thérèse pour la débarrasser de ses sorcelleries. Mais, lorsque l'homme de l'art s'est présenté chez l'envoûteuse, ou l'envoûtée, l'alcool qu'elle avait ingurgité ne lui a même pas permis de s'exprimer. Le même prêtre fait l'éloge d'Éliane, il n'a rien à lui reprocher ; au contraire, la victime c'est elle. Un peintre qui a connu Thérèse au temps de son talent décrit ses manigances insupportables, au point qu'il lui a même crié un jour : « Arrête ou je te tue ! »

Les jurés peuvent également découvrir une œuvre de Thérèse, un autoportrait, où elle s'est représentée en Lucifer. Puis son journal, puis son roman, *Les Tribulations de la Girafe*, où elle décrit la mort de sa compagne comme si elle décrivait la sienne. Éliane ajoute : « Elle m'a dit alors, "c'est toi qui écriras le dernier chapitre". » Phrase aux allures de suspense, mais qui n'est pas si mystérieuse au fond. Et que l'on pourrait traduire par : « C'est toi qui finiras par me tuer, puisque je le veux. »

Mais le témoin le plus important est la propre fille de Thérèse, qui reconnaît : « Éliane était prisonnière de ma mère, c'est aussi une victime. »

Ainsi, tout le monde demande pitié pour la meurtrière. L'enfer, elle l'a déjà vécu. Il faut la rendre à la vie, la débarrasser de ce cauchemar. Les circonstances atténuantes sont si nombreuses, si indiscutables, si précises… « Je l'aimais, dit Éliane, j'avais juré de ne jamais la quitter. Je l'ai soignée envers et contre tout, y compris elle-même, j'étais là jour et nuit, je voulais l'aider et je me mettais en colère devant ceux qui la dénigraient. C'était une femme extraordinaire et même aujourd'hui, je ne regrette pas de l'avoir connue. »

Mystère des histoires d'amours sulfureuses, qui finissent souvent mal. Mystère de celle qui choisit d'être esclave, le larbin, d'admirer et d'aimer, aux limites du supportable, ce qui n'est ni admirable ni amour, ni sérénité ni échange, mais torture. Mystère de celle qui a choisi son bourreau. Éliane doit répondre de la mort de ce bourreau. Même si le bourreau a téléguidé cette mort, ce qui est fort probable.

Bien défendue, soutenue par tout un village, Éliane n'est pas une meurtrière ordinaire. Les jurés le reconnaissent en deux heures de temps : ils lui accordent toutes les circonstances atténuantes nécessaires.

Trois ans de prison. Dont deux déjà accomplis. Éliane, à l'heure où paraît ce récit, a dû retrouver la liberté. « Pour repartir sur des bases saines », a-t-elle déclaré.

Il lui reste un long travail de deuil à accomplir pour oublier cette pulsion qui a crispé son doigt sur la détente, par une nuit d'horreur et de confusion mentale. Pour oublier le Guépard, toutes dents et griffes dehors, qu'elle a croisé un jour sur sa route, dans la jungle des amours infernales.

Au commencement était le chaos

Au commencement était une femme. Une grande prêtresse, du nom de Lois Roden. Une grand-mère, âgée de soixante-sept ans dans les années quatre-vingt de notre ère et amante d'un jeune homme amateur de rock qui aurait pu être son petit-fils. La vie privée de chaque Américain ne regarde en principe personne. Sauf lorsque la grande prêtresse est à la tête d'une secte, fondée par un Bulgare dans les années trente, secte elle-même dissidente des adventistes du Septième Jour.

Consacrons quelques lignes à l'histoire des adventistes du Septième Jour, puis de leurs dissidents. La chose est nécessaire, puisque le dernier des dissidents en date a fait la une des journaux du monde entier en 1993, pour s'être nommé lui-même le Christ de Waco…

Au commencement des adventistes donc, était aussi une femme : Ellen White, grande prophétesse, laquelle prônait la supériorité du samedi (le sabbat juif) sur le dimanche. Le septième jour de la semaine devait donc être le samedi. Il était également prédit aux adventistes le retour imminent du Christ, la fin du monde ayant commencé pour eux en 1844, et devant se conclure – dans le chaos – environ cent ans plus tard. 1944 aurait dû être la fin du monde ! Raté. De peu, mais raté tout de même. Le Christ, revenu sur terre à ce moment-là, aurait jugé les impies, il y aurait eu la grande bataille dite d'Armageddon, au cours de laquelle Satan et sa bande de méchants auraient été anéantis par les justes. Après quoi, la terre purifiée serait redevenue le paradis d'avant Ève…

Les adeptes de ce qu'on l'appelle le « millénarisme » prévoient régulièrement la fin du monde à chaque millénaire – ils y sont bien obligés puisque cela n'arrive toujours pas.

Nous ne serions donc pas loin à nouveau de la catastrophe. À noter également que cette histoire reprend aussi régulièrement du poil de la bête à chaque fin de siècle, les chiffres ronds semblant attirer les amateurs de catastrophes universelles.

Donc, dans les années trente, un premier dissident, bulgare, fonde une secte dissidente des adventistes, laquelle est prise en main dans les années quatre-vingt par Lois Roden, qui prophétise bien entendu la fin du monde. Cette grand-mère alerte a un jeune amant, nommé Vernon Howell, étudiant médiocre, mécanicien sans avenir et rocker sans talent.

Las, elle a également un fils, George, et lorsque meurt la prophétesse, en 1986, la succession est redoutable, guerrière. Les deux prétendants au trône, amant et fils de la défunte, Vernon Howell et George Roden, se lancent un défi l'année suivante, en 1987. George propose de déclarer prophète unique celui qui ressuscitera un être humain. Pour ce faire, il fait exhumer le corps d'une adepte décédée. Vernon refuse de ressusciter qui que ce soit, et l'affaire se termine par une fusillade entre chaque bande. Vernon arme une bande de sept mercenaires pour abattre George. Mission ratée.

Tout le monde se retrouve d'abord en prison, puis devant un tribunal, où l'on imagine la stupéfaction du jury d'accusation. Quel est le plus fou, qui a tiré sur qui ?

Pas de témoins. George n'étant ni mort ni blessé, sa plainte est déclarée irrecevable. Quant à Vernon, relaxé faute de témoins de sa tentative meurtrière, il disparaît avec la majorité des adeptes de la secte, qui ont, semble-t-il, donné la préférence au guerrier plutôt qu'au déterreur de cadavres.

George Roden insulte le tribunal, appelle les foudres du Seigneur sur eux, en le conjurant de les punir « par l'herpès et par le sida » ! Amen…

Alors, libéré de ce plus fou que lui, Vernon Howell se baptise lui-même David Koresh, décide qu'il est le Christ et entraîne son petit monde d'abord à Dallas, où l'Église locale le regarde de travers, ensuite en Californie, où il espère apporter la « nouvelle lumière », mais où il n'est pas le seul à délirer dans ce sens, et enfin dans une tranquille petite ville du Texas : Waco. Il y déniche un ranch, le baptise le « Mont Carmel » et déclare l'apocalypse pour bientôt. Accessoirement il déclare également que le Christ, donc lui-même en personne, est le fiancé de toutes les femmes, qu'elles sont là pour faire des enfants du Christ, lesquels, peu à peu et d'ici à la fin du monde, constitueront une armée « pure », laquelle ira s'installer en Israël, afin d'y fonder le monde nouveau, le paradis retrouvé et autres balivernes... L'humain moyen se demande toujours comment d'autres humains moyens peuvent adhérer à ce genre de discours, entrer dans la secte, y vivre, laisser leurs femmes subir les assauts sexuels du maître, les enfants y grandir dans la terreur, la violence et les abus, et vivre eux-mêmes cette condition de cocu stupide. La question reste posée, il n'y aura jamais de réponse.

Désormais, ils sont une bonne centaine dans ce ranch, ils s'appellent les « davidiens », du nom choisi par « leur Christ David ».

Et, à Waco, Texas, on commence à s'inquiéter de ce nid dangereux. Des bruits courent, colportés par d'anciens adeptes, venus au « Mont Carmel » et repartis en courant. Par d'autres, plus obstinés, y ayant vécu l'enfer et s'étant enfuis. Par des parents, des maris, des pères de famille qui ne parviennent pas à extirper femmes ou enfants de ce lieu maudit.

Mais, au commencement des États-Unis, était la démocratie. Et en démocratie chacun jouit de la liberté de confession, de culture, d'association, bref, il est illégal de condamner une secte parce qu'elle est une secte. Il n'existe donc aucun moyen légal de prouver la folie de David, le Christ de Waco. Aucun moyen légal d'y faire une perquisition, le « Mont Carmel » est un domaine privé.

Cette folie prend des proportions pourtant dramatiques. Les enfants sont battus, certains, les filles évidemment, doivent obéir dès le plus jeune âge aux désirs du Christ. Une enfant de douze ans couche dans le lit de David, en toute confiance, et à quatorze ans lui donne un enfant, en toute confiance ou pas, puisqu'il est une loi davidienne qui dit : « Dieu a ordonné à David de distribuer sa semence. » Ainsi naissent des enfants non déclarés, de père inconnu, puisque nés du fils de Dieu…

En réalité David se garde bien d'avertir l'état civil et interdit aux adeptes de le faire – il serait immédiatement accusé d'abus sexuels sur enfants, de viols et autres pratiques condamnables.

Les hommes se lèvent à l'aube, s'entraînent comme des commandos et les armes s'entassent à l'intérieur du ranch. Car il n'est pas illégal d'acheter des armes. Beaucoup d'armes, de tous calibres, sont en vente libre au Texas, au Texas surtout, où le fait de porter un colt est un droit incontesté. Les troupes davidiennes font des exercices de tir, à Waco les voisins s'en plaignent, mais sur une propriété privée, un shérif ne peut pas intervenir… Démocratie, liberté, droits civiques, que d'abus sont parfois commis en votre nom.

En 1993, le Christ a trente-trois ans. Deux mille adeptes aux États-Unis, des pensionnaires à Waco, venus d'un peu partout, d'Australie, d'Angleterre, de Nouvelle-Zélande et d'autres États. Les adultes à demeure au « Mont Carmel », les « disciples », sont estimés environ à une centaine. Le nombre d'enfants n'est pas certain, probablement une quinzaine directement issus du « Christ », qui dispose à sa guise d'un harem de quinze femmes. Il a fait des hommes une armée d'esclaves combattants et consentant à tout pour leur maître, sur la promesse de trouver chacun un jour l'épouse parfaite. En attendant, ils sont tenus de lui offrir la leur. Une sorte de cocufiage en règle, bien pratique pour satisfaire les pulsions sexuelles de David Koresh, alias Vernon Howell.

Au Mont Carmel, en réalité une vieille ferme abandonnée et nauséabonde, constituée d'un bâtiment principal et d'un groupe de baraques sans hygiène, on prie du matin au soir, jusqu'à l'abrutissement. Les femmes servent d'esclaves, les enfants sont fouettés à la moindre bêtise, les hommes fabriquent des bombes, montent la garde, récitent des prières et recommencent. Car la guerre est pour bientôt. Le gourou les y prépare, un combat sanglant devra régler leur compte aux incroyants, assurer la résurrection du Christ, donc la sienne, et mener tout le monde davidien au paradis, en passant par Israël.

Mais, depuis un an, un enquêteur se penche sur le problème. Un journaliste du *Waco Tribune*, journal local. Et il découvre que, tout de même, la démocratie et le premier amendement ont bon dos. D'abord, Vernon Howell est devenu pathologiquement fou. Il déclare parler à Dieu comme on parle à son voisin. Il règne en maître sur toutes les femmes de la secte, et surtout sur les adolescentes. Il abrutit ses disciples en décortiquant la Bible à longueur de nuit ou de jour, et en leur faisant réciter par cœur des passages entiers. Cet abrutissement intellectuel dure souvent plus de dix heures d'affilée. Il est le seul à pouvoir manger de la viande, à boire du Coca-Cola et de la bière. Les autres doivent se contenter de légumes. La musique « religieuse » davidienne étant avant tout le rock, il dépense également une fortune, puisée dans les économies des adeptes, pour installer un studio d'enregistrement. Il compose des musiques hurlantes, se prend pour une pop star, a une passion pour les voitures de course, et en fin de compte dispose d'une fortune estimée à un bon million de dollars, tirée de la poche des pauvres gens qui lui obéissent aveuglément. Enfin, et c'est le plus grave, il dispose d'un stock d'armes et de munitions impressionnant.

Et voici que le FBI sursaute : dans un coin perdu du Texas, un Christ s'est transformé en chef militaire ? Rien ne va plus. Renseignements pris, des caisses de munitions arrivent jusqu'au ranch, par l'intermédiaire d'un petit transporteur de Waco, lequel a trouvé judicieux – il est bien le seul – de prévenir les autorités.

Il existe aux États-Unis un bureau fédéral, l'ATF, qui contrôle à la fois les alcools, le tabac et les armes. Au temps de la prohibition, les agents de l'ATF étaient surtout chargés de traquer l'alcool. Le trafic d'armes les occupe aujourd'hui davantage. Le transporteur donne au bureau fédéral les informations dont il dispose, et le bureau fédéral prend son temps pour examiner l'affaire. Grave erreur. Car, ce faisant, il exaspère quelque peu le *Waco Tribune*, pressé de faire paraître sa série d'enquêtes sur le gourou local et d'informer l'Amérique des horreurs qui se pratiquent au ranch installé sur son territoire.

Le pouvoir de la presse aux États-Unis est connu. Libre et indépendante, capable de faire sauter un président de son siège. Usant de son droit, le *Waco Tribune* fait paraître un premier article, juste avant la décision des autorités fédérales d'encercler le ranch pour y mettre bon ordre. Ou bien, autre hypothèse et polémique oblige, les autorités fédérales se décident enfin à régler le problème, l'article étant déjà paru, et d'autres devant suivre…

C'est ainsi que, le 28 février de cette année 1993, commence le siège le plus fou de toute l'histoire des sectes depuis le massacre de Guyana. Guyana, c'était la jungle d'Amérique du Sud où un autre Américain fou, Jim Jones, entraîna dans un suicide collectif neuf cents adeptes probablement drogués, un 18 novembre 1978, au moment où des officiels américains tentaient de les libérer.

À Waco on redoute le même drame. Mais David Koresh penche pour une autre forme de suicide collectif. La lutte armée. De plus, il est au courant du siège qui se prépare. Comment ? Les fédéraux voudraient bien le savoir, mais le résultat est qu'on leur tire dessus à la première tentative d'encerclement, le 28 février 1993. Quatre morts parmi les policiers, deux chez les adeptes. Le FBI arrive en renfort, cinq cents hommes armés, véhicules blindés en tête, et l'immense bavure commence.

Le monde voit surgir sur tous les écrans de télévision le visage apparemment normal de ce Vernon Howell, dit David Koresh, dit le Christ. Un Christ qui porte des Ray Ban, des cheveux un peu longs, avec brushing, une cravate, et qui arbore un sourire tranquille. L'air d'un jeune cadre dynamique… On apprend par sa mère Bonnie qu'il était un enfant sage, extrêmement religieux, par sa grand-mère que c'est un bon garçon, qui savait par cœur le Nouveau Testament à douze ans.

Un bon garçon qui a fait tirer sur les forces de police à la mitraillette. La mitraillette est une arme automatique, elle n'est pas en vente libre. Le délit est largement prouvé, enfin ! Il est illégal d'une part de détenir des armes automatiques, d'autre part de s'en servir pour tirer sur les fédéraux.

Sept semaines de siège viennent de commencer. Toutes les télévisions américaines sont sur place. Les badauds défilent, on vend même des tee-shirts à l'effigie du gourou, et à quinze kilomètres de là, la petite ville de Waco est investie par les fédéraux, les journalistes et les touristes. Si, dans un premier temps, et malgré les morts, Waco y trouve un bénéfice, le gouffre financier ne tarde pas à s'ouvrir. Chaque jour de siège coûte au contribuable américain deux millions de dollars ! Onze millions de francs. Et les jours passent, le gourou distillant menaces et offres de reddition, relâchant au compte-gouttes quelques femmes et enfants terrorisés.

Le quatrième jour, il annonce : « J'attends les instructions de Dieu. » Le cinquième jour, il dit qu'il attend davantage d'instructions divines, qu'il acceptera de se rendre si on le laisse parler sur une radio locale.

Les psychologues et spécialistes du terrorisme en tout genre acceptent, espérant éviter un bain de sang. Le gourou parle cinquante-huit minutes d'affilée – propos essentiellement concentrés sur sa vision biblique, sa vocation de messie et ses prédictions d'apocalypse. Les adeptes sont toujours derrière lui, prêts à la guerre, et le FBI réalise que l'armement dont dispose l'assiégé est bien plus important qu'il ne l'avait imaginé au départ. Le treizième jour, l'affaire est toujours au point mort, le FBI a dû convoquer des experts religieux pour pouvoir discuter avec les davidiens. Seul résultat : la libération de six enfants et de deux femmes âgées.

Le 8 mars, le messie annonce qu'il est prêt à la guerre. La semaine suivante, on apprend qu'une chaîne de télévision a acheté les droits de l'histoire à la maman du Christ davidien – un téléfilm est déjà prévu !

Le siège dure. Waco craint de devenir la ville maudite du Texas, État qui a déjà mauvaise réputation. C'est à Dallas qu'a été assassiné le président Kennedy...

Le FBI décide de priver le ranch d'eau et d'électricité. Puis de braquer sur les bâtiments de puissants projecteurs. On espère ainsi faire craquer les assiégés. Plus de nuit, plus de jour, plus de nourriture, plus d'eau. Vont-ils abandonner leur gourou pour des prisons plus clémentes ?

Ça ne marche pas. En avril, la secte célèbre la pâque juive, le gourou annonce qu'il écrit un livre sur l'apocalypse et ne se rendra qu'après l'avoir achevé… Il se dit blessé sans qu'on en ait la preuve ; de toute façon, l'attaque est décidée.

Au bout de cinquante et un jours de siège, multipliés par deux millions de dollars, le FBI décide de donner l'assaut. Les chars font mouvement sur les bâtiments. 19 avril 1993, un char équipé d'une grue s'attaque à l'un des murs du bâtiment. Le but est de faire des brèches suffisantes pour y faire passer des gaz lacrymogènes et contraindre les assiégés à sortir. Un haut-parleur leur hurle de ne pas s'affoler, les gaz ne sont pas mortels : s'ils sortent en rang, bien sagement, ils seront bien traités. La télévision est là, l'état-major du FBI aussi, le président des États-Unis est au courant, l'affaire occupe suffisamment d'énergie, de forces, d'argent et de patience, depuis cinquante et un jours, pour que la retransmission de la reddition du Christ passe par les meilleurs satellites et fasse le tour du monde.

Le « Christ » répond par le feu. Il semble que l'incendie qui dévore le ranch des davidiens en quelques heures se soit déclenché de l'intérieur, peut-être au moment où un char faisait une nouvelle brèche dans un mur, peut-être à la faveur des lampes à pétrole qui remplaçaient l'électricité, coupée depuis des semaines. Les bâtiments sont essentiellement en bois, le feu va vite, des coups de feu ont été tirés, les observateurs de la télévision, contraints d'utiliser des téléobjectifs, ne voient bientôt plus qu'une énorme fumée noire et, quelques heures plus tard, malgré l'intervention des pompiers, un immense amas de décombres noirs.

Il y a quelques survivants. Neuf membres de la secte, dont certains sont blessés ; l'un d'eux affirme que de l'essence a été répandue à l'intérieur des bâtiments. Le Christ davidien a-t-il lui-même allumé cet enfer ?

Le ministre américain de la Justice, Mme Janet Reno, se charge de la déclaration officielle, dès le lendemain matin 20 avril. Elle assume « l'entière responsabilité » de toute l'opération. Affirme qu'un suicide collectif de cette sorte n'était absolument pas prévisible et que le gourou, David Koresh, est mort dans l'incendie – il avait lui-même menacé le FBI, une semaine avant l'attaque finale, de « mourir par le feu ».

Tandis que l'on tente d'identifier les corps des quatre-vingt-quinze assiégés dont dix-sept enfants, la polémique prend le relais dans les médias américains. Qui a mis le feu ? Est-il concevable que personne au FBI n'ait envisagé un incendie ? Les pompiers n'ont-ils pas mis trop de temps à intervenir ?

Les réponses du FBI sont à la fois fermes et contradictoires : les membres de la secte, libérés avant l'attaque, n'ont jamais fait allusion à ce genre de risque. Par contre, les enfants ont révélé que David Koresh leur avait dit adieu et qu'il portait autour de la taille une ceinture de grenades… D'autre part, il avait la possibilité d'épargner au moins les enfants : un bus servant d'abri, installé par les forces de l'ordre à proximité du ranch, le lui permettait. Le FBI précise qu'à aucun moment ce refuge n'a été gazé.

Que penser ? Mme le ministre propose sa démission au président Clinton, qui la refuse en l'assurant de son soutien total, tout en ordonnant une enquête sur le drame de Waco.

Que fallait-il donc faire ? Poursuivre le siège ? Ne pas utiliser les gaz ? Les journaux américains sont divisés ; ils polémiquent, sans grande vigueur toutefois car ils n'ont guère de proposition à faire devant pareille situation. Mme le ministre est quant à elle persuadée que la secte a déclenché elle-même l'incendie et que le gourou a volontairement immolé son monde. Parvenu à un tel degré de paranoïa, il lui était sûrement impossible de se rendre avec un drapeau blanc, de se laisser abandonner par ses « puissants », ses hommes de guerre et d'affronter tout simplement la justice de son pays. N'oublions pas les sévices, le conditionnement sexuel des femmes, le trafic d'armes – et peut-être, dit-on, de drogue.

Les enfants rescapés, pauvres témoins de la folie des adultes, pris en charge dans un service pédiatrique, sont marqués à vie. Un médecin a déclaré qu'à leur libération ces enfants avaient un rythme cardiaque de cent quarante pulsations-minute, au lieu de soixante-dix, révélateur d'un état de stress et de terreur permanent.

Waco, petite ville du désert texan, attend le procès qui en dira plus long sur le parcours de Vernon Howell. Procès intéressant, édifiant, espérons-le, car aux États-Unis sévissent encore plus de sept cents sectes, et il est important de savoir que lorsqu'un individu fonde une secte dite religieuse, adoratrice de n'importe quoi ou de n'importe qui au nom d'une Bible « revisitée », les revenus de ladite secte sont exemptés d'impôts ! Tentation évidente pour les extrémistes et les escrocs de s'intituler fils du Ciel. Les plus redoutables en ce domaine sont rarement dirigées par des illuminés, font parler d'elles le moins possible, sautent sur la moindre occasion de faire un procès à qui les conteste et accumulent des fortunes en détruisant le mental de ceux qui les suivent.

On taxe à peu près tout, de l'entrecôte au livre, en passant par les médicaments, la cigarette, et le droit de récupérer l'héritage de son grand-père. Si l'on taxait les gourous ? Car il n'est pas impossible que, dans quelque temps, un autre illuminé, ou un autre escroc, déclare du sommet d'une colline quelconque : « Non, le Christ de Waco n'est pas mort, il est ressuscité, c'est moi ! » Sur une déclaration d'impôts, il aurait du mal à le confirmer.

Mort, calciné dans les ruines de son Mont Carmel, Vernon Howell a emporté avec lui le secret de ses pulsions sexuelles, mortelles, à l'origine de la destruction totale de vies d'enfants et d'adultes. Certains êtres entraînent des foules dans la charité, l'aide, le « bien » sous toutes ses formes. Ce sont des êtres dits « charismatiques », qui disposent d'une force exceptionnelle de communication et de persuasion. La pulsion qui les anime trouve son épanouissement dans la vie. La même pulsion, chez d'autres, tout aussi charismatiques, s'épanouit dans la folie et la mort.

L'humain moyen a bien du mal à s'y retrouver parfois.

Un assassin dans la ville

Le commissaire Palmer, de la police canadienne, prend tranquillement son café matinal dans son bureau. C'est une habitude à laquelle il est très attaché. Tous les matins il s'accorde ainsi un petit quart d'heure avant de commencer son travail. Il faut dire que Richmond, au Québec, est plutôt du genre paisible : quelques immeubles de bureaux dans le centre, pas mal de magasins et d'entrepôts autour de la gare, le reste de la cité étant composé uniquement de pavillons et de jardinets alignés le long d'avenues qui se coupent à angle droit. Tout autour, sans transition, c'est la campagne, avec ses grosses fermes perdues au milieu des immenses champs de pommes de terre, la monoculture de la région.

Oui, Richmond est la ville rêvée pour un policier à condition qu'il ne soit pas trop ambitieux, et c'est le cas du commissaire Palmer, qui, à cinquante-cinq ans, attend la retraite... Sa tâche principale consiste à s'occuper de la circulation et à rechercher les animaux perdus. De temps en temps, il y a bien quelques querelles entre voisins et, le samedi soir, un ivrogne ou deux, mais c'est tout.

Le commissaire Palmer s'attarde à contempler les marronniers déjà roux sous ses fenêtres. Il fait particulièrement beau ce 6 octobre 1993, une splendide et douce journée d'automne. C'est à ce moment que le téléphone sonne :

« Commissaire Palmer ? Ici police fédérale, Ottawa. »

Le commissaire reste un instant sans répondre... La police fédérale : il s'agit de quelque chose de grave...

« Commissaire, c'est très urgent. La police américaine nous informe que le dénommé Gordon Mac G. a franchi cette nuit la frontière. Voici son signalement : vingt-deux ans, 1,80 mètre, cheveux blonds en brosse, taches de rousseur. Je vous envoie sa photo par fax. Vous la ferez afficher dans les rues de Richmond.

— Afficher ?

— Ne m'interrompez pas. L'homme est très dangereux. Il a trois meurtres à son actif aux États-Unis : un marchand d'articles de pêche, une jeune serveuse et un pompiste. Il leur a volé des petites sommes, après quoi il les a fait s'allonger face contre terre et leur a tiré une balle dans la nuque. C'est un déséquilibré. Il était en traitement pour dépression. Il est armé d'une carabine à répétition à canon scié. »

Le commissaire Palmer parvient enfin à se ressaisir :

« Mais enfin, pourquoi viendrait-il à Richmond ? Qu'est-ce qu'il pourrait bien faire chez nous ?

— C'est là qu'habite son ex-femme, Barbara Lynch. Elle est retournée chez ses parents après son divorce. Il faut essayer de l'arrêter chez elle s'il n'est pas trop tard. Bonne chance, commissaire. La police fédérale vous envoie des renforts. »

Le commissaire Palmer a déjà raccroché. En un instant, il a retrouvé tous ses réflexes de jeune homme… D'abord l'annuaire. Le numéro de téléphone de Barbara Lynch. La prévenir, lui demander de retenir l'homme le plus possible, le temps d'arriver… Le numéro sonne. On décroche.

« Miss Lynch, ici la police. »

La voix qui répond est en larmes :

« C'est affreux ! Il est venu. Il m'a demandé de partir avec lui. J'ai refusé. Il m'a menacée avec son arme. J'ai cru qu'il allait me tuer. C'est mon ancien mari, c'est…

— Je sais. Vous a-t-il dit où il allait ?

— Non. Il est parti comme un fou. »

Le commissaire Palmer regarde encore une fois par la fenêtre… Derrière les marronniers, sur la pelouse du pavillon d'en face, il y a des enfants qui jouent. Il faut à tout prix éviter le drame. Pour la première fois de sa vie, le commissaire Palmer a très peur.

Il est maintenant six heures de l'après-midi. George Levin rentre chez lui au volant de sa voiture. Entre son entreprise d'appareils sanitaires, au centre de Richmond, et le pavillon qu'il habite, il y a environ dix minutes. Mais c'est long dix minutes. Il peut s'en passer des choses en dix minutes. Bien sûr, avant de partir, il a une nouvelle fois téléphoné chez lui. Kate lui a dit que tout allait bien, qu'elle s'était barricadée avec les deux petites.

George Levin appuie sur l'accélérateur autant qu'il peut. Au-dessus de sa tête, le bourdonnement d'un hélicoptère l'agace, le rend plus nerveux encore… Mais non, il a tort. Ça, c'est plutôt rassurant. Dans la voiture, le poste de radio diffuse les mêmes nouvelles que depuis le début de la matinée :

« Nous répétons le signalement de Gordon Mac G. : 1,80 mètre, yeux bleus, cheveux blonds coupés en brosse, taches de rousseur sur les deux joues. Il a vingt-deux ans mais paraît plus jeune. Il tue ses victimes après les avoir fait allonger par terre. N'ouvrez à personne. Prévenez la police au moindre fait suspect… »

Enfin, la barrière blanche de la maison. George Levin se précipite, sonne selon le code convenu. Et il pousse un soupir de soulagement. Elles sont là toutes les trois : Kate, sa femme et ses deux filles : Judith, douze ans, Sandra huit ans. Les petites courent se blottir contre leur père. Elles ont peur. Mais George ne cherche pas à les rassurer. Il faut qu'elles continuent à avoir peur. C'est indispensable pour qu'elles ne commettent pas d'imprudence.

George est en train de montrer à sa femme le maniement du revolver qu'il vient d'acheter pour elle chez l'armurier, quand la chaîne de télé locale interrompt de nouveau son programme :

« Demain matin, les cars de police viendront ramasser tous les enfants de la ville. N'envoyez pas vos enfants seuls à l'école. Attendez que le car s'arrête devant votre porte. »

George Levin se sent un peu soulagé. Demain Kate aura une arme et les filles seront protégées par la police. Aussi, il s'endort sans trop de mal, avec le revolver sur la table de nuit. Et le lendemain, en partant pour son travail, à sept heures, il n'est pas exagérément inquiet.

Tout au long du chemin, il croise des policiers… D'autres renforts sont certainement arrivés d'Ottawa pendant la nuit. À la radio, on n'annonce rien de nouveau. Les recherches continuent.

L'entreprise de matériel sanitaire Levin Limited se situe derrière la gare, dans un quartier désert. À peine sorti de sa voiture George a un choc : la vitrine d'exposition du magasin a été brisée. Il s'approche pour constater les dégâts… et presque immédiatement, il se rend compte qu'il n'aurait pas dû, qu'il fallait fuir tout de suite, au premier coup d'œil… Mais il est trop tard. Une forme s'est levée derrière une baignoire. Une forme avec un fusil.

« Par ici, mon gars. Et pas de blagues, hein ! »

Sur le coup, George n'a qu'une seule réaction : s'il est là, au moins Kate et les enfants sont en sécurité. Ce n'est pas qu'il soit spécialement un héros, du moins il ne le pense pas, c'est tout simplement l'unique pensée qui lui vient à l'esprit en cet instant.

D'un pas mécanique, George Levin s'approche de Gordon Mac G. C'est vrai qu'il fait jeune. On dirait un gamin qui joue au cow-boy avec la carabine qu'on vient de lui acheter. Mais ce n'est pas un jouet. Mac G. lui enfonce le canon dans les côtes.

« C'est au-dessus, ton bureau ? »

George ne peut que secouer la tête affirmativement.

« Passe devant. Je te suis. »

À peine entré dans la pièce, Mac G. se remet à questionner :

« Il y a combien de personnes qui vont venir ? »

George Levin s'efforce de parler calmement.

« Cinq. La secrétaire, les deux camionneurs, l'ouvrier et le comptable.

— Eh bien, on va les attendre… »

Gordon a un regard vers le fond de la pièce.

« Dis donc, c'est toi le patron ? »

Levin fait « oui » de la tête…

« Alors, ouvre le coffre ! »

George Levin sent tout d'un coup un immense vide. C'est la fin. Car c'est incroyable mais c'est ainsi, il ne sait pas ouvrir le coffre, son propre coffre. Bien sûr, il connaît la combinaison, mais c'est un vieux modèle qui marche mal. Il n'y a qu'Ernie Collins, son comptable, qui ait le coup de main pour le faire fonctionner.

« Écoutez... Je vous demande de me croire. C'est la vérité... Je ne sais pas ouvrir le coffre. Il n'y a que le comptable qui puisse. Je vous jure que c'est vrai ! »

Pour toute réponse, Gordon Mac G. le met en joue.

« Non, non, ne tirez pas ! Ernie va venir. Il sera là dans quelques instants. Il va ouvrir le coffre, je vous jure qu'il va l'ouvrir. Et il y a beaucoup d'argent ! »

Mac G. le regarde longuement. Il n'y a aucune expression sur son visage poupin. Enfin, il laisse tomber :

« D'accord... »

George se retient de pousser un soupir. Il est sauvé, du moins pour l'instant. C'est à ce moment qu'il voit par la fenêtre Louis et Andrew, les deux camionneurs. Ils sont en train d'examiner les dégâts de la vitrine... Maintenant, ils lèvent la tête. Ils l'aperçoivent. L'espace d'un éclair, George essaie de faire passer dans son regard toute l'horreur de la situation, tandis que sa bouche esquisse un « non » muet. Mais ils ne comprennent pas. Ils lui font un signe de la main en lui lançant une phrase qu'il n'entend pas. L'instant d'après, ils sont dans le bureau.

« Dites voir, patron, on n'aurait pas reçu de la visite cette nuit ? »

La voix, derrière leur dos, est impersonnelle, froide.

« C'est exact. Ne bougez pas. Restez comme vous êtes. »

Puis c'est le tour de l'ouvrier réparateur, de Nancy, la secrétaire, enfin d'Ernie Collins, le comptable. Avant qu'il ait pu comprendre quoi que ce soit, le jeune homme se jette sur lui.

« Allez, Ernie, ouvre le coffre, vite ! »

C'est alors que le drame se produit. Le malheureux comptable, qui vient d'être plongé brusquement dans cette situation inimaginable, perd tous ses moyens. Il a beau s'escrimer, tourner les cadrans dans tous les sens, il n'arrive pas à ouvrir le coffre. Ses mains, dégoulinantes de sueur, glissent sur le métal. Il ne voit plus rien, il ne sait même plus ce qu'il fait.

Cette fois, Gordon Mac G. s'énerve :

« Si dans une minute tu n'as pas ouvert le coffre, je te descends. »

George Levin sent qu'il faut faire quelque chose tout de suite pour éviter la catastrophe. Il s'approche de son comptable et lui parle aussi calmement qu'il peut.

« Ne te presse pas, Ernie. Prends ton temps. C'est long, tu sais, une minute. »

Le comptable regarde son patron et fait « oui » de la tête. Il sort son mouchoir, s'essuie les mains aussi soigneusement que possible et, avec toute la concentration dont il est capable, il se remet au travail.

Au bout d'une trentaine de secondes, il y a un déclic presque imperceptible, mais que tous ont entendu, puis un second, puis un troisième et enfin le coffre s'ouvre.

Gordon donne des ordres précis :

« Toi, le patron, mets l'argent dans un sac et lance-le à mes pieds… Bien, maintenant, va chercher cette paire de ciseaux sur le bureau. »

George reste un moment avec sa paire de ciseaux dans les mains. Pour la première fois, Gordon Mac G. a un petit sourire.

« Maintenant, monsieur, coupez les fils du téléphone, s'il vous plaît. »

Visiblement, il est content de lui. Appeler Levin « monsieur » et lui dire « s'il vous plaît » pour lui donner un ordre, il a l'air de trouver cela très amusant. Il promène son regard de l'un à l'autre en attendant une réaction. Nancy, la secrétaire, essaye de lui adresser un petit sourire crispé, mais elle fond brusquement en larmes.

George Levin se racle la gorge.

« Euh… Maintenant que vous avez l'argent, vous n'avez plus besoin de nous. Ce n'est pas la peine de rester… »

Le jeune homme ne répond pas. Il annonce simplement d'un ton uniforme, comme si c'était maintenant qu'il fallait le dire, parce que cela va de soi :

« Allongez-vous face contre terre. » Mais tout aussitôt, il se ravise. « Tout compte fait, je préfère vous attacher. Toi, le patron, il y a bien de la corde dans cette baraque ?

— Oui, dans l'entrepôt au rez-de-chaussée.

— Alors va la chercher. Mais fais pas le malin. Sinon dans deux minutes, il y aura un beau tas de cadavres. »

Comme un somnambule, George quitte la pièce, descend l'escalier, repasse par le magasin, entre dans l'entrepôt. Et c'est au moment seulement où il saisit la corde qu'il se rend compte… Mais, c'est vrai ! Il n'est plus sous la menace de

Mac G., il est hors de sa portée. La porte est là. Il n'y a qu'à la pousser et à s'enfuir. Mais non, pas s'enfuir, chercher du secours... C'est cela : il va s'en aller chercher du secours. Mac G. a dit « deux minutes ». En deux minutes, il a bien le temps de trouver un agent et de revenir avec lui.

Seul, sa corde à la main, George Levin secoue la tête. Non, ce n'est pas vrai. Il sait bien qu'il n'aura jamais le temps, que Mac G. les aura tous descendus avant. Il ne pensait qu'à sauver sa peau, c'est tout... Alors, s'il doit fuir, il faut qu'il se l'avoue à lui-même, qu'il s'avoue qu'il est un lâche qui va laisser massacrer cinq personnes pour se sauver. George ne réfléchit plus. Il s'entend prononcer à haute voix : « Non, je ne peux pas, bien sûr. »

En remontant, alors que chaque marche qu'il franchit lui coûte un effort de volonté, il essaye de se donner des raisons d'espérer. Tout n'est peut-être pas perdu. Mac G. n'a jamais attaché ses victimes ; s'il le fait cette fois c'est sans doute qu'il a l'intention de les épargner. Et puis, cela va prendre du temps. Avec tous les policiers qui sont dans la ville, il y en a bien un qui va remarquer la vitrine brisée.

George a un frisson lorsqu'il se retrouve en face de l'assassin au visage de gamin. Entre-temps, il a fait s'allonger à terre tout le personnel.

« T'en as mis du temps ! Allez, grouille-toi, tu vas les attacher. Vous autres, restez comme vous êtes. »

La première est la secrétaire, Nancy. En accomplissant sa besogne George Levin se répète sans arrêt à lui-même : « Il y a encore un espoir, il y a encore un espoir... »

Gordon lance un ordre bref.

« Recule-toi. »

Il s'approche de la secrétaire.

« Dis donc, c'est ça que tu appelles un nœud ? Refais-le en vitesse et si tu recommences, je descends la fille ! »

La mort dans l'âme, George doit s'exécuter. Et il passe au second corps allongé. Dans sa tête, il y a toujours la même pensée, la seule qui lui permette de tenir le coup : « S'il veut nous attacher c'est parce qu'il n'a pas l'intention de nous tuer. »

George continue à s'affairer, agenouillé sur le plancher, coupant les bouts de corde et faisant les nœuds maladroitement. Personne ne dit un mot : le silence est total. En dessous de lui, il sent depuis quelque temps une sorte de vibration. Il met un moment avant de comprendre que ce sont les battements de cœur de ses cinq compagnons allongés.

La voix de Gordon Mac G. retentit, sarcastique, cette fois :

« N'aie pas peur de serrer, mon gars. De toute façon, ils n'auront pas mal aux poignets longtemps ! »

George Levin a senti une brusque contraction dans son estomac et il a vu les autres se raidir. Cette fois, c'est la fin. Mac G. a jeté le masque, il vient de dévoiler ses intentions : il va les tuer tous, un par un, comme des lapins…

Non, ce n'est pas possible ! Il faut faire quelque chose. N'importe quoi, mais quelque chose, sinon, de toute manière, il est fichu, ils sont tous fichus. Gordon est assis sur une chaise, la carabine sur les genoux. George a remarqué que lorsqu'il s'accroupit pour ligoter ses compagnons, le canon est pointé très légèrement au-dessus de sa tête.

Jusqu'à présent, il en a attaché trois. Or le quatrième, Andrew, un des camionneurs, est juste en face de Mac G., à deux mètres environ… Il va se baisser au-dessus d'Andrew, se détendre d'un seul bond en plongeant sous la carabine et là, il faudra agripper le canon et le relever vers le plafond…

George Levin se penche sur Andrew… Il prend un morceau de corde comme s'il allait l'attacher. Son cœur bat avec une telle violence qu'il se force à attendre quelques secondes… « Du calme, George, du calme. Ne pas regarder Mac G., ça lui donnerait l'éveil. S'il a changé sa carabine de position, tant pis ! Avoir l'air affairé pour qu'il ne se doute de rien… Voilà… Maintenant ! »

George a bondi. Mac G. a tiré, mais la balle est passée au-dessus. Maintenant George est sur lui. De la main gauche, il maintient la carabine relevée, tandis que de son poing droit, il le frappe de toutes ses forces à la mâchoire. Andrew et Ernie, le comptable, qui n'étaient pas encore attachés, se précipitent. C'est fini…

Cinq minutes plus tard, le commissaire Palmer est là, avec une nuée de policiers.

Tandis qu'on emmène Gordon Mac G., qui n'est pas encore revenu de sa surprise, George Levin déclare simplement au commissaire : « Je rentre chez moi. Je vais dire à ma femme qu'elle n'a plus besoin de son revolver. »

Frankenstein

Il est cinq heures de l'après-midi, ce 25 juin 1993. L'heure en elle-même n'aurait qu'une importance secondaire si nous n'étions en Angleterre. Car, cinq heures de l'après-midi outre-Manche, c'est l'heure du thé.

À la même minute, dans les foyers restés fidèles aux habitudes traditionnelles, les théières fumantes ont pris place à côté du pot de lait et des gâteaux secs. Et dans bien des entreprises encore, malgré la crise et tous les problèmes qui secouent le pays, les employés s'arrêtent quelques instants pour sacrifier au rituel quotidien.

Les Laboratoires pharmaceutiques Hamilton à Bovingdon ont conservé cette habitude. Stanley F., le magasinier, préposé depuis longtemps à cette quotidienne mission, fait le tour des bureaux avec son plateau. Il est accueilli comme chaque jour avec cordialité.

« Hello Stanley, belle journée, n'est-ce pas ?

— Un nuage de lait, comme d'habitude... »

Ce sont des paroles courtoises et banales comme en échangent des milliers de Britanniques au même instant. Pourtant, ce jour-là, aux Laboratoires Hamilton, l'heure du thé sera loin d'être banale, elle va même être très particulière.

Stanley F., après avoir fait le tour des laboratoires, se dirige avec son plateau vers les bureaux de la direction. Dans les couloirs, il croise quelques employés qui lui adressent un sourire de convention. Il a l'habitude. Depuis quinze ans qu'il est dans la maison, personne n'a vraiment fait attention à lui. Qui, d'ailleurs, ferait attention à ce magasinier de trente-cinq ans, chétif, aux allures effacées, aux cheveux bruns soigneusement peignés avec une raie au milieu ?

Un garçon de café : c'est l'image qu'il doit donner à tous ces gens pour qui il n'est, dans le fond, pas autre chose.

Et pourtant, s'ils savaient ! S'ils cherchaient à connaître la réalité derrière les apparences. S'ils lui posaient des questions, mais des vraies questions, pas sur la pluie et le beau temps ou le dernier match de foot, alors Stanley tâcherait de leur faire comprendre, de leur expliquer qu'il est bien autre chose qu'un simple magasinier.

Il leur parlerait, par exemple, de son admiration pour Hitler, le plus grand homme qui ait existé. Ou alors, il leur raconterait son enfance et cette manie qu'il a depuis qu'il est tout petit : sa passion pour les médicaments. Il en emportait dans ses poches, à l'école. En cachette, chez lui, il ouvrait les flacons et il les respirait. Il adorait l'éther surtout. Dès son plus jeune âge, il avait décidé de travailler dans la pharmacie ou pas du tout. Voilà qui est quand même peu banal ! C'est quelque chose qui le distingue des autres magasiniers.

Mais personne n'a jamais eu la curiosité d'interroger Stanley F. sur Hitler ou sur son enfance. Et puisqu'il en est ainsi, il va leur montrer lui-même qui il est. Ce ne sera pas difficile. Il n'aura rien d'autre à faire que ce qu'il fait chaque jour : servir le thé…

Stanley F. frappe trois coups discrets à la porte vitrée du bureau de William Ross, l'assistant du patron, et entre.

À son arrivée, William Ross ne lève pas la tête de ses dossiers. Il lui marmonne, tout en continuant à griffonner ses notes :

« Bonjour Stanley, laissez ma tasse sur le bureau, je vous prie. »

William Ross, un grand gaillard blond, est plus jeune que Stanley, il doit avoir juste la trentaine. Mais il a fait une belle carrière. Rentré comme simple laborantin, il vient d'être nommé, après un peu plus de cinq ans, à la direction.

Stanley F. pose le thé :

« Deux sucres comme d'habitude, monsieur Ross ? »

L'autre émet un grognement, toujours sans lever la tête. Il ne voit pas le regard du magasinier qui est braqué sur lui, ni sa grimace amère… « Stanley » : tout le monde l'appelle par son prénom. Pourtant, il a un nom de famille comme les autres. Lui, il est bien obligé de dire : monsieur Untel, madame ou mademoiselle Unetelle, et on lui répond : « Posez ça là, Stanley… Belle journée, Stanley. »

William Ross porte la tasse à ses lèvres sans lever les yeux. Stanley F. attend exactement trente secondes. Et soudain, William Ross, le grand blond, lève enfin la tête. Son visage est congestionné, presque violet et défiguré par l'angoisse.

« Stanley, un médecin, vite ! »

F. se précipite :

« Tout de suite, monsieur Ross. »

Avant de repartir avec son plateau, et pendant que l'autre se tord de douleur par terre, il prend quand même le temps de changer la tasse de thé.

Le 1er juillet 1993, personne ne travaille aux Laboratoires Hamilton. Le directeur a donné congé à tout son personnel afin qu'il puisse assister aux obsèques de son adjoint William Ross, mort six jours plus tôt à l'hôpital. Les médecins ont diagnostiqué une polynévrite aussi brutale qu'inexplicable.

Stanley F. se tient dans l'assistance avec une mine de circonstance dans son costume noir. Il n'a d'ailleurs pas eu besoin de s'habiller spécialement : il est toujours en noir. À la sortie de la cérémonie, un de ses collègues lui dit, en lui touchant le bras :

« Ce pauvre Ross, ce n'est vraiment pas de chance. Dire qu'il avait un si brillant avenir ! »

Stanley F. met un moment avant de répondre d'un ton pénétré :

« Ce n'étaient que des apparences, voyez-vous. Le destin frappe qui il veut, quand il veut. »

Mais l'autre s'éloigne déjà. Lui non plus n'a pas envie de parler vraiment avec le magasinier. Il doit penser en ce moment : « Stanley fait de la philosophie de garçon de café… »

Le travail a repris aux Laboratoires Hamilton. Stanley F. continue à servir le thé dans une indifférence courtoise. Il fait partie des meubles. Pas un des membres du personnel ne se soucie de ce qu'il peut bien penser en accomplissant sa besogne quotidienne, ce qui est une erreur, surtout pour l'un d'entre eux.

Depuis quinze jours, les pensées de Stanley F. tournent autour de Doris Spring, jeune et jolie laborantine à qui la plupart des employés masculins font plus ou moins la cour. Or, Doris va se marier. Elle a annoncé la nouvelle à ses collègues et elle a même organisé une petite fête à laquelle elle a convié tout le laboratoire, à quelques exceptions près, dont... Stanley...

Le 16 septembre 1993 à dix-sept heures précises, Stanley F. commence sa tournée.

Il ne sait pas pourquoi le mépris des femmes lui a toujours paru plus insupportable encore que celui des hommes. Peut-être parce qu'en plus de lui rappeler son insignifiance sociale, il lui remet aussi en mémoire sa laideur. Et c'est vrai qu'il est laid, avec son long nez qui lui coupe le visage en deux, son front étroit et ses cheveux qui retombent tout raides de chaque côté de la raie...

Stanley F. s'adresse poliment à Doris Spring, qui est en train de manipuler ses éprouvettes.

« Votre thé, mademoiselle Spring. »

Doris lève la tête. Elle abandonne à regret son travail qui avait l'air de l'absorber. Elle consulte sa montre.

« Déjà cinq heures ! »

Et elle fait un signe pour indiquer une place libre au milieu des éprouvettes et du matériel compliqué qui encombrent sa table. Stanley F. dépose la tasse avec un sourire poli.

La jeune femme se recoiffe rapidement. Stanley l'observe avec attention. Elle se recoiffe toujours avant de prendre son thé. Elle est coquette, Doris. Même dans sa blouse blanche de laborantine, elle est jolie et elle le sait. Et lui, il sait qu'il n'est pas beau, qu'il n'a jamais plu, qu'il ne plaira jamais aux femmes.

En s'apercevant que Stanley reste près d'elle à la regarder, Doris se met à lui sourire machinalement. Et puis elle cesse, sans doute parce qu'elle vient de se rendre compte que ce n'était que Stanley.

Doris porte la tasse à ses lèvres en un geste gracieux. Et quelques secondes plus tard, c'est la réplique de la scène qui s'était passée le 25 juin précédent avec William Ross.

Stanley F. reste un moment avant de répondre aux appels désespérés de Doris. Il regarde la bouche attirante qui se tord dans une affreuse grimace, les grands yeux si soigneusement maquillés qui reflètent la terreur. La jolie Doris Spring tombe par terre. Elle se roule aux pieds du magasinier qu'elle a oublié d'inviter à sa fête. D'ailleurs, elle avait eu tort de vouloir fêter son prochain mariage. C'était prématuré. Elle ne se mariera jamais.

Cette fois, les médecins refusent de se prononcer sur les causes du décès. Ces deux morts si rapprochées et si mystérieuses ne sont pas claires. Une enquête est décidée.

Pourtant, contrairement à ce qu'on pourrait croire, ce n'est pas une enquête policière. Les autorités négligent tout d'abord l'hypothèse d'un meurtre. C'est que, dans les Laboratoires pharmaceutiques Hamilton, spécialisés dans les antibiotiques, le personnel manipule quotidiennement toutes sortes de substances chimiques dangereuses et même des cultures de microbes extrêmement concentrées.

Ce ne sont donc pas des policiers mais des savants qui débarquent aux Laboratoires Hamilton. Pendant des jours et des jours, ils font des analyses, des contrôles. Avec leurs éprouvettes, leurs cornues, leurs microscopes, ils cherchent ce que la presse anglaise a baptisé dans ses colonnes « le virus de Bovingdon ».

Et, au bout de trois semaines, les savants rendent leurs conclusions. Elles sont claires et sans appel : les conditions de sécurité sont parfaitement observées dans les Laboratoires Hamilton et d'ailleurs aucune des substances chimiques ou des cultures bactériologiques s'y trouvant n'aurait pu occasionner les symptômes observés dans les deux cas.

C'est donc la police qui prend le relais. L'autopsie des victimes n'a donné aucun résultat. Si elles ont été empoisonnées, c'est avec un produit peu connu, qui a dû disparaître sans laisser de traces. Mais les policiers, eux, ne se posent pas de questions scientifiques. Qu'importe si on ne voit pas clairement comment et pourquoi les victimes ont été empoisonnées, le seul problème est : qui a pu le faire ?

Il ne faut pas longtemps aux enquêteurs pour avoir confirmation que les deux drames ont eu lieu juste au même moment : à dix-sept heures, l'heure du thé...

Stanley F, qui est immédiatement interrogé, est évasif :

« Je ne me souviens plus... J'ai été tellement troublé. Dans le cas de M. Ross, je crois que c'était avant qu'il ne prenne son thé. Pour Mlle Spring, il me semble bien que c'était un peu après l'avoir bu. »

Les policiers le considèrent avec attention. Pour eux, Stanley F. n'est ni insignifiant ni quelconque. Au contraire, il est très intéressant ! Ce regard fuyant et inquiétant par moment, cette attitude effacée, presque obséquieuse, qui dissimule mal l'aigreur. Et puis, cette vie solitaire, renfermée, secrète...

« Nous aurons quelques questions à vous poser par la suite. D'ici là, nous vous demanderons de ne pas quitter Bovingdon... »

Le lendemain matin, les policiers se présentent avec un mandat de perquisition au petit studio qu'habite Stanley F. dans le quartier le plus misérable de Bovingdon. Mais pour entrer, ils doivent avoir recours aux services d'un serrurier. Car le magasinier n'a pas suivi leurs consignes. Il est en fuite.

Le serrurier s'escrime devant la porte, fermée par plusieurs verrous de modèles compliqués. Enfin, au bout de trois quarts d'heure d'efforts, il en vient à bout. Et là, les policiers restent un long moment bouche bée. Non, décidément, Stanley F., l'obscur magasinier, n'était pas quelqu'un comme les autres !

C'est une photo sur le mur qui attire tout d'abord le regard. Une affiche de cinéma d'un classique des années trente : FRANKENSTEIN. Mais on se rend compte tout de suite que ce n'est pas par goût du septième art que Stanley F. a placardé cette affiche. C'est pour une raison bien différente, à cause d'une passion d'une tout autre nature.

La petite pièce est dans un désordre indescriptible. Le sol est jonché de livres. Les policiers en ramassent quelques-uns au hasard : ils traitent tous du même sujet, les poisons.

Le centre du studio est occupé par une longue table encombrée de tout un matériel de chimie presque aussi compliqué que celui des Laboratoires Hamilton. Sur des rayonnages derrière, des rangées de fioles presque toutes étiquetées d'une tête de mort.

Un faible miaulement attire l'attention des policiers. Stanley F. a donc un chat ? Les hommes se baissent pour voir l'animal. Et ils découvrent alors que ce n'est pas un chat, mais trois, qui sont là, enfermés dans trois cages différentes, à côté d'une dizaine d'autres cages empilées les unes sur les autres, qui contiennent, elles, des souris.

Le destin qui attendait ces animaux est consigné dans les cahiers d'expérimentation qui jonchent la longue table. Depuis des années, Stanley F. a sacrifié des centaines de souris, des dizaines de chats, et il a noté avec une précision minutieuse leurs symptômes, leurs réactions et le temps qu'ils ont mis à mourir selon le poison qu'il leur a administré.

Mais il y a bien d'autres choses dans les écrits de Stanley F., que les policiers découvrent avec stupeur.

Dans un carnet recouvert de plastique noir, ils lisent la description rigoureuse, froide, scientifique des deux meurtres. Stanley F. a retranscrit de mémoire le comportement de William Ross et de Doris Spring, ses victimes, avec les mêmes mots qu'il employait pour ses souris ou pour ses chats.

Mais le plus étonnant, c'est un gros manuscrit qui traîne dans la bibliothèque. Car Stanley F. était en train d'écrire une œuvre littéraire, et quelle œuvre !

Le titre s'étale en lettres majuscules sur la première page : « Le Nouveau Frankenstein. » Quant à l'histoire, rédigée dans un style maladroit, elle est révélatrice. C'est celle d'un homme qui, se voyant écrasé, condamné par la société, a décidé de se suicider. Mais pour cela, il veut découvrir le poison le plus efficace et l'expérimenter d'abord sur les animaux puis sur les êtres humains…

Voilà quel était le secret du porteur de thé des Laboratoires Hamilton. Peut-être, après tout, si quelqu'un lui avait parlé, parlé vraiment, aurait-il renoncé à son idée de suicide et du même coup à tout le reste.

Pour l'instant, on n'en sait pas plus, car « Frankenstein » est toujours en fuite et on n'a pas réussi à mettre la main sur lui. L'obscur magasinier se révèle malheureusement un criminel particulièrement doué. Selon des indiscrétions, la police serait sur une piste, mais elle s'est refusée à tout commentaire. Elle n'a pas été plus loquace sur la formule du poison utilisé, un poison aussi foudroyant que difficile à détecter. Il n'était pas question que Stanley F. fasse des émules.

On en est là aujourd'hui... Un dernier détail cependant : aux Laboratoires Hamilton, on ne sert plus le thé à cinq heures. Décidément, en Angleterre, les traditions se perdent chaque jour davantage !

Le camping-car

Pour Michael et Robert Brookes, le temps des vacances est arrivé. Michael et Robert Brookes, respectivement vingt-trois et vingt et un ans, sont étudiants à l'université de Winnipeg, dans l'État du Manitoba, au centre du Canada. Ce sont deux garçons à l'allure saine et sympathique, leur père est médecin, leur mère secrétaire dans un laboratoire, et ils se destinent tous deux à être ingénieurs. Ils réussissent d'ailleurs fort bien dans leurs études, ce qui ne les empêche pas, comme beaucoup de jeunes Anglo-Saxons, de pratiquer assidûment plusieurs sports. Bref, ils ont toutes les qualités qu'on peut espérer à leur âge et les meilleurs atouts pour réussir dans la vie…

Pour l'instant, ce 22 juin 1993, le principal souci de Michael et Robert Brookes est d'ordre matériel. Leur père leur a donné 2 000 dollars pour les vacances en leur disant : « Débrouillez-vous. » Michael et Robert aimeraient bien faire du camping dans l'île de Vancouver, mais c'est loin. Entre l'achat d'un camping-car, l'essence, la nourriture et les quelques accessoires indispensables, la somme sera largement dépassée.

Alors, il ne reste plus que la débrouille. Voilà pourquoi ils se trouvent en ce moment chez un casseur de voitures avec l'espoir d'y trouver un véhicule dans leurs prix. Le casseur, un moustachu bedonnant, les trouve visiblement sympathiques et aimerait bien faire quelque chose pour eux.

« Je n'ai malheureusement pas de camping-car en ce moment, les gamins. Mais peut-être que j'en recevrai dans quelques jours.

— Attendre, ce n'est pas possible. On ne peut pas perdre une partie de nos vacances… »

C'est alors que Michael, l'aîné, aperçoit un véhicule et le désigne à son frère :

« Qu'est-ce que tu en penses, Robert ?

— Tu es fou ?

— Non. Avec un peu de peinture, ce sera parfait. C'est exactement ce qu'il nous faut ! »

Le patron s'approche d'eux avec un sourire jovial.

« Ça, c'est une idée ! Je n'y aurais pas pensé... Tenez, si cela vous intéresse vraiment, je vous le fais à 1 000 dollars.

— 1 000 dollars, c'est d'accord !

— Vous serez contents. La carrosserie est moche, mais le moteur est bon. Vous allez passer de sacrées bonnes vacances, les gamins ! »

Francis M. vient de quitter les faubourgs de Vancouver. Il marche sans se presser... En quatorze ans de prison, quatorze ans à ne rien faire, on oublie ce que c'est que d'être pressé. Et comme il est sorti le matin même, il n'a pas encore repris l'habitude...

C'est drôle comme les gens peuvent changer en quatorze ans : les robes des femmes, les modèles des voitures. À part cela, tout le monde a l'air plutôt bien dans sa peau. Personne n'a l'air de faire attention à lui. Tout comme personne n'avait fait attention à lui, quand il était en prison.

Francis M. se sent soudain pris d'une haine invincible contre l'humanité entière. Son visage de quarante ans aux joues bleuies et aux traits durs se contracte, tandis que ses yeux se mettent à briller... Il accélère l'allure. Il se dirige vers le port où il prendra le bateau à destination de l'île de Vancouver. Pour y faire quoi ? Il ne le sait pas. Francis M. aimerait bien que ce sentiment de haine le laisse en repos. Mais pour l'instant, la haine reste la plus forte.

Depuis qu'il est sorti de prison, il n'arrive pas à chasser ses souvenirs. Ils reviennent imperturbablement. Ce sont toujours les mêmes.

Il y a eu d'abord le directeur l'appelant dans son bureau, le jour de sa libération. Il est venu vers lui et lui a tendu une main qu'il s'est refusé à serrer.

« J'ai tenu à vous voir avant votre départ, mon cher M... »

Cela devait bien être la première fois qu'il disait « mon cher » à un détenu ! Après être resté quelques instants tout bête avec sa main tendue, le directeur a fini par la remettre dans sa poche.

« J'espère que ce n'est pas à moi que vous tiendrez rigeur. Je n'ai fait que me conformer au règlement. Je garde les condamnés. Ce n'est pas moi qui les juge. »

Et puis, il y a eu l'avocat, bien plus gêné encore, lui.

« Quatorze ans, cela va leur coûter très cher, Francis ! Nous allons attaquer l'administration et l'État de Colombia. Avec les dommages et intérêts, vous allez être un homme riche ! »

Il aurait pu ajouter : « Et ce sera grâce à moi. » Car, ces quatorze ans, c'était en grande partie à lui qu'il les devait. Dès le départ, il ne l'avait pas cru. Il l'avait défendu sans conviction, du bout des lèvres.

« Mais je suis innocent, maître. Je n'ai pas tué ma femme !

— Bien sûr. Nous ferons ce que vous voudrez. Mais, si vous voulez croire mon expérience, en plaidant coupable... »

Pourtant, le plus drôle ou le pire – ce qui revient au même –, c'était la tête du lieutenant quand il est entré dans sa cellule. C'était lui qui avait mené l'enquête quatorze ans plus tôt pour le meurtre de sa femme. Il l'avait fait avec acharnement, l'accusant tout de suite, faisant tout pour obtenir des aveux qu'il n'avait pas eus, haussant les épaules devant ses protestations désespérées d'innocence...

« Il vient de se produire quelque chose... Votre femme... Enfin, nous avons arrêté le véritable assassin... C'était un rôdeur. Il a avoué. Nous avons retrouvé chez lui ce qu'il avait volé. »

À ce moment précis, le monde a explosé ! Les murs de sa cellule se sont mis à tourner comme une toupie, tandis que, devant lui, le lieutenant se décomposait à vue d'œil.

« Je sors de chez le juge. J'ai obtenu une mesure de libération d'urgence. Vous êtes libre... »

Qu'est-ce que cela voulait dire : libre ? Cela avait une signification quelconque, « libre » ? Le teint du lieutenant était terreux. Il s'est appuyé contre le mur.

« Je... vous demande de me pardonner. J'ai présenté ma démission à mes supérieurs. »

6 juillet 1993, une heure de l'après-midi. Michael et Robert Brookes sont sur le bac qui les conduit vers l'île de Vancouver. Leur véhicule, comme d'habitude, ne passe pas inaperçu. Un chauffeur routier, garé à côté d'eux, engage la conversation.

« Qu'est-ce que c'est votre engin, les gars ? On dirait un panier à salade...

— Mais *c'est* un panier à salade. On l'a trouvé chez un casseur. On l'a repeint et on l'a transformé en camping-car.

— Ça, c'est une drôle de bonne idée ! Je peux voir à l'intérieur ?

— Oui, bien sûr. Regardez : on a même gardé les banquettes de bois pour en faire des couchettes. »

Le camionneur contemple l'ensemble avec un sifflement admiratif.

« C'est un rien chouette ! Avec ça, les gars, vous devez avoir un certain succès !

— Ça, oui ! On ne passe pas inaperçus. »

6 juillet 1993, neuf heures du soir. Francis M., couché sous sa tente, dans une clairière de la forêt de l'île de Vancouver, cherche en vain le sommeil.

S'il est venu ici, dans cette île où il ne connaît personne, tout de suite après sa sortie de prison, c'est pour oublier. Après, il retournera à Vancouver, dans la civilisation, et il se fera payer le plus cher possible pour ses quatorze ans de cauchemar et d'injustice. Mais avant, il doit faire le vide, le calme dans son esprit. Et c'est cela qu'il n'arrive pas à faire. Il se sent bouillir et il est pris de temps en temps d'une rage qu'il ne peut réprimer...

Un souvenir surtout lui est intolérable : c'est le premier. Le lieutenant, après lui avoir posé quelques questions à propos de sa femme, l'emmène au poste de police. Le panier à salade est devant la maison, qui l'attend. Il monte. Les portes grillagées se referment sur lui et la sirène retentit. Il est parti pour un cauchemar de quatorze ans. Et ce grillage, cette sirène, il ne pourra jamais les oublier !

Francis M. sursaute. Un bruit de moteur vient de retentir. Ce n'est pas possible ! On ne va tout de même pas venir l'embêter jusqu'ici... Le moteur s'arrête. Le véhicule s'est immobilisé tout à côté de sa tente. Comme un fou, Francis bondit dehors. Il se trouve nez à nez avec l'arrière grillagé du camping-car de Michael et Robert Brookes.

7 juillet 1993. Le lieutenant Parker, de la police montée canadienne, arrive dans la clairière en compagnie de ses hommes. Il est aux environs de midi. Ils ont été alertés une heure plus tôt par un bûcheron qui passait sur les lieux.

Le panier à salade transformé en camping-car est seul au milieu de la clairière. Les portes grillagées peintes en blanc sont ouvertes. Le lieutenant Parker se penche à l'intérieur et découvre le spectacle. Le bûcheron ne l'avait pas trompé : il est horrible. Michael et Robert Brookes ont été assassinés avec une sauvagerie inouïe. Ils sont couverts de coups, donnés avec une arme tranchante. Ils se sont défendus avec acharnement. L'un d'eux a même eu une main coupée.

À première vue, leurs agresseurs devaient être plusieurs, car il le fallait pour avoir le dessus sur des gaillards de ce genre. À moins qu'il ne s'agisse d'un fou, la folie donnant parfois des forces incroyables...

Un homme seul : c'est ce qui semble ressortir des premières constatations. Les policiers ne tardent pas à découvrir des indices à proximité. Le sol est tassé, il y a des trous dans la terre, visiblement faits par des piquets, et la manière dont ils sont rapprochés indique une tente de taille réduite, une tente individuelle.

D'autre part, on découvre dans le panier à salade transformé en camping-car 1 000 dollars soigneusement rangés dans un sac. Le vol n'est donc pas le mobile de l'agression. Tout porte à croire qu'il s'agit d'une altercation qui a mal tourné et sans doute de l'acte d'un dément... De toute manière, le plus urgent est de retourner au bac, où ordre a été donné de retenir tout individu suspect.

Quand il a voulu prendre le bac Francis M. a été immédiatement arrêté. Son air d'égarement, son regard hébété l'ont fait immédiatement remarquer par les policiers chargés du contrôle, qui l'ont retenu sur place, et lorsque le lieutenant Parker arrive à son tour sur les lieux, il a la certitude qu'il s'agit de son homme.

« Les deux jeunes, c'est vous ? »

Francis M. secoue la tête comme un balancier d'horloge.

« C'était trop... Je n'ai pas pu. Quand je les ai vus hier soir, je n'ai pas pu. Je suis rentré dans ma tente. J'ai pris la hachette qui me servait pour couper du bois... Le reste, je ne me souviens plus.

— Pourquoi avez-vous fait cela ? »

En posant cette question, le policier s'attend à une réponse incohérente, car l'individu n'est visiblement pas dans un état normal, mais la réponse n'est nullement incohérente. Elle révèle l'incroyable, l'épouvantable concours de circonstances qui est à l'origine de ce drame :

« À cause de leur car, de leur panier à salade. J'ai cru qu'on venait pour me reprendre, que tout allait recommencer. »

Et, par bribes, Francis M. raconte sa terrible histoire : l'assassinat de sa femme, son arrestation, sa condamnation et les souvenirs affreux qui le hantaient, dont le plus terrible est celui du car de police l'emmenant, sirène hurlante.

Ramené à Vancouver, Francis M. a été examiné aussitôt par un psychiatre, qui, sans se prononcer définitivement sur son irresponsabilité, a demandé qu'il soit hospitalisé pour subir des examens complémentaires.

Lorsqu'il a quitté les locaux de la police de Vancouver, Francis M. est monté non dans un panier à salade, mais dans une ambulance. Sans être un grand expert, on ne peut que s'en féliciter. Dans le cas contraire, on peut être certain que ce qui lui restait de raison n'y aurait pas résisté.

Bon début dans la vie

Raymond ne sait plus où il en est… Marilyn, sa petite Marilyn, est en prison. À dix-neuf ans… Il n'avait jamais pensé que les choses puissent tourner comme ça… S'il avait su, il n'aurait pas porté plainte. Mais il a porté plainte, contre sa propre enfant, et par l'implacable logique de la justice, Marilyn, son petit ange, se retrouve derrière les barreaux. Quelque part la tendresse aveugle de Raymond, au lieu de préparer un ange à affronter les épreuves de la vie, cette tendresse a fabriqué un monstre complètement dénué de sens moral, une machine à tuer sous l'apparence d'une jolie fille.

Raymond est chauffeur de poids lourd et son travail, dans la période bénie des années soixante-dix, l'emmène souvent bien au-delà des frontières. Belle occasion pour faire découvrir le monde à la petite Marilyn. Au moment des vacances scolaires, Raymond propose donc à sa gamine de l'accompagner sur les routes d'Europe. Et Josette, la mère de famille, le cœur un peu serré, les voit s'éloigner tous les deux pour de longs voyages. Mais, au bout du compte, ils finissent toujours par rentrer à la maison, les yeux pleins d'images pittoresques, la mémoire pleine d'anecdotes, de charmantes aventures, de fous rires. De bons moments que la famille revit en rangeant les photos dans les albums. Une famille heureuse.

Marilyn grandit : ses résultats scolaires sont bons. Elle est décidément jolie et soigne sa forme physique en s'adonnant avec passion aux joies de la natation. Elle est même très bonne dans cette discipline : ses professeurs l'encouragent et chaque dimanche elle aligne des longueurs de bassin. Ses parents, pour la suivre de plus près encore dans ses progrès, ont appris à chronométrer les performances de la petite. Après la natation, les promenades, les balades à vélo. Quand on les voit passer, pas de doute, Marilyn attire tous les regards – jolie, sportive, réservée. Bah, le temps des garçons viendra plus tard. Pour l'instant Marilyn est parvenue en sélection nationale. Peut-être une future championne, peut-être la gloire des premières pages des journaux, les jeux Olympiques…

La notoriété dans les journaux, Marilyn va y parvenir, mais par un tout autre moyen : un jour cette enfant plus que sage croise le regard de Francis, un joli blond de vingt-deux ans. Il faut dire que Francis, dont on ne sait pas vraiment d'où il sort, fait tout pour qu'on le remarque et surtout pour que les filles prennent conscience de son existence : au volant d'une « tire » bricolée, hors d'âge, tonitruante, il parcourt le plus vite possible les rues de la cité, en faisant hurler la radio qui orne son tableau de bord. Marilyn découvre soudain qu'il existe des garçons dont l'existence ne se déroule pas entre papa, maman, la piscine et les cours de secrétariat du lycée. Elle ignore qu'il est bagarreur, qu'on ne connaît que lui au commissariat de police, qu'il vit de petits boulots plus ou moins louches. Marilyn fait la connaissance de Francis. Il l'intéresse… pour son plus grand malheur.

Francis, de son côté, est vivement intéressé par cette jolie blonde, vedette de son collège, qui ressemble un peu à Nathalie Baye. Quel joli morceau pour son tableau de chasse !… Marilyn, sortie du cocon familial, est fascinée par les propos révoltés de Francis : il en veut à la société qui lui reprend tout l'argent qu'il gagne. Il veut « recommencer à zéro » (alors qu'il n'a pas encore commencé !). Il aimerait partir en Australie, il voudrait se payer une Porsche, seule voiture vraiment digne de ses compétences. Il voudrait la télé-couleur, un magnétoscope, une chaîne hi-fi… Marilyn frémit d'aise devant ce garçon qui a tant besoin qu'on l'aime…

À partir de ce moment Raymond et Josette, sans comprendre pourquoi, perdent le contact avec leur fille : son joli regard si clair fuit le leur. Pis encore, elle s'absente de ses cours, rate les rendez-vous pris pour améliorer ses scores en natation. De toute évidence elle mène une double vie. Ils ne tardent pas à apprendre qui est la cause de ces changements. Ils ignorent encore que, le soir, à la nuit tombée, Marilyn se glisse par le balcon de sa chambre pour aller rejoindre Francis. Oh, pas pour des orgies, pas même pour aller tâter des paradis artificiels... Pour vivre autre chose dans un univers moins aseptisé que celui que lui offrent ses parents et son monde scolaire et sportif... Pour rêver, changer d'échelle de valeurs, pour être amoureuse.

Francis pourtant, un beau soir, sonne chez les parents de sa bien-aimée : il demande officiellement l'autorisation de sortir avec leur fille. Raymond, révulsé devant tant d'impudence, refuse à demi : jamais en semaine. Peut-être est-ce là leur erreur... qui pourrait bien leur être fatale.

Marilyn et Francis se rencontrent désormais chez Jean-Michel, un garçon qui, lui aussi, a des problèmes. Mais, malgré sa timidité et son air effacé, malgré sa situation de chômeur, Jean-Michel, éperdu d'admiration pour Francis, possède un bien appréciable pour les jeunes amoureux : un appartement où ils peuvent se retrouver loin du monde des adultes. Marilyn ne voit d'ailleurs plus beaucoup ses « vieux ». Uniquement pour réclamer de l'argent de poche... que Raymond et Josette, scandalisés par les événements mais prêts à tout pour récupérer leur fille, donnent en poussant des soupirs.

Cependant Marilyn, de plus en plus amoureuse, lors d'une demande d'argent de poche, réussit à subtiliser la carte bleue de ses parents. Bientôt Francis peut regarder la télé-couleur et même écouter ses disques de rock sur sa chaîne tant désirée.

Francis sonne à nouveau chez Raymond et Josette : l'accueil est plus que froid. Il doit fuir sous les insultes : décidément ces parents ne sont pas fréquentables. De vrais empêcheurs de vivre... Dans un langage courant mais inhabituel pour elle, Marilyn déclare tout net à ses deux amis : « Mes parents me font ch... » On dirait le langage de l'Agrippine de Brétecher. Ils la fonch... Le mieux serait qu'ils disparaissent. Après tout ils ont fait leur pelote. Fille unique, Marilyn hériterait d'un joli capital : cinq cent mille francs au bas mot. Pas mal : de quoi s'offrir la Porsche (d'occasion bien sûr), l'Australie... la grande vie.

Oui, mais voilà : comment s'en débarrasser ?

Jean-Michel, le chômeur à l'air fragile, propose le classique du genre : une carabine 22 long rifle. Il propose même de se charger du « boulot », moyennant la moitié de l'héritage à venir. OK, dit Marilyn, et désormais les promenades du trio sont consacrées à visiter les marchands d'armes. Déception : il faut compter au moins deux mille francs pour l'achat de l'engin. Sans compter les cartouches. Il faut trouver autre chose.

Une arbalète : le tueur à gages fragile « sent moins » la chose. Réfléchissons encore... De saines lectures leur donnent la solution : faire sauter les parents dans leur sommeil grâce à une bonbonne de gaz... Le trio infernal n'a pas trop de mal à découvrir sur un chantier et à voler la bonbonne bien pleine indispensable à l'opération. Marilyn ouvre la fenêtre de sa chambre, un soir au clair de lune, et les deux garçons l'aident à introduire l'engin dans l'appartement, le plus près possible de la cloison derrière laquelle Raymond et Josette, inconscients du danger, dorment, ou du moins essaient en pensant au mauvais coton que file leur fille.

La suite du plan est simple. Une fois la bonbonne ouverte, le gaz s'échappe et se mêle au gaz de ville car Marilyn a pris soin d'ouvrir les robinets de la cuisinière à gaz de l'appartement. Puis elle s'éloigne prudemment du lieu du futur crime. Tout le monde sait que, une fois l'atmosphère chargée de gaz, la moindre étincelle provoquera une formidable explosion, expédiant *ad patres* le gentil camionneur et son épouse.

Francis, Marilyn et Jean-Michel passent, peu après, un coup de fil aux parents. Nul doute que cet appel ne suffise pour déclencher l'explosion. Mais, au bout du fil, la voix endormie de Raymond répond. Preuve que le stratagème a échoué.

Raymond ne comprend tout d'abord pas quel est cet appel anonyme qui le réveille en plein sommeil. Mais, à demi conscient, il sent l'odeur du gaz qui se répand dans l'appartement. Debout, il est horrifié en voyant le mécanisme infernal destiné à les tuer. Une fois les fenêtres ouvertes, l'atmosphère purifiée, le gentil camionneur n'a pas de mal à deviner qui sont les auteurs de cette tentative assassine. Révolté, révulsé, il se précipite pour porter plainte.

Pendant ce temps-là, déçu, le trio réfléchit et, sans plus tarder, dès le lendemain matin, part dans la ville voisine pour essayer de trouver une 22 long rifle un peu plus abordable. À leur retour, bredouilles, de la ville voisine, on arrête les monstres, car il n'y a pas d'autre mot pour qualifier le trio.

Jean-Michel, le propre à rien, est tout fier de lui quand les policiers lui confirment qu'il est un « vrai tueur à gages ». En effet, quand on lui fait remarquer qu'ils auraient pu non seulement tuer les parents de Marilyn mais encore les cinquante autres habitants de l'immeuble, il rétorque : « Trois morts ou cinquante, c'est la même chose… » À force de voir à la télé meurtres en série et catastrophes mondiales, la sensibilité s'émousse, même chez les meilleurs. Alors que dire des pires…

La problématique de l'aveu

Une jeune fille de dix-huit ans ne s'est pas réveillée ce matin-là. Une jeune fille qui venait de passer l'examen d'une grande école, une jeune fille tranquille, qui vivait dans un pavillon de banlieue tranquille, qui allait partir en vacances au soleil d'Espagne, un 15 août 1988. Une jeune fille au joli sourire, au regard doux, à l'avenir assuré par un travail assidu, la réussite aux examens. Une jeune fille qui faisait la joie de ses parents.

Ce matin-là, elle ne répond pas au téléphone. Au bout du troisième appel, sa mère s'inquiète et son père décide d'aller voir ce qui se passe dans le pavillon qu'elle habite.

Plus jamais il n'oubliera le choc de la découverte du corps de sa fille, dans cette salle de bains : neuf coups de couteau, le sang, l'horreur totale. La vie bascule pour toujours, le choc est ineffaçable. Désormais, ouvrir une porte de n'importe quelle salle de bains deviendra un cauchemar. La vision ne le quittera plus. La petite sœur de quatre ans, traumatisée à vie, a peur de tout, de sortir seule dans la rue, d'un regard qui s'attarde sur elle ; une mèche de cheveux blancs marque la terreur de l'enfant devant la mort de Martine, la grande, la douce sœur aînée, celle qui venait à peine d'entrer dans la vie adulte, après une enfance et une adolescence exemplaires.

On suppose qu'il s'agit de cambrioleurs dérangés dans leurs activités, on les recherche, et l'on n'écoute pas suffisamment la mère de la victime qui dit immédiatement à la police : « Un jeune homme a travaillé dans la maison d'en face pendant quinze jours, il observait sans cesse le voisinage, son comportement était bizarre. Je le connais depuis qu'il est enfant, il est perturbé, interrogez-le ! »

On n'écoute pas suffisamment, car on commence par répondre à la maman en larmes : « On ne commence pas une enquête criminelle de la sorte, il faut d'abord procéder par élimination. »

C'est ainsi qu'au bout d'un mois, les enquêteurs, ayant donc « procédé par élimination », écarté la suggestion de la mère après l'avoir examinée rapidement, et n'ayant toujours pas de piste, se penchent avec intérêt sur une dénonciation anonyme. Au téléphone, une voix jeune déclare abruptement : « C'est Untel qui a tué Martine. » Il se trouve qu'« Untel » est connu des services de police – cambriole et violences, casier : un bon suspect. Mis en garde à vue, il est, selon l'expression d'un enquêteur, « conduit à avouer qu'il est l'auteur des faits ».

Untel est donc présenté devant un juge d'instruction, et là, il se rétracte immédiatement. Refrain connu, chanson mille fois entendue, il prétend que la police l'a battu pour lui extorquer des aveux. En raison de certains détails qu'il semble avoir donnés sur ce crime qu'il refuse maintenant d'endosser, Untel n'est pas cru. Untel est inculpé, incarcéré, et attend en prison, durant un an, que l'instruction soit close et d'avoir à s'expliquer devant les assises. Il n'est ni le premier ni le dernier à avouer un crime devant la police et à reculer devant les juges. Pendant ce temps, le dénonciateur anonyme le reste.

C'est ici que commence la problématique de l'aveu. L'aveu n'est qu'une présomption et ne doit être pris pour argent comptant qu'accompagné de preuves matérielles solides, d'évidences, de témoignages concordants – bref, celui qui avoue n'est pas forcément coupable. Mais ce présumé coupable (dénoncé par un complice de cambriole, suppose la police) a un casier, et il a avoué : que demande le peuple ?...

Que demande le peuple ? La vérité. De la part du présumé coupable. Mais pour beaucoup la vérité n'est pas un principe, ils jouent avec depuis si longtemps que, peut-être, ils ne savent plus où elle habite, cette vérité. Au cours de ce qui l'a conduit à « se reconnaître l'auteur des faits », Untel a donné des détails, si l'on peut qualifier ainsi ce qui suit : « La grille du pavillon n'était pas fermée, la jeune fille était en chemise de nuit, le lit était défait, dans la salle de bains il y avait deux bacs... » C'est plutôt maigre, vague – espérons que d'autres détails avaient forgé la conviction des enquêteurs à l'époque, car ceci ne suffit manifestement pas à une inculpation.

Un an passe. La famille de la victime attend le procès, comme une torture nouvelle. Il faudra, aux assises, regarder l'assassin dans son box, écouter ce qu'il dit, notamment qu'il n'est pas l'assassin en question, rester calme, ne pas se laisser emporter par la colère, l'esprit de vengeance, supporter les considérations de la défense, souffrir.

Il se trouve que la famille de Martine, particulièrement digne, est capable d'endurer ce calme imposé par la justice. Mais elle n'est pas au bout de sa peine.

Septembre 1989 : fait divers dans le quartier. Un jeune homme excité – drogué ou paranoïaque, on ne sait – déclenche une bagarre avec un voisin et lui tape dessus sans aucune raison valable. Il est maîtrisé par la police, emmené au commissariat du quartier, où il est aisé de comprendre l'état dans lequel il se trouve depuis trop longtemps déjà.

Rémy a vingt ans, il se drogue « normalement », dit-il, en fumant trois ou quatre joints par jour et en buvant « normalement » une quinzaine de bouteilles de bière. Ce qui l'amène à un délire « normal ».

Dans la vie courante, Rémy se prend pour Dieu, craint le démon, se réfugie sur l'autel de l'église, et refuse d'en descendre, entretient des conversations avec la Vierge, accroupie dans sa chambre, pleure et hurle de rire, se fait ramasser en état d'ivresse, se retrouve à l'hôpital Saint-Anne, en ressort après quelques heures d'observation, et finalement se met à cogner sur son voisin. Un délinquant au parcours classique. Il ne connaît pas son père, a des démêlés avec sa mère venue de Martinique alors qu'il avait neuf ans. Drogue à quinze ans, scolarité nulle, petits boulots, chômage, TUC.

Vérification faite, il se trouve que c'est lui qui travaillait en face de la maison de Martine, avec un copain gitan. Il se trouve que c'est lui que la maman avait d'abord désigné comme un suspect possible, que c'est lui le garçon qui observait de trop près les allées et venues de sa fille, qui semblait surveiller la maison de manière inquiétante. Celui que l'enquête a « éliminé » au départ.

Il est là dans le commissariat, il attend qu'on le ramène dans un service de psychiatrie, d'où il n'aurait jamais dû sortir, mais on n'interne pas les gens de force, dans un pays démocratique. Le garçon est majeur et sa mère n'est pas intervenue… À ce moment-là il est simplement accusé de voies de fait, délit pour lequel, s'il est jugé un jour, il ne risque pas grand-chose, puisqu'un psychiatre n'aura pas de mal à démontrer qu'il n'était pas dans un état normal, mais dans un délire dû à la drogue et à l'alcool. Quelques mois avec sursis ?

Il est là et voit passer tout à coup un commissaire de police, l'interpelle et lui dit : « Martine, c'est moi qui l'ai tuée. »

Deuxième problématique de l'aveu. Pourquoi s'accuser à ce moment-là ? Délire ? Remords ? Choc de se retrouver dans un commissariat, besoin d'être autre chose qu'un pauvre paranoïaque qui n'intéresse personne ? Désir de passer du petit drogué minable à l'état d'assassin conséquent dont les journaux parlent ? Ou réalité ?

Le commissaire doute, il en a sûrement vu d'autres, mais il fait son métier, en ce sens qu'il prévient le collègue chargé de l'enquête de ce qu'il vient d'entendre. Et il s'entend répondre, bien évidemment : « L'assassinat de Martine ? Mais on a déjà quelqu'un, il est en préventive depuis un an ! »

Tout de même, Rémy a lui aussi donné quelques détails difficiles à inventer et le responsable de l'enquête vient l'entendre sur place. De manière informelle puisque son dossier est bouclé. C'est-à-dire sans procès-verbal d'interrogatoire consigné et signé. Il écoute ce que ce malade a à dire par principe. Et il a l'impression que Rémy fait des efforts considérables pour être cru. Qu'il a besoin d'être cru, besoin d'être soulagé d'un remords, d'un poids. Et, en même temps, qu'il joue avec ses aveux, en se pavanant un peu : « Je risque rien, j'étais possédé du démon… personne ne pourra me condamner, je suis sous l'emprise du démon… c'est le démon, c'est pas moi… »

Difficile de démêler la folie de la réalité dans ce premier entretien. L'enquêteur pose des questions pièges, du genre : « Et la radio que tu as volée, qu'est-ce que tu en as fait ?

— Elle marchait plus, je l'ai jetée. » Or il n'y a pas eu de radio volée… Mais se souvient-il de ce qu'il a volé ou pas, et où et quand ? Le piège ne prouve pas qu'il fabule. D'autant plus qu'il se décide tout à coup à évoquer son complice : « J'étais avec un copain qui faisait le guet, vous n'avez qu'à l'interroger. »

Et le copain en question déclare : « Je l'ai vu sortir du pavillon avec un couteau à la main, il m'a dit qu'il avait fait une connerie. Il a jeté le couteau dans un fourré. »

Il y a effectivement un couteau dans le fourré en question, un couteau de boucher, certes inexploitable en ce qui concerne des preuves matérielles, car il est là depuis un an, mais il y est. Et voici que Rémy devient un coupable parfaitement possible. Le vrai coupable en fait, alors qu'un autre homme, voleur de métier certes mais non pas assassin, s'apprêtait à subir les affres d'une erreur judiciaire.

L'innocent est remis en liberté. Le coupable est en prison. On recherche d'autres témoignages et l'on en trouve.

Un, entre autres, qui renseigne sans renseigner… Il s'agit d'une amie de Rémy, chez qui il est arrivé le soir du crime, affolé, et à qui il a déclaré : « J'ai tué une fille, regarde, il y a du sang partout sur mon blouson. » Or, il n'y avait pas de sang sur le blouson. Du moins, c'est ce que déclare cette jeune fille, qui, pourtant, reconnaît qu'elle a accédé à la demande de Rémy, lavé ce blouson, pour le rendre à sa mère quelque temps après.

Et pourquoi aurait-elle lavé un blouson qui ne portait pas de traces de sang ? Elle n'en sait rien. Comme ça, pour ne pas contrarier Rémy. Et pourquoi n'a-t-elle rien dit de tout cela à personne ? Nul n'ignorait, dès le lendemain, l'assassinat de Martine et les neuf coups de couteau… Elle n'y croyait pas ? Elle ne voulait pas se mêler d'une histoire pareille ? Bon.

Reste la mère de Rémy, qui aurait déclaré au juge d'instruction au moment de l'arrestation de son fils : « Je me doutais depuis quelque temps qu'il avait fait quelque chose de grave. » Mais elle retirera ce commentaire à l'heure du procès, en préférant un autre : « Mon fils est un bon garçon, il n'a pas pu tuer quelqu'un. »

Car l'heure du procès est enfin venue : mars 1993, quatre ans et demi après la mort de Martine. Rémy a vingt-quatre ans, elle aurait dû en avoir vingt-deux.

Avant les assises, Rémy a été jugé pour sa bagarre avec un voisin, et relaxé. Un psychiatre l'a estimé en état de démence ce jour-là. Le jour précisément où il a interpellé un commissaire de police pour s'accuser du meurtre de Martine. Ce qui voudrait dire qu'il s'est accusé d'un crime en état de démence ? Non, le ministère public fait appel et le psychiatre revient sur sa première estimation. Il ne s'agit plus alors de démence, au moment où il a agressé son voisin, mais d'un état de violence dû à l'alcool et à la drogue – très précisément d'une « bouffée délirante » : Rémy n'était dément que momentanément. Nuance. Car, dans ce cas, Rémy est reconnu responsable, avec circonstances atténuantes, d'avoir cogné sans motif sur le voisin, et donc condamné devant le tribunal de Bobigny pour voies de fait.

Va-t-il renouveler ses aveux concernant la mort de Martine ?

Non. C'est la troisième problématique de l'aveu. Il revient sur sa déclaration, en racontant ainsi l'affaire : il est entré dans le pavillon pour cambrioler, il connaissait cette maison, puisqu'il avait travaillé juste en face durant quinze jours. Mais il n'a pas tué Martine. Il prétend qu'elle était déjà morte lorsqu'il est entré dans la salle de bains. Ce serait donc un cambrioleur précédent qui aurait tué la jeune fille de neuf coups de couteau, mais pas lui.

Dans ce cas, pourquoi s'est-il attribué le meurtre auprès de son complice ? Pourquoi a-t-il jeté le couteau dans un fourré ? D'ailleurs, pourquoi va-t-on cambrioler avec un couteau si l'on n'est pas prêt à céder à n'importe quelle pulsion mortelle ?

L'accusation maintient – sur la base des aveux – sa position sur la présence du couteau, sur la réalité des confidences faites à ses copains. La défense, elle, entend faire comprendre aux jurés que ce garçon est un affabulateur, un psychotique, un halluciné, un dépressif, et que ses aveux font partie de ce théâtre permanent dans lequel il vit.

Il aurait donc raconté des histoires à son complice, raconté des histoires à son amie, le 15 août 1988, et à nouveau raconté des histoires un peu plus tard à un commissaire qui passait par hasard… Il s'agirait d'un processus psychologique de culpabilisation – un cauchemar déformé, dit la défense. Il faudrait donc imaginer Rémy pénétrant dans ce pavillon qu'il a décidé de cambrioler, la porte étant déjà ouverte, la jeune fille déjà assassinée de neuf coups de couteau, dans la salle de bains. Imaginer Rémy ramassant le couteau, volant la bague de la jeune fille, sortant du pavillon, disant à son complice « Je suis un meurtrier », jetant le couteau, tout ça alors qu'il n'aurait pas tué ?

Le point délicat dans cette histoire est que les aveux de Rémy, faits spontanément alors qu'il se trouvait dans un commissariat pour un autre délit, ont été entendus sans rigueur policière, n'ont pas été enregistrés officiellement. L'avocat général ne se prive pas à ce sujet de faire remarquer la « légèreté » de l'enquête policière.

La famille de Martine écoute avec dignité ce qui doit lui être intolérable à entendre. Elle regarde ce garçon affirmer qu'il s'est accusé d'un meurtre qu'il n'a pas commis, et ce doit être insupportable à regarder ce visage qui dit oui, qui dit non, qui s'accuse et recule comme un cheval peureux devant l'obstacle. Eux, ils se sont exilés, ils ont quitté ces lieux où la vie leur était devenue invivable. Eux, ils ont vécu le vrai cauchemar. Et la sincérité, l'évidence, la vérité, en un mot, ne leur est même pas offerte en soulagement. Ils attendent le verdict trois heures durant. L'avocat général a demandé vingt ans de réclusion pour Rémy. Trois heures interminables durant lesquelles ils revivent l'agonie de leur fille. Devant quel visage ? Sous quelle main ?

Le premier inculpé qui avait avoué, qui s'est récusé, est libre. Celui-ci semble être le vrai coupable : cette main doit être celle qui a tenu le couteau et a frappé. Cette main est-elle celle d'un malade mental ? Les jurés vont-ils le renvoyer à ses délires ?… Ont-ils un doute ?

Ils n'en ont pas. Vingt ans de réclusion attendent l'assassin, qui aura tout le temps de se poser la question de la problématique de l'aveu. Son complice, pour avoir fait le guet, pour complicité de vol aggravé, aura cinq ans. Et à tous deux les circonstances atténuantes.

Pour Martine qui n'avait que dix-huit ans, pour sa famille, l'aveu eût été respectable aux assises. Le moindre des remords, un faible soulagement. Et pour l'assassin la seule libération possible.

La problématique de vingt ans de réclusion pour un garçon comme Rémy est la suivante : lorsqu'il sortira de prison, s'il en sort – aux alentours de trente-cinq ou quarante ans, selon la conduite –, dans quel état sera-t-il ? Conscient de ce qui l'a amené à l'enfermement ? Apte à vivre une maturité tardive ? Ou en état de délire aggravé et définitivement largué sur une planète inconnue, ses aveux enfouis pour toujours dans un cerveau malade ? Prêt, pourquoi pas, à céder à la pulsion suivante…

Histoire simple

C'est une maison simple, dans un quartier dit « sans histoires », une boîte aux lettres dans laquelle ne tombent que des choses simples. La retraite, la quittance d'électricité, les taxes locales, les impôts sur le revenu. Simple le revenu. Chez ces gens-là, on ne roule pas sur les billets de banque. Le père a été ouvrier, la mère femme au foyer. Ils ont eu deux enfants à la fin des années cinquante, époque tranquille et simple elle aussi, où l'on découvrait à la fois l'aspirateur, le réfrigérateur, la télévision en couleurs, et les prémices de la décolonisation. Deux enfants, une fille et un garçon, vont à l'école d'une petite ville de province. École tranquille, les graffitis ne sont pas encore sur tous les murs, on n'y insulte pas les professeurs, on n'y casse pas les portes et on ne s'y bat pas à coups de couteau.

Le cadet des enfants, Denis, a dix ans en 1968. Un garçon anxieux, difficile, nerveux, dont le père s'occupe énormément. Un père est souvent fier d'avoir un fils, fier de l'emmener au zoo, à la pêche, au football, et de jouer avec lui au train électrique.

Mais les joies simples d'une enfance simple ne suffisent pas à ce petit garçon arrogant. Il travaille mal à l'école, répond à sa mère, pique des colères épouvantables si on lui refuse quelque chose.

À treize ans, c'est d'abord à sa mère qu'il s'en prend. Il cogne sur elle à coups de poing, à coups de pied, et le pli de la révolte brutale étant pris, il continue.

À quinze ans, toujours cancre, il injurie son père : « Tu n'es qu'un pauvre type, un minable, je ne passerai pas ma vie en esclave comme toi ! »

C'est si simple de railler le milieu qui l'élève. Les salaires de misère des ouvriers, la vie de travail du matin au soir, la maison banale où sa mère s'escrime au ménage, lavage, repassage, comme des milliers d'autres femmes au foyer. Lui, Denis, n'aura pas cette existence-là, il ne vivra pas dans un « clapier », ne s'échinera pas à « bosser » comme une « bête ».

Quinze ans, le hasch. La drogue sournoise, la fausse liberté, la fausse attitude devant la vie. Il est déjà trop tard. Le gamin échappe à sa famille, et en grandissant change de drogue. « Sniffer » de la « coke » est devenu une mode, un comportement indispensable à celui qui se veut libre, indépendant, révolté, en marge de cette société qui ne pense qu'au travail et au fric. Mais, pour acheter de la coke, puis de l'héroïne, se fournir en poudre et en seringues, il faut pourtant et avant tout du fric. Denis refuse de travailler, refuse de se lever le matin, insulte toujours sa mère et lui réclame ce fric. Il menace, il geint, il fait le chantage habituel : « C'est la dernière fois... » « J'ai un type à payer, un dealer, il me tuera si je ne le rembourse pas. » « Je suis ton fils, tu ne peux me lâcher comme ça ! »

Et maman donne l'argent, désemparée, sans en parler au père, de peur d'envenimer une situation familiale déjà difficile. Et le père souffre, parce qu'il devine.

Comme beaucoup de parents dans ces cas-là, malheureusement, l'idée de faire soigner Denis les effleure, mais ne va pas plus loin. Voir un psychiatre ? On va prendre son fils pour un fou, il n'en est pas question. En parler ? Rencontrer d'autres parents dans le même cas ? C'est honteux. Avouer cette étrange « maladie », cette déchéance qui atteint le garçon, c'est au-dessus de leurs forces.

Un jour, pensent-ils tous les deux, un jour, Denis va grandir, comprendre, réaliser que la vie n'est pas un mauvais rêve piqué au bout d'une seringue. Il a été élevé comme sa sœur, aimé comme elle, peut-être plus encore puisqu'il était plus difficile... alors les choses s'arrangeront.

Elles s'arrangent en effet. Denis, qui a maintenant passé la trentaine, épuisé sa mère et rendu son père malade de honte, rencontre une jeune femme. Elle lui donne un enfant, il trouve un travail, jure que pour cet enfant, pour cette femme, il ne touchera plus à la drogue.

Mais il est allé trop loin et trop longtemps dans la toxicomanie. On ne se tire pas d'une maladie de ce genre sans aide, sans cure de désintoxication, sans psychothérapie. C'est long, cela demande une réelle volonté de s'en sortir, c'est un travail sur soi épuisant, une remise en question de toute sa personnalité. Certains en sont capables, pas tous et en tout cas pas lui. Il replonge, s'arrête, et replonge à nouveau. Les crises de manque sont terribles. Sa compagne les subit à son tour. De l'argent, toujours de l'argent pour obtenir sa dose. Et, s'il n'a pas d'argent, il se rabat sur des tubes de tranquillisants, sur l'alcool, pique des rages terribles à se cogner la tête contre les murs.

Papa et maman doivent pallier à nouveau le manque d'argent pour le manque de drogue. Les visites dans la petite maison familiale sont de plus en plus rapprochées et violentes. Les discussions, les affrontements ne mènent à rien. À bout de fatigue, à bout d'arguments, l'entourage cède.

En 1991, la situation est à son maximum. Le point critique est atteint. Un père maintenant à la retraite – avec une retraite d'ouvrier spécialisé, certes, mais tout juste suffisante – ne peut pas continuer éternellement à donner à son fils cinq cents, voire mille francs par semaine. La retraite de papa y passe, les économies de maman y passent, le salaire de sa compagne y passe. Denis est à la recherche permanente du prix d'un shoot. Il souffre le martyre. Il lui arrive d'avaler des cachets pour la toux par poignées, pour un maigre soulagement passager.

Sa compagne, lassée de cette vie, ne peut plus assumer. L'enfant est mis sous la protection de ses grands-parents, à l'écart de ce foyer raté qui coule sans espoir. La communication avec un malade à ce stade de la dépendance est totalement impossible. Chez lui, tout n'est plus que mensonge, violence, lâcheté, agressivité. Denis se sert de tout, acculé, rendu à l'état d'un chien qui meurt de la rage.

Il a trente-trois ans. Il force la porte de la maison paternelle, cogne sur son père, réclame cinq mille francs d'un coup, toujours pour payer ce dealer qui le persécute. Et il obtient les cinq mille francs. Et le père ne porte pas plainte contre ce fils qui l'agresse. On ne dénonce pas son fils à la police. On ne fait pas mettre en prison un être malade, décharné, tremblant, vomissant, se tordant de douleur quand il n'a pas la dose salvatrice. Et les doses se rapprochent, le manque revient plus vite. La spirale infernale n'en finit pas d'entraîner Denis vers une fin dont personne ne connaît l'issue. Tout cela finira mal, dit la *vox populi* devant ce genre de cas. Il tuerait père et mère pour un gramme d'héroïne.

En effet. Sa mère, un couteau sur la gorge : « Arrête, Denis…

— Donne-moi le fric… »

Maman n'a plus ce maudit fric. Et le couteau entre dans la gorge. Tout juste. Il s'arrête à temps – blessure non mortelle, mais blessure grave tout de même.

Dans la petite maison simple, où la retraite est désormais rognée d'avance chaque trimestre, le père et la mère sont en larmes. L'assassin potentiel a fui, mais il reviendra, il enfoncera la porte, il hurlera, il arrachera le billet de cent francs ou de deux cents francs pour courir acheter n'importe quoi qui le calme. Il tuera peut-être, la prochaine fois.

La prochaine fois a lieu deux jours plus tard.

9 juin 1991. Il téléphone, menaçant, agressif : « Je viens ! Il me faut absolument du fric ! »

Depuis deux jours, le père a réfléchi. Qu'est devenu son fils ? Une brute, un maître chanteur, un assassin en puissance. Mais aussi un être qui souffre, qui meurt de cette saleté d'héroïne depuis des années. Un être perdu pour la vie, la société, la famille. Un être avec lequel on ne peut plus parler. Qui n'est que violence, exigence, méchanceté. Un homme qui refuse la vie, cherche la mort, la sienne, dans cette lente destruction. Ce n'est plus un fils, c'est un étranger malfaisant. Pour lui-même et pour les autres.

À soixante-dix ans, le père et la mère de ce fils-là pouvaient espérer, comme d'autres, être des papys et mamys heureux. Toutes ces années, tout ce chemin de croix, presque vingt années de lutte, de désespoir, ont épuisé l'âme de ce père. Voilà pourquoi ce père-là se retrouve devant un jury d'assises, en 1993, au printemps.

Il a tué son fils. Il a mis un terme à cette existence folle, démente, à cette menace permanente, à ce chantage, à ces violences. Il a eu peur. La véritable peur, celle qui dévoile tout à coup l'impossibilité de s'échapper. La certitude d'être pris au piège. Un jour Denis tuera sa mère ou son père. Un jour il ira si loin dans l'horreur que tout sera détruit autour de lui. C'est au père de détruire sa progéniture.

Cet homme n'a pas la tête, la silhouette, le parler d'un meurtrier. Il a les larmes aux yeux. Sa femme, au banc des témoins, a la gorge serrée. Ils racontent au président toutes ces années terribles. Simplement. « Pourquoi n'avez-vous pas fait soigner votre fils ?

— On l'aurait pris pour un fou.

— Pourquoi n'avez-vous pas porté plainte, lorsqu'il vous a agressé ?

— On ne dénonce pas son fils. »

Ils l'aimaient, ce fils. Ils ont fait ce qu'ils ont pu, avec l'amour qui était le leur. Un enfant drogué est un animal fou devant lequel les parents sont désarmés. Ils en deviennent les victimes. Jusqu'au jour où il arrive que la victime se rebiffe.

Ce jour-là, le père a éloigné sa femme et son petit-fils. « Je vais le recevoir seul. » Il est allé chercher un revolver dans un placard. Un revolver de famille, qui venait de son propre père, caché là depuis longtemps comme une relique. Il le nettoie, le charge et s'installe dans la cuisine, seul : dans la main droite le revolver chargé, dans la gauche un billet de deux cents francs. Il attend. A-t-il l'intention de tuer ? Peut-être pas encore. Un vague espoir lui reste. Il va dire à son fils : « Voilà deux cents francs, c'est la dernière fois... » Si seulement Denis prenait le billet et s'enfuyait... Si seulement il ne se mettait pas à hurler comme d'habitude. Si seulement...

Au début de l'après-midi, Denis arrive ainsi qu'il l'a dit. Et, ainsi qu'il l'a décidé, son père tend la main : « Voilà deux cents francs, tu n'auras rien d'autre. Plus jamais, c'est la dernière fois. »

Denis n'entend rien. Il n'entend plus rien depuis longtemps. La dernière fois ? Plus rien ? Deux cents francs ?... Qu'est-ce qu'il va faire avec deux cents francs ? Ce n'est pas avec ça qu'on s'en sort ! C'est une misère, deux cents francs ! Il a dit du fric ! Pas une aumône ! « Il m'en faut plus ! Deux cents balles ! Je ne rigole pas ! Ça ne fait pas le compte ! » Et il menace, insulte. Alors le père lève son arme et tire.

Trois balles. Denis est mort.

Tremblant, le père déclare aux jurés : « J'ai mis fin à ses jours, c'est vrai, mais j'ai aussi mis fin à son calvaire. Il souffrait comme une bête. » Depuis l'âge de quinze ans, Denis n'était animé que par une pulsion mortelle qui passait par le chemin de la drogue. Mais l'issue était lente, l'agonie affreuse.

Trois crises cardiaques ont affaibli le père, la mère est rongée par l'angoisse. Depuis ce règlement de comptes qui a mis fin aux jours de leur fils aimé, ils attendent le verdict.

Après six semaines de détention au printemps 1991, le père a été remis en liberté provisoire. Personne ici, comme durant l'enquête, ne l'a considéré comme un criminel ordinaire. Il a fait ce qu'il pensait devoir faire pour protéger sa famille, même si cet acte lui répugnait.

Le président comprend ; il ne réclame au jury qu'une peine légère de cinq ans avec sursis, « compte tenu de ce procès exemplaire qui nous montre les ravages de la drogue pour toute une famille ».

C'est si simple à comprendre. Pour la défense, c'est aussi un simple « cas de légitime défense ».

Les jurés ont acquitté le vieux monsieur, si las, si usé, si malheureux d'avoir dû reprendre la vie d'un fils aimé.

La perpétuité qui lui reste à vivre est là, dans son cœur, dans son âme : Père, j'ai mis au monde un fils que j'ai dû supprimer. Faute d'avoir compris, faute de ne pas avoir su élever, faute, faute, faute…

La culpabilité du père est bien ailleurs que dans ses trois balles de revolver. Elle est bien plus lourde à porter qu'une sentence de tribunal. Détention illégale d'armes. La justice populaire ne retient que ce crime-là.

Grand-père a encore un petit-fils à élever dans les années si peu calmes et si peu simples du XXIe siècle rugissant.

Le mocassin vert

Un beau jeune homme, grand, taillé pour le basket-ball, que les filles regardent volontiers, bien élevé, bien habillé, avec un métier solide, âgé de vingt-quatre ans, brun, sourire gentil, regard attirant. C'est ce que l'on peut voir sur toutes les photos de famille, celles de l'école, celles du club de sport, celles des copains. Le contraire d'une tête d'assassin, le contraire d'un violent, le contraire d'un psychopathe, le contraire d'un fils indigne : une « normalité » rassurante.

Il est pourtant debout devant ses juges, en mai 1993, en cour d'assises, et il s'en est fallu de très, très peu qu'il n'y soit jamais. Le crime parfait n'existant pas, dit-on, il s'y trouve. Pourquoi ? Réponses multiples.

La première réponse peut paraître anecdotique, mais c'est la première : à cause d'un mocassin vert.

La deuxième réponse est dramatique : parce qu'il a tué une jeune femme. Avec pour corollaire le fait qu'il l'a tuée deux fois. Deux fois. Ce n'est pas habituel de tuer la même personne deux fois, à deux heures d'intervalle.

La troisième réponse est aléatoire et nous oblige à évoquer le hasard : cette femme qu'il a tuée deux fois aurait pu être n'importe quelle autre femme.

La quatrième réponse est sexuelle : parce que la victime du hasard était une femme.

La cinquième réponse est peut-être médicale : parce qu'il souffrait d'un problème physiologique, lié à une forme d'impuissance sexuelle.

La sixième réponse est psychologique : parce qu'il a souffert d'un manque d'affection dans son enfance.

La septième réponse est le déclencheur des précédentes : sous l'impulsion de la colère.

François, au mois d'août 1989, a vingt-deux ans. Il travaille dans un service hospitalier de province, en radiologie. Il a pratiqué le basket, après avoir suivi ses études dans une école spécialisée, « sport et études », donc en pension, loin de ses parents. Bon niveau sportif, bonnes performances dans un club local, le voilà adulte, célibataire, avec son studio, sa voiture, son salaire, ses copains, et les filles.

Une fille en particulier, dont il est amoureux, mais qui n'est pas décidée à faire sa vie avec lui, puisque en ce mois d'août 1989 justement, elle reprend une liaison avec quelqu'un d'autre – liaison qui dure depuis cinq ans déjà – et signifie donc à François la rupture définitive entre eux.

L'ennui, dans cette annonce de rupture, est que rien ne semble définitif pour l'amoureux éconduit. Il n'y croit pas vraiment : elle l'a déjà quitté, elle est revenue. Pourquoi pas cette fois encore ? Il refuse d'admettre qu'il n'était dans la vie de cette jeune femme qu'un passager, que c'était lui l'amoureux obstiné et non elle. Que l'aventure était une parenthèse. Et surtout, très certainement, que cette rupture est liée à son problème sexuel.

Ce problème est à la fois simple et dramatique : depuis l'enfance, François souffre d'une malformation, opérable en principe, mais dont il n'a pas su ou voulu parler plus tôt et dont les parents apparemment ne se sont pas préoccupés suffisamment dès son plus jeune âge. Un phimosis. Lorsque les premières difficultés sexuelles, dues à ce problème mécanique, se révèlent, il est déjà tard pour ce garçon, qui a pris l'habitude de pratiquer davantage le sentiment amoureux que l'acte lui-même.

Il décide tout de même de se faire opérer, acte chirurgical qui consiste en une sorte de circoncision tardive. Mais l'impuissance demeure, elle semble installée psychologiquement.

Un beau garçon en pleine force de l'âge, qui ne peut se conduire avec les filles comme ses petits copains, c'est dur à vivre. Et cela n'empêche pas d'être amoureux ; au contraire, l'affectivité n'en est que plus importante, par compensation.

Se voyant abandonné, écarté au profit de « l'autre », François ne réalise pas clairement, ce jour-là, le pourquoi et les raisons de tout cela. Il est jaloux, furieux et se met à jouer au détective. Il suit l'infidèle, qui vient de lui refuser un rendez-vous sous un prétexte quelconque. Il la voit sortir de chez elle, accompagnée de l'autre homme ; les deux amoureux se tiennent par le cou.

Vision insupportable. Ce jour affreux pour François est un lundi, le 14 août 1989, il est un peu plus de midi. En pleine confusion, il cherche à reprendre contact. D'abord il tente de suivre le couple, le perd, ensuite se rend devant la maison des parents de l'une, puis de l'autre, sans résultat.

Il reprend sa voiture, une conduite intérieure blanche de série, fonce sur la route, manque de percuter un mur et s'arrête sur le bas-côté, dans un chemin de terre, près d'un bois. Il pleure.

A-t-il ou non croisé une jeune femme à bicyclette, vêtue d'un short rose et d'un tee-shirt blanc ? Dans un premier temps, il répond que oui et dit l'avoir attendue sur le bas-côté. Dans un deuxième temps, il répond que non, probablement pour ne pas aggraver son cas, en l'assortissant de préméditation.

Quoi qu'il en soit, le hasard lui fait croiser ce jour-là une jeune touriste anglaise, venue d'un château-hôtel voisin, où elle séjourne avec son époux. Lui a des rendez-vous d'affaires dans la région, elle a décidé de faire du tourisme. Ce jeune couple, marié depuis un an seulement, a décidé ce jour-là de se retrouver dans l'après-midi à l'hôtel, lui après son travail, elle après sa balade touristique. Le vélo a été loué sur place, la jeune femme est jolie, blonde, sportive, amoureuse des musées, heureuse de parcourir en toute liberté un petit coin du pays de Somme.

Elle disparaît. Son vélo, son corps disparaissent, on ne reverra plus jamais la jolie jeune femme, ses vingt ans éclatants, son appétit de vivre, et durant des mois, pour son mari, pour sa famille, cette disparition demeure inexplicable. Avis de recherche, battues, rien ne permet de comprendre ce qui est arrivé le 14 août 1989 à cette jeune touriste à bicyclette. Son mari s'installe sur place, fait intervenir le maximum de relations pour que l'enquête ne s'enlise pas, pour savoir…

Et l'enquête ne s'enlise pas. Bien au contraire, elle sera exemplaire – d'obstination et de minutie – mais longue.

La première hypothèse qui vient à l'esprit de la gendarmerie locale est celle d'un accident, avec délit de fuite. Le vélo n'étant pas retrouvé, l'automobiliste responsable a dû le faire disparaître et, pour ce faire il a dû d'abord le mettre dans sa voiture avec le corps. Les témoignages recueillis plaident en faveur de cette théorie. On a vu sur cette route la jeune Anglaise à bicyclette aux environs de treize heures trente, puis on a vu une voiture blanche presque au même endroit.

On a même vu mieux ! On a vu – et c'est extraordinaire – une jeune femme blonde en short, sur le bas-côté, faisant des signes aux automobilistes, paraissant dans un « triste état », disent des témoins… qui ne se sont pas arrêtés pour autant. L'un, parce qu'il a vu la voiture blanche de l'autre côté de la route et a cru à une bagarre domestique dont il ne faut surtout pas se mêler… L'autre, parce qu'il a cru qu'il s'agissait d'une prostituée… Un autre encore, parce qu'elle avait l'air « dans le cirage » …

Or, ce que ces témoins ont vu, c'est exactement l'intervalle entre les deux morts de cette femme !

À ce moment-là, elle est effectivement blessée, son agresseur l'a étranglée et laissée pour morte ; elle ne peut plus crier et cherche du secours avec les faibles ressources physiques qui lui restent. Incapable de se mettre debout, incapable de crier au secours, incapable de se traîner plus loin que le lieu du crime. Et les voitures passent, les gens passent, tous les sauveteurs possibles…

Si l'un de ces témoins avait seulement ralenti, il aurait compris. Elle ne serait pas morte une deuxième fois, elle n'aurait pas connu l'horreur de voir revenir son assassin, de le voir descendre de sa voiture, s'approcher d'elle, la traîner dans la boue d'un fossé et lui trancher le cou…

Mais il n'y a pas de « si », dans cette histoire-là. Et les témoins ne parlent que d'horaires, de voiture blanche, ils se trompent même sur la couleur du vélo.

Vélo toujours introuvable, malgré un déploiement de forces considérable. Hélicoptères, plongeurs dans les marais, battues dans la forêt…

Et puis, enfin, un premier indice. L'œil d'un gendarme s'arrête sur un morceau de carte magnétique portant le nom de l'hôtel où séjournait le couple anglais. Cette carte sert à ouvrir la porte de leur chambre. Le lieu de cette découverte est à trois kilomètres de l'hôtel. En contrebas d'un fossé boueux, bordant un champ moissonné. Beaucoup de débris s'y trouvent, boîtes de conserve, vieux chiffons, assiettes en carton, délicatesses d'automobilistes pressés ou de pique-niqueurs indélicats…

Cette carte a pu être jetée d'une voiture depuis la route. Mais, expérience faite, le carton, trop léger, ne peut aller aussi loin – à douze mètres cinquante du fossé en allant vers le champ. La carte est donc tombée à cet endroit, personne ne l'a jetée et l'hypothèse d'un accident avec fuyard est écartée : il s'agit d'une agression sur place. D'autres indices doivent se trouver là.

Le lendemain, effectivement, d'autres éléments sont découverts. La montre que portait la jeune femme et une chaussure qui ne lui appartient pas : un mocassin vert de taille 44. Puis un collier de femme, brisé, et sur l'écorce d'un arbre, des cheveux blonds ensanglantés.

Le lieu de l'agression est donc délimité avec certitude. Mais toujours pas de vélo ni de corps.

Prudents – et ils ont bien raison de l'être –, les gendarmes ne révèlent au mari de la disparue que les éléments retrouvés qui la concernent directement. Ils ne parlent pas de la chaussure. Cette chaussure peut appartenir au meurtrier ; elle était enfoncée dans la boue, il a pu la perdre au moment de l'agression et l'oublier en s'enfuyant. Il s'en est forcément aperçu. Va-t-il revenir la chercher ?

Une planque de vingt jours ne donne rien.

Mais, pendant ce temps, la vérification systématique des automobilistes empruntant cette route précise le signalement de la voiture blanche et même de son conducteur, ainsi que l'heure supposée de l'agression. Il devait être quinze heures, un témoin a vu une Golf blanche garée sur le bas-côté ; le conducteur était grand, jeune, entre vingt et vingt-cinq ans, les cheveux ébouriffés, le visage blême.

Et, selon la chaussure, il fait du 44. Cette chaussure est le seul élément solide de l'enquête. Le temps passe, nous sommes à la mi-octobre, et ni le vélo ni le corps n'ont été retrouvés. La chaussure, un mocassin de marque, est confiée au laboratoire du Carme, à Toulouse, et passée au microscope à balayage électronique. Il révèle la trace d'un numéro de fabrication. Une probabilité de dix numéros possibles, qui heureusement se résument, après vérification à l'usine qui fabrique ce genre de mocassins, à une série datant de 1989.

Mais... les mocassins de cette marque, de cette couleur et de cette taille, fabriqués en 1989, ont été diffusés en mille huit cents exemplaires dans quatre-vingt-cinq magasins différents, au prix conseillé de cinq cents francs, et dans plusieurs pays. France, Belgique, Hollande.

Il ne reste donc plus qu'à vérifier la comptabilité des quatre-vingt-cinq magasins, dans l'espoir de retrouver un paiement, non pas en espèces, ce qui ne mènerait nulle part, mais par chèque ou carte bleue. Et ce, sur une période de six mois se situant entre la date de fabrication et celle de la disparition de la jeune Anglaise. Ce n'est pas un mince travail. Si cette chaussure avait été mise en vente dans une grande surface, l'enquête aurait été impossible.

C'est long, fastidieux, désespérant. Prix conseillé : cinq cents francs ; prix de vente : quatre cent quatre-vingt-dix-neuf francs, histoire de faire moins cher... Il faut tout vérifier.

Les acheteurs de mocassins taille 44, pour être conformes à la recherche, doivent également être propriétaires d'une Golf blanche immatriculée dans la Somme, et être âgés de vingt à trente ans. Dix, vingt, quarante magasins révèlent des acheteurs qui « ne collent pas ». L'un d'eux échappe même à la méprise, voire à l'erreur judiciaire. Il a une Golf blanche immatriculée dans la Somme. Heureusement pour lui, il possède toujours sa paire complète de mocassins !

C'est en revenant une fois de plus contrôler une boutique déjà visitée que les enquêteurs obtiennent enfin un résultat. Le propriétaire ne se souvenait pas d'avoir vendu ce modèle, et c'est en vérifiant sa comptabilité de fin d'année qu'il a découvert un manque. Une paire de mocassins de cette marque-là, de cette taille-là, manque à l'appel dans la colonne des ventes. Une. La paire figurait au stock et pas à la vente. Un oubli.

C'est elle. C'est elle car l'acheteur a payé par carte bleue, une somme de quatre cent quatre-vingt-dix-neuf francs, le 27 avril 1989. Le relevé conservé par le marchand permet de vérifier au centre de cartes bleues qu'il s'agit d'un certain François X, propriétaire d'une Golf blanche immatriculée dans la Somme, domicilié dans la région, employé dans un service hospitalier et âgé de vingt-deux ans...

L'interpellation sera discrète. Filature, repérage de l'individu, arrestation au centre hospitalier, et première déception. Le jour de la disparition de la jeune Anglaise, l'individu travaillait. Il était de service...

Mais... ce service est particulier : lorsqu'il n'y a pas d'urgence, François peut parfaitement s'absenter.

L'a-t-il fait ? Il prétend que non, mais un collègue dit que oui. Preuve à l'appui, car grâce au contrôle du central téléphonique, on découvre que François a appelé de l'extérieur pour demander s'il y avait urgence ou non, et prévenir également qu'il viendrait plus tard prendre son service. Or, ses heures d'absence correspondent aux témoignages déjà recueillis auprès des automobilistes. Ceux qui ont vu la jeune femme à vélo, ceux qui l'ont vue ensuite faire des signes désespérés sur le bas-côté et sans vélo. Ceux qui ont vu la Golf blanche passer sur la route, et ceux qui l'ont vue s'arrêter à la hauteur de la victime...

Alors François avoue. Sans grande difficulté. Et à la question du « pourquoi », il répond déjà ce qu'il répondra aux assises deux ans plus tard : « J'étais en colère, et c'était une femme. »

On retrouve le vélo grâce à ses indications, mais pas le corps. Il dit l'avoir enterré dans un bois, mais ne pas se souvenir où.

L'horreur, c'est le déroulement de ce meurtre en deux temps, tel qu'il le raconte. François est assis au bord de la route. Il est en larmes, et sans doute attend-il déjà la jeune femme qu'il vient de croiser, lumineuse, heureuse, courbée, dans son short fuchsia, sur son vélo bleu, sa jolie tête blonde sous le soleil d'été.

« J'ai vu arriver une belle jeune femme. Je ne sais pas ce qui m'a pris, je me suis précipité sur elle et je lui ai serré le cou. »

Elle est tombée de son vélo, il s'en souvient, elle a dû crier, mais il ne l'a pas remarqué. Elle est tombée sans connaissance, il l'a crue morte. Il n'avait pas du tout l'intention de la violer. Il était en colère, c'était une femme jeune et jolie, elle payait pour l'autre. Une sorte de pulsion, qu'il traduit ainsi : « J'ai eu le sentiment d'exploser. »

La croyant morte, il s'enfuit et, une fois rentré chez lui, s'aperçoit qu'il a perdu une de ses chaussures. Pris de panique, il retourne sur place pour la récupérer, non sans avoir téléphoné dans son service, au cas où il y aurait eu une urgence...

Et là, une voiture le gêne, elle ralentit au niveau de la jeune femme, qu'il vient d'apercevoir accroupie, vivante... sur le bord de la route, alors qu'il l'avait laissée dans le fossé avec son vélo !

Il double la voiture, se gare, l'automobiliste témoin croit à une scène de ménage et disparaît... Alors François prend un couteau dans sa voiture – ce couteau est là par hasard, dit-il, il fait partie d'un lot de couverts que sa mère lui a donné récemment... Le couteau à la main, il avance vers sa victime et lui tranche le cou. Il traîne le corps jusqu'à sa voiture, l'installe à l'avant et met le vélo dans son coffre. Il se débarrasse d'abord du vélo dans un canal, puis va enterrer le corps en forêt.

Mais, dans toute l'histoire, il n'a pas retrouvé sa chaussure, le mocassin vert enfoui dans la boue attend patiemment de servir la justice.

C'est un promeneur et son chien qui retrouveront la sépulture de la jeune femme, par hasard et bien des mois plus tard. Rongée par les bêtes, identifiable grâce à son short couleur fuchsia.

Morte deux fois, un 14 août 1989, trois fois même : étranglée d'abord, ignorée par les passants ensuite, la gorge tranchée enfin par un couteau de cuisine. Pourquoi ?

Parce que c'était une femme, et aussi, dit son assassin, en s'accrochant à une image certaine, parce qu'il avait rencontré un jour l'amour de sa vie juchée sur une bicyclette. Le vélo aurait fait un flash à cet instant, en pleine douleur d'abandon, dans la tête de ce jeune homme impuissant à contrôler seul une situation aussi banale qu'une rupture amoureuse. Une enfance solitaire en pension, une adolescence difficile devant les jeunes filles de son âge, une humiliation permanente, qui éclate brutalement un jour et tue au hasard.

Les jurés ont écouté ce jeune homme et ses incohérences, sa passion démesurée pour une femme infidèle, sa colère soudaine, sa décision inconsciente de tuer une femme pour se venger de toutes…

C'est, ainsi résumé, ce qui ressort des arguments de la défense. L'accusation demande la réclusion à perpétuité, mais le garçon y échappera. Clémence qu'il doit surtout à une brillante plaidoirie fondée sur l'accès de folie pure, et non sur le crime sexuel ou prémédité, ceci pour la première agression.

Pour la seconde agression, définitive, c'est l'affolement…

Quinze ans. François en aura pour quinze années de prison.

La famille de la jeune et jolie Anglaise qui se promenait sur son vélo bleu, en short rose, au milieu de la France profonde, entend le verdict et s'en étonne dignement. Ils espéraient une sanction plus lourde. Longtemps, durant cette longue enquête, ils avaient aussi espéré que la jeune femme était vivante. Puis espéré qu'avec les aveux de l'assassin, le corps leur serait rendu très vite. Ils ont dû attendre encore et encore – la longue enquête, les aveux, l'incertitude de la sépulture sauvage –, jusqu'au jour de la découverte macabre d'un chasseur et de son chien.

Leur douleur, et leur humiliation à eux, leur désespoir ne peuvent accepter cette clémence. Mais le verdict est rendu, ils ne le commenteront pas devant la presse française autrement que par leurs larmes. Père, mère, frère, mari, ils sont dignes, ils ont écouté poliment les débats, qui ne leur rendront pas cette jeune femme dont ils ont parlé avec amour, respect et pudeur. Ils réservaient leurs commentaires pour la presse de leur pays. Le frère, seul, a crié à François au début de la première audience : « L'enfer t'attend. »

Le procès impossible

L'année 1993 a connu, comme les précédentes, son lot d'horreurs : viols et crimes d'enfants.

Isabelle avait trois ans et quelques poussières de semaines en plus. C'était en février 1989. Sa maman l'avait installée à l'arrière de sa voiture, à côté du petit chien ; ils dormaient tous les deux. Ses courses faites, elle est allée chercher son fils aîné confié aux grands-parents; il était aux environs de dix-neuf heures dix. La voiture garée devant la maison, elle a hésité une seconde. Réveiller l'enfant, ou la laisser dormir, le temps de récupérer son frère ? Dix minutes...

Elle l'a laissé dormir. Les portières n'étaient pas fermées, le petit chien n'était pas un molosse, et elle avait l'intention de faire vite. De toute façon, la voiture était visible de la maison.

Mais quatre individus malfaisants rôdaient.

À dix-neuf heures trente, l'enfant avait disparu, le petit chien dormait toujours, et à vingt heures vingt la police retrouvait le cadavre d'Isabelle à soixante mètres de là, à peine dissimulé par un buisson de square. Comme un chemin sanglant menant au Petit Poucet, d'abord l'anorak, puis les bottes, puis la salopette, puis le corps. À trois ans, Isabelle a été frappée violemment à la tête, violée et égorgée.

Un sac de sport, bleu, vide, sale, en mauvais état, fait partie de l'horrible chemin de croix. Il n'était pas dans la voiture, c'est celui de l'assassin.

L'enquête révèle assez vite une série de vols à la roulotte dans le quartier ce même soir, vers dix-neuf heures. Les habitués de ce genre de sport sont plus ou moins connus de la police, car récidivistes. Les alibis sont vérifiés, des arrestations suivent.

Quatre individus malfaisants. Le premier n'est plus très jeune. Trente-sept ans. Ses copains le surnomment « le Gros ». Grand front obtus, regard en dessous, capacités intellectuelles faibles, RMiste, sait à peine lire et écrire, voleur à la roulotte. Tendances pédophiles, dit un témoin.

Le deuxième a vingt-cinq ans. Cheveux gominés, bouche veule, surnommé « Kenzo », analphabète, il est catalogué dans les débiles faibles. Pervers, connu pour un attentat à la pudeur sur une petite fille de quatre ans, on l'a surpris un jour avec un acolyte, en train de la déshabiller dans la cave d'un immeuble.

Le troisième, surnommé « Crâne-d'obus », vingt-trois ans. Visage tout en longueur, regard anxieux, une ombre de moustache. À côté des deux premiers, son quotient intellectuel est quasiment normal. La preuve en est qu'il est militaire et était en permission depuis le samedi qui a précédé la mort de l'enfant. Selon la terminologie « psy », l'homme se rangerait dans les émotifs phobiques, en particulier sexuellement.

Le quatrième est le propriétaire du sac de sport bleu. « Kenzo » l'a dénoncé à la police. Trente-cinq ans, QI largement au-dessous de celui des autres. Surnommé « le Clochard ». Il ne comprend pas toujours ce qu'on lui dit. Analphabète lui aussi, il traîne, bricole de vieux téléviseurs, son point de chute favori est une station d'essence, où il se fournit en canettes de bière. Il habite chez sa mère, qui le décrit comme un « doux », « incapable de faire du mal à un enfant ». Mais il pratique lui aussi, comme les autres, le vol à la roulotte, et il reconnaît que ce soir-là, lui et les trois autres ont piqué quelques bricoles. Rien d'autre. Il était chez sa mère à l'heure du crime, il était malade.

« Kenzo », lui, accuse son complice. Il l'a vu « emporter l'enfant ». Après quoi, il l'a vu « la violer et la tuer ». « Crâne-d'obus » dit la même chose. « Le Gros » n'a rien vu.

Le principal accusé est donc arrêté un mois et demi après les faits.

Au bout de quarante-huit heures de garde à vue, « le Clochard » avoue. Le sac bleu est à lui, il a d'abord nié que le sac lui appartenait, puis, confronté au témoignage d'une commerçante du quartier, il l'a reconnu. Au fil des heures de la garde à vue, les procès-verbaux se succèdent, les aveux aussi. Il a commencé par vouloir voler dans la voiture, il a vu l'enfant, et l'« envie » soudaine est venue. Il l'a tuée avec ce qu'il appelle un « punner » – on suppose qu'il s'agit d'un cutter. Ses propres vêtements étaient couverts de sang, il dit les avoir brûlés. Il avait beaucoup bu comme les autres, tellement bu qu'il en a oublié son sac. Et puis, réflexion faite, il n'a pas brûlé ses vêtements, il les a cachés chez sa mère. Quant au « putter », il l'a planqué au-dessus de son armoire. Et puis finalement, ce sac bleu n'est pas à lui, il n'a pas tué la petite fille.

Il nie ainsi tout en bloc et, quatre jours plus tard, devant l'avocat commis d'office, il prétend qu'on l'a frappé durant la garde à vue pour le faire avouer. Ce à quoi les enquêteurs répondent qu'il s'est lui-même jeté brutalement à terre, sans aucune raison.

Et les autres ? Les trois autres, qui auraient assisté au viol et au crime, qui n'auraient rien fait pour sauver un bébé de trois ans des pattes du monstre qu'ils accusent, et qui continuent de charger ? Ils se contredisent à souhait.

Alors que l'on ne retrouve pas trace de l'arme du crime, pas de vêtements cachés ou brûlés, pas d'empreintes du « Clochard » dans la voiture où dormait l'enfant. Autrement dit, aucun élément matériel, mis à part le sac de sport bleu, ne vient étayer les accusations des trois autres, et les propres aveux du « Clochard ».

Lesdits aveux sont cependant suffisamment circonstanciés et logiques dans un premier temps pour que la conviction des enquêteurs s'établisse avec sérénité.

Mais l'histoire de ce drame va se transformer en procès impossible. Hélas ! Car la justice se trouve devant quatre menteurs, quatre lâches, quatre voleurs, quatre dénonciateurs, et le principal accusé est à ce point débile qu'il ne comprend même pas le déroulement d'une affaire judiciaire qui le concerne.

Premier procès impossible en 1992. « Le Clochard » s'y conduit comme un rustre, les coaccusés se rétractent sur certains points importants. « Kenzo », soudain, n'a pas réellement vu le viol et le crime – c'est ce qu'il prétend : il faisait noir, il a plutôt deviné que vu. Serait-ce parce qu'il se trouve dans l'incapacité de préciser les faits, ou parce qu'il est accusé de non-assistance à personne en danger ? Les trois accusateurs comparaissent d'ailleurs librement. Eux ne sont pas chargés d'un crime de sang…

Et le doute s'installe dans la presse, au point qu'un journaliste va publier le témoignage d'un homme (petit ami de la sœur de l'accusé, ou ex-petit ami…), lequel prétend qu'il a formellement vu ce samedi soir, aux environs de dix-neuf heures, « le Clochard » chez sa mère, et qu'il était malade. « J'ai rencontré sa mère au supermarché, elle lui a acheté un médicament, je l'ai raccompagnée pour l'aider à porter ses paquets, "il" nous a ouvert, une écharpe autour du cou, il a même voulu transporter un sac de pommes de terre pour nous aider. »

Cet homme est un témoin surprise, dont on se demande pourquoi il n'a pas été entendu par les enquêteurs, pourquoi il n'est pas allé trouver l'avocat de la défense, alors qu'il en a eu largement le temps, entre février 1989 et février 1992…

Suspension d'audience, demande de supplément d'enquête, procès reporté. « Le Clochard » retourne en prison, les trois autres à la liberté, ils n'ont fait que six mois de préventive.

Entre-temps, le tribunal a appris que « Crâne-d'obus », de retour dans sa caserne le dimanche, aurait raconté à un de ses camarades qu'il avait « fait une grosse bêtise » la veille. Laquelle ? Aucune réponse.

Entre-temps, et avec un malaise croissant, on a cherché à savoir qui avait volé un ou deux rasoirs dans une voiture, et qui les avaient donnés au « Clochard ». Pas de réponse.

Entre-temps, on a également appris que « Crâne-d'obus » avait changé de pantalon durant le week-end et qu'il n'était pas allé voir ses parents. Comment y voir clair ?

Alibis des uns et des autres, imbibés de bières. « Kenzo » regardait la télé chez des copains, il est sorti vers dix-neuf heures pour justement acheter de la bière, et n'est rentré chez les mêmes copains qu'à vingt heures trente. Les copains n'ont rien remarqué de spécial, ni dans son comportement ni sur ses vêtements. « Crâne-d'obus », après avoir traîné avec les autres, est allé dans une boîte de nuit pour draguer une fille, avant de rentrer dans sa caserne, où il a dit à un camarade : « J'ai fait une grosse bêtise. » On n'en tire rien de plus. « Le Gros », lui, n'a toujours rien vu. Rien. À croire qu'il était aveugle cette nuit-là.

Une année passe. Reprise du procès en février 1993, et toujours le même malaise. Au lieu d'innocenter fermement « le Clochard », le témoignage du « témoin surprise » paraît suspect. Tardif, et entaché de liens avec la famille de l'accusé. Entre-temps le journaliste qui l'a publié a lui-même quelques démêlés avec la justice. Son enquête jugée « tapageuse », le fait qu'il ait « prêté » les textes des témoignages – recueillis par lui et signés sur l'honneur – à l'avocat de la défense font de lui un point de mire. On lui reproche d'avoir fait capoter le premier procès.

Et le deuxième s'enlise dans les mensonges. Une fange de mensonges. Ils mentent, ces quatre individus malfaisants, à des degrés divers, sur des détails divers, mais sans arrêt. À tel point que même l'un d'eux le reconnaît devant l'impatience du président : « Vous mentez !

— Oui, mais pas tout le temps… »

L'unique certitude qui demeure est qu'ils étaient tous les quatre présents sur les lieux du crime. On sait qu'ils ont volé, qu'ils étaient soûls, on sait que trois d'entre eux ont des problèmes sexuels, deux des tendances pédophiles, alors que l'accusé lui, si menteur, débile, voleur et ivrogne qu'il soit, n'a pas leur profil de maniaque. Mais les trois autres, après avoir changé moult fois de versions, ne sachant plus quoi inventer pour s'innocenter mutuellement, sont d'accord sur un point : « C'est "le Clochard". » Ils l'ont vu, du moins entrevu, enlever l'enfant, tuer l'enfant, et n'ont rien fait.

Or, depuis ses premiers aveux, « le Clochard » nie. Et, depuis le premier procès, aucun élément matériel n'est venu soutenir l'accusation. La défense s'acharne à établir qu'il s'agit presque d'un débile profond, et son comportement dans le box semble bien le confirmer. Il s'intéresse aux uniformes de ses gardes, réclame sa soupe à grands cris, demande à retourner dans sa cellule, où il est bien avec sa télé. Il déclare sans ambage que « tout ça l'emmerde », que s'il avait commis le crime il serait en prison depuis longtemps...

Il fait le clown ? Il fait l'âne ? Il l'est ? Le procès impossible s'étale sur douze jours, et il arrive qu'à certains moments, l'accusé se laisse aller à soupirer : « Allez-y... continuez... » Comme si sa condamnation n'importait pas. En prison il se croit dans un centre spécialisé, et ça il connaît, il a déjà fréquenté. Tout ce qu'il semble vouloir, c'est son lit, sa gamelle, sa télé. Il use la patience de tout le monde, il oblige la cour à répéter des questions auxquelles manifestement il ne comprend rien, même la deuxième fois. Et la défense souligne toujours le fait qu'il semble impossible à un être disposant d'un vocabulaire aussi réduit, d'une compréhension aussi faible, d'avoir réalisé les conséquences de ses aveux, d'avoir supporté lucidement une garde à vue, d'avoir relu et signé des procès-verbaux dont la formulation ne fait pas partie de son vocabulaire. Donc que ses aveux ne valent rien.

Mais le sac bleu est à lui. Il a donné des détails sur l'enfant, sur le crime, il a dit l'avoir « coupée par plaisir ». Il a parlé du « putter », il a dit : « Je les ai vues mais j'ai pas volé les provisions dans la voiture. » Il a dit : « L'envie est venue... » Mais il a dit aussi : « J'ai vu les trois autres, mais moi j'étais pas là... »

Trois heures et demie de réquisitoire. Un examen minutieux des aveux du « Clochard », seuls éléments à disséquer en l'absence de preuves matérielles. Pour l'avocat général, il n'existe aucun doute. L'accusé a donné des éléments qui ne pouvaient être connus que de lui seul et de la police, et ces éléments sont solides.

D'autre part, les trois covoleurs ne l'ont accusé qu'après qu'il eut avoué lui-même et pas avant. Donc, tous les doutes qui pourraient subsister à leur sujet, et notamment le fait que « Crâne-d'obus » se soit débarrassé d'un rasoir volé, qu'il ait changé de pantalon après les faits, ne doivent pas faire nier l'évidence. Eux n'étaient pas couverts de sang, « le Clochard » a dit qu'il l'était. Et « le Clochard » a dessiné au cours de sa garde à vue le portrait de l'enfant, le sien, et des couteaux. Il a dit qu'il s'était servi d'un « putter », l'autopsie a confirmé qu'il s'agissait d'un cutter.

Si le magistrat regrette, et le dit, ne pas pouvoir demander une peine plus importante pour ces trois-là (cinq ans maximum), il réclame la perpétuité pour « le Clochard », assortie d'une peine de sûreté de vingt ans.

La défense réclame l'acquittement.

Les jurés accorderont les circonstances atténuantes, en le condamnant à vingt ans de réclusion criminelle, avec une peine incompressible des deux tiers.

« Crâne-d'obus » et « Kenzo » sont condamnés au maximum : cinq ans, pour non-assistance à personne en danger. « Le Gros », qui n'a rien vu, à cinq ans dont trois avec sursis.

Le rôle exact de chacun des comparses n'a jamais pu être déterminé au cours de ces deux procès difficiles. Le seul lien certain entre eux demeure la lâcheté. Ils auraient pu empêcher le drame. Même s'ils avaient peur du « Clochard », qu'ils décrivent parfois brave copain, parfois violent. Qu'ils aient vu ou non, qu'ils se soient enfuis ou non, ils ont laissé mourir dans des circonstances atroces une petite fille de trois ans.

« Le Clochard » est incarcéré dans une prison adaptée à son état mental. Lorsqu'il était enfant, il a fait une chute de plusieurs étages, il n'a pas parlé avant l'âge de sept ans. C'est un adulte d'un âge mental à peu près équivalent, mais pas fou. Il l'a répété souvent au cours de ces deux procès qu'il n'était pas fou… Tout en hurlant trop fort un besoin d'aller aux toilettes, de boire un coup, de sortir de cet endroit où il « s'emmerdait » … Ce qui a laissé penser à certains qu'il faisait peut-être un peu trop le « fou », pour prouver qu'il l'était, tout en ne l'étant pas. Et à d'autres qu'il l'était vraiment.

Saura-t-on un jour de lui, qui n'avait jamais fait, il est vrai, de mal aux enfants, comment est venue cette « envie » brutale de violer et d'égorger une petite fille ?

Procès impossible. Vérité brouillée. Cacophonie.

Les fantômes d'enfants violés et assassinés passent au-dessus des cours d'assises, dans le silence que devraient respecter leurs bourreaux, quels qu'ils soient.

L'assassin platonique

Au tribunal de Dijon, ce lundi 10 mai 1993, s'ouvre un procès pour meurtre appelé à durer deux jours seulement. Tout doit être terminé le lendemain mardi.

C'est un jeune homme qu'on va juger. Maigre, les traits creusés, le nez allongé, Lucien R., vingt-deux ans, fait son entrée dans le box. Il a l'air triste, réservé, réfléchi... Il est accusé d'avoir tué, le 17 avril 1991, le fils de sa maîtresse, David T., de trois ans seulement son cadet. Noëlle T. avait, en effet, dix-sept ans de plus que lui ; elle était alors âgée de trente-sept ans et lui de vingt. Et le plus étonnant était que le lien qui les unissait était purement platonique...

La lecture de l'acte d'accusation va nous faire connaître en détail ce drame hors du commun... Lucien R. habite le village de M. Il est le dernier de trois garçons. Il est d'une famille modeste : le père est commis dans une ferme. Lucien a une enfance et une adolescence sans histoires. À dix-huit ans, comme il a la passion des voitures, il passe un CAP de carrossier et entre dans un garage. En même temps, il s'inscrit au club automobile de la région. C'est ce goût pour les autos qui va le mettre en relations avec la famille T.

Les T. habitent eux aussi le village de M. Le fils, David, fréquente le même club automobile que Lucien, et le père, Antoine, vend des pièces détachées de voiture. Le jeune homme est fréquemment invité chez les T. et il s'y plaît d'autant plus qu'il sympathise aussi avec la mère, Noëlle, jolie femme pleine de vie et d'enthousiasme. Les T. deviennent ainsi son second foyer... Nous sommes alors en juin 1990 et les choses n'iraient peut-être pas plus loin s'il n'y avait un drame dans la famille : Antoine, le mari, boit et lorsqu'il a bu, bat sa femme. Tant et si bien que le mot de divorce finit par être prononcé...

C'est Noëlle T. qui fait le premier pas. En décembre 1990, elle déclare sa flamme à Lucien. Mais elle n'ose pas le faire elle-même. Elle lui fait remettre une lettre d'amour par sa fille Catherine, âgée de treize ans. Lucien s'aperçoit qu'il partage ses sentiments et, dès lors, un lien tendre et chaste s'établit entre eux. Interrogée plus tard sur ce qui l'a conduite à se déclarer, Noëlle dira : « Il était doux. C'était le premier homme qui me donnait l'impression d'exister. »

Et Lucien dira de son côté : « Ce n'est pas son physique qui m'a attiré, plutôt ce qu'elle avait en elle. Noëlle était affectueuse et sensible, compréhensive pour les conneries des jeunes. Je n'avais jamais aimé comme ça. »

Ils se voient en cachette l'après-midi, mais leurs relations restent platoniques. « On parlait, on jouait à la crapette. Je la respectais. Je ne voulais pas qu'elle pense que je venais vers elle uniquement pour cela... »

En février 1991, Noëlle T. obtient la séparation. Elle quitte le domicile conjugal avec sa fille Catherine, tandis que David reste avec le père. Ce dernier apprend alors la relation entre Noëlle et Lucien. Il entre en fureur. Il adresse au jeune homme des menaces publiques. Il lui déclare : « Je vais acheter un 22 long rifle et je te tuerai ! »

Il le poursuit en voiture, tente de le terroriser, lui fait des queues de poisson. Il lui crève ses pneus, lui barbouille sa voiture de peinture. Mais Lucien ne répond pas à ces agressions, pas plus qu'il ne cède à sa mère, qui lui intime l'ordre de rompre avec Noëlle.

Dans le village, chacun redoute un drame. Ses amis mettent en garde Lucien, qui finit par s'acheter lui aussi un fusil, qu'il met sous le siège de sa R 5... Quant à David T., pendant tout ce temps, il ne se mêle de rien. Il ne semble pas partager la haine de son père pour Lucien, dont il connaît pourtant les relations avec sa mère. Il prend au contraire le parti de Noëlle contre son père. Le 5 avril, il va la voir et lui demande de le garder avec elle :

« Papa t'a assez fait pleurer. Moi, je te défendrai contre lui. S'il te plaît, reprends-moi avec toi, je ne veux pas retourner avec lui. »

Mais Noëlle T. ne peut pas. Elle le ramène chez son père.

Elle expliquera : « Je n'avais pas les moyens financiers de garder deux enfants. Je lui ai dit de tracer son chemin. »

C'est dix jours plus tard, le 15 avril au soir, que le drame tant redouté éclate... Lucien est avec Noëlle lorsque son mari se présente à son domicile. Soucieuse d'éviter une altercation, elle refuse de lui ouvrir. « Ne rentre pas, Lucien est là ! »

Antoine T. fait demi-tour et appelle au téléphone. Il veut donner un rendez-vous à Lucien pour qu'ils s'expliquent. Non seulement le jeune homme refuse la rencontre, mais il préfère quitter Noëlle et rentre chez lui.

Quelque temps plus tard, Antoine revient de nouveau chez Noëlle, cette fois avec son fils David. Comme elle est seule, elle leur ouvre. C'est à ce moment précis que Lucien téléphone à son amie pour dire qu'il vient de rentrer et que tout va bien... Il se produit alors quelque chose d'aussi brutal qu'imprévu : David, qui était resté neutre dans le conflit, change brusquement d'attitude. Il devient fou furieux. Il prend le téléphone et injurie son ancien camarade. Noëlle précisera aux enquêteurs : « Je ne l'avais jamais vu comme cela. Il était devenu comme son père, fou de colère. Alors qu'il n'avait jamais rien dit contre Lucien, il s'est mis à l'insulter, à l'appeler le Crevé, le Branleur. »

Les deux jeunes gens se fixent un rendez-vous pour s'expliquer. Ils choisissent de se retrouver à vingt-trois heures dans un bois proche du village. David y va en compagnie de son père. Dans la clairière convenue, ils ne voient que la voiture vide de Lucien. Le père s'en va. Mais David, toujours hors de lui, veut son explication. Le père fait demi-tour et revient sur les lieux. David sort du véhicule. « Lucien, je suis là ! »

Lucien est embusqué dans un fourré avec son fusil. Il tire et blesse mortellement David de deux balles à l'abdomen. Son père le conduit à l'hôpital de Dijon, mais malgré deux interventions, il décède le lendemain matin à huit heures.

Lucien R., quant à lui, a pris la fuite. Il sera arrêté cinq jours plus tard chez Noëlle, alors qu'après avoir erré dans toute la France au volant de sa voiture il était revenu au village, sans doute dans l'intention de se rendre. Il déclare aux gendarmes pour expliquer son geste : « Lorsque j'ai vu arriver une voiture, alors que David n'avait pas le permis, je me suis dit que c'était une embuscade. »

Cela ne l'empêche pas d'être inculpé d'homicide volontaire avec préméditation et guet-apens sur la personne de David T., plus tentative d'homicide sur la personne d'Antoine T. Et c'est sous ce chef d'accusation gravissime qu'il comparaît ce lundi 10 mai 1993 devant la cour d'assises de la Côte-d'Or.

Les débats sont d'abord centrés sur la personnalité de l'accusé. Pour son père, Lucien était un brave garçon, mais sa mère ne le juge pas avec la même indulgence. L'enquêteur de personnalité, M. Jouarry, vient le dire à la barre : « Sur Lucien R., les paroles les plus dures m'ont été rapportées par la mère. »

En fait, femme énergique, elle s'est chargée seule de l'éducation de ses trois fils, éducation autoritaire et traditionaliste, mais semble-t-il excellente. Le curé de M. confirme la rigueur morale de sa paroissienne : « La religion, dit-il, est le centre de sa vie. »

Et le maire va dans le même sens : « Elle avait des principes rigoristes pour l'éducation. »

Ce qui n'empêche pas Lucien de lui avoir gardé toute son affection. Interrogé à son tour par le président, il déclare d'elle : « Elle est vieux jeu, mais je l'aime beaucoup. Mes deux frères ont toujours été calmes. Moi, il fallait que je traîne. »

Lucien « traînait » donc, pour reprendre son expression, mais c'était un traîneur sympathique. En classe, il est le dernier, ce qui n'empêche pas que ses professeurs l'aiment bien et l'estiment. En fait, il semble doté d'une personnalité très complexe, « une personnalité, ainsi que le dira un psychiatre, extrêmement contrastée et qui ne s'appréhende qu'à travers les paradoxes ».

Ce contraste se retrouve dans les jugements que portent sur lui ses proches. Ils le décrivent comme têtu, très dur, replié sur lui-même, mais ils en disent en même temps du bien. Lucien R. a bonne réputation au village. Ce sont les mêmes qualificatifs qui reviennent : « serviable, honnête, travailleur ».

Les psychiatres mettent tour à tour en lumière les deux aspects de son caractère : « Il est attachant. Il a toujours eu un rapport affectif à l'autre », dit un premier.

Mais un second précise : « Il semble avoir cherché à s'identifier dans le monde adulte dans une situation d'affrontement... »

On en vient à ses rapports avec les femmes. L'enquêteur de personnalité confirme le lien étonnant qui l'unissait à la mère de la victime : « Il a eu quelques aventures amoureuses, mais aucune n'a été durable, contrairement à celle qu'il entretenait avec Noëlle T. C'était la première femme qu'il aimait, et c'était d'un amour quasiment platonique. »

De son côté, dans les quelques réponses qu'il fait à ce sujet, l'accusé se présente comme un jeune homme plutôt équilibré : « Pour les filles, je ne courais pas après, mais je ne tournais pas la tête non plus. Je me disais que j'avais le temps... »

La deuxième journée, celle du mardi 11 mai 1993, commence par l'audition des gendarmes, qui ont mené l'enquête avec le plus grand soin et auxquels, d'ailleurs, la défense rend hommage. Le docteur Jean-Pierre Benoît, qui a pratiqué l'autopsie, confirme que la victime n'avait aucune chance de survivre à ses blessures. L'expert en balistique, M. Boyon, estime, quant à lui, que les balles ont été tirées entre cinq et six mètres.

Tout cela est suivi sans passion excessive, les faits étant parfaitement établis et n'étant contestés par personne. Mais l'audition du témoin suivant va constituer, au contraire, le grand moment du procès... Noëlle T., grave et digne, arrive à la barre. Lucien R., qui était resté jusque-là inerte dans son box et presque indifférent aux débats, manifeste brusquement la plus vive émotion.

Il faut dire que, malgré le drame, les sentiments qui les unissent n'ont pas faibli, bien au contraire. Depuis qu'il est en prison, Noëlle écrit deux fois par jour à Lucien : « Promets-moi que tu ne me laisseras pas. Je te jure sur mes deux enfants, sur Catherine et sur David, que je te serai fidèle. Je sais que tu n'es pas responsable de ce décès. La mort dans l'âme, je t'embrasse tendrement. » Et Lucien, de son côté, lui promet de vivre avec elle à sa sortie…

Noëlle T. évoque le soir du drame et la métamorphose soudaine de son fils David : « Il était dans un état que je ne lui connaissais pas. Pour moi, on a joué avec ses sentiments. »

Elle en vient ensuite au rendez-vous fatal dans la clairière : « Je suis conciente que Lucien est responsable des coups de feu. Mon fils et l'assassin se sont trouvés pris dans un engrenage fatal. »

L'avocat général, Mme Renée Morin, l'interroge sur sa responsabilité à elle dans cette affaire. Elle ne la récuse pas. « Je suis peut-être responsable. Pour certaines choses, du moins… »

Après elle, c'est son ex-mari, Antoine T., qui vient à la barre. Il s'exprime avec modération : « David voulait faire la même chose que moi. Il n'admettait pas cette liaison. R. était jeune et j'estimais qu'il ne pouvait pas se charger de ma fille… »

Les témoins en ont fini. C'est l'heure des plaidoiries qui vont clore ce court procès… L'avocat général Renée Morin prend la défense de la victime, pour laquelle personne ne s'est porté partie civile : « Je considère comme révoltant et inacceptable de voir mourir un jeune à l'aube, froidement abattu par un homme qui était autrefois un ami et qui, pour des raisons de déviations sentimentales avec sa mère, est devenu son assassin. »

Elle insiste sur les faits matériels, s'attachant à démontrer la préméditation : l'achat de l'arme et des munitions, le fait que le fusil était en permanence dans la voiture, le choix du lieu de rendez-vous, « un lieu sinistre et isolé, idéal pour un guet-apens ». Elle conteste que ce soit la peur qui ait fait tirer Lucien R. : « Qui vous dit qu'il n'a pas voulu faire cesser la tension qu'il ne supportait plus, raison pour laquelle il a voulu supprimer les deux hommes ? »

Parlant le dernier, l'avocat de l'accusé, l'ancien bâtonnier Régis Berland, insiste, ainsi qu'on pouvait l'attendre, sur les aspects passionnels de cette affaire : « Les sentiments de R. pour cette femme sont assez inhabituels mais d'une exceptionnelle qualité. Il se présente comme son amant, mais par respect pour elle, il n'a jamais eu de relations sexuelles avec elle. »

Maître Berland poursuit : « Le plus grand bonheur pour cet homme et cette femme, c'est d'aimer et d'être aimé. R. lui a apporté la douceur, la réserve, les égards et la protection qu'elle n'avait plus depuis longtemps avec son mari… »

Il argumente sur le climat de peur qui régnait autour de Lucien R. au moment des faits et met en cause le père de la victime : « Pour moi, il y a une évidente responsabilité morale du père, qui a voulu mêler à ses problèmes d'homme un garçon de dix-sept ans et qui a réussi à l'emmener dans la clairière. À aucun moment, il n'a tenté de l'en empêcher véritablement. »

En conclusion, maître Régis Berland non seulement refuse la préméditation mais réclame, au contraire, la légitime défense : « Lucien R. n'a pas voulu assassiner le père de David et il n'a pas voulu la mort de son ancien camarade. Face à deux personnes qu'il pouvait croire légitimement armées, il a pris peur et les coups sont partis de manière instinctive et non volontaire… »

Il ne sera pas entendu. À l'issue de leur délibération, les jurés de la cour de Dijon retiennent la préméditation pour le meurtre de David T. Mais contrairement à ce qu'avait demandé l'accusation, ils refusent la tentative de meurtre contre Antoine T. et le guet-apens. En conséquence, Lucien R. est condamné à seize ans de détention.

Solingen

Solingen, ce n'est pas si loin de la France. C'est même tout près : une ville de cent soixante mille habitants, aux environs de Cologne, dans l'ouest de l'Allemagne, une ville industrielle comme il y en a tant dans le pays, à deux ou trois heures de TGV de Paris, quand il sera en fonction. C'est tout près et c'est une raison de plus de revenir sur ce qui s'est passé cette année, le samedi 29 mai 1993, à Solingen.

C'est la nuit… Il est un peu moins de deux heures du matin. Dans une maison de trois étages habitée par des familles turques, vingt personnes en tout, un incendie se déclare soudain. C'est la panique. Le feu, qui a pris dans le hall, se propage par l'escalier avec une vitesse foudroyante, coupant la retraite aux occupants. Plusieurs personnes se jettent par les fenêtres et les pompiers tardent à venir. Quand le sinistre est enfin maîtrisé, le bilan est lourd : cinq Turques, dont deux fillettes de quatre et neuf ans, ont péri. Plusieurs personnes ont été blessées, dont deux enfants de sept mois et trois ans, qui se trouvent dans un état critique. L'incendie est d'origine criminelle : on a retrouvé des traces de combustible sur les marches de la maison.

Dans toute l'Allemagne qui apprend la nouvelle au matin du dimanche, l'émotion est immense. Il s'agit sans nul doute d'un attentat raciste, et ce n'est pas le premier. Six mois plus tôt, dans un incendie identique à Moelln, trois Turques, dont deux enfants, avaient été brûlées vives. Et, par une coïncidence qui n'en est peut-être pas une, les incendiaires présumés, deux néo-nazis de dix-neuf et vingt-cinq ans, sont actuellement en train d'être jugés.

Tout cela évoque de terribles souvenirs pour le peuple allemand et les autorités réagissent aussitôt. Rudolf Seiters, le ministre de l'Intérieur, se rend sur les lieux le matin même. Klaus Kinkel, le ministre des Affaires étrangères, dans un télégramme à son homologue turc, se déclare « atterré par une telle atrocité ».

Les premières réactions sont néanmoins empreintes de modération. À Solingen, un millier de personnes se réunissent spontanément pour protester dans le calme. Dans toute l'Allemagne, les équipes de football de première division, qui jouent ce dimanche-là, observent une minute de silence avant leur match.

Sur le plan policier, les choses ne traînent pas. Quelques heures seulement après l'incendie, un adolescent de seize ans est arrêté et inculpé de « meurtres, tentative de meurtre et incendie criminel aggravé ». Les autorités refusent d'en dire plus, notamment de révéler son identité et les motifs de son acte. On pense alors que ces résultats vont contribuer à préserver le calme qui s'est maintenu jusque-là. C'est exactement l'inverse qui se produit : la colère de la population turque éclate brutalement.

Les Turcs constituent la plus forte communauté immigrée d'Allemagne : 1,8 million. Ils avaient réagi avec modération au premier attentat qui les avait frappés, celui de Moelln, six mois auparavant, mais cette fois c'est l'explosion et l'arrestation du coupable présumé n'y fait rien. Cinq mille Turcs affrontent pendant une partie de la nuit du dimanche 30 mai au lundi 31 mai 1993 la police dans différents quartiers de Solingen. Les manifestants allument des feux, saccagent le mobilier urbain et les vitrines. La police procède à dix-sept arrestations. Le lendemain, Solingen affiche un visage de désolation : débris de verre, poubelles calcinées, vestiges de barricades. Les dégâts sont évalués à quatre millions de francs. L'ambassadeur de Turquie en Allemagne lance un appel au calme.

« Bien que ce soit difficile dans une telle situation, j'appelle tous nos concitoyens turcs à ne pas répondre à la violence par la violence. »

Il ajoute : « Les gouvernements turc et allemand travaillent ensemble pour améliorer la sécurité des Turcs installés en Allemagne. »

De son côté, Klaus Kinkel, ministre des Affaires étrangères, présente de nouveau les excuses des autorités : « Nous avons honte de cet acte terrible. Nous demandons votre pardon... »

Lundi après-midi, dans le calme, cette fois, deux mille Turcs convergent vers la maison calcinée où les familles des victimes font une veillée religieuse. Des mains anonymes continuent à déposer des bouquets devant la maison.

Mais ce n'est qu'un répit. L'émotion des Turcs est toujours à son comble, notamment en Turquie même, où les corps des cinq victimes doivent être rapatriés. La presse du pays se déchaîne contre les Allemands. Le principal quotidien, dont deux cent mille exemplaires sont vendus chaque jour en Allemagne, exige que les auteurs soient « jugés comme coupables d'un génocide ». Un autre journal accuse les Allemands de « présenter des excuses après chaque événement, sans prendre des mesures contre les exactions racistes ».

Dans le même temps, le jeune homme de seize ans arrêté passe aux aveux, sans que la police révèle toujours son identité ni ses mobiles, et, sur le terrain, la violence reprend. Elle se déchaîne comme jamais auparavant. C'est une véritable nuit d'émeute que connaît Solingen. Deux à trois mille jeunes Turcs descendent dans la rue. Ils sont huit mille dans la ville, soit cinq pour cent de la population, mais il en vient aussi d'ailleurs. Ils brisent tout ce qu'ils peuvent, ils lancent des vélos contre les vitrines. Ils scandent :

« Vengeance ! L'Allemagne doit mourir pour que nous vivions ! Pour chaque Turc abattu, deux Allemands ! »

Parmi eux, il y a des extrémistes très virulents, les « Loups gris », ultranationalistes turcs, qui s'avouent eux aussi d'extrême droite et qui affirment : « Il n'y a que le fascisme pour répondre au fascisme. »

Ces débordements provoquent de violentes réactions de la part des Allemands. Un automobiliste de Solingen renverse une manifestante et la blesse grièvement...

C'est dans ce climat extrêmement tendu qu'a lieu, le jeudi 3 juin, une cérémonie funèbre devant la maison incendiée. Les cinq cercueils, dont les trois de petite taille qui renferment les corps des enfants, sont alignés devant l'entrée. Sur la façade calcinée, ont été déployés le drapeau allemand, celui du land de Rhénanie-Westphalie et celui de Turquie en berne.

Et, en début d'après-midi, c'est la cérémonie officielle à la mosquée de Cologne. Il s'agit, en fait, d'un ancien entrepôt, un grand hangar, sans décoration ni minaret. Le président de la République allemande, Richard von Weizsäcker, représente ses compatriotes. Dans une allocution remarquée, il demande une meilleure intégration des Turcs en Allemagne. Il va jusqu'à suggérer de leur accorder le droit de vote et la double nationalité, mais il dénonce dans le même temps les actes de vandalisme commis par les manifestants et rappelle que les fauteurs de troubles étrangers peuvent être expulsés...

Les troubles ne recommenceront pas... Le calme est revenu à Solingen et dans le reste de l'Allemagne. Et les journaux publient les résultats de l'enquête, qui sont enfin rendus publics.

L'inculpé, qui a avoué être l'incendiaire, s'appelle Christian R. Il a seize ans. Son profil, à la fois banal et inquiétant, est celui de toute une jeunesse défavorisée, tentée par la violence et le racisme.

Christian R. habitait depuis quelques mois seulement à Solingen, seul avec sa mère, à cent mètres de la maison calcinée. Il n'a jamais connu son père, qui a abandonné le domicile conjugal avant sa naissance.

Pour se faire un peu d'argent, il travaillait dans une station-service toute proche. Pour se distraire et peut-être pour d'autres raisons moins anodines, il suivait des cours d'arts martiaux avec un professeur qui avait la réputation d'être d'extrême droite. Christian R. fréquentait des groupes néonazis. Il allait quelquefois avec d'autres jeunes au crâne rasé, en blouson et rangers, chanter dans un terrain vague des chants hitlériens et graver des croix gammées sur les arbres.

Christian aimait le football, mais pas vraiment par goût du ballon. Il soutenait l'équipe locale au sein d'un groupe de hooligans, qui clamait bien haut sa haine de l'étranger. Chaque match était pour lui l'occasion de s'abrutir dans la bière, car il buvait de plus en plus.

C'est d'ailleurs l'alcool qui semble à l'origine du drame... Le vendredi 28 mai, avec trois complices, deux adultes et un mineur, âgés de seize, vingt et vingt-trois ans, tous sympathisants d'extrême droite, ils sont mis à la porte d'un café de Solingen, après une beuverie. Pour les expulser, le patron se fait aider de deux Turcs.

Il ne faut pas plus pour déclencher leur folie meurtrière. Ils vont chercher un bidon d'essence dans la station-service où travaille Christian R. et se rendent au domicile des Turcs, que Christian connaît bien puisqu'il habite presque en face. Ils renversent le bidon sur des vieux journaux dans l'entrée et s'enfuient. En vingt minutes, le bâtiment est détruit par les flammes...

Les jours suivants, les témoins viennent déposer et compléter le portrait de Christian R. : un garçon de 1,80 mètre, aux yeux bleus, à l'allure sportive, habillé souvent en jogging, mais qui, malgré son physique épanoui, représentait visiblement un danger en puissance. Il est décrit ainsi par le chef de l'établissement scolaire qui l'accueillait :

« Nous avons essayé de le comprendre, de l'aider, mais à la fin les enseignants n'en pouvaient plus. C'était un mouton noir, il voulait se battre avec tout le monde. Il lui arrivait de crier : “Heil Hitler !” »

Gunther, quinze ans, un camarade : « Un jour, il s'est écrié en plein cours : “Saucisse folle !” Cela l'a fait bien rire et nous aussi. Il lui arrivait de dire des choses du genre : “Il faut brûler les maisons.” Sur son cahier, il dessinait souvent des croix gammées. J'ai essayé de parler avec lui de son passé, de sa famille, de sa mère, mais il a toujours refusé. »

Telle est la situation à l'heure actuelle. Christian R. et ses complices attendent de passer en jugement. Mais l'incendie de Solingen aura eu au moins pour conséquence de réveiller un débat de fond qui divise et empoisonne l'Allemagne. En matière de nationalité, l'Allemagne est régie par une des lois les plus restrictives d'Europe, le « droit du sang », qui date de 1913.

Selon cette loi, une personne ayant un ancêtre allemand, aussi éloigné soit-il, peut avoir la nationalité germanique, alors que pour quelqu'un qui réside en Allemagne, même depuis longtemps, c'est très difficile. On aboutit à ce paradoxe que des Russes nés au fin fond de la Sibérie, descendants d'émigrés allemands du XVIIIe siècle, ont pu obtenir la nationalité allemande, alors que pour des Turcs, qui vivent et travaillent en Allemagne depuis trois générations, c'est pratiquement impossible. Il en résulte que quinze mille étrangers sont naturalisés par an en Allemagne, contre soixante mille en France et cent cinquante mille aux États-Unis, et alors qu'il y a six millions d'étrangers outre-Rhin.

À la suite de l'affaire de Solingen, le chancelier Kohl s'est déclaré favorable à une réforme du code de la nationalité. Mais il devra tenir compte d'une opinion publique allemande frileuse, surtout à la veille d'élections législatives difficiles pour lui.

Scoop mortel

Deborah W., la belle rousse qui travaille pour la chaîne de télévision américaine de langue espagnole TLO, est, comme chaque jour, affairée devant son ordinateur. Elle tape fébrilement le « déroulement » du prochain épisode particulièrement « juteux » de la fameuse série *Comme si vous y étiez*, un « reality-show » qui rassemble les foules pour les transformer en voyeurs impénitents. Après l'émission sur les transsexuels, leur vie et leurs mœurs plutôt scandaleuses, après celle sur l'inceste, activité beaucoup plus courante qu'un vain peuple ne le pense, après le record d'audience atteint par l'émission concernant la « zoophilie », Deborah met une dernière main au sujet qui, elle l'espère bien, ne décevra pas la « chaîne », c'est-à-dire la direction générale : « Qui prétend avoir fait l'amour avec un (ou une) extraterrestre ? » Les témoignages, parfois troublants, les détails croustillants, l'exhibition de quelques prétendus « enfants de l'amour », tout cela devrait encore faire un bon score. Mais, en même temps qu'elle termine son papier, Deborah, dans son subconscient, commence à se poser l'éternelle question des journalistes. « Que vais-je trouver pour demain ? »

Soudain le téléphone sonne. Deborah décroche. Un homme, au fort accent cubain, demande à parler à la responsable du célèbre show *Comme si vous y étiez*. Deborah se présente, l'homme affirme qu'il est l'un des plus fervents téléspectateurs de la série, un « fan ». Mais il n'appelle pas pour féliciter les responsables. Il a lui-même un problème et, en définitive, il compte un peu sur son « reality-show » favori pour l'aider à résoudre une situation personnelle douloureuse. Deborah, instinctivement, sent qu'il y a peut-être, au bout du fil, un sujet d'émission. Elle demande à l'homme, Vincente J., de raconter son histoire. En même temps, par un réflexe professionnel, Deborah a mis en marche le magnétophone qui enregistre directement l'appel. Cela lui permettra de tout réécouter ensuite, à tête reposée, et de juger de tous les éléments. Deborah est une vraie professionnelle, de celles qui savent allier la réflexion mais, le cas échéant, faire preuve du réflexe qui saisit le scoop pratiquement en direct, qui sauve tout... Du réflexe qui tue aussi...

À l'autre bout du fil Vincente, avec son vocabulaire cubain facilement identifiable, raconte d'une voix oppressée son drame personnel, depuis le début. Enfin presque : cet homme plus passionné qu'organisé mélange un peu la chronologie, ne termine pas toutes ses phrases, saute des détails. Heureusement Deborah est là pour faire préciser un point obscur, pour résumer, pour le remettre dans le droit chemin de son drame. Drame qui va bientôt, grâce à Deborah et à ses parfaits réflexes professionnels se transformer en tragédie, en boucherie peut-on même dire...

Vincente raconte son histoire. Voilà quelques années qu'il s'est installé en Floride avec son épouse Margarita. Au début, tout à la joie de vivre enfin dans la libre Amérique, le couple savoure son bonheur capitaliste tout neuf. De plus ils ont donné le jour à une ravissante poupée : Pilar, petite brunette pulpeuse et rieuse qui promet d'être une femme splendide quand le temps sera venu. Tout va bien, Vincente est au bout de quelque temps devenu le gardien d'une somptueuse résidence pour retraités bien nantis, de ces résidences où, au pays de la liberté, on n'admet ni les Noirs, ni les animaux, ni les enfants. Étrange image du paradis... Margarita, quant à elle, est coiffeuse. Les revenus du couple sont suffisants. Pilar grandit. Tout irait bien. Pourtant, au paradis du dollar, libéré du souci de trouver chaque jour à se procurer la nourriture la plus essentielle, le couple commence à se dissoudre. Margarita se met à fréquenter des amis de son choix, qui ne sont pas ceux que Vincente apprécie le plus. Vincente, lui, une fois son travail terminé, n'aime rien tant que de s'installer dans le sofa du living-room, quelques boîtes de bière à portée de la main, pour suivre, avec délices, les épisodes successifs de ses émissions favorites, parmi lesquelles *Comme si vous y étiez*. Rien ne va plus dans le ménage. Margarita lui fait d'ailleurs savoir, à plusieurs reprises, qu'elle déteste cette émission, à ses yeux d'une vulgarité complète. Comment peut-on se repaître ainsi, des heures durant, de ces déballages indécents et racoleurs ? Mari et femme se rendent compte de ce que leurs ambitions personnelles diffèrent chaque jour un peu plus. Heureusement Pilar est là, pour les réunir, objet de leur adoration…

Mais bientôt, hélas, Pilar ne suffit plus à assurer la cohésion du ménage. Vincente et Margarita, comme c'est souvent le cas, n'ont pas tout à fait la même idée de l'éducation nécessaire aux jeunes filles. Vincente serait plus « coulant », Margarita plus « ferme ». Bref, au bout de plusieurs années de vie commune le divorce est prononcé. A sa grande déception Vincente apprend que Pilar, vu son jeune âge, quatorze ans, est confiée à la garde de sa mère. À chaque occasion Vincente, lorsqu'il voit sa fille, la couvre de cadeaux, bijoux, vêtements de prix. Pilar est décidément bien gâtée. Elle devient une vraie jeune fille américaine. Tout en gardant, hélas pour elle, une certaine idée des valeurs latino-américaines. Elle sort avec des garçons de son âge. C'est la catastrophe.

Vincente, en évoquant ce tournant de son histoire, se met à sangloter au bout du fil, Deborah l'encourage à continuer. Elle prend des notes en même temps. Au bout du fil la voix du Cubain, qui semble désespéré, conte la suite. Un beau jour Pilar lui téléphone et lui demande de venir de toute urgence au domicile de Margarita. En arrivant il est effrayé de voir le visage livide de sa petite poupée adorée. Tout de suite il pressent un drame. En quelques mots hachés Pilar lui avoue tout : elle est enceinte. De son petit ami, un garçon latino-américain à peine plus âgé qu'elle. Que faire ? Margarita n'est pas au courant. Vincente préconise de tout raconter à son ex-épouse. Il se charge d'arrondir les angles.

Mais, en rentrant le soir de son salon de coiffure, Margarita, du haut de ses grands principes d'éducation, ne réagit absolument pas comme prévu. Vincente lui a pourtant téléphoné pour lui dire que leur enfant était en pleine crise, pour lui demander de l'écouter et de réagir avec tendresse, peine perdue, quand elle apprend que Pilar, malgré ses promesses, malgré ses airs de vertu, va sans doute mettre un enfant au monde, Margarita, incapable de contrôler sa colère, gifle sa fille, plusieurs fois, à la volée. Et ce n'est qu'un hors-d'œuvre. Les sanctions pleuvent : interdiction de sortir, de revoir le petit ami coupable, menaces, tout le grand jeu. Pilar, déjà suffisamment effondrée, se retrouve comme prise au piège. Son seul soutien, son père, n'est pas à portée de la main pour la prendre entre ses bras… Le pire est encore à venir.

Vincente continue son histoire et, à ce point du récit, Deborah entend comme un écho résonner dans sa mémoire. Un souvenir d'entrefilet aperçu dans les journaux. L'homme raconte qu'un matin le téléphone a sonné, une voix lui demandant de se rendre, toutes affaires cessantes, chez son ex-épouse. Là, horrifié, il est confronté à la plus grande douleur de sa vie. Pilar, son ange, son adoration, gît sur un brancard d'hôpital, recouverte d'une couverture grise et anonyme. Elle s'est tiré un coup de revolver en pleine poitrine, résolvant du même coup, par l'irréparable, un problème qu'elle n'était après tout pas la première ni la dernière à affronter en ce bas monde.

Vincente, en dehors de son chagrin, ressent une vague de haine pour Margarita. Une fois passé le torrent d'insultes cubaines dont il l'abreuve, Vincente se précipite pour porter plainte contre son ex-femme. Il l'accuse d'homicide volontaire. Mais, étant donné les circonstances, on lui fait gentiment comprendre que sa plainte est irrecevable. Frustré et décidé à venger Pilar, Vincente cherche une solution : *Comme si vous y étiez* lui semble alors une voie possible. Deborah est aussi de cet avis.

Elle prend rendez-vous avec lui dans un bar de F…, la ville du drame, pour mettre sur pied une séquence « haute en couleur ». Quoi de plus télégénique que la douleur d'un Cubain prêt à tout pour venger sa fille ? D'autant plus que, lors de ce rendez-vous, elle constate avec une certaine jubilation intérieure que le gardien d'immeuble, encore tout fiévreux de colère, se promène avec un gros revolver glissé dans la poche intérieure de sa veste.

Deborah pressent, avec un instinct journalistique très sûr, qu'il pourrait y avoir là la semence d'un peu d'« action » télévisuelle... Elle propose à tout hasard de filmer Vincente, au moment où il déposerait une couronne de fleurs, payée par la chaîne de télévision, sur la tombe toute fraîche de Pilar. Tombe ornée, selon la coutume latine, d'une photo émaillée de la pauvre gosse. Belles images en perspective. D'autant plus que, si Deborah a bien compris, Margarita, elle aussi effondrée par la perte de sa fille, se rend chaque jour sur la tombe. Une supposition que Margarita et Vincente se rencontrent là, comme par hasard. Est-ce que cela ne ferait pas une bonne séquence « en direct » ? À défaut de résoudre les problèmes de Vincente dont, après tout, Deborah se fiche complètement, cela pourrait donner une « tranche de vie » assez « saignante » ... Saignante en effet.

L'heure venue, tout se passe comme prévu. Vincente, brisé par le chagrin, dépose la gerbe sur la tombe de Pilar. Le cameraman ajuste son zoom pour saisir les larmes qui dégoulinent le long de ses joues viriles. Deborah, micro en main, fait les commentaires appropriés pour émouvoir les populations jusqu'en Californie, à l'autre bout du continent. Soudain, comme elle l'espérait un peu, une voiture s'arrête non loin de là. C'est Margarita qui en descend, comme chaque jour, tout de noir vêtue. Deborah, dans un excellent réflexe, se précipite vers elle pour lui poser les questions qui s'imposent, télévisuellement parlant s'entend. Margarita, surprise par la présence de la télévision, repousse toute interview : elle n'est pas venue pour ça... qu'on la laisse seule avec son chagrin.

Obéissant aux instructions de Deborah le cameraman repasse sur Vincente. Celui-ci, qui était agenouillé sur la tombe, s'est relevé prestement. Il court à présent vers Margarita, la caméra tourne, tourne, le micro enregistre tous les bruits, le souffle rauque de Vincente, les objurgations de Margarita : « Laissez-moi tranquille, laissez-moi. » Tout est enregistré, la main de Vincente qui brandit le revolver qu'il tenait glissé sous son blouson, les déflagrations, Margarita qui tombe, son crâne qui éclate sous les balles qui continuent à la frapper, les sursauts de son corps sans vie sous l'impact des projectiles... l'effondrement de Vincente qui pleure à chaudes larmes dès qu'il a accompli l'irréparable.

À l'heure dite la chaîne TLO diffuse, après des précautions et des avertissements qui sont autant de messages publicitaires destinés à faire monter l'audience, à conquérir un maximum de « parts de marché », les images qui vont être « insoutenables », « déconseillées aux âmes sensibles », de ce « reportage » vraiment très réussi et digne de rentrer dans les annales de la bassesse médiatique.

Le 36 prend des vacances

« Méfie-toi du mec qui vient de s'asseoir, il n'a pas l'air très net ! » murmure le conducteur de l'autobus à son collègue au moment du changement de chauffeur. Sage conseil.

Dans la région lyonnaise Philippe P., vingt-sept ans, s'apprête à exercer son métier de conducteur d'autobus. Métier fatigant, certes, mais qui ne manque pas de charme : variété des voyageurs, variété des paysages selon les couleurs changeantes des saisons. Brefs contacts presque amicaux avec les habitués de sa ligne, pittoresques personnages qui entrent pour quelques instants dans son univers, touristes, amoureux qui ne peuvent s'empêcher de faire savoir au monde entier qu'ils s'adorent, grincheux ou farfelus en tout genre. Que lui réserve cette journée de printemps à bord de l'autobus 36 ?

Le parcours commence bien, rien à signaler d'anormal. Jusqu'au terminus de T., banlieue qui a eu les honneurs de la presse nationale, il y a quelques années, pour les bagarres qui opposèrent jeunesse mal dans sa peau et forces de police. Tout le monde a encore dans l'œil les images de véhicules incendiés brûlant dans la nuit. Mais pour l'instant il fait beau et on est en pleine matinée. Le jeune homme qui n'a pas l'air net monte, présente son abonnement et s'assied. Philippe n'a pas de mal à déceler les problèmes du jeune homme : son visage est couvert d'ecchymoses et tout laisse à penser qu'il s'agit des traces d'une altercation récente. Philippe imagine la scène, on en voit tant de semblables à la télévision tous les jours de la semaine… C'est pourquoi l'un des autres conducteurs de la ligne, au moment de la « pause cigarette » a même le temps de préciser que ce voyageur est un peu « agité » mais rien de très gênant, des grommellements inintelligibles, une sorte de conversation intérieure avec quelque interlocuteur imaginaire et peu amical. Philippe remercie du renseignement et se promet de surveiller le client. Tout le monde a pris place. On démarre.

Pendant les premiers kilomètres, tout se passe normalement, arrêts, montées et descentes de voyageurs, renseignements aux égarés, monnaie à rendre, attention plus marquée pour les personnes âgées qui nécessitent plus de temps pour monter et descendre… Le voyageur aux ecchymoses a cessé sa conversation intérieure et il commence à interpeller les autres voyageurs et voyageuses les plus proches de lui. Leur posant des questions un peu débiles, faisant lui-même les réponses et les commentaires, exprimant des opinions à l'emporte-pièce sur le paysage, l'environnement, les événements et les hommes politiques, les femmes, le sexe, l'amour, la religion, mille sujets décousus… Il « chahute » un peu, comme on dit.

« Méfie-toi du mec qui vient de s'asseoir, il n'a pas l'air très net ! » Philippe, prévenu par son collègue, est un peu plus tendu mais garde le contrôle de la situation.

Et on arrive à l'autre bout de la ligne. Bizarrement, le voyageur aux ecchymoses ne descend pas. Il reste en place et repart dans l'autre direction vers son point de départ. Et, en sens inverse, le trajet se déroule à nouveau de la même manière. Jusqu'à l'arrêt de S. Soudain, le voyageur agité se lève, s'approche de Philippe et sortant rapidement de sa poche un couteau à cran d'arrêt il en applique le tranchant sur la gorge du pauvre conducteur qui croit sa dernière heure venue. Le jeune homme énervé oblige Philippe à stopper le véhicule et il intime aux autres voyageurs l'ordre de quitter l'autobus. Puis on redémarre. L'énergumène décide : « On va à Montpellier ! » Pas du tout dans la même région ! Un détour d'au moins six cents kilomètres aller et retour ! En même temps Philippe sent dans son dos le contact dur et menaçant d'un canon de revolver. Le couteau sur la gorge, il redémarre en essayant de se raisonner, de se remémorer les consignes classiques : « Ne pas faire de mouvement brusque, gagner du temps, ne pas énerver l'agresseur. »

L'autobus 36 emprunte l'autoroute du Sud et file vers son destin.

Les kilomètres succèdent aux kilomètres. À présent le kidnappeur d'autobus, de plus en plus excité, se donne du courage en buvant au goulot d'une bouteille de whisky. Philippe se prend à espérer qu'il puisse tomber soudain ivre mort sous le choc de l'alcool. Mais non, l'autre doit avoir une bonne habitude de ce genre de désaltérant, il continue à boire et à parler… parler… parler.

C'est ainsi que le pauvre Philippe, qui se rassure un peu mais se demande cependant comment tout cela va se terminer, apprend tout ou presque des antécédents de son agresseur. L'autre lui donne son nom : Jean-Charles J., son âge, vingt-quatre ans, et lui parle surtout de son père qui habite au loin, là-bas dans le Midi, du côté de Montpellier… Il parle aussi de son enfance dans un foyer pour enfants à Lyon… des bons et des mauvais souvenirs, de la lutte pour la vie, de son désespoir de vivre, de ses rêves de jour et de ses cauchemars de nuit… L'autobus dévore les kilomètres. À présent plus d'arrêts, plus de voyageurs…

Pourtant, dès le début de la prise d'otage, Philippe dans un réflexe discret a eu le temps d'appuyer sur le signal d'alarme, qui, là-bas, au poste de contrôle, donne l'alerte… Les voyageurs que Jean-Charles a obligés à quitter le véhicule se sont eux aussi manifestés pour réclamer qu'on les tire du mauvais pas où ils se trouvent… Aussitôt tout un plan « rouge » se met en branle. La police est alertée. Au péage obligatoire les forces de l'ordre pensent intervenir mais devant l'attitude agressive de Jean-Charles on hésite pour ne pas voir le couteau à cran d'arrêt entailler la gorge de Philippe. Un peu plus loin ce sont les motards de la gendarmerie, dans le territoire desquels l'autobus pénètre, qui prennent le relais.

À l'intérieur du véhicule Jean-Charles parle, parle, parle encore et continue à boire le whisky qui diminue dans la bouteille, mais Philippe note que le débit verbal de son agresseur se ralentit. Celui-ci soudain demande une cigarette mais le conducteur du 36 ne fume pas. Il suggère avec hésitation de stopper le véhicule pour demander la « sèche » … au motard de la gendarmerie qui, depuis des kilomètres, ne quitte pas le pare-chocs arrière de l'autobus... Cette cigarette tant désirée est alors le prétexte à une longue conversation entre Philippe, le motard et Jean-Charles le mal-aimé... Philippe réalise que, depuis le début de l'aventure, ce qu'il prenait pour le canon d'un revolver braqué sur son dos n'était que le bout raidi de l'index de son agresseur ! Au bout du compte Jean-Charles accepte de renoncer à son projet. Il se retrouve en détention préventive pour quelques jours... Un examen médical révèle qu'il présente de graves troubles psychologiques. On arrive à la conclusion qu'au moment de son détournement d'autobus il était, obsédé par son idée fixe, en état de démence, pourtant les médecins lui accorde la pleine responsabilité de ses actes sur le plan pénal.

Philippe, quant à lui, malgré l'heureux dénouement de l'affaire, n'est pas au bout de ses peines. Cauchemars et angoisses l'assaillent dorénavant pendant les mois qui suivent. Il devient si anxieux, si mal dans sa peau, qu'il doit momentanément s'arrêter dans son travail. Calmants et repos ne font rien à l'affaire. À trente ans, trois ans après les faits, on lui accorde une incapacité de travail de dix pour cent, et 20 000 F de provision sur les indemnités à venir. S'en remettra-t-il jamais vraiment ?

Jean-Charles qui, décidément, fait les mauvais choix dans l'existence, préfère ne pas se présenter à l'audience qui doit voir la conclusion de cette affaire. Devant les dégâts provoqués chez Philippe, compte tenu de son absence devant ses juges, Jean-Charles se voit condamner par défaut à quinze mois de prison. Il est aujourd'hui activement recherché par la police...

Pendant ce temps-là, à Nantes, un quadragénaire ancien conducteur d'autobus, nostalgique de son métier et qui boit pour oublier, voit son taux d'alcoolémie monter à 2,20 g. Comme il vient de voler un autobus il est condamné à quatre mois de prison. En vingt ans, c'est la vingt-troisième fois qu'il dérobe un autobus et qu'il l'abandonne n'importe où en Poitou-Charentes, généralement en allant heurter, irrémédiablement soûl, quelque véhicule en stationnement ou quelque élément innocent du mobilier urbain. Le juge lui conseille de calmer sa passion en s'achetant son propre autobus mais, lui fait remarquer le coupable avec une logique irréfutable : « Il faudrait d'abord que je repasse mon permis » … C'est évident… La prochaine fois on peut imaginer qu'il soit obligé, sous la menace d'un couteau, de conduire Jean-Charles jusqu'à Montpellier…

Banquier de cœur

« Chérie, viens voir ! Un miracle, je n'arrive pas à y croire. » En ouvrant son courrier ce matin-là, Michel R., un jeune père de famille, n'a pu s'empêcher de pousser un cri. Les mains tremblantes il regarde, effaré, son relevé de compte bancaire. Sylvette R., sa jeune épouse, arrive en courant de la cuisine. Elle essuie ses mains humides sur son tablier. « Qu'est-ce qui se passe encore ? » Les yeux battus par le manque de sommeil, elle s'attend au pire, mais en regardant le visage de Michel elle distingue une lumière qui l'éclaire d'une joie insolite, comme si le relevé de leur compte bancaire reflétait dans ses yeux une lumière surnaturelle. « Regarde, on nous a viré 100 000 F sur notre compte, juste la somme que l'on cherche désespérément depuis six mois ! » « Ça n'est pas possible, c'est sûrement une erreur. » Elle lui arrache presque des mains le relevé. À la place de la maigre somme qui devrait se trouver au total, elle lit un chiffre bien confortable. Plus haut dans la colonne des crédits, la somme brille presque : 100 000 F avec comme explication : Virement d'un tiers.

Malgré sa joie, Sylvette, en femme prudente qui a déjà été échaudée par l'existence, hésite à croire à son bonheur. Il s'agit certainement d'une erreur. Elle saisit le téléphone et demande un peu plus tard dans la matinée un rendez-vous au directeur de l'agence. Ils vont connaître la vérité. La journée passe lentement, de temps en temps Michel jette un regard sur le relevé bancaire. Si cela pouvait être vrai, s'ils avaient enfin, par un miracle de la petite sainte Thérèse, obtenu cet argent faute duquel ils risquent de ne pouvoir payer les traites de leur maison, ils risquent de se retrouver à la rue… Ils n'osent y croire.

Pourtant, un peu plus tard, en sortant de l'agence où ils viennent d'être reçus par le directeur, Sylvette et Michel ont un peu la tête qui leur tourne. Ils se précipitent au café le plus proche et s'offrent un apéritif bien tassé pour fêter le coup de chance qui vient de leur tomber sur la tête. Tout est parfaitement en ordre, cette somme de 100 000 F est bien affectée à leur compte. Ce n'est pas un cadeau, il faut le préciser, mais un prêt « d'honneur » qu'ils se sont engagés à rembourser ponctuellement d'après leurs rentrées d'argent normales, sans mettre leur budget en péril. Vraiment merci la petite Thérèse, car nous sommes en Normandie…

Michel et Sylvette ne sont pas les seuls chanceux de la petite commune. La Banque du bonheur fait d'autres heureux, sélectionnés par un directeur hors du commun, d'autres désespérés voient à nouveau le soleil luire au bout du chemin. La France est un pays de braves gens… Pourvu que cela dure… Une dame restauratrice a besoin de 120 000 F. Xavier Z., le directeur de l'agence bancaire en question, qui est bon vivant, prête. À présent, c'est un garagiste qui est en difficulté. Mais Xavier pense que le garage est une bonne affaire. Il n'y connaît rien. Il se trompe. Puis il s'intéresse à un bar où l'on confond chiffre d'affaires et bénéfices. La banque verse la somme nécessaire sur le compte : soit 200 000 F. D'autres encore connaissent le même bonheur : une douzaine en tout. Les heureux bénéficiaires remboursent, rubis sur l'ongle, ces prêts tombés du ciel.

Ce matin-là, Xavier, l'amabilité faite homme, a commencé sa journée comme tous les autres matins, le sourire aux lèvres, le cœur plein de tendresse et de compassion pour les êtres humains si pitoyables qui peuplent le vaste monde. Il se promet comme tous les autres jours de rendre quelqu'un heureux, en dépit des lois de la finance, en dépit de l'ordre du monde… Mais il n'a guère le temps d'examiner un nouveau projet. La porte de son bureau vient de s'ouvrir et il voit entrer son patron direct, tout droit arrivé du chef-lieu de canton. Celui-ci, avec sa mine des mauvais jours, lance à la secrétaire : « Qu'on ne nous dérange pas ! » Xavier sait, dans l'instant même, que tout est fini et que sa carrière dans la banque risque de s'arrêter là.

Jolie carrière pourtant qui a débuté vingt-six ans plus tôt avec un premier emploi de comptable dans cette grande banque nationale. On apprécie Xavier, on lui confie de plus en plus de responsabilités. Jusqu'à lui offrir, en 1973, la direction de la nouvelle agence de W., cette jolie petite commune. Alors là, Xavier s'éclate littéralement sur le plan professionnel, il fait du porte-à-porte, il va proposer les services de sa toute nouvelle jolie petite agence à tout ce qui peut avoir un peu d'argent dans le canton. C'est un succès. Il faut dire qu'il est si sympathique, souriant, dynamique avec son allure de gentleman-farmer. Aujourd'hui encore, malgré son revers de fortune, à cinquante-cinq ans, on lui en donnerait facilement dix de moins. Généreux en plus, beaucoup trop, scrupuleux aussi et profondément bon au dire de tous ses proches. Une perle. Un peu trop sûr de lui peut-être, un peu trop, et légitimement fier de son succès, de son efficacité. Xavier se sent pousser les ailes d'un ange, d'un envoyé de Dieu pour faire le bien sur la Terre.

Parmi tous les bénéficiaires de ses largesses, le premier a avoir eu des problèmes c'est justement le garagiste. Xavier a cru que le garagiste était un gentil garagiste. Grossière erreur. L'avenir va le démontrer. Ce chef d'entreprise connaît de sérieuses difficultés dans son entreprise. Est-elle mal gérée ? A-t-il fait une erreur dans ses prévisions commerciales ? La femme du garagiste est-elle trop dépensière ? Le garagiste est, en fait, un homme habitué à traiter les problèmes par la manière forte. Quand il voit que ses comptes périclitent, il vient voir Xavier dans sa jolie petite agence et lui met, comme on dit, les points sur les « i » et les barres aux « t » : « Si vous ne me prêtez pas à nouveau l'argent qu'il me faut, je vous dénonce à la direction de la banque, pour avoir tripoté les comptes. » C'est vrai que le garagiste pourrait le faire chanter, abattre tout son système et mettre ainsi pas mal de gens dans le pétrin. Xavier, contraint et forcé, prête encore à contrecœur.

Mais à présent c'est la « restauratrice » qui n'arrive plus à mettre les petits plats dans les grands. Elle utilise une autre tactique pour obtenir un nouveau prêt : elle menace d'aller porter son compte dans une banque concurrente. Et de le faire savoir sur la place publique. Xavier sent que son honneur de directeur est en jeu. Pourtant, avec huit cents clients et trois milliards de centimes en caisse, il ne devrait pas craindre la perte d'une cliente. Son système, pourtant, il s'en rend bien compte, est fragile.

Mais, malgré sa seconde « injection » financière le garage est mis en « règlement judiciaire » … C'est la catastrophe car un étranger, le « liquidateur », vient mettre son nez dans les comptes de l'entreprise et il est assez étonné de découvrir ce virement providentiel mais inexplicable… Pour quelles raisons la banque a-t-elle prêté ces 200 000 F qu'on aurait dû, au vu de la comptabilité du garage, de la non-solvabilité du garagiste, refuser avec la dernière énergie dans le respect des lois draconiennes de la finance ? On en découvre de belles en vérifiant les comptes.

En fait Xavier n'a jamais falsifié ses comptes pour en tirer le moindre bénéfice, uniquement pour rendre service. Comment s'y prend-il ? Le plus facilement du monde. Il a remarqué depuis longtemps que certains de ses clients, rentiers, personnes âgées, rassurés d'avoir une petite « pelote » dans un compte de la banque, ne s'inquiètent jamais de savoir si leur « réserve » bouge où pas. Pourquoi le feraient-ils d'ailleurs, ils n'effectuent aucune opération sur ces comptes. Xavier, lui, pour aider les clients en difficulté, s'en charge et, grâce à un jeu de fausses écritures, c'est dans ces comptes « dormants » qu'il prélève les sommes qui lui permettent ses « prêts d'honneur ». Au fur et à mesure des remboursements il réintègre l'argent emprunté. Les contrôleurs de la banque, lors des contrôles de routine, n'y voient que du feu, grâce à quelques « fausses opérations » dont Xavier connaît le secret…

Quand le directeur quitte le bureau, un gros dossier sous le bras, les ennuis de Xavier commencent vraiment. Bizarrement ce ne sont pas les quelques personnes (quatre au total, parmi lesquels un vieux curé) dont il a ponctionné les comptes qui portent plainte. Ils ne se sont aperçus de rien et la direction générale, soucieuse de son image de marque, a remis en place les sommes prêtées. Un million de francs en tout. Joli palmarès de la générosité.

Ironie du sort : ce sont les emprunteurs indélicats qui finissent, à bout d'arguments pour expliquer leurs déroutes respectives, par porter plainte. On accuse même Xavier d'avoir détourné de l'argent au détriment du restaurant, d'avoir « tripatouillé » la comptabilité du garage. Puis la rumeur publique s'en mêle. Du coup plusieurs personnes qui ont constaté quelques erreurs sur leurs relevés bancaires portent plainte à leur tour, dans l'espoir de se voir « restituer » quelques millions qui traîneraient par là, sans propriétaire : on ne sait jamais… Xavier est déplacé à la direction générale, son épouse inconsciente de ce qui se passe s'inquiète un peu mais pas trop. Quand elle apprend la vérité, quand on lui confirme que le banquier au grand cœur n'a pas dilapidé un seul centime à son propre bénéfice, elle avoue avec un grand soupir : « Il n'a jamais su dire non. »

Xavier, aujourd'hui, se retrouve licencié, dans les formes, avec congés payés et indemnités en règle. Les mauvais payeurs sont déboutés. Pourtant il est jugé responsable du trou dans les comptes du garagiste et c'est lui qui doit rembourser, à raison de 2 500 F par mois les 120 000 F qui se sont évanouis dans la nature, sans doute en fanfreluches féminines pour la femme du mauvais gestionnaire.

À présent condamné à une peine de prison avec sursis (dix-huit petits mois), il a retrouvé un emploi, bien plus modeste, dans une association caritative où, enfin, il peut donner libre cours à ses élans de générosité incontrôlables. Son patron est enchanté d'avoir une recrue aussi passionnée et efficace. Xavier a trouvé sa vraie vocation…

L'amour en cage

Il existe à Bruxelles un club qui rassemble des natifs de Scandinavie, le club des Suédois. La plupart sont des industriels, des hommes d'affaires désireux de vivre sous un climat plus clément que celui de leur patrie septentrionale. Désireux aussi de connaître les douceurs d'un meilleur traitement fiscal. M. K.B. fait partie de ces heureux mortels : il a acquis légitimement une fortune enviable dans le commerce des voitures américaines. Une petite fraude fiscale déjà ancienne lui a fait choisir un exil en Belgique…

Pour lors M. B. vit la plupart du temps dans une banlieue élégante de la capitale belge. Maison cossue et moderne, entourée d'un jardin agréable, piscine chauffée. Son épouse, ses deux enfants et lui-même constituent la famille bourgeoise type : sains, dynamiques, écologistes, sportifs, appréciés de tous. Mme B. est une ancienne championne dans le domaine hippique : elle a participé aux jeux Olympiques de Rome en 1960. Sa fille, Ulrika, vingt-huit ans, marche sur ses traces et elle a récemment été, elle aussi, sélectionnée pour représenter la Suède aux Jeux de Barcelone. Malheureusement pour elle, son cheval est tombé malade au dernier moment et elle a dû se résigner à voir ses compatriotes luttant pour des médailles alors qu'elle devait se contenter d'une triste place assise dans les tribunes. La pauvre Ulrika n'est pas dans une bonne passe, comme l'avenir va le démontrer. Mais elle est jolie, sportive, riche, sans problème métaphysique : elle rentre donc à Bruxelles et fait des projets d'avenir.

Ce week-end de janvier, Ulrika se trouve seule. Ses parents et son frère sont absents. Ils passent quelques jours dans leur résidence secondaire en Suède. Ulrika, à bord de sa BMW, regagne leur résidence confortable. Elle descend du véhicule quand, soudain, un homme en cagoule l'agresse, surgissant derrière elle. Il brandit un pistolet et lui crie, en anglais : « Je suis un terroriste ! » Ulrika, en pleine forme, lutte contre son agresseur mais celui-ci, d'un coup sur la tête, lui fait perdre à moitié conscience. Presque évanouie, elle sent qu'il la ligote puis qu'il l'enveloppe dans ce qui paraît être un sac à pommes de terre. À présent, immobilisée, elle est traînée jusqu'à une autre voiture. Son agresseur se met au volant. Ulrika, incapable de se libérer, se rend compte qu'on l'emporte loin de chez elle, très loin même, à en juger par le temps qui passe tandis que roule le véhicule de son agresseur. Il n'a rien annoncé de ses intentions. Ulrika se dit cependant qu'un terroriste va essayer d'obtenir une rançon destinée à alimenter le fonds de guerre de la « cause » qu'il doit défendre quelque part dans le monde…

Le lendemain matin, la femme de ménage suédoise de la famille B., au moment où elle prend son service à la villa des Suédois, est surprise de trouver le portail de la propriété grand ouvert, la BMW de la jeune fille semble abandonnée devant la porte, les clefs sont encore sur le tableau de bord ce qui ne correspond pas aux habitudes de prudence de la famille. Elle prévient la gendarmerie qui arrive sans tarder. Plus inquiétant encore on découvre les deux chiens de la famille B. Ils sont inconscients dans le garage : on les a drogués et ligotés. Le coffre-fort de la villa, béant, est vide. La belle Ulrika a disparu. On contacte la famille…

La famille, au fin fond de la Suède, est bizarrement déjà au courant. Le ravisseur (s'agit-il d'un solitaire ou d'une bande organisée ?) a réussi à joindre le père d'Ulrika pour lui annoncer, en anglais, qu'on venait de s'emparer de sa fille, pour lui conseiller de tenir la police à l'écart de l'affaire, pour lui annoncer de prochaines instructions précises. On met le téléphone sur écoute, on diffuse dans la presse la photographie de la belle Ulrika, souriante, séduisante comme une publicité pour des vacances en Scandinavie…

Le père, la mère, le frère regagnent Bruxelles en toute hâte, et commencent à attendre, les yeux rivés sur le téléphone, une demande de rançon, des nouvelles, n'importe quoi… Deux jours après la disparition d'Ulrika, le courrier apporte une enveloppe. Dans l'enveloppe une cassette, sur la cassette la voix de la disparue : « Cher Papa, chère maman, je suis correctement traitée et tout va bien pour moi. Écoutez attentivement mes ravisseurs… » Mais la voix aimée s'interrompt. Un homme se fait entendre, il précise le montant de la rançon : 500 000 dollars, soit 2 millions et demi de francs français. Une somme énorme même pour l'industriel, pourtant à l'aise. Le ravisseur précise que de nouvelles instructions arriveront par téléphone.

Un peu d'espoir vient consoler les B. Ulrika est toujours en vie. Le lendemain la banque des B. signale qu'on vient de faire un retrait bancaire, à Bruxelles même, avec la carte d'Ulrika : 2 500 F. Le ou les ravisseurs connaissent donc le code secret. Par quels moyens ont-ils pu l'obtenir ? Les gendarmes, quant à eux, tirent de ce nouvel incident des conclusions pessimistes. Le retrait ne porte que sur quelques milliers de francs, rien à voir avec l'énormité de la somme réclamée comme rançon. Ce détail inquiète car on y voit la marque de ravisseurs « amateurs ». On sait, plus ou moins, comment réagiraient de « grands bandits », les « amateurs », peu sûrs dans leur manière d'agir, sont très capables de « paniquer », de mal négocier le transfert de la rançon, pire encore de « liquider » leur otage… Tout ça n'est pas bon.

Pendant ce temps-là, la pauvre Ulrika, après son long voyage vers une destination inconnue, s'est retrouvée dans un appartement en étage. Bâillonnée, aveuglée par un bandeau qui lui meurtrit le front, elle a conscience que quelqu'un l'installe, si l'on peut dire, sur une sorte de siège. Elle apprend qu'elle devra rester ligotée à ce meuble jusqu'au versement de la rançon. Le ravisseur lui précise qu'il n'aura même pas à la libérer pour satisfaire ses besoins naturels car le siège sur lequel elle est étroitement ligotée est prévu pour cet usage. Les liens qui l'entravent lui scient les articulations, empêchant la circulation sanguine. Un casque stéréo la coupe du monde sonore. Elle ne peut s'empêcher de se demander si elle survivra à cette épreuve. Elle ne parvient pas à envisager d'issue positive en dehors d'une délivrance problématique par les forces de police.

La famille B., entre-temps, reçoit de nouvelles instructions, le ravisseur au téléphone demande, en anglais, que la rançon soit versée en dollars américains. Mais la communication dure assez longtemps pour que le standard de la police en situe l'origine : une cabine publique près de la porte de Namur. Nouvel indice qui confirme l'amateurisme des kidnappeurs. On décide, à tout hasard, d'installer une caméra-vidéo au-dessus du distributeur automatique bancaire où s'est effectué le premier retrait bancaire. A chaque fois qu'un client vient retirer de l'argent son visage est filmé... Un second retrait est effectué avec la carte d'Ulrika. Les inspecteurs font alors visionner à la famille B. tous les visages des clients ayant retiré des billets... M. B. s'acharne à scruter toutes ces physionomies inconnues filmées dans de mauvaises conditions d'éclairage... Soudain il sursaute : pas de doute. Un faciès ne lui est pas inconnu. C'est celui d'un Suédois qu'il connaît bien : Lars N., un charpentier et, de surcroît, une vieille connaissance.

L'histoire remonte à plusieurs années : le père de Lars, lui aussi dans les affaires, a été victime d'une mauvaise passe. Il est entré en contact avec M. B. et, malheureusement, à la suite de certaines transactions, M. N. s'est retrouvé en faillite. Le fils, Lars, en a, à tort ou à raison, conclu que M. B. était responsable de la déconfiture paternelle... En a-t-il, dès lors, formé le projet de se venger ? Le hasard fait que Lars, qui a fait des études d'architecte, se retrouve quelques années plus tard à Bruxelles et, par une suite toute logique, est amené à se joindre au cercle assez étroit des « Suédois de Bruxelles ». La rencontre entre M. B. et le fils de sa « victime » est inévitable. Mais, par malchance, par bonté ou par inconscience, M. B. accueille aimablement le jeune Lars, à peine âgé de trente ans. Il le fait travailler, le présente à sa famille, lui propose, un peu pour le dépanner, de procéder à la réfection du parquet de la luxueuse villa familiale...

Lars, à l'occasion de cet ouvrage, a le loisir d'approcher de près la belle Ulrika. Pour en être suédois on n'en est pas moins inflammable... La blonde cavalière le fait rêver. Il l'invite à dîner. Elle refuse. Quelles sont ses motivations profondes : amour ? désir de se venger ? refoulement sexuel ? L'amour de la fille et la haine du père cohabitent dans le cœur du charpentier. Lars n'a pas l'heur de plaire à Ulrika qui essaie gentiment de le décourager. Rien n'y fait. Une fois le parquet remis en état, avec la technique suédoise, M. B. laisse entendre à Lars qu'il n'est plus le bienvenu dans la maison et qu'il le prie de bien vouloir cesser ses assiduités auprès d'Ulrika… Lars se retrouve sans travail. L'amour, la haine, le besoin d'argent, le cœur de Lars déborde de sentiments contradictoires. L'histoire, grâce à ces détails, commence à prendre forme aux yeux des policiers.

Il n'est pas bien difficile de connaître l'adresse de Lars. Un quartier populaire où la population est surtout constituée de ressortissants africains, à deux pas de la cabine téléphonique d'où provenait l'appel, à un jet de pierre du distributeur bancaire automatique. Tout se tient.

Cependant, avant d'intervenir, la police doit vérifier une chose : où Ulrika, en admettant qu'elle soit toujours vivante, est-elle détenue ? L'arrestation intempestive, une fusillade, la mort accidentelle ou le suicide de Lars pourrait couper définitivement tout lien avec la victime. Elle pourrait, si l'on ne situe pas rapidement le lieu de sa détention, être condamnée à mourir de faim et de soif dans quelque placard inconnu… Lars est, dès lors, suivi pas à pas. On observe ses allées et venues, ses achats. Pas de doute, il ne s'éloigne guère de son domicile situé au second étage d'un immeuble modeste. Les décisions sont prises.

À deux heures quarante-cinq du matin Lars, qui dort du sommeil du juste, entend un bruit léger qui lui semble provenir du palier de son immeuble. Quelques instants plus tard il est immobilisé par les policiers qui viennent de se faire ouvrir, grâce à l'intervention d'un serrurier, la porte de l'appartement. Lars n'a pas le temps de résister. Dans un coin de l'appartement, Ulrika, immobile, ligotée dans une sorte de cadre de bois insonorisé, n'est plus que l'ombre d'elle-même. Dieu merci elle est vivante. Mais dans quel état ! Indépendamment du traumatisme psychologique, des quatre jours qu'elle vient de passer sans savoir entre les mains de qui elle était tombée, elle souffre de traumatismes physiques importants : dans son angoisse de la voir s'échapper, Lars a tellement serré ses divers liens, bandeaux et bâillons, qu'elle est tuméfiée de partout, les yeux gonflés, les lèvres blessées, les poignets et les chevilles bleuis par l'arrêt du flot sanguin. Lars se voit inculpé de « prise d'otage avec violence, vol et effraction » … Il risque les travaux forcés à perpétuité.

Pourtant, pour comprendre l'histoire, on en arrive à la conclusion insolite selon laquelle Lars était vraiment amoureux de la pauvre Ulrika. Celle-ci, hospitalisée pour quelques heures, se remet heureusement assez vite de sa torture : elle réclame impérativement un plat de spaghettis : depuis quatre jours et demi Lars ne lui avait permis d'avaler qu'une banane et demie et un peu d'eau : un vrai régime de jockey…

Gri-gri qui gratouille

Lyon, ancienne capitale des Gaules, ville dynamique, florissante, commerçante, mère des arts et aussi, pour ceux que le sujet intéresse, une des capitales européennes de la parapsychologie, de la magie, des sciences occultes… Derrière bien des façades bourgeoises ou prolétariennes, le soir venu, vapeur d'encens, bougies plus ou moins maléfiques et cercles ésotériques multiplient les appels au surnaturel, au maléfique, au Prince des ténèbres. Et parfois les sorciers acharnés, les nécromans à la petite semaine, qui marmonnent leurs abracadabras exercent, dans le civil, les professions les plus anodines : commerçants, ouvriers spécialisés, conducteurs d'autobus… À qui se fier ?

Ce matin-là, Christian, quarante-neuf ans, s'apprête à démarrer au volant de son autobus. Voilà quinze ans qu'il « fait » la ligne. Une journée sans problème. Les problèmes, Christian en a suffisamment comme ça chez lui. Des choses un peu vagues, liées à des relations un peu malsaines. Christian se passionne pour les contacts avec l'au-delà, comme beaucoup il rêve d'un contrat avec quelque puissante entité qui lui garantirait la jouissance définitive en ce bas monde de biens matériels inépuisables. Christian partage cette passion avec d'autres individus que rien ne désigne comme tels au premier regard. Il connaît des maisons bourrées de talismans, de crucifix, de cierges multicolores, de gris-gris et autres accessoires inquiétants.

Tous ces sectateurs de Lucifer et des légions infernales ne forment pas une famille très unie. Christian, depuis quelque temps, a un différend avec Daniel P. qui, lui aussi, travaille dans les transports. Ce différend est assez mystérieux et Christian ignore, en fait, ce que Daniel lui reproche. Toujours est-il que, dernièrement, lorsqu'ils ont eu l'occasion de se trouver face à face, l'échange verbal a été assez vif. Daniel a sommé Christian « d'arrêter ses conneries ». Ce terme courant mais vulgaire a de plus le défaut de manquer de précision : de quelles « conneries » peut-il bien s'agir ?

Christian est donc, ce jour-là, perdu une fois de plus dans une réflexion perplexe sur ce sujet lorsqu'il perçoit, machinalement, sur la route, l'arrivée d'une grosse moto qui s'approche de son autobus prêt à démarrer. À l'arrière de la moto un passager qui tient quelque chose à la main. « On dirait un flingue », pense Christian. Un revolver assez impressionnant et dirigé tout droit vers le crâne de Christian... Soudain des détonations retentissent : Christian, vaguement sur la défensive depuis quelques semaines, plonge au niveau du plancher de son véhicule : ce geste lui sauve la vie puisque la gendarmerie, bientôt appelée sur les lieux, dénombrera quatre balles tirées sur l'habitacle. Les tireurs motorisés ont bien sûr quitté les lieux dans le vrombissement de leur engin. Christian, aplati sur le plancher de l'autobus, n'a pas eu le temps de les identifier. Les connaît-il seulement ?

Aussitôt après la fusillade les collègues de Christian se rassemblent, indignés. On déclenche un mouvement de grève en manière de protestation. Si ça ne résout pas l'énigme, ça fait passer le temps... D'après les projectiles on conclut à une arme très ancienne, du genre « souvenir de 14-18 », comme on en trouve encore dans les familles, ultime héritage d'un grand-père poilu, décédé depuis longtemps. En aucun cas il ne s'agit d'une arme de professionnel de l'assassinat... Faute de mieux on passe la vie de Christian, l'agressé, au peigne fin. Rien à déclarer. On l'interroge longuement. Qu'il réfléchisse, qu'il essaye de se remémorer le moindre incident qui pourrait traduire l'existence d'un ennemi dans le cercle de ses intimes.

Christian, en cherchant bien, se souvient de Daniel et de ses exhortations d'« arrêter ses conneries ». Christian se souvient aussi, dans la foulée, d'appels téléphoniques menaçants tout autant qu'anonymes. Faute de mieux les forces de police s'intéressent d'un peu plus près à ce Daniel.

Il vit seul, c'est un petit brun aux cheveux en bataille. La rumeur publique le trouve « bizarre », ses collègues des transports en commun ne l'aiment guère. Il faut dire qu'il leur porte sur les nerfs : il se promène en permanence avec, dans sa poche, un pendule, qu'il sort pour un oui ou pour un non, résolvant ses problèmes selon les oracles de la petite boule de buis suspendue au bout d'un fil. Tourne-t-elle de droite à gauche et la réponse à la question est « oui », décrit-elle des cercles en sens inverse, plus ou moins amples, plus ou moins rapides et la réponse est « non », sans appel. On peut tout savoir, affirme Daniel, avec ce petit machin-là. Passé, présent et avenir, sans parler de la découverte des sources cachées, des objets perdus, des femmes infidèles et des filons aurifères.

Mais le pendule n'est que la partie visible de Daniel, par ses propos, lourds de sous-entendus, le petit brun mal peigné laisse volontiers entendre qu'il commerce aussi avec le diable : une manière de se faire craindre et respecter par ses compagnons de labeur. En fait, Daniel leur tape sur les nerfs plus qu'il ne les impressionne. Les policiers posent à Daniel la question fatidique : où était-il à l'heure où Christian essuyait une rafale au volant de son autobus municipal ? Pas de problème : Daniel à ce moment précis était à son poste de travail, dix témoins pourtant peu partiaux ne peuvent que le reconnaître.

Pourtant la police ne se contente pas de cet alibi. Elle file discrètement le petit brun aux cheveux rebelles et note soigneusement l'identité de toutes les personnes qu'on le voit fréquenter. C'est ainsi qu'on s'aperçoit que le petit trapu rencontre fréquemment deux autres employés des transports municipaux : Martin R. et Lionel V., tous deux passionnés par les sciences occultes. Bizarre, vous avez dit bizarre ? On continue à accumuler les indices, à faire s'entrecouper les suppositions. Peu à peu on arrive à une conviction qui justifie, au petit matin blême, une perquisition au domicile de Daniel. On est en janvier et trois mois se sont écoulés depuis le tir à vue sur Christian.

À l'intérieur du studio les policiers, quand même un peu étonnés, découvrent ce qu'ils qualifieront de « bric-à-brac » ésotérique. Pour un initié il y a simplement là tous les accessoires nécessaires à l'évocation des puissances des ténèbres : fers à cheval, clochettes, plus toute une bibliothèque d'ouvrages spécialisés… Tout ça ne constitue pas matière à inculpation. On interpelle aussi Martin et Lionel, mais leurs pratiques magiques ne les mettent pas à l'abri d'un faux pas. Ils avouent : ce sont bien eux qui chevauchaient la moto et qui ont arrosé l'autobus de Christian. Un petit contrat payé avec les moyens du bord : quelques milliers de francs plus la promesse formelle faite par le commanditaire sorcier de… les aider à repeindre leurs appartements respectifs dont les plafonds, sans aucun doute, étaient noircis par la fumée des cierges faits avec la graisse de cadavres morts en état de péché mortel…

Mais le motif dans tout ça, me direz-vous ? Il fera sans doute date dans les annales du crime (raté) : Daniel le mal peigné était persuadé que le brave Christian l'avait envoûté. C'est pourquoi il lui avait demandé, dans un premier temps, assez poliment, de bien vouloir « cesser ses conneries ». Et comment cet envoûtement se manifestait-il ? Tout simplement par des sortes de picotements intolérables que Daniel ressentait dans le bras gauche. Après une petite rémission, ces gratouilles-chatouilles diaboliques avaient, depuis quelque temps, à nouveau perturbé ses jours et ses nuits, ce qui prouve bien la culpabilité de Christian. Le trio infernal venait donc, depuis quelques jours, de décider une nouvelle expédition punitive contre Christian en espérant bien que son issue mortelle mettrait fin aux démangeaisons de Daniel…

La madone du parking

Nous sommes en 1983, au petit matin dans les Alpes, le village de B. se réveille à peine. Déjà on entend les voitures qui filent sur la petite route, les travailleurs de l'aube rejoignent leurs chantiers ou leurs bureaux, les oiseaux chantent, le soleil se lève. Mais, soudain, les oiseaux suspendent leurs chants pour un moment. Quelques coups de feu ont retenti. Pourtant on n'est pas en période de chasse. Les voisins dressent l'oreille. Qu'est-ce que ça peut bien être ? On jette un regard au-dehors à travers les rideaux de macramé. Tiens, une voiture qui démarre en trombe, une autre, une Master Renault beige, reste garée sur le bas-côté de la route.

Rien ne bouge, personne ne sort du véhicule inconnu au quartier. Quelqu'un s'approche enfin, histoire de voir ce que c'est que cette camionnette qui n'est pas du quartier. À l'intérieur, la tête appuyée sur le volant, le conducteur semble dormir. Mais il ne dort pas : un filet de sang coule de sa tempe. De toute évidence cet homme, jeune encore, est mort. Et de mort violente. On lui a tiré dans la tête.

Les gendarmes prévenus accourent. La victime ne porte pas de papiers d'identité mais la voiture, elle, porte comme de bien entendu une plaque d'immatriculation. On se renseigne. Le véhicule appartient à une petite société et la petite société est au nom d'un espagnol : M.M. Quelques années plus tard M. Alonso s'entend condamner à quinze ans de réclusion criminelle, pour le meurtre du chauffeur de la camionnette. Histoire compliquée dont le fil d'Ariane est une belle blonde qui collectionne les problèmes…

Pour l'instant l'un des membres de la famille Alonso vient identifier la victime : Robert J., vingt-neuf ans, père de deux enfants et beau-frère de M. M. Ce M. M. possède donc une petite entreprise de peinture qu'il gère avec un associé,

Joël R., le malheureux Robert était justement l'employé de son beau-frère. M. M., d'origine espagnole, possède, tout comme Joël, un alibi. À l'heure du crime il était dans son bureau, donnant et recevant des coups de téléphone. On le croit plus ou moins sur parole. On recherche une voiture bleue, une Simca qui n'aurait plus de feux arrière. Sans résultat probant. L'arme du crime ? Un Beretta, jamais retrouvé. L'affaire n'a pas de suite. Le crime reste mystérieux. Dossier classé.

M. M. l'Espagnol, Paquito pour les intimes, est une personnalité pittoresque. Anarchiste, militant clandestin d'un groupuscule antifranquiste, poète chanteur, animateur d'association culturelle, habitué à une vie pleine de risques et de passions, beau parleur, il plaît aux femmes bien qu'il ne soit pas beau selon les canons esthétiques classiques. Il plaît à Micheline, une femme qui, lorsqu'il la rencontre, est un peu à la dérive. Divorcée, elle tente comme elle peut de survivre avec ses trois enfants. L'alcool l'aide un peu à oublier. Elle est heureuse de rencontrer Paquito qui va devenir « son » Paquito. Elle l'aide à gérer son affaire, à se faire connaître comme poète chanteur anarchisant, à se produire. Elle lui sert un peu d'imprésario. Elle assure le contact avec les assurances qui se révèlent bien utiles car, d'un seul coup, bien des choses commencent à flamber autour de Paquito : maison récemment acquise, entrepôts, maison de campagne, maison témoin d'un client. En plus on leur vole des voitures. Mais les assurances, bonnes filles, payent. Ça fait toujours de l'argent qui rentre.

Micheline continue à avoir des problèmes avec son ex-mari qui, peintre en bâtiment en Suisse, affiche une certaine négligence en matière de pension alimentaire. Comme elle connaît les avantages des bonnes assurances elle en souscrit justement une sur la tête de son ex-époux. En cas de mort de celui-ci, même de mort violente, elle et ses enfants toucheraient très rapidement 600 000 F. Puis, six mois après la signature de ce contrat, elle prend curieusement rendez-vous avec Maurice, le père de ses enfants. Il est un peu réticent pour bouleverser son emploi du temps, mais il accepte de rattraper le retard qu'il a pris pour la pension alimentaire. Micheline après la rencontre, dans la foulée, lui demande de la reconduire à son hôtel. Sur le trajet, elle prétexte un besoin naturel et Maurice, sans se douter de rien, la dépose sur un parking. Il ignore que, sur ce même parking, la voiture de Micheline est là, qui attend bien sagement.

Sans battre des paupières elle descend de la voiture et fouille dans son sac à main en prenant soin de ne pas casser trois petits canards de chocolat que Maurice vient de lui remettre à l'intention de leurs enfants. Sous les canards la mort… Micheline, à l'abri des regards de Maurice, tire de son sac à main un 6,35 et revient doucement vers la voiture. L'ex-époux attend les yeux dans le vague, tout à ses pensées. Micheline approche l'arme de son crâne et tire. Maurice s'abat, le crâne en sang… Micheline, satisfaite, s'apprête à rejoindre sa propre voiture lorsque, à son grand effarement, elle voit soudain le véhicule de Maurice qui fait un bond en avant et s'éloigne à toute vitesse. Maurice à l'intérieur a eu de la chance, la balle du 6,35 n'a fait qu'effleurer son cuir chevelu. Le visage en sang il a compris, malgré le choc de la blessure, qui vient d'essayer de se débarrasser de lui.

Retrouvée quelques moments plus tard, Micheline raconte aux gendarmes un long conte de fées plein de ravisseurs qui l'auraient enlevée puis jetée, pantelante sur le bord de la route sans même ralentir. Les enfants interrogés discrètement avoueront qu'ils ont été bien contents de recevoir de leur papa de beaux canards en chocolat : les canards étaient intacts ce qui infirme la version de Micheline. Elle dit ensuite qu'elle était déprimée, on découvre l'assurance prise sur la tête de son ex-mari. Déconfite, la machiavélique tireuse se voit infliger onze ans de prison. Elle commence à purger sa peine. Le temps passe. Les jours s'écoulent.

Micheline découvre, paraît-il, la religion, une religion en tout cas, de celle dont on parle de plus en plus dans les médias à la lumière de fait divers de plus en plus sanglants ou crapuleux. Certains disent que Micheline est de celles qui « vont à Dieu quand le Diable ne veut plus d'elles » …

Un qui ne veut plus d'elle, c'est Paquito, le séduisant poète anarchiste magouilleur peintre. Il la néglige et la laisse croupir au fond de sa prison. Il renâcle pour fournir les fonds nécessaires à son pourvoi en cassation. Bien que la prisonnière crie son innocence contre toute évidence, bien qu'elle entame une grève de la faim, Paquito est de moins en moins à ses côtés pour la soutenir. Pas une seule fois il n'éprouve le besoin de lui rendre visite dans sa prison... La chose semble écœurante à son ex-maîtresse. Enfin les nerfs de cette dernière craquent. Elle déclare au juge d'instruction qu'elle en sait plus long qu'on ne croit sur le meurtre de Robert, le beau-frère de Paquito. Ces confidences ne tombent pas dans l'oreille d'un sourd...

Micheline se met à proclamer à tous les échos du cabinet du juge d'instruction que Paquito, l'anarchiste, est l'assassin du pauvre Robert, pour de sombres histoires un peu mafieuses évoluant entre l'escroquerie aux assurances, le chantage et d'autres domaines tout aussi sulfureux. Bien sûr Robert n'était pas un ange, bagarreur, barman à ses moments perdus, jamais le dernier pour se mettre dans une « combine » un peu nauséeuse. Mais de là à lui tirer deux balles de Beretta dans la tête... Justement, ce Beretta, on le cherche, on ne le retrouve pas. Paquito nie tout. Quel motif aurait-il eu de tuer Robert ? Le mystère demeure.

Mais Joël, l'associé, tout à coup, retrouve des fragments de mémoire. Il se souvient de l'existence du fameux Beretta. Il accuse à son tour Paquito de l'avoir manipulé, d'avoir utilisé son amitié. Micheline épice encore les débats en accusant son ex-amant d'avoir commis un crime demeuré sans solution, en 1989, à Palma de Majorque. On reparle, pour la beauté de la chose, de l'éventualité des incendies et des escroqueries à l'assurance. Le passé remonte et éclate à la surface en bulles nauséabondes. L'anarchiste poète, l'homme à la mauvaise réputation, baisse les bras, sans avouer. Il se retrouve avec quinze ans de réclusion. Micheline continue à purger ses onze ans. Joël est acquitté. Robert reste toujours mort. Dieu sait pourquoi, Dieu sait à cause de qui. Tous les enfants devront se débrouiller pour pousser tant bien que mal. Justice est faite.

Derniers feux

Dans l'est de la France, un Lorrain de bonne souche, Robert S., un grand gars solide, athlétique même, a des problèmes : il vient de divorcer et du coup le voilà éloigné de ses trois enfants qu'il aime par-dessus tout. En plus, il a des problèmes d'emploi. Pourtant, c'est un bon plombier, efficace, dur au travail et serviable. Un garçon qu'on imaginerait bien dans la Légion, tête un peu dure comme ceux de sa race mais bon cœur au fond, bien bâti ce qui ne gâte rien.

Aussi, quand, après des mois de recherches et de galères, Robert décroche enfin un travail qui semble sérieux, se réjouit-il de voir que la chance paraît tourner en sa faveur. Les choses s'arrangent... À quarante-quatre ans il peut à nouveau envisager l'avenir d'un cœur léger. L'espoir revient. Grosse erreur car le destin en lui proposant ce travail lui tend un piège qui va se refermer sur lui pour de nombreuses années... Ironie du sort, cruauté des dieux dirait-on dans une tragédie antique...

De la tragédie antique tout d'abord il y a le décor car, loin des brumes de l'Est et de ses sombres forêts, le destin, acharné à perdre Robert, l'attire sur la Côte d'Azur, sous le soleil méditerranéen qui a vu Phèdre connaître une passion aussi criminelle que mortelle... Pour l'instant Robert se voit proposer, loin de chez lui, un emploi de plombier dans un grand club de vacances. Le seul inconvénient c'est qu'il doit donc se loger à ses frais. Mais, puisqu'il a perdu son domicile en même temps que femme et enfants, autant se réinstaller dans le Midi. Il boucle sa valise et change d'horizon.

Dans son travail tout le monde n'a qu'à se louer de cette nouvelle recrue. Il va et vient, un « bip » accroché à sa ceinture. Il visse et dévisse, soude, répare, rafistole, bricole à la plus grande satisfaction de ses employeurs. Et les clients du club gardent, eux aussi, un souvenir plaisant de ce bricoleur efficace qui ne regarde jamais sa montre quand on a besoin de lui. Comme en plus, avec ses yeux bleus, ses épaules carrées et sa grosse moustache, il a un charme viril et rustique, il n'est pas long à trouver une consolatrice...

En matière de logement Robert, dès son arrivée, s'est renseigné sur les possibilités locales qui pouvaient correspondre avec son nouveau budget. Quelqu'un lui a signalé une logeuse qui pouvait lui offrir une partie meublée de son pavillon. C'est une dame âgée, Mme Angèle, encore très pétulante malgré ses quatre-vingt-quatre ans. Une ancienne antiquaire, une dame très cultivée qui soigne son apparence et conduit elle-même sa petite voiture. Robert se rend à l'adresse indiquée et l'affaire est conclue. Mme Angèle pourtant, en femme de caractère, précise qu'elle entend être chez elle dans toute la maison, qu'elle prétend détenir le libre accès au studio meublé qu'elle consent à lui louer... et, ajoute-t-elle avec un regard appuyé sur les épaules viriles de Robert, qu'il lui est interdit de recevoir chez elle. Recevoir des femmes, cela va sans dire...

Robert, trop heureux d'avoir en même temps du travail et un gîte, ne prête guère attention à cette dernière remarque. La vie s'organise. Parfois notre plombier lorrain rentre un peu tard. À chaque fois il trouve Mme Angèle encore debout, comme si elle l'attendait. Il prétend cependant au bout de quelque temps recevoir la visite d'une jeune femme avec qui il est « du dernier bien ». Mme Angèle, incarnation de la vertu, laisse alors éclater sa fureur. Car, sous son maquillage et ses cheveux blancs, la propriétaire est capable de sérieux écarts de langage qui étonnent dans sa bouche.

Pourtant Robert est un garçon serviable. Il fait les courses de sa logeuse quand l'occasion s'en pésente, il s'occupe du jardin, il est adorable. Quelquefois, lorsqu'il rentre un peu tard, il trouve Mme Angèle endormie devant sa télévision encore allumée, en vêtements de nuit, alanguie dans son canapé. Alors, doucement, il la saisit comme une plume entre ses bras musclés et, sans la réveiller la dépose dans sa chambre toute proche, la glisse entre les draps et regagne sa propre chambre sur la pointe des pieds. Cette vieille dame haute en couleur lui rappelle peut-être une grand-mère peu ou mal connue, en tout cas, elle est une présence maternelle et féminine qui manque à ce grand gaillard loin de chez lui. Maternelle peut-être, mais féminine, ça, plutôt deux fois qu'une et même beaucoup plus qu'on ne pourrait le croire…

Il se peut qu'un soir où Robert la déposait doucement endormie dans son lit, Mme Angèle se soit plus ou moins réveillée et qu'elle se soit sentie frémir d'être ainsi, à quatre-vingt-quatre ans, transportée, au double sens du mot, par ce beau moustachu dont la transpiration virile lui évoquait d'autres étreintes oubliées depuis longtemps.

Toujours est-il que Mme Angèle se met à changer radicalement d'attitude. Elle retrouve d'anciens réflexes et se fait soudain tout à fait chatte. Robert hésite à en croire ses yeux… Mais il lui faut se rendre à l'évidence, Mme Angèle est amoureuse de lui. Pourtant elle n'est pas amoureuse d'une manière discrète et sublimée, comme il conviendrait, elle est amoureuse comme si elle avait quarante ans de moins. Amoureuse et agressive. Désormais elle exige d'avoir accès de jour comme de nuit au studio de Robert. Il se rebiffe, elle l'insulte, elle hurle. Hurlements qui le déstabilisent car il lui en rappelle d'autres encore frais dans ses oreilles de divorcé.

Robert, perturbé par cet aspect imprévu des choses, fait ses confidences à ses collègues de travail qui, eux, en font des gorges chaudes. Cela devient un bon sujet de plaisanterie : Robert et sa vieille. Mais, à chaque fois Robert, sous les quolibets, rougit jusqu'aux oreilles. Sa nature de Lorrain pudique ne supporte pas les sous-entendus qui se veulent blagueurs. Il se sent sali par ce que l'on sous-entend. Il se voit au lit avec les quatre-vingt-quatre ans de Mme Angèle, en train de prendre son plaisir sur ce corps flétri malgré tout, sur ces seins d'une autre époque, sur cette bouche fripée. Il en est écœuré.

D'autant plus écœuré que Mme Angèle, sentant que ses jours sont vraiment comptés, semble décidée à jouer le tout pour le tout. À présent, puisqu'elle possède les clefs du studio, Robert la découvre à tout bout de champ, nue dans l'encadrement de la porte, ou bien blottie au fond de son lit, offerte à l'appétit de ce mâle chez qui le sentiment de tendresse respectueuse fait à présent place à un dégoût bien normal. Bien sûr il existe parfois des couples dans lesquels l'épouse bien que considérablement plus âgée que son mari a su, au fil des ans, conserver entre eux un attrait physique fait tout à la fois d'amour et de respect de l'autre. Mais ici, rien de pareil : Mme Angèle, vieillarde lubrique, tente positivement de violer son beau locataire, jour après jour, nuit après nuit. Il change trois fois le verrou, mais toujours elle exige d'avoir les nouvelles clefs. Il cloue la porte avant de s'endormir, mais, hurlante et défigurée par la colère, elle ameute le quartier par des cris d'amour mêlés de cris de haine. Il doit ouvrir sa porte, parlementer, repousser ces assauts « contre nature ». D'ailleurs, depuis quelque temps, il ne regagne son logis que de plus en plus tard, après avoir dîné dehors, après avoir pris un dernier verre dans un bar, chez des amis, pour retarder au maximum le risque de trouver, une fois de plus, la vieille Angèle en proie à ses fureurs utérines.

Ce soir-là Robert a suivi son programme de point en point. Dîner précédé d'un apéritif, arrosé de vin puis suivi de bière, encore un petit verre en attendant que l'heure tourne, puis visite à un copain chez qui on en boit un dernier. Aucune importance il ne prend pas la route. L'heure avance : avec un peu de chance, Mme Angèle aura renoncé pour ce soir.

Mais elle n'a pas renoncé et la sarabande commence. Elle est derrière sa porte comme une « goule » sortie des enfers, à moitié nue dans cette chaude nuit d'été, prête à tout pour assouvir l'appel de ses sens, hystérique au sens profond du mot. Derrière la porte, l'esprit un peu embrumé par les vapeurs de trop d'alcool mélangé, Robert grommelle comme un ours qu'on asticote…

Soudain il ouvre la porte. Le spectacle que donne Mme Angèle avec ses pauvres seins dénudés n'a rien pour inspirer l'amour, pas même l'acte sexuel. Robert, excédé, pour lui faire comprendre une dernière fois qu'il en a assez, plus qu'assez, la pousse en arrière. Mme Angèle tombe dans l'escalier. Du coup l'athlétique plombier se reprend, il la ramasse, essuie le visage ensanglanté de la vieille, car sa tête a heurté une marche. Elle revient à elle. Mais elle n'a rien perdu de ses ambitions infernales : à nouveau les insultes fusent des vieilles lèvres, les noms d'oiseaux, les grossièretés dignes des bas-fonds, et, en même temps, dans un désordre invraisemblable, des mots d'amour, des feulements de chatte en chaleur, des propositions écœurantes pour Robert. Alors, attrapant un balai que Mme Angèle, Dieu sait pourquoi, tient à la main, le gentil plombier toujours disponible, le brave garçon, poussé à bout par un coup de colère aveugle, frappe la vieille femme sur le crâne. Elle tombe, assommée. Devant ce silence inattendu, Robert, poussé par l'envie féroce d'avoir enfin, définitivement, la paix, continue à frapper, frapper, frapper…

Écœuré par ce corps pantelant qui l'a tant harcelé, encouragé par ce silence, Robert, agissant comme devant une bête malfaisante et haïe, martyrise à présent à coups de pied le visage de celle qui voulait tout, exigeait tout et même au-delà du possible. Il la renvoie en enfer. Puis enfin certain qu'elle ne viendra plus se glisser la nuit entre ses draps, il se met au lit et s'endort.

Ce sont les gendarmes, alertés par les voisins, qui, le lendemain, le tirent du lourd sommeil qui l'a envahi. Il faut dire que, depuis des mois, c'est la première fois qu'il peut enfin dormir tranquille sans craindre l'intrusion de sa logeuse.

Malgré les témoignages concordants de tous ceux qui connaissent Robert, malgré les témoignages de ceux qui avaient déjà eu l'occasion de loger chez Mme Angèle, folle de son corps, Robert « pas de chance » se voit infliger dix ans de réclusion pour n'avoir pu supporter les propositions de la vieille dame indécente.

Trou noir

Guillaume R. naît dans l'Ain au début des années trente. Son père est un métayer sans gros moyens financiers. Sa mère, sèche et autoritaire, veille à son éducation avec de grands principes et de bonnes taloches. Elle n'hésite pas, pour faire entrer dans la tête de son rejeton les bons enseignements de la vie chrétienne, à le frapper, parfois même avec le manche de la fourche. Aucun retard ne lui est jamais permis. Ni à l'école ni à la messe. Guillaume file droit.

Mais, à quinze ans, ses parents ne peuvent plus subvenir aux frais d'études presque supérieures, Guillaume doit se résoudre à travailler. Après tout pourquoi pas ? Il est intelligent, habile de ses doigts, sérieux, honnête. Il fait son petit bonhomme de chemin dans un domaine où les bons spécialistes se font rares. Il aurait aimé devenir pilote de l'armée et se retrouve simplement spécialiste de l'électrification des voies ferrées. Dès l'âge de dix-huit ans il se marie. Avec Ginette, une fille qui sait ce qu'elle veut, autoritaire comme l'était la mère de Guillaume. Comme d'habitude, il est docile et a besoin d'une femme qui le gouverne, qui l'aiguillonne, qui décide à sa place, qui le pilote. Cela le conduira à sa perte…

Sa spécialisation et ses qualifications lui font faire, entre dix-huit et cinquante-huit ans, le tour du monde des voies ferrées à électrifier : Zaïre, Istanbul, Algérie, Toulouse, Limoges, Guadeloupe, Burkina-Faso, Côte-d'Ivoire, Givors, Albertville. Lorsqu'il pose enfin son sac à terre, comme on dit dans la marine, il en est à son cinquante-sixième déménagement. Mais il aime le mouvement et comme Ginette lui a donné trois beaux enfants, on peut dire que la vie de Guillaume est bien remplie, pleine d'images colorées du monde, avec un beau palmarès professionnel et des économies appréciables.

À présent, en 1984, le couple éprouve le besoin de se fixer en France, le plus près possible de sa région d'origine. Mais, pour garder le contact avec les autres, pour voir défiler le monde à défaut de le parcourir, Guillaume, que les années ont empâté et qu'on surnomme bien vite le Gros, poussé par Ginette, décide d'acheter un bar à Grenoble. Ils sélectionnent une affaire à leur goût. Hélas ! elle se révèle mal située puisque, très rapidement, le couple est exproprié. Avec l'argent du dédommagement, Guillaume et Ginette, forts de leur première expérience, se lancent dans une opération de plus grande envergure et empruntent pour faire l'acquisition d'un autre café, situé en plein centre-ville. Emprunt difficile à trouver. Le Crédit lyonnais refuse, une autre banque, heureusement, accepte de leur prêter 800 000 F.

Gros Guillaume et Ginette ne manquent pas de courage. Mais, soudain, la catastrophe est là. Ginette se plaint de douleurs, de migraines épouvantables, elle est prise de faiblesses. Examens, radios, verdict des médecins qui tombe, implacable. Ginette, la forte femme, est atteinte d'une tumeur au cerveau, inopérable. Aucun espoir ne reste. Alors commence pour Guillaume un calvaire affectif, psychologique et physique. À la douleur de voir la femme de sa vie souffrir et se diriger inéluctablement vers la mort, s'ajoute la détresse de devoir, pour la première fois de sa vie, prendre toutes les décisions du couple. De plus, les douleurs de sa femme et les soins constants qu'elle réclame de jour comme de nuit imposent à Guillaume un rythme de vie auquel il résiste mal étant donné son âge et son tempérament. Il doit constamment courir pour l'aider, la soigner. Les nuits sont entrecoupées, réduites en miettes. Guillaume, au moment où il peut enfin faire l'ouverture de l'établissement, est non seulement veuf mais en complète dépression nerveuse, épuisé par toutes ces nuits sans sommeil. Il perd physiquement pied.

De plus, il souffre à présent de la solitude, et lui qui a toujours vécu sous les ordres des femmes est perdu de devoir tout décider seul. Une cliente du café, une certaine

Véronique, a tôt fait de remarquer son état de détresse. Elle sait y faire et bientôt, à force d'amabilité, à force de savoir se rendre utile, indispensable, de jour comme de nuit, elle parvient à se glisser dans le lit de Gros Guillaume qui n'attend que ça depuis son veuvage. Véronique s'installe au café. Elle a trente-sept ans, lui cinquante-huit… Les choses pourraient reprendre leur cours naturel. Après tout il faut bien que la vie continue.

Mais Véronique fait, elle aussi, partie des femmes qui savent ce qu'elles veulent. Elle aussi sait manœuvrer un homme trop dominé par sa mère, puis par son épouse. Le vrai problème est que Véronique n'est pas une paysanne aux grands principes. C'est une femme qui a vécu… Et souvent dans des lieux peu recommandables. C'est une femme qui aime la nuit, son ambiance, ses fréquentations plus ou moins recommandables. Double conséquence désastreuse pour Gros Guillaume. Véronique est peut-être moins caressante et moins affectueuse qu'il ne paraît. Elle est peut-être bassement intéressée par l'argent. Toujours plus d'argent. Elle demande, et obtient que le café ferme plus tard. Gros Guillaume ne sait pas dire non. Cela attire des clients nouveaux, un peu louches.

Mais le pire est que, pour faire l'ouverture à cinq heures du matin, Guillaume devrait se coucher de bonne heure. Dorénavant, pour faire plaisir à Véronique et à ses amis noctambules, il se met rarement au lit avant les premières heures de la matinée. Guillaume est un homme qui a besoin de beaucoup de sommeil. Il n'a plus, comme on dit, « les yeux en face des trous ». Il néglige la partie comptable de l'affaire, laisse s'accumuler les factures impayées. Véronique a sans doute aussi tendance à confondre chiffre d'affaires et bénéfices. Elle n'hésite pas à ouvrir le tiroir-caisse pour régler sur-le-champ une dépense, une petite fantaisie. L'affaire périclite et l'emprunt souscrit n'est plus remboursé avec régularité. L'établissement bancaire qui a prêté commence à montrer les dents. Gros Guillaume, tout englué de sommeil, ne distingue plus la réalité avec toute la lucidité nécessaire…

Il voit arriver avec terreur, empêtré dans les factures impayées et les traites en retard, le moment où il va devoir vendre son café à l'enseigne très parisienne. Ainsi, au bout de toute une vie honnête et sans faille, il se voit en train de faire naufrage au moment d'arriver au port, il se voit en faillite après avoir travaillé pendant toutes ces années avec énergie, constance, efficacité. Dans le brouillard des conversations nocturnes au milieu des amis de Véronique, une petite idée se fait jour. Guillaume a toujours pris les décisions qui s'imposaient. Il a connu dans ses périples autour du monde des hommes au bout du rouleau qui, d'un seul coup de pouce plus ou moins contestable, ont su retourner la chance en leur faveur. Gros Guillaume décide de trouver l'argent qui lui manque par tous les moyens.

Et où se trouve cet argent ? Dans les banques, particulièrement au Crédit lyonnais qui lui a, en son temps, refusé le prêt dont il avait tant besoin. Le tout est de ne pas rater son coup.

Entre deux nuits sans sommeil, Gros Guillaume met son plan sur pied. Il estime la somme dont il aurait besoin pour redresser la situation. Peut-être que quelques dizaines de milliers de francs suffiraient. Pour voir, pour tâter le terrain, se faire la main, il contacte un monsieur qui aimerait bien acheter une Renault Espace. Guillaume espère que l'homme va arriver avec 70 000 F en liquide dans sa poche. Il lui donne, par téléphone, rendez-vous sur le parking d'une grande surface locale. L'homme vient mais, sur le parking, une patrouille imprévue de gendarmes complique la chose. Rien ne se passe…

Gros Guillaume, au bout de ses réflexions, téléphone à une banque locale et raconte une histoire de gain au Loto qui devrait déboucher sur un placement important mais discret. Un des responsables de la banque prend rendez-vous sur le parking de la grande surface. Guillaume a peut-être préparé, dans son demi-sommeil, tout ce dont il a besoin pour réussir son mauvais coup. Malheureusement pour lui, heureusement pour le fondé de pouvoir de la banque, celui-ci, méfiant, s'est fait accompagner par un collègue. Gros Guillaume n'avait pas prévu ce renfort. Il ne se montre pas. Il faut tenter autre chose.

Troisième essai. Cette fois-ci le responsable de la banque contactée est, pour son malheur, un homme dynamique qui ne veut laisser passer aucune occasion de décrocher un bon client. Il se rend sur le parking. Guillaume, lui, a peaufiné ses préparatifs : il a loué un fourgon qu'il gare sur le lieu du rendez-vous, s'est muni d'un revolver Walter 7,65, est reparti au volant de son véhicule personnel dans lequel il a rassemblé deux couvertures, une Thermos pleine de café bourré de somnifères, du fil de fer, un jerrycan rempli d'eau, de l'Elastoplast, des ciseaux, des sacs-poubelle... Une préparation efficace.

Sur le parking, Jean-Michel P., le fondé de pouvoir de la banque, un homme discret, sérieux, aimable, écoute l'histoire que lui narre Gros Guillaume. Ce dernier prétend soudain qu'il faut rejoindre son fils. Les deux hommes partent dans la voiture de M. P., marié, père de famille, et s'éloignent de quelques kilomètres. Soudain Guillaume demande à son conducteur de s'arrêter. Il prétexte un « petit besoin » mais sort son arme et explique son véritable projet. Il a besoin de 2 millions de francs et prend M. P. en otage jusqu'à ce que la banque les ait versés. Pour ce faire, ils vont rédiger ensemble une lettre qu'on postera immédiatement. On fixe le rendez-vous pour le paiement de la rançon au lendemain. M. P. écrit la lettre fixant les détails, la somme, la nature des billets, l'interdiction de prévenir la police... Pas de « bip » dans les sacs, précise la lettre, et, si tout se passe bien, l'otage sera libéré trois jours après la remise de la rançon... C'est clair, net, précis. Du travail de professionnel, enfin presque...

Guillaume, qui a toujours quelques journées de sommeil en retard, emmène alors Jean-Michel, son otage, vers une cabane de chantier perdue dans les bois. C'est là qu'il a l'intention de le garder, endormi par le café drogué, jusqu'à l'issue heureuse de son plan machiavélique. Ensuite Guillaume remboursera le prêt qu'on lui a consenti, réglera quelques dettes puis s'envolera vers un pays d'Afrique d'où on ne pourra pas l'extrader et où ses compétences lui permettront sans doute de refaire sa vie... Le rêve.

M. P. garde son sang-froid et marche devant Guillaume dans le petit sentier. Il ne connaîtra jamais la fin de l'histoire car, soudain, Gros Guillaume, l'honnête père de famille, abruti par des années de travail et le manque de sommeil « disjoncte » et lui tire une balle en pleine nuque comme, dira-t-il, dans un « trou noir ». Jean-Michel s'écroule. Gros Guillaume se « réveille » alors, prend conscience de l'horreur de son acte, remarque que sa victime, agonisante, bouge encore et tire une seconde balle dans le crâne du fondé de pouvoir… « afin de ne pas laisser souffrir un homme blessé ».

Mais cela ne fait pas entrer l'argent dans sa caisse. Une fois parvenu au bout de l'horreur, Guillaume se dit que tout cela ne rime à rien si, au bout du compte, il ne parvient pas à récupérer l'argent. Il téléphone à la banque pour avertir qu'une lettre très importante est arrivée dans leur courrier. Qu'on s'empresse de l'ouvrir, de la lire, d'obéir aux ordres donnés. Il se rend même au rendez-vous fixé. Personne, pas d'argent, pas d'émissaire, et pour cause, la lettre n'a pas encore été ouverte par le service du courrier. Malgré le besoin qui l'envahit de plus en plus, Gros Guillaume, de plus en plus nerveux, transpirant à grosses gouttes, n'ayant pas vraiment prévu le nouveau déroulement de son plan, rappelle dès le lendemain la banque pour savoir où l'on en est… On lui demande des nouvelles de l'otage. « Il ne peut pas entendre », dit Guillaume avec un ricanement qui va peser lourd dans la balance de la justice. Il s'attarde, dans une demi-inconscience, au bout du fil, pressentant qu'il prend des risques mais, tout à la fois, pressé d'en finir, même avec les menottes aux mains.

C'est en effet ainsi que se termine l'affaire car la banque, une fois la lettre ouverte, s'est empressée d'avertir la police qui n'a pas de mal à « loger » la cabine téléphonique publique d'où Guillaume dicte ses dernières instructions hésitantes. C'est là qu'on l'arrête, titubant de sommeil mais bizarrement soulagé.

Au procès, ce gros homme de cent trente kilos, à la moustache grise de bon père de famille, ne parvient pas à expliquer pourquoi il a logé une balle dans la tête de son otage qui marchait devant lui les mains dans les poches. Une sorte de trou noir, de vertige. Il a maintenant dix-huit ans devant lui pour sortir de ce trou noir qui l'a transformé en assassin et pour rattraper toutes ces nuits sans sommeil.

Véronique, elle, n'a même pas paru au procès où son témoignage aurait sans doute été bien utile pour expliquer le rôle qu'elle a joué dans l'affaire… Une personne très « négative » qui empêchait vraiment Gros Guillaume de dormir quand il en aurait eu tant besoin pour mettre ses affaires en ordre…

Justice au Palais

« Daniel, laisse Micky un peu tranquille, tu n'arrêtes pas de le tripoter, il a besoin de sommeil. » La voix de femme qui vient de faire cette remarque est chargée d'un doux reproche. C'est celle de Lynn W., une jolie blonde, mère d'un tout jeune garçon âgé de trois ans. Elle vit depuis quelque temps avec Daniel R., un ouvrier spécialisé dont le visage d'à peine trente ans s'orne déjà d'une grosse moustache très virile. Lynn a de la chance car, abandonnée par le père du gamin, elle s'estime heureuse d'avoir pu refaire sa vie si rapidement avec ce garçon un peu gras mais musclé qui est aussi habile de ses doigts le jour qu'il est entreprenant la nuit. Daniel, pense-t-elle, est une bête de sensualité. Mais le principal c'est qu'il adore le petit Micky et qu'il le couvre de baisers et de caresses, bien plus que ne le ferait son vrai père s'il était encore là. Les hommes sont rarement aussi caressants... Mais il ne faut pas se plaindre de ce que « la mariée soit trop belle », comme on dit.

Quelques mois plus tard, Lynn, à la suite de circonstances exceptionnelles, quitte son travail plus tôt que prévu et, par conséquent, rentre chez elle, bien avant l'heure habituelle. Elle ouvre silencieusement la porte de l'appartement à l'aide de sa clef et pénètre dans le living. Daniel est là, devant la télévision allumée, sur le sofa, et le bruit du programme a fait qu'il n'a pas entendu l'arrivée de sa compagne. Le petit Micky est là aussi, mais les cheveux de Lynn se dressent sur sa tête quand elle réalise que tous les deux ne sont pas en train de regarder le programme... Daniel est de toute évidence en train de se livrer sur le petit Micky à des manœuvres sexuelles éhontées. Lynn se rue et le gifle à toute volée. Elle saisit son fils et l'emmène dans la chambre à coucher.

Quelques minutes plus tard, elle se précipite au poste de police et porte plainte mais, quand les policiers se présentent au domicile du couple pour interroger l'ouvrier, il est déjà parti sans laisser d'adresse… Ce qui n'empêche que l'enquête suit son cours. Pendant deux ans. Et elle se révèle fertile en surprises peu plaisantes : Lynn s'aperçoit qu'elle avait lié son destin à un maniaque sexuel, pédophile endurci, que celui-ci, sur son parcours à travers les États-Unis, s'était déjà rendu coupable de trois autres affaires de viol sur des mineurs. Des pulsions irrésistibles qui laissent derrière elles larmes, traumatismes, douleurs et traces peut-être indélébiles qui vont, au cours des années à venir, engendrer d'autres traumatismes, d'autres pulsions, d'autres désordres, d'autres déséquilibres…

Mais revenons un peu en arrière. En 1986, Daniel le moustachu est employé comme ouvrier spécialisé dans un camp de vacances en Californie qui reçoit pour l'été, comme c'est la coutume en Amérique, des garçons de tout âge, mélange typique à mi-chemin entre la colonie de vacances et le camp scout, qui tient ses assises dans des installations permanentes. Ces installations demandent donc un entretien et, partant, des ouvriers qui se chargent de l'électricité et de la plomberie. Daniel fait partie de ceux-ci. Il côtoie des garçons qui séjournent là tous les étés. Il se lie facilement avec eux, parvient à les intéresser à son métier, les invite individuellement à lui rendre visite dans la chambre qui lui est attribuée. Et là, en buvant une boîte de boisson gazeuse, il n'hésite pas à dévoiler sa vraie nature… Quelques caresses anodines, quelques attouchements plus précis, accompagnés de bonnes paroles qui endorment la confiance du gamin. Et puis, si celui-ci tente de résister, le chantage, la menace de tout révéler à la direction du camp, de prétendre que c'est le garçon qui a fait les premières avances. L'autre, pétrifié devant la peur du scandale, devant les quolibets des camarades, devant la colère et la honte des parents, ne sait plus comment résister. Bientôt Daniel, dévêtu en partie, ne dit plus rien, passe à l'acte, prend son plaisir sur le petit corps frémissant de sa victime. Quelquefois l'enfant, rejoignant ses camarades toute honte bue, se mure dans un silence de béton. Personne ne sait rien. Mais ce n'est pas toujours le cas, certains des enfants blonds ne peuvent retenir leurs larmes inexplicables dans un premier temps aux responsables. On en vient à une enquête discrète, à un interrogatoire en douceur, à des questions précises. La vérité éclate.

Quand on appelle la police pour qu'elle vienne se saisir du monstrueux personnage, il a déjà filé. Un mandat d'arrêt est lancé. Peine perdue. On constate les dégâts : quatre victimes nouvelles au moins mais aucune trace du violeur.

Un an se passe jusqu'au jour où, sur une autoroute, un contrôle de routine fait tomber Daniel entre les pattes des policiers. Un appel radio au central et le voilà, menottes aux mains, jambes écartées, immobilisé en attendant que le panier à salade vienne l'embarquer. La nouvelle, parue dans la presse, fait pousser un soupir de soulagement à tous ceux qui se sentent concernés. Mais, d'autre part, son arrestation réveille une pulsion de haine chez certains parents…

C'est le cas d'Ellie J., la mère du petit Francis, violé par Daniel dans le camp d'été californien. Depuis qu'elle a appris par quelle torture son garçon de sept ans était passé, chaque jour que Dieu fait voit Ellie, une jolie blonde de quarante ans, torturée par la haine et le désir de vengeance. D'autant plus que Francis, depuis ce triste jour, n'est plus le même : il doit subir des soins hospitaliers et psychiatriques pour essayer d'oublier. Ellie se dit que son adorable blondinet ne sera plus jamais le même, que son avenir d'homme et de futur père de famille semble irrémédiablement compromis, qu'il est déjà « infecté » comme par une maladie sexuellement transmissible par les séquelles de ce viol et qu'il ne s'en remettra sans doute jamais complètement. Ellie devient une montagne de violence qui cherche à s'exprimer, ne vivant que pour le précepte biblique « Œil pour œil ». Trois ans se passent.

Trois ans pendant lesquels Daniel croupit dans sa prison, relativement tenu à l'écart des autres détenus car ceux-ci n'ont aucune sympathie pour les violeurs d'enfants et seraient bien capables de faire justice eux-mêmes… Daniel, confortablement, attend son jugement. Pour lui les choses ne se présentent d'ailleurs pas si mal, malgré la répétition des faits qui lui sont reprochés. Il a déjà mis au point son système de défense. On va plaider le témoignage plus ou moins fiables des victimes, l'hystérie des parents, le manque de preuves physiques, etc. Les choses finiront par se tasser.

Le jour de l'audience arrive enfin. Daniel est là, menottes aux mains, entre deux policiers. Sa grosse moustache est bien peignée, il est bien vêtu, se donnant autant que faire se peut l'allure d'un monsieur bien sous tous rapports qui ne peut qu'être la victime de malentendus. Le juge lit l'exposé des faits, avec tous les détails « techniques ». Cet exposé est déjà insoutenable pour le petit Francis, qui est soudain victime d'un malaise. Sa mère s'empresse auprès de lui. Elle sait qu'elle doit témoigner. Elle sait aussi combien Francis craint de se retrouver face à face avec celui qui, cinq ans auparavant, a su l'attirer dans sa chambre. Combien il a peur d'être obligé de répondre à des questions précises qui vont le couvrir de honte et lui faire revivre ces moments pour le moins pénibles… Ellie, d'autre part, a dans la tête une petite phrase qu'elle ressasse depuis quelques jours. Quelqu'un, qui ? un policier, peut-être, a lancé une « information » sensationnelle. Daniel, menottes aux poignets et à l'abri derrière les barreaux de sa cellule, aurait fait une « promesse » atroce : celle de tuer Ellie si Francis venait témoigner contre lui. Ellie retourne cette petite phrase dans son cerveau en ébullition. « Il a promis de me tuer. »

Quand elle croise le regard de Daniel, celui-ci soutient l'affrontement, il a même des yeux qui semblent pétillants de malice, triomphant d'avance. Sa bouche affiche un rictus de vainqueur. Rien qui indique le regret ni le repentir : l'assurance de celui qui a encore des projets et sait comment les mener à bien… Ellie frissonne.

Juste avant d'être interrogée comme témoin, Ellie prétexte un besoin naturel et sort de la salle d'audience. Puis elle revient presque aussitôt. Pour gagner la barre des témoins où elle va, sur la Bible, prêter serment de dire « la vérité, toute la vérité, rien que la vérité », elle passe devant Daniel et son petit rictus. D'un mouvement précis, Ellie glisse sa main dans sa ceinture. Elle brandit soudain un petit revolver qu'elle vient juste de dissimuler dans ses sous-vêtements. Personne n'a le temps de réagir : les détonations claquent. Daniel, le regard encore étonné, s'écroule.

Sur les dix balles tirées, cinq l'atteignent, certaines dans le torse, d'autres dans le cou, dans la tête. Il meurt sur la civière qui l'emporte vers l'hôpital.

Ellie affirme sa satisfaction d'avoir pu appliquer cette justice expéditive et pourtant condamnable. Elle est inculpée de meurtre et on lui demande une caution pour la remettre en liberté : 500 000 dollars. Dès l'annonce de la nouvelle, des comités de soutien se constituent. On fait des collectes pour l'aider financièrement. La mère d'un autre garçonnet violé par Daniel exprime son regret de n'avoir pu participer elle-même à cette justice digne du Far West. D'autres commentent, à propos de Daniel : « On n'aura pas ainsi à engraisser cette pourriture pendant des années aux frais du contribuable... » Qui saura jamais ce qui poussait l'ouvrier moustachu à se conduire en monstre...

Diplômes charcutés

En 1979, un jeune Libanais : Malik H., appelons-le ainsi, fraîchement débarqué à Bordeaux de son pays en pleine crise, s'inscrit à l'université à titre d'étudiant étranger. Il présente bien, c'est un beau brun dont le front se dégarnit légèrement et dont le regard respire l'intelligence. Il poursuit ses études avec un acharnement que lui envieraient bien des Français. Il a de l'ambition et, l'avenir le démontrera, il est prêt à tout pour arriver à faire une grande carrière dans la branche qui le passionne : la chirurgie. Pourtant, ses espoirs sont limités. Les étudiants « étrangers » n'ont pas de perspectives très brillantes dans notre pays. Malik, donc, termine son cycle d'études par un CU (certificat universitaire), ce qui ne lui permet pas d'exercer la médecine en France. Malik, qui porte toujours un prénom typiquement libanais, se fait, en 1981, naturaliser français.

C'est un avantage mais c'est aussi un inconvénient majeur car, désormais, il ne peut plus continuer à suivre la filière réservée aux étudiants étrangers. Malik, cependant, n'en produit pas moins devant les responsables des études une « attestation sur l'honneur de nationalité libanaise »... Déplorable manque de sens moral, contagion des mœurs orientales qui règlent tant de problèmes par l'à-peu-près, la combine, le faux-semblant. Malik poursuit ses études par la filière des étrangers, filière où les places sont moins chères. Il a raison car, en 1983, il obtient un nouveau certificat universitaire, celui de chirurgie... Il poursuit son petit bonhomme de chemin... à l'orientale.

L'année suivante, muni de ses deux certificats, il obtient un poste de remplacement dans l'hôpital de S..., joli chef-lieu du Sud-Ouest. Par un tour de passe-passe, il arrive à convertir ses deux certificats « pour étrangers » en un doctorat, ce qui fait nettement plus sérieux. Ce doctorat ne lui permet pourtant pas d'exercer dans une autre discipline que celle de la médecine générale. Malik, aussi entreprenant que bon étudiant, sollicite du conseil de l'ordre la reconnaissance de sa qualification de chirurgien... Petit à petit, le drôle d'oiseau fait son nid.

Mais les instances supérieures du conseil de l'ordre ne se laissent pas impressionner : elles refusent absolument de transformer ces deux certificats universitaires devenus doctorat en l'indispensable CES (certificat d'études supérieures), qui ferait de Malik un chirurgien français à part entière, certificat que les titulaires n'obtiennent qu'après dix à douze ans d'internat. Les membres du conseil précisent même leur opinion en interdisant à Malik de « faire état de toute qualité chirurgicale ». Et vlan ! Décision draconienne qu'ils justifient en alléguant le manque d'expérience du candidat... Nous sommes déjà en 1991.

Pendant ce temps-là, Malik, tout en attendant le résultat de ses démarches, ne perd pas son temps sur le terrain, dans l'hôpital de S. Depuis plus de sept ans, le « remplaçant » au charme oriental opère à tour de bras... Les habitants de la ville et des environs n'ont d'ailleurs pas à se plaindre de son coup de bistouri – de ses coups de bistouri –, puisque plus de mille personnes, chaque année, se retrouvent soumises à ses soins. Bien que l'hôpital en question compte trois autres chirurgiens diplômés, Malik à lui seul monopolise plus de la moitié des interventions... Par quel mystère ?

Par la propre volonté de Malik. Car, tout en faisant officiellement sa demande auprès du conseil de l'ordre, il doute cependant du résultat. Il manque de patience aussi et, au mépris de toute convenance professionnelle et de toute loi, Malik décide, In cha' Allah, qui vivra verra, de s'autodiplômer. Il s'accorde à lui-même le fameux CES tant convoité. Comme il est assez habile de ses doigts (les mille opérations annuelles en témoignent), il s'arme d'un flacon de Typex, cette sorte de liquide blanc, qui permet aux dactylos de rectifier une faute de frappe, et il « rectifie » son certificat universitaire. Un coup de photocopieuse laser par là-dessus et Malik, du même coup, a changé son prénom oriental en, disons, celui plus français de Louis. Dernière manche de l'opération : il parvient à faire certifier des photocopies de ce diplôme en les faisant comparer à un « original » falsifié... Puis il réussit à se faire signer par le directeur de l'hôpital un contrat en bonne et due forme, contrat de « chirurgien titulaire ». La carrière de Louis-Malik semble être sur les bons rails... Mais qui sait si le doigt de Dieu n'est pas près de frapper...

Ce contrat implique la promulgation d'un arrêté du ministère de la Santé : Dieu merci, en France, ce genre de chose ne se bricole pas dans les arrière-boutiques décentralisées de la province. Les organismes consultés émettent tous d'une seule voix le même avis défavorable, de la commission des hôpitaux à la DDASS. Unanimité qui vient d'une sorte de doute général. On chuchote des choses, on murmure, on raconte. Mais personne ne crève l'abcès... L'arrêté est pris malgré tout...

Louis pourtant se garde bien de faire enregistrer son « diplôme » tant à la préfecture qu'au tribunal, ce que la loi française le contraindrait à faire. Le directeur de l'hôpital, qui semble en la matière d'un laxisme assez extraordinaire, le titularise en juillet 1992. De ce fait il se voit inculpé de « complicité dans l'exercice illégal de la médecine ».

Pourtant, à l'hôpital, un poste se trouve vacant depuis deux ans. Bizarrement, cette vacance n'a pas été déclarée officielle tant que Louis n'a pas été en possession du « diplôme » lui permettant de faire acte de candidature. Aujourd'hui c'est chose faite. Louis se retrouve « chef de service » ... par l'opération du Saint-Esprit...

Entre-temps d'autres drames, d'autres passions se nouent et agitent les cœurs et les entrailles de S. Un couple de bourgeois, qui vit dans une ville de pèlerinage, voit, d'un œil apparemment serein, les amours de leur petite « Stéphanie », douze ans à peine, et d'un garçon, nommons-le Olivier, qui a bien quinze ans de plus qu'elle. Jusqu'au jour où la gamine se retrouve enceinte. Désordre dans la famille. Mais pas vraiment de scandale. On décide de remettre les choses dans le bon ordre. Grâce à une petite intervention du bon docteur Louis.

Le seul problème, c'est l'admission de la petite à l'hôpital. Le bon docteur s'arrange pour la faire admettre sous l'identité de sa sœur qui, plus âgée de quelques années, est déjà mariée. D'autre part, il ne peut intervenir sans l'autorisation des parents, qui, contre toute logique, signent, selon leurs dires, une simple autorisation pour « ablation de polypes ». Mais tout se passe bien, sauf pour le fœtus qui retourne aux limbes de ceux qui n'ont pas eu leurs chances…

Pourtant les bons parents, échaudés par les risques de maternité de leur héritière, se réveillent quelque temps plus tard. Et ils décident de monnayer leur complaisance, comme dans les romans bourgeois du siècle dernier. Pour ce faire, la méthode la plus rationnelle leur semble, bien évidemment, le chantage. Ils s'adressent donc à leur « gendre » de la main gauche et lui réclament 60 000 F, par courrier, sous peine de dépôt de plainte pour « détournement de mineure ». C'est imparable, ils font déjà des projets pour dépenser les sous.

Malheureusement, « Olivier », l'amant de leur chère enfant, ne l'entend pas de cette oreille. Il se dit, à juste raison, qu'avec des maîtres chanteurs on sait toujours comment ça commence et jamais comment ça finit. Il se dit aussi que les bons parents ne sont pas blanc-bleu de pureté dans l'affaire. Il détient assez de preuves pour prouver leur « consentement passif ». Olivier prend donc son courage à deux mains, se rend auprès du parquet de S. et raconte toute l'histoire. Il en ressort en effet, inculpé, mis en examen, disons-nous à présent, pour attentat à la pudeur sur mineure de moins de quinze ans mais les parents de la « victime » se voient eux aussi accusés de chantage. Un point partout. De fil en aiguille, on en arrive à l'interruption volontaire de grossesse, l'ablation des faux polypes, l'usurpation d'identité. Le chirurgien libano-français se voit lui aussi mis en examen. Mais, là encore, il surestime la puissance de sa volonté. Il va, en pleine nuit, tenter de faire pression sur certains témoins, tenter de persuader certains plaignants de renoncer à leur plainte. Il aggrave son cas… Sa carrière est bien compromise à S. et partout ailleurs sur le territoire français… et même dans la CEE, parions-le.

Marchand de mort

Dans la salle d'un café tranquille, tandis que la serveuse apporte d'énormes pichets de verre remplis à ras bord d'un litre de bière mousseuse, deux personnes discrètement assises dans un coin plus sombre échangent à voix basse des propos inaudibles. L'une d'entre elles est un barbu à lunettes, le visage rond, le regard clair, l'allure d'un bon médecin de famille, l'autre est un être qui souffre depuis longtemps d'une maladie qui n'en finit pas de le ronger. Maladie physique ou maladie psychologique, dégoût de la vie, peu importe.

Au bout d'un petit moment de conversation, le barbu sort de sa serviette de cuir un petit sachet qu'il remet à son interlocuteur. L'autre lui tend en échange une enveloppe de papier kraft qui semble remplie de billets. Le barbu, discrètement, vérifie la somme. On ne sait jamais, quoique, il faut bien le dire, la plupart de ses clients n'ont même pas l'idée de tricher sur la somme promise. On ne fait pas cela quand on est au seuil de la mort. Et à quoi servirait d'escroquer le fournisseur ? Le client sait que, d'ici quelques jours, quelques heures peut-être, il va partir pour un pays où l'on n'a vraiment pas besoin de ses économies…

Le barbu sympathique est un certain Hans Z., fondateur et président-directeur général de la Société allemande pour une mort humaine. Les bureaux de cette société sont confortables et discrets, de bon aloi. Des salles de conférences, des ordinateurs, du matériel pour la vidéo. Le progrès technique qui indique la réussite et la prospérité. En y pénétrant, on se croirait dans les bureaux d'un homme d'affaires prospère. Mais, comme le titre l'indique, il s'agit de tout autre chose.

La loi allemande concernant l'euthanasie est assez flexible. Et la « Société » de l'honorable M. Hans en profite. Une association milite donc pour obtenir pour chacun le droit de choisir, si l'on peut dire, sa propre mort, en tout cas le droit de refuser l'acharnement thérapeutique qui, sous prétexte de maintenir la vie à tout prix, risque de vous transformer en légume pitoyable, de prolonger au-delà du supportable les souffrances d'un être qui n'espère plus qu'une seule chose : le droit au repos qu'il est persuadé de trouver dans l'au-delà. Qui d'entre nous n'a craint de se voir un jour réduit à la merci et au bon vouloir des autres, grabataire perclus de douleurs intolérables, incapable de profiter des petites joies de l'existence, humilié d'avoir à solliciter l'aide des autres pour accomplir proprement tout ce que la nature continue à nous imposer ? Qui ne s'est dit, devant un vieillard inconscient, la tête et le regard perdus, tourmenté par des escarres, bloc de souffrance, que, plutôt que d'être comme « ça », il vaudrait mieux mourir tout de suite ?

C'est dans la logique de cette idée que M. Hans a créé son association, avec abonnements, revue et mode d'emploi. Les candidats à la mort digne s'inscrivent et, après six mois d'inscription destinés à éviter les dépressifs et les coutumiers du « coup de tête », ils obtiennent enfin un « sauf-conduit » du patient. Cet imprimé, que les adhérents doivent porter en permanence sur eux, est destiné à toute personne ou service public qui pourrait, à la suite d'un accident ou d'un malaise, porter secours à l'abonné de la « Société ». On est prié, si celui-ci est dans un état de coma avancé ou dépassé, de ne pas prolonger inutilement son séjour sur cette planète.

Après ce sauf-conduit, on a droit à un petit catalogue de « trucs » qui sont déjà plus contestables. On donne quelques recettes pour libérer ceux qui trouvent leurs souffrances physiques ou morales trop insupportables, quelques recettes ou cocktails particulièrement explosifs. La plupart sont des mélanges d'inoffensifs produits pharmaceutiques, inoffensifs quand on veut bien suivre la posologie indiquée à l'intérieur de l'emballage, dangereux et même mortels quand on multiplie les quantités préconisées par le médecin, quand on les mélange à d'autres produits. En plus les médicaments qui entrent dans les cocktails de mort sont, il faut le souligner, en vente libre, surtout dans les pharmacies de France, de l'autre côté de la frontière pour la plupart des Bavarois… Facile de mettre fin à ses jours.

Les clients ne manquent pas, mais beaucoup, au dernier moment, trouvent que leurs souffrances sont encore supportables, espèrent que demain le soleil brillera davantage, et c'est alors que M. Hans décide de passer à un stade plus actif…

Après des mois de filature, la police vient de l'arrêter au moment où, dans l'arrière-salle d'un joli petit café bavarois, il venait, contre plusieurs milliers de marks (entre 3 000 et 10 000 selon les possibilités des clients), de vendre une capsule de cyanure de potassium, poison foudroyant qui permet de mettre fin à ses jours en toute discrétion.

On estime à cent dix-sept le nombre de clients, à travers toute la RDA, que M. Hans a convaincus d'acheter puis d'avaler ses pilules de mort. Désespérés de tout poil : dépressifs, séropositifs qui n'acceptent pas l'angoisse, accidentés réduits à la petite voiture, alcooliques incapables de remonter la pente. Quand on sait que son cyanure, produit industriel courant, lui revenait à 400 marks le kilo et qu'il multipliait facilement sa mise par sept mille pour calculer son prix de revente, on peut juger de la rentabilité de son commerce parallèle. Car, aujourd'hui, son successeur à la tête de la « Société » pousse de grands cris quand on lui parle du vilain M. Hans : jamais, au grand jamais, personne n'a été d'accord avec ce commerce de mort. Et cette affaire jette un discrédit sur les adeptes de la mort douce… Surtout dans un pays où les méthodes hitlériennes ont laissé les traces qu'on sait dans la mémoire collective, où, il y a cinquante ans à peine, on euthanasiait à tour de bras des malheureux dont la seule « souffrance » était d'être malade, handicapé, juif, tsigane, homosexuel, slave ou du parti de la résistance…

M. Hans est sous les verrous. Pourtant, ici, le suicide n'est pas illégal. Mieux encore, si vous posez une pilule de cyanure sur la table de chevet de l'être cher, vous ne pouvez être poursuivi. La justice ne s'intéressera à vous que si vous lui maintenez la tête pour la lui glisser de force dans la bouche… Nuance. C'est là-dessus que M. Hans a fondé son petit commerce. Mais il commet une erreur : celle de ne pas déclarer au fisc les revenus que lui procurent son commerce de mort. Il est arrêté pour « fraude fiscale » comme Al Capone en son temps. Sa plus jeune « cliente » souffrait de leucémie et les médecins étaient persuadés de pouvoir la guérir mais sa mère était d'un avis différent. La mère était atteinte d'accès de démence. La cliente a avalé la pilule de cyanure et a quitté la vie : elle n'avait que treize ans.

Prêt à l'italienne

La police sicilienne vient de recevoir une lettre anonyme. Cette lettre dénonce les agissements d'une certaine Seraphina, une dame aux cheveux blancs frisés au petit fer, qui porte allégrement ses quatre-vingt-six ans. De quoi accuse-t-on cette grand-mère ? Tout simplement de proxénétisme et de chantage. Une « Madame Claude » souriante, une araignée souriante dont le sourire artificiel cache une âme d'une noirceur insoupçonnable. À cause d'elle, des dizaines de jeunes et jolies Siciliennes viennent de connaître des années de souffrance, de honte et de remords.

La méthode de Seraphina est simple. Une jeune femme commet une imprudence : par exemple elle puise dans le compte d'épargne conjugal pour payer une dette d'honneur, pour dépanner un amant dans une mauvaise passe. L'amant promet de rembourser, avant l'an, foi d'animal, comme on dit dans la fable. Mais, comme dans les comédies ou les mélodrames, il n'en fait rien. Sa maîtresse lui fait confiance mais elle perd le sommeil car elle tremble en envisageant le moment où le mari trompé risque, en plus, de s'apercevoir du trou dans les finances du ménage. La jeune femme se confie à une amie, à une relation, à sa coiffeuse. Elle dit qu'elle doit trouver d'urgence quelques millions de lires. Il se trouve toujours quelqu'un pour lui souffler : « Pourquoi n'iriez-vous pas consulter Mme Seraphina, via Vittorio-Emmanuele ? Il paraît qu'elle est de bon conseil et qu'elle est toujours prête à dépanner. » Entre femmes, n'est-ce pas…

Maria, Adriana, ou Giulia, toutes empruntent le même petit escalier sombre et sonnent à la porte de l'appartement bourgeois. Une petite bonne les fait entrer dans le salon et, lorsque Seraphina apparaît, la jeune femme qui est venue solliciter de l'aide se sent un peu rassurée. Cette vieille dame à cheveux blancs est l'image même de la douce grand-mère. La jeune solliciteuse explique son cas, donne, avec réticence, les détails qui s'imposent, elle avoue tout à la bonne grand-mère, elle précise la somme qui lui est nécessaire pour sortir rapidement du fâcheux mauvais pas où elle se trouve. Seraphina écoute sans faire de commentaire : elle surveille sa proie et, d'autre part, elle connaît par cœur le petit discours qu'elle va dévider pour se saisir de sa prochaine victime. Celle-ci, les tempes battantes, entend à peine ce que Seraphina lui propose : elle comprend simplement que, immédiatement, elle va pouvoir rentrer chez elle avec les millions de lires qui lui manquent, moyennant une petite signature au bas d'un document.

Signature d'un pacte avec le diable. Maria, Adriana, Giulia, aucune n'a pris le temps de lire les petites lignes du contrat. Aucune n'a vraiment saisi à quoi elle s'engage. Simplement a-t-elle entendu le montant de l'intérêt : dix pour cent. Vraiment la vieille dame n'est pas méchante car c'est bien moins que ce que la banque demanderait pour le même prêt. Et Seraphina n'a pris aucune hypothèque, n'a, surtout pas, exigé la signature du mari au bas du contrat. Tout va rentrer dans l'ordre.

Mais, quelques mois plus tard, Giulia, Maria ou Adriana, a la mauvaise surprise de voir un homme tout de noir vêtu se présenter à son domicile, toujours à une heure où le mari est absent pour son travail. C'est le représentant de Seraphina qui vient pour réclamer le paiement des intérêts dus par le contrat. La jeune femme a un haut-le-cœur en lisant la somme qui lui est réclamée. Ce n'est pas du tout ce qu'elle avait prévu dans son plan de remboursement. La petite gratte quotidienne qu'elle met de côté depuis des mois pour rembourser la vieille dame au sourire artificiel est de loin insuffisante pour ce premier versement. Comment cela est-il possible ?

Tout simplement parce que Seraphina, en proposant un prêt à dix pour cent, a omis de préciser qu'il s'agissait d'un intérêt mensuel et non pas annuel. Cela multiplie par douze la somme due. Du coup, l'emprunteuse enfile son manteau, attrape son sac à main et se précipite chez l'usurière (comment la nommer autrement ?) pour protester mais, une fois dans la place, elle se heurte à l'amabilité de porcelaine de la vieille prêteuse. Celle-ci s'excuse presque du malentendu mais, entre les phrases, se fait un peu menaçante. On va s'arranger entre femmes de bonne compagnie. Surtout quand l'emprunteuse est jeune et jolie. Cette jeunesse et cette beauté représentent un véritable capital dans la Sicile brûlante et frustrée où les femmes sont encore des idoles sévèrement gardées...

Si Giulia, Maria ou Adriana, se révèle, et c'est toujours le cas, incapable d'effectuer les remboursements auxquels elle s'est engagée en signant le contrat, il y aurait bien un moyen pour tout arranger... Seraphina, révélant sa vraie nature, expose sa petite idée : la jolie débitrice pourrait rembourser une partie de la somme en... nature. Si elle accepte de rencontrer, chez Seraphina, à l'abri des regards indiscrets, quelques messieurs en mal d'affection, cela pourrait se comptabiliser et l'aider à rembourser l'usurière.

Comme il n'existe pas d'autre solution, la malheureuse jeune femme accepte et le piège se referme davantage encore sur elle. Car Seraphina se transforme immédiatement en ce qu'elle est depuis longtemps : une tenancière de maison close. La jeune femme, qui accepte de rencontrer des hommes plus ou moins beaux, plus ou moins jeunes, plus ou moins appétissants, ne voit créditer son compte personnel que de la moitié de la somme versée par le « client » qui vient de l'utiliser. Cinquante pour cent vont directement dans la caisse de Seraphina.

Pis encore, la malheureuse qui accepte, à son corps défendant, de se voir souiller et dégrader par des inconnus au portefeuille bien rempli, subit de nouvelles exigences de la vieille maquerelle, puisqu'il faut bien appeler les choses par leur nom. Seraphina exige d'elle une tenue particulièrement sexy et soignée. Souvent ces jeunes femmes modestes ne possèdent pas dans leur garde-robe les robes lamées au décolleté plongeant qu'on les prie de revêtir pour rencontrer les clients, les chaussures de très bonne marque, les dessous affriolants qui vont concourir au plaisir des « messieurs ». Voilà l'occasion d'ouvrir un nouveau « compte courant » chez Seraphina, au nom de Maria, Giulia ou

Adriana, compte qui semble toujours à des années-lumière de s'équilibrer, à plus forte raison de se clore définitivement. D'emprunteuse désespérée, la malheureuse imprudente se transforme en bête de plaisir qui n'entrevoit même plus la fin de son calvaire, de ces séances dégradantes où elle doit subir le plaisir bestial des clients anonymes, de ces crises de larmes quand, dégoûtée d'elle-même, elle court sous la douche pour essayer de purifier jusqu'au souvenir d'attouchements répugnants... Cela n'en finira donc jamais ?

Pourtant si, un jour, cette lettre anonyme, qui vient peut-être de Maria, d'Adriana ou de Giulia, marque la fin de l'organisation. Chez Seraphina la police trouve toutes les preuves de son infâme commerce : des livres de compte qui sont, en eux-mêmes, des aveux, des piles de reconnaissance de dettes. La première représentait une somme de 17 F. Il faut dire qu'elle date de... cinquante ans. Depuis, la débitrice doit être devenue bien incapable de renflouer son compte.

Table

Composition et mise en page

NORD COMPO
multimédia

Imprimé en Italie par Puntoweb srl
Dépôt légal : novembre 2001